经济学核心课学习指导

现代西方经济学教程
练习与指导
（第2版）

刘骏民 主编

南开大学出版社
天　津

图书在版编目(CIP)数据

现代西方经济学教程练习与指导 / 刘骏民主编. —2版.
天津：南开大学出版社，2009.10(2011.1重印)
 ISBN 978-7-310-03261-7

Ⅰ.现… Ⅱ.刘… Ⅲ.现代资产阶级经济学－高等学校－教学参考资料　Ⅳ.F091.3

中国版本图书馆 CIP 数据核字(2009)第 178076 号

版权所有　侵权必究

南开大学出版社出版发行
出版人：肖占鹏
地址：天津市南开区卫津路 94 号　邮政编码：300071
营销部电话：(022)23508339　23500755
营销部传真：(022)23508542　邮购部电话：(022)23502200

*

河北省迁安万隆印刷有限责任公司印刷
全国各地新华书店经销

*

2009 年 10 月第 2 版　2011 年 1 月第 6 次印刷
880×1230 毫米　32 开本　18 印张　2 插页　505 千字
定价：30.00 元

如遇图书印装质量问题，请与本社营销部联系调换，电话：(022)23507125

第二版前言

这是一本与魏埙教授、刘骏民教授等编著的《现代西方经济学教程》配套的习题集。《现代西方经济学教程》是以西方主流经济学的理论为主编纂的。而主流经济学一直受到来自各方面的批评甚至嘲笑，一则笑话说：两个富翁在旅行的路上倍感无聊，于是 A 对 B 说，如果你自己打自己 10 个耳光，我就付给你 100 万美元。B 稍加思考便自打了 10 个耳光，并得到了 100 万美元。两个人继续旅行，A 越想越觉得不合算，于是又说，如果我自打 10 个耳光，你能否按照公平的原则也付给我 100 万美元呢？B 点头应允。于是 A 自打了 10 个耳光拿回了 100 万美元。一位"数学家"评价说：他们谁也没有得到什么，却各自挨了 10 个耳光；一位"社会学家"说：他们闲得无聊，这只是一个毫无意义的游戏；而一位"经济学家"却说，自打耳光得到的是负效用，10 个耳光分别是他们的成本或投入，其收入或产出则是他们各自得到的 100 万美元，20 个耳光计入 GDP 的价值是 200 万美元，这 20 个耳光的意义是创造了 200 万美元的 GDP。

西方主流经济学的理论是否正确从来就存在着争论，甚至每一个原理、每一条定律都有不同意见，它的正确性和对市场经济的解释的确是值得怀疑的。对待主流经济学的理论必须有批判的眼光，从什么角度来批判则与批判者的知识结构及其批判目的有关。但是，检验理论的基本标准是它与事实相一致的程度（尽管检验习题的标准为是否符合主流经济学的理论）。当一个理论越来越缺乏对现实的解释力的时候，它显然是"根"上有问题了。所谓"根"，对经济学理论来说就是其最基本的一些命题和基本方法。如资源的稀缺性、财富概念的内涵和价值观以及边际和均衡分析方法等。主流经济学似乎在这些基本问题的认识上存在问题，使得它的修正总是跟不上实际经济的发展。有些人用主流经济学的理论来分析中国的实际经济问题，当二者不一致时往往用中国的市场经济体制比西方发达国家落后来解释。似乎主流经济学的理论尚可，我们的实践不行，这在一定程度上掩盖了新古典理论的缺陷。当我们发现发达国家的经济实践正在对这些理论提出一系列挑战时，就容易理解为什么有这么多的人对主流经济学的理论提出非议了。所以我们建议，在初学时就注意来自各方面的批评并细心体会理论与实践的差距，才能为自己今后吸收正确的、更有解释力的理论留有余地。我们实在是不希望所有的学生都毫无保留地相信这个理论，而是希望通过学习西方经济学能够增加学生的知识，提高学生独立思考经济问题的能力。因此，经济学是需要用批判的态度来学习的，它将帮助你锻炼经济领域里的思维能力和判断能力，这才是学习西方经济学的首要目的。但是，在没有系统的替代性理论体系出现之前，主流经济学仍不失为一个基本上可以帮助初学者系统理解市场经济运行的理论。如果初学者足够重视一些对主流经济学的批评意见，主流经济学的理论可以作为思考和分析经济问题的第一个体系留在你的头脑中，它会随着你的经验和知识的积累不断修正和补充，使你思考问题总是有章法，有系统，而不是杂乱无章的。这就是我们学习西方经济学的第二个目的。

作为学习西方经济学的一个必备过程，初学者需要做大量习题以便更好地掌握经济学的原理和一些基本的分析方法。这本习题集提供了一些掌握经济学原理和方法的基本练习。但是，我们希望初学者首先能从整体上来掌握西方经济学的理论体系，只有头脑中有一个关于市场经济如何运行的系统理论，每一部分详细内容的练习才有意义。中国和世界需要有经济头脑的人才，学会了主流经济学的理论并不等于有了经济头脑，而会做练习又不等于掌握了主流经济学的理论。这就是当你正确地做完所有习题以后值得我们给你的忠告。

本习题集自 2002 年出版以来，一直受到教师和同学们的广泛支持与关注，很多热心的教师和同学写信和打来电话，给我们提出了宝贵的意见和建议，对此我们表示诚挚的感谢。随着全球经济形势的发展和变化，经济学理论也在随之不断发展，近些年在众多经济学者的努力下取得了很大的进步,这就要求经济学的习题也要推陈出新,更好地为经济学学习者提供帮助。在此基础上,我们对这本习题集进行了多处修订,并出版这本习题集的第二版。在第二版中,我们首先对于第一版中存在的部分错误和争议之处作了修改和调整;其次,我们去掉了原有的一些不符合经济学理论的练习题,并加入了能够体现经济学新的发展变化的习题,以期为这本习题集的读者更好服务。

刘骏民
2009 年 7 月

目 录

微观经济学部分

第一章 导论 ……………………………………………… (3)
 内容提要 (3)
 综合练习题 (6)
 参考答案 (11)

第二章 需求、供给和均衡价格 ………………………… (20)
 内容提要 (20)
 综合练习题 (23)
 参考答案 (35)

第三章 消费者行为 ……………………………………… (44)
 内容提要 (44)
 综合练习题 (47)
 参考答案 (61)

第四章 生产者行为 ……………………………………… (77)
 内容提要 (77)
 综合练习题 (80)
 参考答案 (91)

第五章 完全竞争条件下的价格和产量 ………………… (111)
 内容提要 (111)
 综合练习题 (114)
 参考答案 (131)

第六章　完全垄断条件下的价格和产量……………………(147)
　　内容提要 (147)
　　综合练习题 (149)
　　参考答案 (165)

第七章　垄断竞争条件下的价格和产量……………………(184)
　　内容提要 (184)
　　综合练习题 (153)
　　参考答案 (193)

第八章　寡头垄断条件下的价格和产量……………………(199)
　　内容提要 (199)
　　综合练习题 (201)
　　参考答案 (218)

第九章　博弈论与寡头市场分析……………………………(239)
　　内容提要 (239)
　　综合练习题 (241)
　　参考答案 (248)

第十章　要素价格和使用量…………………………………(255)
　　内容提要 (255)
　　综合练习题 (258)
　　参考答案 (269)

第十一章　一般均衡与经济效率……………………………(282)
　　内容提要 (282)
　　综合练习题 (284)
　　参考答案 (291)

第十二章　市场失灵与政府的作用…………………………(305)
　　内容提要 (305)
　　综合练习题 (307)
　　参考答案 (318)

宏观经济学部分

第一章　宏观经济学的产生和发展…………………………(325)
　　内容提要 (325)
　　综合练习题 (328)
　　参考答案 (328)

第二章　国民收入的核算与循环……………………………(333)
　　内容提要 (333)
　　综合练习题 (337)
　　参考答案 (347)

第三章　国民收入决定…………………………………………(354)
　　内容提要 (354)
　　综合练习题 (357)
　　参考答案 (374)

第四章　货币市场的均衡………………………………………(380)
　　内容提要 (380)
　　综合练习题 (383)
　　参考答案 (395)

第五章　双重均衡的宏观经济模型——IS—LM 模型………(402)
　　内容提要 (402)
　　综合练习题 (404)
　　参考答案 (408)

第六章　扩展的凯恩斯模型——三重均衡的宏观经济模型
　　………………………………………………………………(421)
　　内容提要 (421)
　　综合练习题 (422)
　　参考答案 (428)

第七章　财政政策………………………………………………(438)
　　内容提要 (438)

综合练习题 (440)

参考答案 (446)

第八章　银行制度与货币政策…………………………………(454)

内容提要 (454)

综合练习题 (456)

参考答案 (461)

第九章　宏观经济的行为基础…………………………………(471)

内容提要 (471)

综合练习题 (473)

参考答案 (477)

第十章　开放的宏观经济模型…………………………………(481)

内容提要 (481)

综合练习题 (482)

参考答案 (497)

第十一章　经济增长理论………………………………………(502)

内容提要 (502)

综合练习题 (505)

参考答案 (523)

第十二章　经济周期理论………………………………………(534)

内容提要 (534)

综合练习题 (537)

参考答案 (540)

第十三章　通货膨胀与失业……………………………………(546)

内容提要 (546)

综合练习题 (550)

参考答案 (557)

后记……………………………………………………………………(564)

微观经济学部分

第一章 导论

内容提要

本章作为全书的导论,阐述了现代西方经济学的研究对象和研究方法,使大家对西方经济学的性质和特点有所了解。相对于人类无穷无尽的欲望而言,资源总是稀缺的,这是任何社会都面临的基本问题。从资源到欲望的满足要经过生产、分配、交换和消费的过程,所以早期的经济学家将经济学定义为研究生产、分配、交换和消费的学科。而现代的经济学家则更愿意将从有限的资源到无限的欲望之间的全过程概括为解决"生产什么?怎样生产?为谁生产?"这三大问题。研究经济学的目的就是如何合理地配置和充分利用稀缺资源于各种用途以满足人类的不同需要,解决如何利用有限的资源来满足人类欲望过程的是具体的经济系统或经济体制,不同的经济体制在具体解决上述四个环节或三大问题时将有不同的方式和不同的结果。曾经存在的计划经济与市场经济的区别为我们提供了典型的例证,早期的比较经济学曾系统地分析了这两种体制在具体解决上述三大问题时的区别。而本书提供的微观经济学原理则基本上是从微观角度阐述"市场经济"如何具体解决上述三大问题的。阐明了市场经济如何解决上述三大问题也就阐明了市场经济的运行原理,说明了市场经济的基本功能。显然,经济系统的基本功能是解决上述的三大问题,此外,经济系统的另两个功能是规定一个国家所要求并能达到的增长率,把资源闲置、浪费和失业都降到最低限度,这是宏观经济学所着重解决的问题。

资源的稀缺性迫使我们作出选择，社会在现有技术水平上充分利用一切资源所能生产的各种物品按不同比例组合的最大可能生产量是生产可能性边界。可见，生产可能性曲线由技术水平和可用资源量决定。若社会生产 x 和 y 两种产品，在假定资源有限且各种要素都已充分利用的情况下，则要增加 x 的产量，势必减少 y 的生产。将一定资源用于生产 x 所放弃的 y 的数量是 x 的机会成本。资源有限及要素间的不完全替代性，使机会成本呈递增趋势。这决定生产可能性曲线凹向原点。生产可能性边界表示社会生产在现有条件下的最佳状态。失业、低效率、资源浪费等使生产处于生产可能性边界之内。

经济学的研究方法主要有：

实证分析法和规范分析法。前者在解释经济运行时从客观事实本身出发，力求说明和回答经济现象"是什么"和"为什么"，并借以预测人们经济行为的后果，而不对事物作好坏、善恶评价。实证经济学研究经济现象背后的因果关系，却不对其作出价值判断。相反，规范经济学以一定价值判断为出发点，提出行为标准，阐述怎样才能达到这样的标准，并作出"应当"与"不应当"的评价。

均衡分析。经济均衡是指经济决策者在权衡抉择其使用资源的方式方法时认为重新调整其配置资源的方法已不可能更好，从而不再改变其经济行为的状态。均衡分析方法是假定自变量为已知，考察因变量达到均衡状态时会有的情况和所需要的条件，均衡分析有局部均衡和一般均衡之分。

静态分析、比较静态分析和动态分析。所谓静态分析就是分析经济现象的均衡状态以及有关的经济变量达到均衡状态所需具备的条件，并不论及达到均衡状态的过程。比较静态分析是在原有的已知条件发生变化的情况下，考察或比较在这些条件变化以后均衡状态相应地发生什么变化，但不论及怎样从原来的均衡状态过渡到新的均衡状态。动态分析则是要考察经济活动的实际发展和变化。

经济模型。经济模型是现实经济社会的简单概括或理论抽象，可用文字、代数、几何图形的形式表达。在建立模型时要运用抽象法，舍弃一些影响较小的因素或变量，建立起与所研究的现象有关的主要变量之间相互依存的理论结构。

本章还介绍了归纳法和演绎法以及微观经济学和宏观经济学的划分。

综合练习题

一、选择题

1. 经济学可定义为（   ）。
   A. 政府对市场经济的调节
   B. 企业获取报酬的活动
   C. 研究如何最合理地分配稀缺资源用于不同的用途
   D. 人们靠工资生活
2. 经济学主要是研究（   ）。
   A. 与稀缺性和选择有关的问题
   B. 如何在证券市场上盈利
   C. 何时无法作出选择
   D. 用数学方法建立模型
3. "资源是稀缺的"是指（   ）。
   A. 世界上大多数人生活在贫困中
   B. 相对于资源的需求而言，资源总是不足的
   C. 资源必须保留给下一代
   D. 世界上的资源最终要被消耗光
4. 当资源不足以满足所有人的需要时（   ）。
   A. 政府必须决定不满足谁的需要
   B. 必须由市场体系起作用
   C. 社会必须作出选择
   D. 价格上升
5. 经济物品是指（   ）。
   A. 有用的物品
   B. 稀缺的物品
   C. 市场上贩卖的物品

D. 有用且稀缺的物品
6. 一国生产可能性曲线以内的一点表示（　　）。
   A. 供给大于需求
   B. 失业或者资源未被充分利用
   C. 该国可利用的资源减少以及技术水平降低
   D. 资源得到最适度分配使用
7. 生产可能性曲线说明的基本原理是（　　）。
   A. 一国资源总能被充分利用
   B. 假定所有经济资源能得到充分有效的利用，则只有减少一种物品的生产才能使得另一种物品生产的增加
   C. 改进技术会引起生产可能性曲线向内移动
   D. 经济能力增长惟一取决于劳动力的数量
8. 下列各项中哪一项会导致一国生产可能性曲线向外移动（　　）。
   A. 失业
   B. 通货紧缩
   C. 资源增加或者技术进步
   D. 消费品生产减少，资本品生产下降
9. 生产可能性曲线凹向原点（即向外凸出）反映了（　　）。
   A. 资源在所有生产活动中都同样有效率
   B. 成本递增规律
   C. 存在政府决策
   D. 失业率高
10. 生产可能性曲线不能回答下列哪一问题（　　）。
    A. 如何生产
    B. 生产什么
    C. 为谁生产
    D. 在哪里可以有效率地生产
11. 经济学研究的基本问题是（　　）。
    A. 怎样生产

B. 生产什么，生产多少
C. 为谁生产
D. 以上都包括

12. 主要依靠个人决策是下列哪种经济形态的决策方式（　　）。
    A. 计划经济
    B. 市场经济
    C. 混合经济
    D. 政府决策不重要的经济

13. 下列命题中哪一个不是实证经济学命题（　　）。
    A. 1982年8月美联储把贴现率降到10%
    B. 1981年失业率超过9%
    C. 联邦所得税对中等收入家庭是不公平的
    D. 社会保险税的课税依据现已超过30 000美元

14. 以下问题中哪一个不是微观经济学所考察的问题（　　）。
    A. 一个厂商生产多少
    B. 失业率的上升
    C. 政府征税对货物销售的影响
    D. 某一行业中雇用工人的数量

15. 西方学者认为现代美国经济是一种（　　）。
    A. 完全自由放任经济制度
    B. 严格的计划经济制度
    C. 混合资本主义经济制度
    D. 自给自足制度

16. 下列中哪一点不是绝对命令经济的特点（　　）。
    A. 政府决定生产什么，如何生产，为谁生产
    B. 强大的中央政府
    C. 缺乏市场
    D. 存在能配置资源的私人所有者

17. 稀缺性意味着（　　）。
    A. 竞争是要被消灭的

B. 决策者必须作出选择
C. 政府必须干预经济
D. 市场经济不能充分发挥作用

18. 经济学研究的基本问题（   ）。
    A. 证明只有市场才能分配资源
    B. 选择最公平的收入分配方法
    C. 证明只有计划经济才可以配置资源
    D. 因为资源的稀缺必须作出选择

19. 当资源有限而需求无限时，人们必须（   ）。
    A. 作出选择
    B. 使公共利益优先个人利益
    C. 抑制欲望
    D. 降低期望

20. 生产什么和生产多少的问题主要取决于（   ）。
    A. 政府和企业之间相互影响
    B. 议会
    C. 大企业
    D. 企业和消费者之间私下相互影响

21. 在任何时间生产出来的汽车、电视机和面包的数量是以下哪个经济学基本问题的答案（   ）。
    A. 商品如何被生产
    B. 生产什么和生产多少
    C. 为谁生产
    D. 谁作出经济决策

22. 一种东西如何被生产出来这个基本问题主要由谁来回答（   ）。
    A. 消费者
    B. 购买者
    C. 生产者
    D. 政府

23. 商品为谁生产（　　）。
    A. 想买但买不起的人
    B. 买的起但不想买的人
    C. 想买又买的起的人
    D. 需要但买不起的人
24. 经济学的四个基本问题可以归纳为（　　）。
    A. 什么，为谁，何时，为什么
    B. 为谁，何时，什么，哪里
    C. 如何，什么，何时，哪里
    D. 什么，如何，为谁，多少
25. 关于经济如何运作的四个基本问题（　　）。
    A. 仅在混合经济中产生
    B. 与计划经济无关
    C. 与市场经济无关
    D. 在各种类型的经济中产生

二、分析问答题

1. 为什么说经济学产生于资源的稀缺性？怎样看待西方经济学家对经济学的定义？

2. 机会成本概念与一般理解的成本概念有何联系和区别？生产一种有用物品的"机会成本"与"经济效率"（或称"效益"）的关系如何？

3. 怎样区别"技术效率"与"经济效率"？请论证说明技术上有效率一定是经济上也有效率这个命题是否正确。经济效率与生产资源的稀缺性的关系如何？

4. 举例说明一个社会的生产资源配置可以采用哪些不同的方式？

5. 怎样理解微观经济学的价值理论和分配理论也就是价格理论？这与生产资源的配置和效率（或效益）有什么关系？

6. 如果经济学家讨论的是"人们的收入差距大一点好还是小一点

好",试问这是属于实证经济学的问题还是规范经济学的问题?

7. 什么是经济理性主义?日常生活中有哪些行为是符合这个原则的,有没有"非理性"行为?自私自利和损人利己是理性的还是非理性的,为什么?你给出的答案是实证性的还是规范性的?

8. 既然理性行为无需完全是自私自利的,为什么经济分析又要假定个人行为的基本动力是追逐个人利益呢?

9. 为什么说微观经济分析离不开边际分析法?

10. 为什么说采用均衡分析方法,总是不完全符合所研究问题的实际情况?假如是这样的话,为什么我们又说,科学理论对于指导实践有重大意义?

11. 微观经济学和宏观经济学各自的研究对象及其相互关系是什么?

参考答案

一、选择题

1. C   2. A   3. C   4. C   5. D   6. B   7. B
8. C   9. B   10. C   11. D   12. B   13. C   14. B
15. C   16. D   17. B   18. D   19. A   20. D   21. B
22. C   23. C   24. D   25. D

二、分析问答题

1. 答:西方经济学认为,人类之所以有经济行为,之所以要从事生产、分配、交换、消费的经济活动,是由于人类的欲望和由此引起的对物品和劳务的需要是无限多样且永不停止的。可是,用来满足这些无限需要的手段即用来提供这些物品和劳务的生产资源是稀缺的。这里的稀缺不是指这种资源是不可再生的或者可以消耗尽的,也不是指这种资源的绝对量是稀少的,而是指在给定的时间内,与人类需要相比，其供应量总是不足的。如果人们的消费欲望以及由此引起的对物品和劳务的需要是有限的，而满足这些需要的手段是取之不尽用之不竭的，就不存在稀缺问题，人们不用努力就可以取得所需要的东西。这样，社会就不需要任何组织来管理和控制资源的利用，也不需要管制人们的经济行为。但现实中的情况是人们的需要是无限的，这些需要又是有轻重缓急的，而满足需要的手段即资源是有限的，各种资源一般说又可有多种用途，这样就产生了如何分配这些有限的而又有多种用途的资源来满足轻重缓急各不相同的无限需要的问题，这就是"选择"，也就是"配置"资源的问题。人类社会面临的经济问题就是如何把有限的资源合理和有效率地分配于各种途径以满足人类无限多样的需求。在市场经济中，资源的配置是通过市场价格机制来实现的。因为生产什么、生产多少、如何生产、为谁生产，都是由市场价格决定的。什么东西（物品和劳务）价格上升，人们就多生产一些，即社会多分配一些资源到这些东西的生产上。如何生产这些东西，即生产这些东西时用多少这种生产要素或那种生产要素，也是由生产要素价格决定的。例如，劳动便宜就多用劳动，资本便宜就多用资本。生产资源的所有者出售生产资源给谁，也要看资源的价格。资源在哪种物品生产上所获得的报酬（即资源在生产中使用的价格）高，生产资源所有者就出售资源给哪种物品的生产者。可见，生产要素报酬即收入分配，即为谁生产的问题，也是由市场价格决定的。这样，我们就不难理解西方经济学是一门考察市场体系中稀缺的生产资源配置的科学。

2. 答：在西方经济学中，成本一般是指厂商在组织生产活动中所使用的各种生产要素的价格，即为获取一定经济成果而支出的一切费用，它不仅包括原材料、燃料、动力、辅助材料、固定资产折旧、工人工资、企业管理人员薪金等费用，还包括资本的报酬——利息、土地租金——地租、企业家才能的报酬——利润（企业家才能的报酬——利润，是生产成本中的"正常利润"）。这样的成本也称生产费用。而机会成本则是指一定的生产要素被用于生产某种产品时所放弃的用于生产另一种产品时可能获得的最大收益。一种资源既可以用于甲用途，又可以用于其他用途。由于资源具有稀缺性，如果用于甲用途，就必须放弃其他用途，所放弃的其他用途中那个仅次于甲用途的或者次好用途可能获得的利益，就是资源用于甲用途的机会成本。例如，企业主用自己的资金办企业的机会成本就是他把这笔资金借给别人可能得到的利息。企业主自己当企业经理的机会成本是他到别处就业可能得到的报酬。生产 A 产品的机器转向生产 B 产品的机会成本是生产 A 产品时得到的利润收入。显然，生产费用所体现的生产成本与机会成本是有区别的，因为机会成本并不是生产中直接支出的生产费用。但二者又是有联系的，考虑生产成本和机会成本都是为了考察利润或者经济活动的效益，如果 B 产品的生产成本（生产费用）不变，生产 A 产品的成本上升从而获得的利润下降，则 B 产品的机会成本下降；相反，如果 A 产品生产成本上升利润收入不变，而 B 产品生产成本上升而利润下降，则 B 产品的机会成本上升。由此可见，生产一种物品的机会成本越高，说明这种物品生产的效率或者效益就越低。在这里，经济效率或者效益是用经济利润来表示的。所谓经济利润是指资源投于这一用途所得到的利润，比投于其他用途可能得到的利润将多多少。具体说来就是经济利润等于销售收入减去机会成本。生产一种有用物品的机会成本越低，表明这种物品生产效率就越高。

3. 答："技术效率"和"经济效率"都是生产效率问题，但前者纯粹是从生产技术的角度考虑技术的可行性问题，比方说生产一定产品，应当投入多少劳动力，多少设备；但经济效率还需要考虑生产要素的相对价格，如何使用生产要素才能使生产成本最低。技术上有效率不一定就是经济上有效率。例如，某一工程仅从技术角度考虑的话，则投入一定数量的劳动力再加上少量先进的设备就是有效率的。然而，如果劳动工资很低，而先进设备却十分昂贵，则从经济效率考虑，宁可更多些劳动力，用些简陋的老设备代替先进设备，这样会更合算些；反之亦然。一般说来，越是稀缺的资源，其价格越昂贵，则采用这种资源进行生产，其成本越高，经济效率就越低。

4. 答：社会如何配置生产资源，可采用不同方式。

在现代资本主义经济中，生产什么、生产多少、为谁生产、如何生产，基本上是由生产资源的所有者，既作为生产要素的供给者，又作为产品和劳务的需求者,各自独立、分散决定的。他们决策的主要依据是产品价格的高低。例如,牛肉涨价,说明社会对牛肉需求增加,应当多分配资源于牛肉的生产,而由于牛肉涨价使养牛有利可图,生产者事实上也就会多用些粮食及其他饲料来生产牛及牛肉。可见,资源配置在市场经济中是通过价格来实现的。资源配置的原则和方式基本上是依靠市场进行的,这样一种经济就是市场经济。

在传统的社会主义经济中,生产什么、生产多少、怎样生产以及产品在社会成员之间的分配,基本上是由中央计划按照人民的利益和客观可能,以指令性计划形式贯彻实行,价格对资源配置不直接发生作用,而且价格也是由计划决定的。这种经济就是计划经济。

除以上所属这些资源配置方法以外,还有一种市场和计划相结合,即分散决策和集中决策相结合的双重决策方式。例如,现代资本主义国家中,一方面资源配置基本上由市场决定,另一方面资产阶级政府又通过财政政策、金融政策及其他政策对私人经济决策施加影响。例如,对某些产品生产和销售增加税收,可减少这些产品的生产。相反,对另一些产品的生产和销售给予补贴则可鼓励这些产品的生产。在社会主义经济中,通过改革,实行计划经济和市场调节相结合的制度,实际上也是将分散决策和集中决策相互结合起来。这种双重决策的经济在西方经济学中被称为"混合经济"。

5. 答:微观经济学的价值理论就是考察消费者对各种产品的需求与生产者对产品的供给怎样决定着每种产品的价格,而其分配理论就是考察生产要素的供给与生产者对生产要素的需求是怎样决定生产要素的使用量及价格(工资、正常利润、地租、利息)。在市场经济中,这些问题都是由价格机制决定的,也就是产品价格和生产要素价格的决定问题。因此,微观经济学的价值理论和分配理论就是价格理论。在市场经济中,产品价格和要素价格的决定,其实就是资源配置的问题,因为资源配置于什么部门,即生产什么、生产多少、为谁生产完全由价格决定。社会资源由市场根据价格及其变动配置于各种产品生产上,就使资源配置合理,从而保证了效率。所谓效率,无非是资源配置的合理程度。如果社会对某产品需求增加,则应多分配一些资源去生产该产品。在市场经济中，由于需求增加时该产品价格会提高，生产者自然就会多生产这种产品，从而实现资源的合理配置。

6. 答：这一问题属于规范经济学，而不属于实证经济学，我们知道，实证经济学说明和回答的问题是，经济现象"是什么"，即经济现象的现状如何？有几种可供选择的方案，如选择了某方案，后果如何？至于是否应当作出这种选择，则不作讨论。而规范经济学就以一定的价值判断为出发点，提出行为的标准，并研究如何才能符合这种标准。它力求回答的问题是：应该是什么，即为什么要作出这样的选择，而不作另外的选择，它涉及是非善恶，应该与否，合理与否。由于人们的立场观点、伦理道德观点不同，对同一事物会有不同看法。例如，人们收入差距大一点好，还是小一点好，个人根据自己的价值标准，可能有不同的回答。坚持效率优先的人会认为收入差距大一点好，因为这样可给人以刺激，从而提高效率；相反，坚持公平为重的人会认为，收入差距小一点好，因为这样可体现收入均等化原则。可见，这个问题属于规范经济学范畴。

7. 答：经济理性主义观点认为，人在经济生活中总是受个人利益或利己心的动机所驱使，总能认真地把各种可能的抉择权进行比较，以便找出一个能使他耗费给定的代价取得最大限度的利益的所谓最优化方案。在日常生活中，人们花费一定的金钱买进消费品时总力求消费品提供最大的效用，厂商经营总力求利润最大，要素出售者提供生产要素则力求收益最大。总之，人们无论从事何种经济活动，都力求能带来最大利益，带来最大限度满足。一切头脑正常的人，即所谓有理性的人都会这样行动，不可能有所谓"非理性"的行为。然而，理性行为不一定是自私自利的，更不一定是损人利己的。因为如果人们不把自私自利和损人利己作为自己行为所追求的目标，而把助人为乐看作是自己行为的准则的话，则自私自利或损人利己就不会成为他们的理性行为。当然，在自私自利者或损人利己者看来，自私自利和损人利己行为就是理性行为，"宁可我负天下人，不愿天下人负我"，就是这样的人。可见，如果我们说，理性行为不应当是自私自利即损人利己的行为，这种说法实际已经是规范性的而不是实证性的了。因为这种说法实际上已包含着认为自私自利和损人利己是"不好的"、"不应当的"、"非理性的"这样一种价值判断了。

8. 答：理性行为无需完全是自私自利的。众所周知，有理性的人的行为可有多种动机，获取个人经济利益只是其中一个方面。人有理想、感情、信仰、荣誉感、正义感等，这些都会驱使人们从事各种活动，包括经济活动。这时候，人们为了实现自己的理想、感情、信仰、荣誉感、正义感等，可以牺牲自己的物质利益，甚至是自己的生命。因此，人不仅可以作为经济人而存在，还可以是革命者、教徒、义士等。但是经济学假设人只为自己的经济利益而活动和生存，撇开了人类行为的其他动机，以追逐个人利益为个人行为的基本动力，并进而假定人们经济行为准则是既定目标的最优化。例如，消费者行为目标是获得最大限度满足即效用极大化，厂商行为的目标是利润极大化，要素出售者行为目标是收入极大化等。这种假定是合理的，也是必要的。这是因为经济利益尽管只是人们行为动机的一个方面，但是经济学研究的正是人们的物质利益关系。就经济活动而言，个人经济利益的追求始终是推动人们从事经济活动的根本力量。因此，把追求个人利益从人的各种行为动机中抽象出来，并赋予这样行动的人以"经济人"或者说"理性人"的概念。假定他们的行为准则是既定目标最优化，并由此建立起一整套经济理论体系，是完全必要的、合理的。这是一种抽象法，是科学赖以建立和发展的重要方法。如果不这样假定，认为人从事经济活动可以有随便的动机，比如说，消费者对购买时是否吃亏、厂商经营时对是否赚钱、人们出让自己的生产要素对能得到多少报酬等抱无所谓的态度，无异说稀缺资源如何配置也是件无关紧要的事情。这样，人类也就不需要什么经济学了。

9. 答：微观经济学一旦把各经济主体的经济行为作为考察对象，分析消费者行为、厂商行为以及生产要素所有者提供生产要素的行为，而他们的行为准则都是既定目标的最优化，即消费者行为准则是从购买消费品中取得最大效用总和，经营者（即厂商）的行为准则要从经营中获得最大利润，生产要素所有者提供生产要素的行为是为了获得最大限度报酬。解决如何实现既定目标（如效用、利润、报酬等）的最优化问题，离不开边际分析法。"边际"一词在经济学中是指"最后一单位"的意思。经济个体的行为就是他们的决策，在决策中他们最关心的是被决策变量（如效用、利润、收入等）的变化方向和变化程度，他们显然与决策变量（如消费者购买量、厂商生产时投入的资本量、劳动量等）的变化有关。人们可以通过把握二者变化的比率来把握它们的关系，或者通俗地讲，为了确定某一目标函数 y（如利润）何时达到最大，就要把握决策变量 x（如劳动投入量或资本投入量）的边际变化对 y 的影响，然后再决定是使决策变量 x 继续增加（或减少）还是不变。这种分析就是边际分析。边际分析是经济学中寻求最优解的最常用的工具。我们知道，两个变量的变化比率就是数学上的函数的导数，边际分析的过程就是近似于数学上的求导过程。经济学的边际值对函数关系来说就是因变量的变化率。边际值为正，说明因变量随自变量增加而增加；边际值为负，说明因变量随自变量增加而减少；边际值为零，说明因变量为极大或者极小。

由于微观经济学探讨个体经济行为离不开既定目标的最优化，因而也就离不开边际分析法。

10. 答：均衡分析方法是在对研究的问题所设计的诸多经济变量中假定自变量为已知和不变的，然后考察当因变量达到均衡状态时会有的情况和所具备的条件。无论是局部均衡分析理论还是一般均衡分析理论都是这样。在局部均衡分析理论中，分析一种商品价格决定时，就假定作为自变量的需求状况（至于各个不同卖价相适应的需求量）和供给状况（至于各个不同买价相适应的供给量）都是已知和不变的，分析一种价格达到均衡时（即不再变动）所需要的条件是供给量和需求量在这种价格水平上正好相等，这时价格就稳定下来了。在一般均衡中，分析一种商品价格决定时，则认为一种商品的价格不仅取决于它本身的供给和需求状况，还受到其他种商品的价格和供求状况的影响，因而这种商品的均衡价格只有在所有商品的价格和供求都达到均衡的时候才能决定。由于均衡分析只是考察经济决策者被设想为已达到均衡状态时会有的情况或实现均衡应具备的条件，并不涉及达到均衡的过程，从不均衡到均衡的过程中，事实上要经历一定时间，均衡分析方法则抽象掉了这一时间因素。抽象掉时间因素使均衡分析方法不可能完全符合所研究的问题的实际情况，因为实际情况正是在时间过程中不断变化的。

例如，分析一种商品价格决定时，假定需求状况和供给状况不变，达到均衡就需要供给量和需求量在此价格水平上相等，但事实上在达到均衡价格过程中需求状况和供给状况不可能始终保持不变，因而这种均衡分析理论总是不完全符合所研究的问题的实际情况。然而，这不等于说由此均衡分析方法所得出的理论对指导实践就没有意义，或者说这种均衡分析方法就是没有意义的。众所周知，任何科学研究都必须运用科学的抽象方法，舍弃一些次要的因素或变量，然后研究若干主要变量之间的关系，才能建立起经济理论或经济模型。这样建立起来的理论或模型用来分析实际经济问题时，只要把那些舍弃的因素考虑进来，依然很有意义。例如，通过均衡价格理论，我们可以知道，任何商品的价格只有在供给和需求两方面势均力敌的情况下才能够稳定下来，供给和需求两方面中任何一方的变动都会引起均衡价格的变动。这样的理论对指导经济工作实践是很有意义的。

11. 答：微观经济学是研究单个经济决策的单位（如消费者、厂商和资源所有者）的经济行为，它所考察的是单个商品市场上的价格和供求是如何变动的，单个消费者的消费受哪些因素的制约，单个生产者的成本、价格和产量是如何决定的，收入如何在各资源所有者之间进行分配等。概括地说，微观经济学是研究消费者对各种商品的需求与生产者对市场提供的供给如何决定每一种商品的数量及价格，生产要素的供给和需求如何决定每一种生产要素的使用量和价格以及相应的收入分配。

宏观经济学是研究整个国民经济活动的，它分析的是诸如一国国民生产总值和国民收入变动及其与社会就业、经济周期波动、通货膨胀、经济增长、财政金融之间的关系等问题。

微观经济学与宏观经济学虽然在具体的研究对象和分析方法上有所不同，但二者作为现代西方理论经济学体系的两大组成部分，存在着密切联系。首先，宏观经济分析和微观经济分析是相互补充的。

宏观经济学和微观经济学可以同时对某一经济现象从不同的角度进行考察，而这些考察是互相补充的。其次，二者假定的制度前提是一样的。无论是宏观经济学还是微观经济学，在进行分析时都假定制度是既定的。它们不讨论制度变化的原因和后果，而是在假定制度不变的条件下分析经济现象的数量变化。再次，二者所使用的分析方法（除个量分析与总量分析的区别外）大都是相同的。最后，微观经济学是宏观经济学的基础，宏观经济分析总是以一定的微观经济分析为基础的。

第二章 需求、供给和均衡价格

内容提要

需求是指消费者在一定价格下愿意并且能够购买的商品数量。影响需求的因素有多种，如果只分析其中需求量与商品价格的关系，则需求函数为 $Q_d=f(p)$。一般说来，需求量与价格呈反向变动，这就是需求法则。需求函数又称为需求价格函数。需求价格是消费者为购买一定数量商品所愿意支付的最高价格（简称出价），消费者消费某种商品数量越大，单位商品为消费者提供的边际效用就越小，消费者愿意支付的最高价格就越低，因此需求函数或需求价格函数曲线呈现出向右下倾斜的状态。若需求量与价格之间存在线性函数关系，则此函数可写成为：$Q_d=a-bp$。在影响需求的其他因素（如消费者收入、其他商品价格、消费者偏好等）发生变动时，需求曲线会产生移动。

供给是生产者在一定价格下愿意并能够出售的商品数量。影响商品供给的因素也有很多，如果只分析其中供给量与商品价格的关系，则供给函数为 $Q_s=f(p)$。一般说来，供给曲线与价格呈正向变动，这就是供给法则。供给函数又称为供给价格函数。供给价格是生产者出售一定量商品所愿意接受的最低价格（简称要价），在生产技术既定的前提下，生产者提供的产品量越大，其边际成本越高，生产者愿意接受的价格越高，所以供给函数曲线呈现向右上倾斜的状态。如果供给量与价格之间存在线性变动关系，则此函数可写成 $Q_s=-c+dp$。在影响供给的其他因素（如成本、生产技术、自然条件等）发生变动时，供给曲线会产生移动。

供给与需求相等的价格为均衡价格,供求相等时的产量为均衡产量。均衡时 $Q_s=Q_d$,即 $-c+dp=a-bp$,故均衡价格为:$p=(a+c)/(b+d)$。供给和需求发生变动时,即供给曲线和需求曲线移动时,均衡价格和均衡产量会发生相应变动。如果人为地维持高于均衡价格的价格,则产生过剩;反之则产生短缺。

需求弹性是指需求对影响需求的因素的变动的反应程度。需求弹性一般可以分为价格弹性、收入弹性和交叉弹性。价格弹性系数为:

$E_d=(\Delta Q/\Delta P)\times(P_1+P_2)/(Q_1+Q_2)$ ………弧弹性

或者　$E_d=(dQ/dP)\times P/Q$………点弹性

式中,dQ/dP 是需求曲线上与 P 和 Q 相对应的点的切线斜率的倒数,故不可把弹性与需求曲线斜率相混淆。

影响需求价格弹性的因素有很多。需求曲线价格弹性与销售总收益密切相关:富于弹性的商品销售收益与价格呈反方向变动,缺乏弹性的商品销售收益与价格呈正方向变动,单位弹性的商品销售收益与价格变动无关。

需求的收入弹性系数为:

$E_I=(\Delta Q/\Delta I)\times(I_1+I_2)/(Q_1+Q_2)$ ………弧弹性

或者　$E_I=(dQ/dI)\times I/Q$………点弹性

各类商品的收入弹性不同。

正常商品的 $E_I>0$(其中奢侈品的 $E_I>1$,必需品的收入弹性为 $0<E_I<1$),劣质商品的 $E_I<0$。

需求的交叉弹性系数为:

$E_{xy}=(\Delta Q_x/\Delta P_y)\times(P_{y1}+P_{y2})/(Q_{x1}+Q_{x2})$ ………弧弹性

或者　$E_{xy}=(dQ_x/dP_y)\times P_y/Q_x$………点弹性

依据 E_{xy} 的大小,可将商品间关系分为三类:

一是 x 和 y 为互相替代的商品,$E_{xy}>0$;

二是 x 和 y 为互相补充的商品,$E_{xy}<0$;

三是 x 和 y 为互相独立的商品,$E_{xy}=0$。

同需求有弹性一样,供给也有弹性。前述需求价格弹性的分析,同样适用于供给价格弹性，但是与需求价格弹性相反，供给价格弹性一般为正值。

蛛网模型是用于市场均衡动态分析的一种理论模型。假设供给变动存在时滞，而需求不存在时滞，令下标"t"代表本期，"t_{-1}"代表上期，则需求 $D_t=a-bp_t$，供给 $S_t=-c+dp_{t-1}$。若初始价格为 p_0，则波动中每期价格为：

$p_t=[p_0-(a+c)/(b+d)](-d/b)^t+(a+c)/(b+d)$。

因此，如果 b＞d，即需求曲线比供给曲线陡峭，或者说供给弹性小于需求弹性，则价格与产量的波动会逐渐变小，最终会趋于均衡水平。

如果 b＜d，即需求弹性小于供给弹性，则价格与产量的波动会越来越离开均衡水平。

如果 b=d，则价格与产量的波动将会始终如一，循环往复。

综合练习题

一、选择题

1. 在得出某种商品的个人需求曲线时,下列因素中哪一种会发生变动(   )。
   A. 消费者的收入
   B. 其他商品价格
   C. 消费者偏好
   D. 所需此种商品的价格

2. 某商品的个人需求曲线表明了(   )。
   A. 个人愿望的最大限度
   B. 个人愿望的最小限度
   C. 既是个人愿望的最大限度,又是个人愿望的最小限度
   D. 既不是个人愿望的最大限度,也不是个人愿望的最小限度

3. 需求量和价格之间呈反方向变化的原因为(   )。
   A. 替代效应
   B. 收入效应
   C. 上述两种效应同时作用
   D. 以上均不对

4. 其他保持因素不变,只是某种正常商品的价格下降,这将产生什么样的结果(   )。
   A. 需求增加
   B. 需求减少
   C. 需求量增加
   D. 需求量减少

5. 消费者预期某种物品未来的价格要上升,则对该物品当前需求会(   )。

A. 减少

B. 增加

C. 不变

D. 都可能

6. 下列因素中哪一种不会使需求曲线移动（   ）。

   A. 消费者收入变化

   B. 商品价格下降

   C. 其他商品价格下降

   D. 消费者偏好改变

7. 如果消费者对某商品的偏好突然增加，同时这种产品的生产技术有很大改进，我们可以预期（   ）。

   A. 该商品的需求曲线和供给曲线都会向右移动并使均衡价格和产量提高

   B. 该商品的需求曲线和供给曲线都会向右移动并使均衡价格和产量降低

   C. 该商品的需求曲线和供给曲线都会向左移动并使均衡价格上升而产量下降

   D. 该商品的需求曲线和供给曲线都会向右移动并使均衡产量增加，但均衡价格可能上升也可能下降

8. 如果商品 M 和商品 N 互为替代品，则商品 M 价格的下降将会造成（   ）。

   A. N 需求曲线保持不变

   B. M 需求曲线向左移动

   C. N 需求曲线向右移动

   D. N 需求曲线向左移动

9. 一种商品价格的下降对其互补品最直接的影响是（   ）。

   A. 互补品的需求曲线向右移动

   B. 互补品的需求曲线向左移动

   C. 互补品的供给曲线向右移动

   D. 互补品的供给曲线向右移动

10. 在得出某种商品的供给曲线时,下列因素中哪一个会发生变化（　　）。
    A. 技术水平
    B. 投入价格
    C. 自然特点
    D. 所考虑商品的价格

11. 某种商品生产者的正斜率供给曲线表明了（　　）。
    A. 生产者愿望的最大限度
    B. 生产者愿望的最小限度
    C. 一种意义是生产者愿望的最大限度,另一种意义是生产者愿望的最小限度
    D. 以上全不对

12. 如果某种商品供给曲线的斜率为正,在保持其他条件不变的情况下,该商品价格上升,导致（　　）。
    A. 供给增加
    B. 供给量增加
    C. 供给减少
    D. 供给量减少

13. 生产者预期某商品未来价格要下降,则对该物品当前的供给会（　　）。
    A. 增加
    B. 减少
    C. 不变
    D. 都可能

14. 面包师工资提高将使（　　）。
    A. 面包供给曲线左移并使房子价格上升
    B. 面包供给曲线右移并使房子价格下降
    C. 面包供给曲线左移并使房子价格下降
    D. 面包供给曲线右移并使房子价格上升

15. 市场上某商品存在超额需求是由于（　　）。

A. 产品价格超过均衡价格

B. 产品是优质品

C. 该商品供不应求

D. 该产品价格低于均衡价格

16. 当供求原理发生作用时,粮食减产在市场上的作用是(　　)。

　　A. 政府规定个人购买大米的数量

　　B. 大米价格上升

　　C. 大米价格下降

　　D. 大米交易量增加

17. 假如生产某种商品所需原料价格上升,则这种商品(　　)。

　　A. 需求曲线向左方移动

　　B. 供给曲线向左方移动

　　C. 需求曲线向右方移动

　　D. 供给曲线向右方移动

18. 弧弹性系数对曲线的点弹性系数的估计在下列哪种情况下将得到改善(　　)。

　　A. 弧长变短时

　　B. 弧的斜率变小时

　　C. 上面两者都发生变化时

　　D. 上述都不变时

19. 当一种商品价格低时的购买量比价格高时的购买量多,意味着它的需求曲线(　　)。

　　A. 水平

　　B. 垂直

　　C. 向上倾斜

　　D. 向下倾斜

20. 价格上升时,需求量沿着个人需求曲线减少是因为:a. 高价令消费者减少购买量;b. 价格上升时,消费者离开市场。上述哪项正确(　　)。

　　A. a 正确

B. b 正确

C. a 和 b 都正确

D. a 和 b 都不正确

21. 下列哪一种弹性是度量沿着需求曲线的移动而不是曲线本身的移动（   ）。

　　A. 需求的价格弹性

　　B. 需求的收入弹性

　　C. 需求的交叉弹性

　　D. 需求的预期弹性

22. 如果 x 和 y 两产品的交叉弹性是-3.5，则（   ）。

　　A. x 和 y 是替代品

　　B. x 和 y 是正常商品

　　C. x 和 y 是劣质品

　　D. x 和 y 是互补品

23. 如果某商品需求的价格弹性较大，则该商品价格上升（   ）。

　　A. 会使销售收益增加

　　B. 该商品销售收益不变

　　C. 会使该商品销售收益下降

　　D. 销售收益可能上升也可能下降

24. 如果人们收入水平提高，则食物支出在总支出中的比重将会（   ）。

　　A. 大大增加

　　B. 稍有增加

　　C. 下降

　　D. 不变

25. 政府对生产者出售的商品每单位征税 20 美元，假定这种商品的需求价格弹性为零，可以预料价格上升（   ）。

　　A. 小于 20 美元

　　B. 等于 20 美元

　　C. 大于 20 美元

D. 不能确定

26. 假定某商品的价格从 5 美元降到 4 美元，需求量从 9 单位增加到 11 单位，则该商品生产者的总收益将（   ）。

    A. 不变
    B. 增加
    C. 减少
    D. 不知道

27. 某商品的互补品的价格上升会导致该商品（   ）。

    A. 需求曲线右移
    B. 需求量沿着需求曲线增加
    C. 需求量沿着需求曲线减少
    D. 需求曲线左移

28. 若需求曲线为向右下方倾斜的一条直线，则当价格从高到低不断下降时，卖者的总收益（   ）。

    A. 不断增加
    B. 在开始时趋于增加，达到最大值后趋于减少
    C. 在开始时趋于减少，达到最小值后趋于增加
    D. 不断减少

29. 厂商在工资率下降的时候一般倾向于增雇工人，假如对工人的需求缺乏价格弹性，工资率的下降将导致工资总额（   ）。

    A. 减少
    B. 不变
    C. 增加
    D. 无法确定

30. 如果价格下降 20% 能使买者总支出增加 2%，则该商品的需求量对价格（   ）。

    A. 富有弹性
    B. 具有单元弹性
    C. 缺乏弹性
    D. 无法确定

31. 两种商品中若当其中一种价格发生变化时,这两种商品的购买量同时增加或者减少,则二者的交叉需求弹性系数为(   )。

    A. 负

    B. 正

    C. 0

    D. 1

32. 对劣质商品需求的收入弹性 E_I 是(   )。

    A. $E_I<1$

    B. $E_I=0$

    C. $E_I<0$

    D. $E_I>0$

33. 对一斜率为正的直线型供给曲线的供给价格弹性(   )。

    A. 不能确定

    B. 等于1

    C. 大于1

    D. 小于1

34. 某商品的市场供给曲线是一过原点的直线,则其供给的价格弹性(   )。

    A. 随价格而变

    B. 1

    C. 为其斜率值

    D. 无法知道

35. 政府为了增加财政收入,决定按照销售量向卖者征税,假如政府希望税收负担全部落在买者身上,并尽可能不影响交易量,那么应具备的条件是(   )。

    A. 需求和供给的价格弹性均大于零小于无穷

    B. 需求的价格弹性大于零小于无穷,供给的价格弹性等于零

    C. 需求的价格弹性等于零,供给的价格弹性大于零小于无穷

    D. 需求的价格弹性为无穷,供给的价格弹性等于零

36. 已知当某种商品的均衡价格是1美元时,均衡交易量是2000

单位。现假定买者收入的增加使这种商品的需求增加了 800 单位,那么在新的均衡价格水平上,买者的购买量是( )。

  A. 2000 单位

  B. 多于 2000 单位,但是少于 2800

  C. 2800 单位

  D. 以上均不对

37. 小麦歉收导致小麦价格上升,准确地说在这个过程中( )。

  A. 小麦供给的减少引起需求量下降

  B. 小麦供给的减少引起需求下降

  C. 小麦供给量的减少引起需求量下降

  D. 小麦供给量的减少引起需求下降

38. 如果政府对卖者出售的商品每单位征税 10 美分,那么这种做法将导致该产品(该商品的需求和供给曲线为正常的负斜率和正斜率)( )。

  A. 价格上升 10 美分

  B. 价格的上升小于 10 美分

  C. 价格的上升大于 10 美分

  D. 不可确定

39. 已知某种商品的市场需求函数为 D=50-P,市场供给函数为 S=2P-10,如果对该商品实行减税,则减税后的市场均衡价格( )。

  A. 等于 20

  B. 小于 20

  C. 大于 20

  D. 等于或者小于 20

40. 若某商品市场供给曲线的斜率为负,那么此情形属于( )。

  A. 稳定均衡

  B. 不稳定均衡

  C. 亚稳定均衡

  D. 均有可能

41. 如果政府利用配给的方法来控制价格,意味着( )。

A. 供给和需求的变化已不能影响价格

B. 政府通过移动供给曲线来抑制价格

C. 政府通过移动需求曲线来抑制价格

D. 政府通过移动供给和需求曲线来抑制价格

42. 政府为了扶植农业，对农产品规定了高于其均衡价格的支持价格。政府应采取的相应措施是（   ）。

A. 增加对农产品的税收

B. 实行农产品配给制

C. 收购过剩农产品

D. 对农产品生产者给予补贴

43. 政府把价格限制在均衡水平以下，可能导致（   ）。

A. 黑市交易

B. 大量积压

C. 买者按低价买到希望购买的商品数量

D. A 和 C

44. 在需求和供给同时减少的情况下（   ）。

A. 均衡价格和均衡交易量都将下降

B. 均衡价格下降，均衡交易量无法确定

C. 均衡交易量下降，均衡价格无法确定

D. 均衡价格上升，均衡交易量下降

45. 均衡价格随着（   ）。

A. 供给和需求的增加而上升

B. 供给和需求的减少而上升

C. 需求的减少和供给的增加而上升

D. 需求的增加和供给的减少而上升

二、计算题

1. 顾客对消费品 x 的需求函数为 $P=100-\sqrt{Q}$，分别计算价格 $P=30$ 和 $P=20$ 时的价格弹性系数。

2. 假定在一定时期内，美国自行车的供求表如下所示。

自行车价格 （美元/辆）	需求量 （百万辆/年）	供给量 （百万辆/年）
60	22	14
80	20	16
100	18	18
120	16	19

（1）试计算当价格处于80～100美元时需求的价格弧弹性。
（2）试计算当价格处于100～120美元时供给的价格弧弹性。
（3）每辆自行车的均衡价格是多少？如果价格是80美元，会出现什么情况？价格为120美元时的情况又如何？

3. 1986年7月某外国城市公共汽车票价从32美分提高到40美分，8月乘客为880万人次，比1985年同期减少12%，求需求的弧价格弹性。

4. 设需求函数为 $Q=I/P^n$，式中 I 为收入，P 为价格，n 为常数，求需求的点收入弹性和价格弹性。

5. 已知销售商品 x 之总收益（R=PQ）方程为 $R=100Q-2Q^2$，计算当边际收益 MR 为 20 时的点弹性。

6. 假设某国家对汽车的需求函数为 $Q= -0.725-0.049P+0.025Y$，而汽车的需求量、价格和消费者收入的变动情况如下表所示。

年份	需求量（千辆）	价格	收入
1960	75.3	1000	5000
1961	76.6	1050	5150
1962	79.4	1123	5407
1963	79.4	1235	5623

计算需求量变化中由价格和收入的变化引起的变动量各为多

少？1960年～1963年各年的价格弹性和收入弹性多大？

7. 假设某商品的50%为75个消费者购买，它们每个人的需求弹性为-2，另外50%为25个消费者购买，它们每个人的需求弹性为-3，试问合计的弹性为多少？

8. 在英国，对新汽车需求的价格弹性 E_d=-1.2，需求的收入弹性 E_y=3.0，计算：

（1）其他条件不变，价格提高3%对需求的影响；

（2）其他条件不变，收入增加2%对需求的影响；

（3）假设价格提高8%，收入增加10%，1980年新汽车销售量为800万辆，利用有关弹性系数的数据估计1981年新汽车的销售量。

三、分析问答题

1. 假如鹌鹑和鹌鹑蛋的价格下降，为什么对它们的需求会增加？请用收入效应和替代效应作出解释。当鹌鹑和鹌鹑蛋价格下降后，假如养火鸡的饲料的价格不变，预计火鸡的销售量和价格会发生什么变化？

2. 粮食价格提高后对牛肉的供给曲线有何影响？牛肉价格上升对牛肉供给曲线有何影响？

3. 请指出发生下列几种情况时某种真菌需求线的移动方向及原因：

（1）卫生组织发布一份报告，称这种真菌会致癌；

（2）另一种真菌价格上涨；

（3）消费者的收入增加；

（4）培育真菌的工人工资增加。

4. 下列事件将对生产汽车产生什么影响：

（1）生产汽车的技术有重大进步；

（2）整个汽车行业的企业数目减少了；

（3）生产汽车的工人工资上涨了；

（4）预计汽车的价格会下降。

5. 如果政府：（1）对某种商品的所有生产者给予单位现金补贴；

(2)与上相反,对该商品的所有生产者征收单位销售税,将会对该商品的供给曲线产生什么样的影响?(3)对一种商品的所有生产者来说,实行最低限价或最高限价与给予单位现金补贴或征收单位销售税有何不同?

6. 解释需求变动和需求量变动的区别。

7. 下图有三条为直线的需求曲线:(1)比较 a、b 和 c 点的需求价格弹性;(2)比较 a、d 和 e 三点的需求价格弹性。

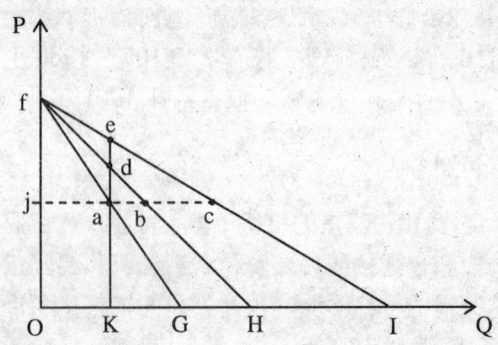

8. 如果考虑到提高生产者的收入,那么对农产品和电视机、录像机一类高级消费品应采取提价还是降价的方法?

9. 讨论下列问题:

(1)某城市大量运输的需求的价格弹性估计为 1.6,城市管理者问,为了增加大量的运输收入,运输价格应该增加还是减少?

(2)一种说法是:气候不好对农民不利,因为农业要歉收;另一种则说:气候不好对农业有利,因为歉收后价格会上升。如何评价?

(3)当 $Q=5000-0.5P$ 时,这一需求函数中的价格弹性是否为常数?为什么?

10. 需求的交叉弹性是什么意思?为什么替代品之间需求的交叉弹性为正值?

11. 参考下图,考虑对小麦生产者的两个援助农场计划:Ⅰ.政府把价格定在 P_2,并购买 P_2 价格下多余的小麦;Ⅱ.政府让小麦在其均衡价格 P_1 出售,对出售的每单位小麦付给农场主 P_2-P_1 的补贴金。对政府来说哪一种花费比较大?

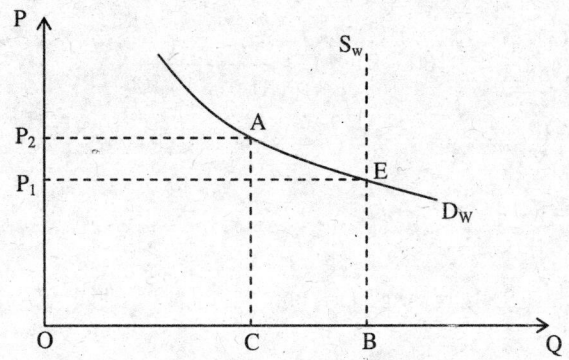

12. 列出三种以上可能引起果酱需求增加的因素。这些引起果酱需求增加的因素对果酱的价格和交易量有什么影响?

参考答案

一、选择题

1. D	2. A	3. C	4. C	5. B	6. B	7. D
8. D	9. A	10. D	11. C	12. B	13. A	14. A
15. D	16. B	17. B	18. C	19. D	20. C	21. A
22. D	23. C	24. C	25. B	26. C	27. D	28. B
29. A	30. A	31. A	32. C	33. A	34. C	35. B
36. B	37. A	38. B	39. D	40. C	41. C	42. C
43. A	44. C	45. D				

二、计算题

1. 解：

由 $P=100-\sqrt{Q}$，得 $Q=(100-P)^2$，则：

$$E_d = \frac{dQ}{dP} \times \frac{P}{Q} = 2(100-P) \times (-1) \frac{P}{(100-P)(100-P)}$$
$$= \frac{-2P}{100-P}$$

于是，P=30 时，$E_d = -6/7$。
P=20 时，$E_d = -1/2$。
即，当价格为 30 和 20 时的点价格弹性系数分别为 -6/7 和 -1/2。

2. 解：

（1）$E_d = \frac{Q_2-Q_1}{P_2-P_1} \times \frac{P_2+P_1}{Q_2+Q_1} = \frac{18-20}{100-80} \times \frac{100+80}{18+20} = -0.47$

（2）$E_d = \frac{Q_2-Q_1}{P_2-P_1} \times \frac{P_2+P_1}{Q_2+Q_1} = \frac{19-18}{120-100} \times \frac{120+100}{19+18} = 0.3$

（3）均衡价格为 P=100 美元，当价格为 80 美元时，会出现短缺，价格为 120 美元时，会出现过剩。

3. 解：

由题设，$P_1=32$，$P_2=40$，$Q_2=880$。
$Q_1=880/(1-12\%)=1000$
得出 $E_d = \Delta Q/\Delta P \times [(P_1+P_2)/2]/[(Q_1+Q_2)/2]$
$= (Q_2-Q_1)/(P_2-P_1) \times (P_1+P_2)/(Q_1+Q_2)$
$= -27/47 \approx -0.57$。

4. 解：

由 $Q=I/P^n$，得：

$E_I = dQ/dI \times I/Q = 1/P^n \times I/(I/P^n) = 1$
$E_p = dQ/dP \times P/Q = I \times (-n) \times 1/P^{n+1} \times P/(I/P^n) = -n$

5. 解：

由 $R=100Q-2Q^2$，得 $MR=dR/dQ=100-4Q$。
当 MR=20 时，$Q=(100-MR)/4=20$。

又，R=PQ，由 R=PQ=100Q-2Q²，得 P=60。
于是，当 MR=20 时的点价格弹性 $E_d = dQ/dP \times P/Q = -3/2$。

6. 解：

据题设，对汽车的需求函数为 Q= -0.725 -0.049P+0.025Y。
依据题中数据，可知：

1960 年～1961 年　△P=1050-1000=50

$\Delta Q_p = -0.049 \Delta P = -0.049 \times 50 = -2.450$

$E_d = \Delta Q_p / \Delta P \times (P_1+P_2) / (Q_1+Q_2)$
　　= -2.45/50 × (1000+1050) / (75.3+76.6) ≈ -0.66

△Y=5150-5000=150

$\Delta Q_y = 0.025 \Delta Y = 0.025 \times 150 = 3.750$

$E_y = \Delta Q_y / \Delta Y \times (Y_1+Y_2) / (Q_1+Q_2)$
　　=3.75/150 × (5000+5150) / (75.3+76.6) ≈ 1.67

1961 年～1962 年　△P=1123-1050=73

$\Delta Q_p = -0.049 \Delta P = -0.049 \times 73 = -3.577$

$E_d = \Delta Q_p / \Delta P \times (P_1+P_2) / (Q_1+Q_2)$
　　= -3.577/73 × (1050+1123) / (76.6+79.4) ≈ -0.68

△Y=5407-5150=257

$\Delta Q_y = 0.025 \Delta Y = 0.025 \times 257 = 6.425$

$E_y = \Delta Q_y / \Delta Y \times (Y_1+Y_2)/(Q_1+Q_2)$
　　=6.425/257 × (5150+5407) / (76.6+79.4) ≈ 1.69

1962 年～1963 年　△P=1235-1123=112

$\Delta Q_p = -0.049 \Delta P = -0.049 \times 112 \approx -5.488$

$E_d = \Delta Q_p / \Delta P \times (P_1+P_2) / (Q_1+Q_2)$
　　= -5.488/112 × (1123+1235) / (79.4+79.4) ≈ -0.68

△Y=5623-5407=216

$\Delta Q_y = 0.025 \Delta Y = 0.025 \times 216 = 5.400$

$E_y = \Delta Q_y / \Delta Y \times (Y_1+Y_2) / (Q_1+Q_2)$
　　=5.4/216 × (5407+5623) / (76.6+79.4) ≈ 1.74

7. 解：

设被这 100 个消费者购得的该商品总量为 Q，市场价格为 P。

据题设，其中 75 人购买了其总量的一半，且他们每人对该商品的需求弹性为-2。这样，他们每人的弹性为：

$E_{di} = -2 = dQ_i/dP \times P/Q_i$, $dQ_i/dP = -2Q_i/P$, i=1, 2, 3…75　　（1）

且 $\sum Q_i = Q/2$。　　（2）

又，另外 25 人购买了其总量的另一半，且他们每人对该商品的需求弹性为-2。这样，他们每人的弹性为：

$E_{dj} = -3 = dQ_j/dP \times P/Q_j$, $dQ_j/dP = -3Q_j/P$, j=1, 2, 3…25　　（3）

且 $\sum Q_j = Q/2$。　　（4）

因此，这 100 个消费者合计的弹性为：

$E_d = dQ/dP \times P/Q = d(\sum Q_i + \sum Q_j)/dP \times P/Q$

　　$= (\sum dQ_i/dP + \sum dQ_j/dP) \times P/Q$

将式（1）、（3）代入，得：

$E_d = (\sum -2Q_i/P + \sum -3Q_j/P) \times P/Q$

　　$= [-2/P \times \sum Q_i + (-3)/P \times \sum Q_j] \times P/Q$

将式（2）、（4）代入，得：

$E_d = [-2/P \times Q/2 + (-3)/P \times Q/2] \times P/Q$

　　$= -5/2$

8. 解：

据题设，$E_d = -1.2$，$E_y = 3.0$。

（1）可设 $\Delta Q/Q = Q_{d'}$，$\Delta P/P = P'$，由于 $E_d = \Delta Q/Q/(\Delta P/P) = Q_{d'}/P'$，故 $Q_{d'} = E_d \times P' = -1.2 \times 3\% = -3.6\%$，即价格提高3%将导致需求减少3.6%。

（2）可设 $\Delta Q/Q = Q_{y'}$，$\Delta Y/Y = Y'$，由于 $E_y = \Delta Q/Q/(\Delta P/P) = Q_{y'}/Y'$，故 $Q_{y'} = E_y \times Y' = 3.0 \times 2\% = 6.0\%$，即收入增加2%将导致需求增加6.0%。

（3）由 $P' = 8\%$，$Y' = 10\%$ 及 Q=800，得：

$Q' = (Q_{d'} + Q_{y'} + 1) \times Q = (E_d \times P' + E_y \times Y' + 1) \times Q$

　　$= (-1.2 \times 8\% + 3.0 \times 10\% + 1) \times 800$

　　$= 963.2$（万辆）

三、分析问答题

1. 答：鹌鹑和鹌鹑蛋的价格下降会增加人们对它的需求量，这是替代效应与收入效应共同发生作用的结果。因为当鹌鹑和鹌鹑蛋的价格下降后（其他商品如火鸡肉价格不变），人们在一定限度内就会少买些火鸡肉，而把原来用于购买火鸡的钱转而用于购买鹌鹑和鹌鹑蛋。也就是说，鹌鹑和鹌鹑蛋价格下降会促使人们用鹌鹑和鹌鹑蛋去替代火鸡等其他商品，从而引起对鹌鹑和鹌鹑蛋的需求量增加。这就是价格变化的替代效应。另一方面，由于需求是以人们的购买力为前提的，而人们的购买力主要来自他们的货币收入。其他商品价格不变而鹌鹑和鹌鹑蛋的价格下降，意味着同样货币在不减少其他商品消费量的情况下可以买进更多的鹌鹑和鹌鹑蛋，因为鹌鹑和鹌鹑蛋价格的下降实际上表示人们的实际收入提高了。也就是说，鹌鹑和鹌鹑蛋价格的下降会促使人们增加对包括鹌鹑和鹌鹑蛋在内的正常商品的需求量。这就是收入效应。因此，作为正常商品的鹌鹑和鹌鹑蛋的价格下降时，由于替代效应和收入效应的共同作用，人们对它的需求量会比价格变化前增加。

当鹌鹑和鹌鹑蛋价格下降后，假如火鸡饲料价格不变，可以预计火鸡的销售量和价格也会产生变化。因为鹌鹑和鹌鹑蛋与火鸡是替代品，当鹌鹑和鹌鹑蛋的价格下降时，由于替代效应和收入效应的共同作用，人们会增加对鹌鹑和鹌鹑蛋的需求量，同时减少对它们的替代品火鸡肉的需求，所以火鸡的销售量会减少，价格会趋于下降，尽管养火鸡的饲料价格不变进而养火鸡的成本结构不变。这是由于此时在人们对火鸡的需求曲线向左下方移动，而供给曲线不变的情况下，新的需求曲线与供给曲线将决定火鸡的销售量减少，其价格下降。

2. 答：粮食价格提高后牛肉的供给曲线向左上方移动。因为粮价提高使牛的饲养成本上升，进而在任意价格水平下生产者愿意并且能够提供的牛肉量随之减少。

牛肉价格提高将增加牛肉的供给量。因为在其他因素不变的情况下，牛肉价格提高意味着增加牛肉这种商品的供应量将变得更加有利可图,所以生产和销售者将提供更多的牛肉上市,这表现为牛肉供给曲线上点的位置和移动。但提高牛肉价格本身不会对供给曲线的变动产生影响。

3. 答:(1)对此真菌的需求曲线会向左移。因为卫生组织发布的报告将会使人们对此真菌产生恐惧心理,从而使在任一价格水平下大大减少对它的需求量。

(2)对此真菌的需求曲线会向右移。因为各个真菌品种之间属于替代品,一种真菌价格上涨之后人们会减少对另一种真菌的需求量,并通过多消费其他真菌来实现替代。因此在任一价格水平下增加了对此种真菌的需求量。

(3)对此真菌的需求曲线会向右移。因为消费者收入增加即意味着其购买力的增强,这将使他们增加对这种真菌在内的正常商品的需求量,并且在任一价格水平下皆是如此。

(4)对此真菌的需求曲线不变。如果不考虑培育真菌工人作为消费者对该种真菌的需求的话,那么培育真菌的工人工资增加只影响真菌的供给成本进而影响其供给曲线,对需求曲线不起作用。

4. 答:(1)汽车的产量将增加。因为汽车生产技术的重大进步将提高其劳动生产率,从而在任一价格水平下生产者愿意并且能够提供的汽车的数量将比以前多,表现为其供给曲线向右下方移动。

(2)汽车的供给将减少。因为汽车厂数量的减少将直接减少在任一价格水平下汽车的供给量,表现为其供给曲线向左上方移动。

(3)汽车的供给将减少。因为生产汽车的工人的工资上涨将提高其成本,从而减少生产者愿意并且能够提供的产品的数量,这表现为其供给曲线向左上方移动。

(4)汽车的供给将增加。因为当预计汽车的价格要下降时,生产者会赶在价格下降之前尽量多生产和出售产品,以免受或者少受跌价的损失,其供给曲线便会向右下方移动。

5. 答:(1)如果政府对某种商品的所有生产者给予现金补贴,每一生产者的供给曲线将会向右下方移动,移动的垂直距离等于单位现金补贴。这种情况与生产成本有所减少或者生产技术得到改善时发生在生产者供给曲线和市场供给曲线上的效应是一样的。

(2) 如果政府对该种商品的每一生产者征收单位销售税，产生的结果与(1)的情况相反，即每一生产者的供给曲线将向左上方移动，移动的垂直距离等于单位销售税。

(3) 最低限价和最高限价的实行表明了对市场机制运行的干涉，其结果可能是不能达到商品的均衡点。当政府对该商品的生产者给予单位现金补贴或征收单位销售税时，均衡点虽然会改变，但仍然由商品的市场供给曲线和市场需求曲线的交点来决定。这就是说，政府是通过市场机制起作用，而不是干涉市场的运作。为了达到某种目的，政府通过市场机制起作用比直接干涉市场的运行更为有效。在现实世界中，前者有替代后者的趋势。

6. 答：(1) 需求量的变化是指在决定需求的其他因素（如消费者的收入、偏好、相关商品的价格及预期商品价格等）不变的情况下，只是由于某种商品本身价格的变化所引起的对该商品需求的变化。在需求表上，需求量的变化表现为同一需求表内价格和购买量的组合的变动。在坐标图上，需求量的变化表现为同一条需求曲线上的点的移动。

(2) 需求的变动是指在商品本身的价格保持不变的情况下，由于其他因素的变动如消费者的收入水平和偏好、其他相关商品的价格以及预期的商品价格等，从而引起需求的变动。从需求表来看，需求的变化不是同一需求表中原有的价格与消费者愿意并能够购买的商品量的各种组合的变化，而是这种组合本身，即整个需求表的变化。从坐标图上看，需求的变化不是沿着同一需求曲线移动，而是整个需求曲线的移动。

7. 答：(1) 用 E_a、E_b、E_c 分别代表 a、b 和 c 点的需求弹性，由于：
$E_a = aG/af = jO/jf$，$E_b = bH/bf = jO/jf$，$E_c = cI/cf = jO/jf$
所以，$E_a = E_b = E_c$。

(2) 用 E_a、E_d、E_e 分别代表 a、d 和 e 点的需求弹性，由于：
$E_a = aG/af = KG/KO$，$E_d = dH/df = KH/KO$，$E_e = eI/ef = KI/KO$
又由于：$K_G < K_H < K_I$
所以，$E_a < E_d < E_e$。

8. 答：对农产品应采取提价的办法，对电视机、录像机一类高档消费品应采用降价的方法。

根据需求的价格弹性与销售总收入之间的关系，可以知道，富于需求弹性的商品销售总收入与价格呈反方向变动，即它随着价格的提高而减少，随着价格的降低而增加；而对于需求缺乏弹性的商品来说，其销售总收入与价格呈正方向变动，即它随着价格的提高而增加，随着价格的降低而减少。所以，为了提高生产者收入，对农产品这类缺乏需求弹性的商品必须采取提价办法，而对于电视机、录像机这类富于需求弹性的商品应采取降价的办法。

9. 答：（1）运输价格应降低。因为大量运输的需求的价格弹性约为 1.6，即其需求富于弹性。而根据需求的价格弹性与销售者收入之间的关系，可以知道，如果某种商品或劳务的需求是富于弹性的，则降低价格将带来较多的销售收入；而提高价格会使销售者的收入较以前减少。因此这里为了增加富于弹性的大量运输的收入，应当降低运输价格。

（2）气候不好对农民是否有利要看农民的总收入在气候不好的情况下如何变动。气候不好的直接影响是农业歉收，即农产品的供给减少，这表现为农产品的供给曲线向左上方移动。假如此时市场对农产品的需求状况不发生变化，即需求曲线固定不变，那么农产品的供给减少将导致均衡价格上升。一般来说，由于对农产品的需求缺乏弹性，根据需求的价格弹性与销售收入之间的关系可知，此时农民的总收入将随着均衡价格的上升而增加。因此，在需求状况不因气候不好发生变化并且对农产品需求缺乏弹性的情况下，气候不好引致的农业歉收对增加农民收入是有利的。当然，如果需求也同时发生变化或者需求不是缺乏弹性，那么农民将不因气候不好而获得更多的收入。所以，该问题的结果依赖于对弹性系数及需求状况所做的假设，不可妄下结论。

（3）不是常数。需求的价格弹性系数一般表达式为 $E_d = dQ/dP \times P/Q$。因为 $Q = 5000 - 0.5P$，故 $dQ/dP = -0.5$，这样此曲线的点弹性系数 $E_d = -0.5 \times P/Q = -0.5 \times P/(5000 - 0.5P) = f(P)$，它是随价格 P 的变化而

变化的（也可表示为 Q 的函数），也就是说它随着需求曲线上所取的点的位置的不同而不同。它并不因其需求函数为线性关系，其斜率固定不变而为常数。

10. 答：需求的交叉弹性是衡量一种商品需求量的变动对另一种商品价格变动的反应，它是一种商品需求量变动的百分比与另一种商品价格变动的百分比的比率。如果一种商品价格上升，另一种商品需求增加，这两种商品就是替代品。在这种情况下，两种商品的价格变动与需求量变动是同方向的，它们之间需求的交叉弹性也就是正值。

11. 答：对种小麦的农民来说，两个计划的总体收入是相等的，均为 $OP_2 \times OB$。在计划Ⅰ中，农民总体收入的一部分是由消费者以 OP_2 的价格购买 OC 数量的小麦而得，其金额为 $OP_2 \times OC$；另一部分是通过政府以 OP_2 的价格购买 CB 数量的小麦而得，其金额为 $OP_2 \times CB$，这样总收入为 $OP_2 \times OC + OP_2 \times CB = OP_2 \times OB$。在计划Ⅱ中，农民总体收入的一部分是由消费者以 OP_1 的价格购买 OB 数量的小麦而得，其金额为 $OP_1 \times OB$；另一部分是通过政府对农民出售的每一单位小麦补贴 P_2-P_1 而得，其金额为 $(OP_2-OP_1) \times OB$。这样，总收入为 $OP_1 \times OB + (OP_2-OP_1) \times OB = OP_2 \times OB$。与计划Ⅰ相同。

可见，不论是哪一个计划，农民的总收入均由消费者支付部分和政府支付部分组成。显然，消费者支付部分越大，政府的花费就越小。由计划Ⅰ到计划Ⅱ，出售价格由 OP_2 降到 OP_1，消费者支付的部分由 $OP_2 \times OC$ 到 $OP_1 \times OB$。由需求的价格弹性与消费者支出之间的关系可知，若小麦的需求曲线 D_w 在 AE 弧上的每点都是富有弹性的，则在计划Ⅱ中，消费者的花费大于计划Ⅰ。因此，对政府来说，计划Ⅱ的花费较小。若 D_w 在 AE 弧上的各点弹性都不足，则在计划Ⅰ中消费者的花费较大。因此，对政府来说，计划Ⅰ的花费较小。若 D_w 在 AE 弧上的每点都是单一弹性，则对政府来说，这两个计划的花费是一样的。

12. 答：引起果酱需求增加的因素有：果酱替代品的价格上升，果酱互补品价格下降，消费者收入增加，人们对果酱的偏好增加等。这些因素会使果酱的价格上升，交易量增加。

第三章 消费者行为

内容提要

消费者行为的理论是解释消费者对商品的需求量和价格之间为什么存在反方向变动的关系，如何使用其既定的收入来达到效用的最大化。经济学家把消费者从消费品中所得到的满足称为效用，把从消费一定量的物品中所得到的总的满足程度称为总效用，把消费一定量物品中最后增加的那个单位所提供的效用称为边际效用。用基数效用论和序数效用论来研究消费者的行为。基数效用论认为，效用是可以计量并加总求和的，效用的大小可以用基数来表示。序数效用论认为，效用是不能计量并加总求和的，只能用序数来表示消费者满足的程度和顺序。总之，在现代的经济理论中，基数效用论与序数效用论同时存在，并且是和平共处的，尽管以序数效用论为基础的消费者行为模型是目前处于主导地位的模型，但它与基数效用的模型并不矛盾。

1. 边际效用递减规律。同一种物品的每一单位给消费者带来的满足程度随该物品数量的增加出现递减的趋势，即消费某种物品的量越多，其边际效用也就越低，经济学家用此规律来解释需求定理。

2. 消费者均衡原理。消费者为使其对商品的货币购买获得最大程度的满足，就必须使其购买的各种商品的边际效用之比与这些商品的价格之比相等，即每一单位的货币所获得的边际效用都相等。

3. 消费者剩余。消费者剩余是指消费者对某种商品所愿意支付的价格与实际付出的价格的差额。这是消费者的一种心理感受，并非消费者实际的收入。

4. 市场需求。它反映的是在任意的价格水平之下许多消费者的总需求量，它是个人需求曲线"水平加总"后得到的。

5. 无差异曲线。它是在序数效用论的基础之上研究消费者行为理论的一种分析方法。它表示消费者在一定的偏好条件下，选择不同组合的商品时其满足程度没有差别，效用虽然不能准确的量度，但是可以相互比较。根据消费者的偏好程度来排列顺序，无差异曲线具有以下特征：

（1）无差异曲线是一条从左上方向右下方倾斜的曲线，其斜率为负值。

（2）在无差异曲线图上有无数条无差异曲线，不同的无差异曲线代表不同的满足程度，离原点越远的无差异曲线代表的满足程度越高。

（3）在无差异曲线图上任意的两条无差异曲线都不能相交。

（4）无差异曲线的斜率即边际替代率是递减的。

6. 边际替代率。它是指消费者在保持相同的满足程度时，增加一种商品的数量与必须放弃的另外一种商品的数量的比率。随着替代商品的增加，其边际效用是递减的，而被替代的商品因不断地减少，其边际效用递增，因此在连续增加一单位的商品时，消费者愿意放弃的另外一种商品的数量是递减的，这就是边际替代率递减的规律。

7. 预算线。在商品价格既定的条件下，消费者用一定的收入所能购买的两种商品的各种可能组合的数量。为实现消费者均衡应同时考虑预算线和无差异曲线，将预算线和无差异曲线合在一个图上，预算线必须和无数条无差异曲线中的一条相切于一点，这一点表示消费者的均衡点。无差异曲线表示消费者的偏好程度。为了达到效用的最大化，消费者力求在离原点最远的无差异曲线上选择一种商品组合，且预算线和无差异曲线切点代表的商品组合才能使消费者的效用为最大。

8. 替代效应。在消费者的消费偏好和实际收入不变的情况下，因为商品的相对价格发生变动而导致消费者对商品的需求量的变动。

9. 收入效应。在消费者的消费偏好不变时，商品价格下降导致实际收入变动所引起的消费者对该商品需求量的变动。

10. 价格效应。一种商品的价格下跌，从而使消费者为获得更大的效用而增加对跌价商品的购买量。

某种商品的价格变动引起商品的需求量究竟如何变动则根据替代效应和收入效应的大小和方向而定。若是正常的商品，替代效应和收入效应方向相同；若是非吉芬商品的低档商品，替代效应与收入效应方向相反，但是替代效应大于收入效应；若是吉芬商品，替代效应和收入效应方向相反，但是替代效应小于收入效应。

综合练习题

一、选择题

1. 假定消费者的偏好序如下：A 组合比 B 组合好，B 组合比 C 组合好，A、C 组合一样好，则这个消费者的偏好序（　　）。
   A. 违反了完备性定理
   B. 违反了反身性定理
   C. 违反了传递性定理
   D. 没有违反任何定理

2. 当两种商品 X、Y 的效用函数为 XY 时，下列哪一个效用函数代表了相同的偏好序（　　）。
   A. $U(X, Y) = (X-5)(Y-5)$
   B. $U(X, Y) = (X+5)(Y+5)$
   C. $U(X, Y) = (X/5)(Y/5)$
   D. $U(X, Y) = (X-5)(Y+5)$

3. 下列哪一种情况会导致需求量沿商品的需求曲线变动的现象发生（　　）。
   A. 购买者的收入增加
   B. 其他商品的价格变化
   C. 购买者的偏好变化
   D. 商品的价格变化

4. 某种商品的边际效用是（　　）。
   A. 表示对这种商品最近一次的使用，或者当有更多的商品时，将其推迟使用
   B. 等于该商品的价格
   C. 消费该商品产生的总效用等于消费其他商品的总效用之比
   D. 连续消费每单位该商品所额外增加的效用

5. 如果商品的边际效用等于 0, 那么( )。
   A. 该商品的总效用已经是最大
   B. 问题中的商品没有效用, 它不是消费者想去享用的东西
   C. 在考虑到要购买这种商品的前提下, 消费者达到了他的平衡点
   D. 该商品的总效用肯定也等于 0
6. 边际效用递减的规律说明( )。
   A. 随着对商品的消费量增加, 该商品的总效用有下降的趋势
   B. 随着收入的增加, 对该商品的总效用有下降的趋势
   C. 随着收入的增加, 边际效用有下降的趋势
   D. 随着对商品消费量的增加, 该商品的边际效用有下降的趋势, 当某商品的价格增加时, 其边际效用有下降的趋势
7. 商品 X 的价格是 1.50 美元, 商品 Y 的价格是 1.0 美元。如果消费者认为 Y 的边际效用为 30 尤尔特, 并在购买两种商品的条件下使效用最大化, 那么他一定认为 X 的边际效用为( )。
   A. 15 尤尔特
   B. 20 尤尔特
   C. 30 尤尔特
   D. 45 尤尔特
8. 如果在问题 7 中, 30 尤尔特指的是 Y 的总效用(而不是边际效用)。在考虑了 X 的总效用以后, 以下选项哪一个正确( )。
   A. 15 尤尔特
   B. 20 尤尔特
   C. 30 尤尔特
   D. 信息不足, 不能判断
9. 当某商品总效用达到最大时( )。
   A. 边际效用为 0
   B. 边际效用最大
   C. 边际效用为负
   D. 边际效用为正

10. 预算线沿着它与横轴的交点向外移动的原因是（   ）。

    A. 商品 X 的价格下降

    B. 商品 Y 的价格下降

    C. 商品 X 和 Y 的价格同时上升

    D. 消费者的收入增加

11. 如果消费者消费的商品 X、Y 的价格之比是 1.25，他们的边际效用之比是 2，为达到效用最大化，消费者应该（   ）。

    A. 增购 X 而减少 Y 的购买

    B. 增购 Y 而减少 X 的购买

    C. 同时增购 X、Y 两种商品

    D. 同时减少 X、Y 的购买量

12. 如果消费者的预算收入是 50 美元，商品 X、Y 的价格分别是 5 美元和 4 美元，消费者打算购买 6 单位的 X 和 4 单位的 Y，商品 X、Y 的边际效用分别是 25 和 20，那么要达到效用最大化，他应该（   ）。

    A. 按原计划购买

    B. 减少两种商品的购买量

    C. 增加两种商品的购买量

    D. 增加 X 的购买，同时减少 Y 的购买

13. 假如消费者消费的几种商品的价格都相同，消费者为达到效用的最大化，他应该购买（   ）。

    A. 相同数量的这几种商品

    B. 这几种商品，并使其总效用相同

    C. 这几种商品，并使其边际效用相同

    D. 以上答案都不对

14. 如果无差异曲线上任何一点的斜率为-1/4，这意味着消费者愿意放弃 1 单位的 X 而获得（   ）单位的 Y。

    A. 5

    B. 1

    C. 1/4

    D. 4

15. 消费者剩余是（　　）。
    A. 消费者获得的总效用
    B. 消费者消费不了的商品
    C. 消费者消费的总效用与其支付的总额之差
    D. 消费者的货币剩余

16. 如果价格消费曲线是一条平行于 X 轴的直线，则肯定商品的需求曲线是（　　）。
    A. 完全富于弹性
    B. 完全缺乏弹性
    C. 单位弹性
    D. 向下倾斜的直线

17. 消费者购买每单位的物品所支付的价格取决于（　　）。
    A. 消费者从消费第一单位的这种物品中获得的总效用
    B. 消费者从消费这种物品中获得的总效用
    C. 消费者从平均每单位的物品消费中获得的效用
    D. 消费者从最后一单位的物品中获得的边际效用

18. 消费者剩余的观点反映了（　　）。
    A. 消费者购买商品所获得的收益大于供应商销售的收益
    B. 对于消费者来说，很多商品的购买是一种真正意义上的讨价还价，因为为了得到这些商品，他们愿意支付比实际更多的代价
    C. 消费某产品第一单位所得到的边际效用会超过此产品提供的总效用
    D. 当消费者收入增加或他们必须要支付的商品价格下降时，总效用会增大

19. 无差异曲线描绘了（　　）。
    A. 支出成本相同的两种商品的组合
    B. 在每种可供选择的价格水平下对某一商品的需求
    C. 给消费者带来同样效用的两种商品的组合
    D. 假定在充分就业和高效率技术稳定和资源基础固定的条

件下，某组织能生产的两种商品的组合

20. 对一个特定的消费者来说，其无差异曲线的位置和形状取决于（   ）。

    A. 他的品位以及预算约束线中收入的大小

    B. 只有所购商品的价格

    C. 品位、收入以及购买商品的价格

    D. 他的品位

21. 你得知商品的无差异曲线从左下方到右上方，你对此的反映是（   ）。

    A. 这肯定表明消费者的收入增加

    B. 这是不可能的，因为它表明消费者从商品束中没有得到满足

    C. 这表明消费者对两种商品是无差异的

    D. 这表明消费者多消费1单位的x时，如果要保持效用不变，他肯定要多消费y

22. 任何预算约束线的位置和形状取决于（   ）。

    A. 消费者的品位以及预算约束线中的收入量

    B. 只有所购商品的价格

    C. 品位、收入以及所购商品的价格

    D. 所购商品的价格以及收入，没有品位

23. 在无差异曲线图上，消费者达到均衡位置的过程可以适当地表述为：消费者（   ）。

    A. 向预算线上具有最高货币价值的商品组合点移动

    B. 向预算线上其斜率等于两商品效用之比的点移动

    C. 沿预算线移动，直至一种商品额外提供的效用等于另外一种商品额外提供的效用

    D. 挑选出从给定的预算线中可得到的有最高值的无差异曲线

24. 以下对无差异曲线分析的 4 种描述，其中哪一个是错误的（   ）。

    A. 无差异曲线上的每一个点代表的是两种商品的各种组合

B. 预算线上的每一个点代表的是两种商品的各种组合

C. 无差异曲线上的所有点代表的是同样的满足水平

D. 无差异曲线上的所有的点代表货币成本是相同的

25. 如果所有的价格和收入都翻番，效用最大化的消费者将（　　）。

　　A. 成倍的增加他对两种商品的消费

　　B. 不会改变他的消费组合

　　C. 把他对两种商品的消费减为一半

　　D. 改变他的偏好

26. 当消费者的真实收入上升时，他将（　　）。

　　A. 购买更少的低档品

　　B. 增加消费

　　C. 移到更高的一条无差异曲线上去

　　D. 以上都是

27. 若无差异曲线是水平的，则表示消费者对以下哪一种商品的消费已达到饱和状态（　　）。

　　A. x 商品

　　B. y 商品

　　C. x 和 y 商品

　　D. 既不是 x 商品也不是 y 商品

28. 某低档商品的价格下降而其他的情况不变时（　　）。

　　A. 替代效应和收入效应相互加强导致该商品的需求量增加

　　B. 替代效应和收入效应相互加强导致该商品的需求量减少

　　C. 替代效应倾向于增加商品的需求量，收入效应倾向于减少商品的需求量

　　D. 替代效应倾向于减少商品的需求量，而收入效应倾向于增加其需求量

29. 若消费者 A 的 MRSxy 大于消费者 B 的 MRSxy，那么消费者 A 应该（　　）。

　　A. 用 x 换 B 的 y

B. 用 y 换 B 的 x

C. 或放弃 x，或放弃 y

D. 无法判断

30. 市场需求曲线是（　　）。

　　A. 对个人的需求曲线在垂直方向上的加总

　　B. 对个人的需求曲线在水平方向上的加总

　　C. 在给定的时点上，市场交易的均衡价格和均衡数量

　　D. 个人的需求曲线相对缺乏弹性的部分

31. 对任一给定的商品，一个消费者的需求曲线最有可能向右移动的情况是（　　）。

　　A. 替代品的价格上升或互补品的价格下降

　　B. 替代品或互补品的价格下降

　　C. 替代品价格下降或互补品的价格上升

　　D. 替代品或互补品的价格下降

32. 假设对新房的需求收入弹性是 2.3。如果消费者的收入增加 2 个百分点，你预计新房的数量（　　）。

　　A. 增加 2.3%

　　B. 增加 2%

　　C. 增加 4.6%

　　D. 减少 1%

33. 假设当可可的价格上升 2%，某商品的销售量上升 4%，（假定其他的条件不变）这意味着（　　）。

　　A. 需求的收入弹性为 2，商品是互补品

　　B. 交叉的价格弹性为 2，商品是替代品

　　C. 交叉的价格弹性是 -0.5，商品是互补品

　　D. 可可的需求价格弹性是 -2，商品是互补品

34. 对一个消费者来说古典音乐的磁带对流行音乐的磁带的边际替代率是 1/3，如果（　　）。

　　A. 古典音乐磁带的价格是流行音乐磁带价格的 3 倍，他可以获得最大的效用

B. 古典音乐磁带的价格与流行音乐磁带的价格相等,他可以获得最大的效用

C. 古典音乐磁带的价格是流行音乐磁带的价格的 1/3,他可以获得最大的效用

D. 他用 3 盘流行音乐的磁带交换 1 盘古典音乐的磁带,他可以获得最大的效用

35. 收入的增加会导致（　　）。

A. 劣等品的需求曲线右移

B. 正常品的需求曲线右移

C. 需求没有变化,因为价格上升会抵消收入增加的效应

D. 沿需求曲线移动

36. 若一个模型中只有两种商品,假定这两种商品的边际效用总是正的,下列判断哪一个不能从这一假定中推断出（　　）。

A. 消费者的无差异曲线是向下倾斜的

B. 没有两条无差异曲线会相交

C. 无差异曲线凹向原点

D. 沿着任何从原点出发的射线,无差异曲线离原点越远,所代表的效用就越高

37. 若在一个两商品的模型中,消费曲线随收入的增加而趋于 x 轴,则我们可以肯定的是（　　）。

A. x 是一种正常品

B. x 是一种劣等品

C. y 是一种正常品

D. y 是一种劣等品,但不是吉芬品

38. 在两种商品 x 和 y 的模型中,若 x 的价格下降时,消费 x 的替代效应远大于相应的收入效应,则我们可以肯定的是（　　）。

A. x 是一种正常的商品

B. x 是一种吉芬品

C. x 不是吉芬品

D. y 是一种正常的商品

39. 在一个仅有两种商品 x、y 的模型中，x 的量标在横轴上，y 的量标在纵轴上。如果知道了 x 的需求曲线是一条向下倾斜的直线，则我们就知道了由于 x 的价格变化而形成的价格消费曲线一定会（   ）。

  A. 连续的下降

  B. 连续的上升

  C. 是一条水平的直线

  D. 在高价格的时候下降，低价格的时候上升

40. 在下列各种情形中，何种情况意味着是吉芬品（   ）。

  A. 需求的收入弹性和需求的价格弹性都是正的

  B. 需求的收入弹性和需求的价格弹性都是负的

  C. 需求的收入弹性为正，但需求的价格弹性是负的

  D. 需求的收入弹性是负，但需求的价格弹性是正的

41. 若某位劳动者的劳动供给曲线是在某一特殊的区域向后弯曲，则我们知道（   ）。

  A. 替代效应超过了收入效应

  B. 替代效应和收入效应向同一方向起作用

  C. 闲暇是一种劣等品

  D. 闲暇是一种正常品

42. 当某人处于均衡状态时，下列哪一种结论必然成立（   ）。

  A. x 的边际效用除以 y 的边际效用等于 x 的价格除以 y 的价格

  B. 商品对于闲暇的边际替代率等于工资率

  C. 一种商品的价格变化将引起他对那种商品的消费的变化

  D. 以上说法没有一个必然成立

43. 如果消费品价格上升 10%，个人收入也增加 10%，我们可推知（   ）。

  A. 他和原来过得一样好

  B. 他现在过得更好

  C. 他现在过得较差

  D. 我们得不出以上的任何一条结论

44. 当商品价格下降的时候，替代效应（　　）。
    A. 鼓励消费者消费更多的商品
    B. 鼓励消费者消费更少的商品
    C. 如果商品是劣质品的话，消费的数量会更多，而商品是正常品的话，消费的数量会更少
    D. 如果商品是劣质品的话，消费的数量会更少，如果商品是正常品的话，消费的数量会更多

45. 当商品价格下降的时候，收入效应（　　）。
    A. 鼓励消费者消费更多的商品
    B. 鼓励消费者消费更少的商品
    C. 如果商品是劣质品的话，消费的数量会更多，而商品是正常品的话，消费的数量会更少
    D. 如果商品是劣质品的话，消费的数量会更少，如果商品是正常品的话，消费的数量会更多

46. 理性的消费者选择其购买每种商品的数量，即（　　）。
    A. 效用等于总支出
    B. 边际效用等于价格
    C. 消费者剩余等于价格
    D. 边际效用之比等于两种商品价格之比

47. 消费者愿意支付给每种商品的价钱与他们必须出的价钱之间的差别称为（　　）。
    A. 边际效用
    B. 替代效应
    C. 消费者剩余
    D. 收入效应

48. 下列哪种情况下需求的价格弹性较大（　　）。
    A. 商品是劣质品
    B. 存在好的相近的替代品
    C. 存在好的相近的互补品
    D. 需求的收入弹性较小

49. 对正常的商品来说,当收入上升的时候（   ）。
    A. 预算的约束线平行向外移动
    B. 需求曲线向右移动
    C. 需求的数量上升
    D. 以上都对

50. 对正常品来说,当价格上升的时候（   ）。
    A. 替代效应引致了更少的消费
    B. 收入效应引致了更少的消费
    C. 需求的数量下降了
    D. 以上都对

51. 对劣质品来说,当价格上升的时候（   ）。
    A. 替代效应引致了更少的消费
    B. 收入效应引致了更少的消费
    C. 收入效应引致了更多的消费
    D. A 和 C

52. 预算约束线的斜率依赖于（   ）。
    A. 商品的相对价格
    B. 消费者的收入
    C. 是否存在替代品
    D. 商品是正常品还是劣质品

二、计算题

1. 假定某人决定购买可乐（C）、苏打水（W）和雪碧（S）三种饮料,他们的价格分别为每瓶 2 元、4 元和 1 元,这些饮料给他带来的效用如下表所示。如果此人有 17 元可以购买这些饮料,为了使其效用达到最大,每种饮料他应各买多少？

数量	1	2	3	4	5	6
MU_C	50	40	30	20	16	12
MU_W	60	40	32	24	20	16
MU_S	10	9	8	7	6	5

2. 某消费者的效用函数和预算线分别为 $u=x_1^{1.5}x_2$, $3x_1+4x_2=100$, 试求他对商品的最优购买量。

3. 某人每月收入的120元可花费在 x 和 y 两种商品上，他的效用函数分别为 U=xy、P_x=2元、P_y=4元。试问：

（1）为获得效用的最大化，他分别购买几个单位的两种商品？

（2）货币的边际效用和总效用各是多少？

（3）假如 x 的价格提高44%，y 的价格不变，为保持他原有的效用水平，收入必须增加多少？

4. 若甲的效用函数为 U=xy，试问：

（1）x=30，y=5 时，他得到的效用是多少？过点（30，5）的无差异曲线是什么？

（2）若甲给乙25单位的 x，乙愿给此人15单位的 y，进行这种交换，此人所得到的满足会比（30，5）的组合高吗？

（3）乙用15单位的 y 同此人换取 x，使乙的满足与甲（30，5）的组合所得到的效用相同，他最多只能得到多少单位的 x？

5. 假定消费者在某晚消费香烟（C）和啤酒（B）的效用函数为 U（C，B）=$20C-C^2+18B-3B^2$，问：这晚此消费者应该消费香烟和啤酒各多少数量才能达到最大的满足？

6. 销售的总收益由下式计算 R=$60Q-2Q^2$，计算当边际收益为20时的需求价格的点弹性。

7. 假定效用函数为 $u=q^{0.5}+M$，q 为消费的商品量，M 为收入。试求：（1）需求曲线；（2）反需求曲线；（3）p=0.05，q=25 时的消费者剩余。

8. 某人消费商品 X 和 Y 的无差异曲线为 Y=$20-2\sqrt{x}$，问：（1）组合（4，12）点的斜率是多少？（2）组合（9，8）点的斜率是多少？（3）MRS_{XY} 是递减的吗？

9. 某人生活在仅有两种商品 x、y 的世界中，每一时期他的效用函数为：U=$50x-0.5x_2+100y-y_2$，x 的价格为 4，每一时期里他的收入为672。试求：

（1）导出他对 y 的需求函数。

(2) 若 y 的价格为 14，他将买多少 x？

(3) 在这种均衡的状态下，计算他对 x 的需求收入弹性。

(4) 此人得到一个加入某协会的机会，此协会的会员能以价格 5 购买 y，并且这是惟一的好处，问他进入协会而愿意付出的最大代价是多少？

(5) 若会费为每期 222，问他会加入吗？此时货币对他的边际效用是多少？

10. 一个具有理性的追求效用最大化的人，生活在仅有两种商品 x、y 的世界里，其效用函数 $U=a\sqrt{xy}$，货币收入为每月 656 元，且 $P_x=8$ 元。试求：

(1) 导出对 xy 的需求曲线方程。

(2) 他得到一个加入某俱乐部的机会，会费为每月 176 元，若加入这个俱乐部，他将获得下列为自己消费而购买的权利中的一项：a. 他能以正常价格的 50%购买 x；b. 他能以正常价格的 50%购买 y；c. 他能以正常价格的 75%购买 x 和 y。正常价格仍然是 $p_x=8$，$p_y=2$，并且他在付会费前的收入仍然是 656 元。他将加入这个俱乐部吗？如果加入请选择是以 a、b、c 中的哪一种？

11. 若某人消费食物、衣服和汽车三种物品（分别用 x_1、x_2、x_3 表示），他们的价格分别为 $P_1=1$、$P_2=2$、$P_3=2000$，假定此人共有 9000 元的收入可花费在这三种物品上，且汽车只能以完整的单位消费（即不能买半部汽车），如消费者的效用函数是 $u=5\ln x_1+4\ln x_2+\ln(1+x_3)$，请问消费者将如何配置其收入？

12. 若效用函数为 $U=x^r y$（r>0），则恩格尔曲线是一条直线。

13. 若消费者的效用函数为 $U=xy$，$P_x=1$ 元，$P_y=2$ 元，$M=80$ 元，现在 y 的价格突然下降到 1 元。试问：

(1) y 价格下降的替代效应使他买更多的还是更少的 y？

(2) y 价格下降对 y 需求的收入效应相当于他增加或减少多少的收入效应？收入效应使他买更多还是更少的 y？

(3) y 价格下降的替代效应使他买更多还是更少的 x？收入效应

使他买更多还是更少的 x？y 价格下降对 x 需求的总效应是多少？对 y 需求的总效应是多少？

14. 假定某人把一天的时间用来睡觉（s）、工作（w）、和消费（c），他在睡觉和消费中得到的效用函数为 $U(s,c)=s^{0.25}c^{0.75}$。再假定此人在消费时每小时要花费 6 元钱，在工作时，每小时可以赚 4 元钱，而且他消费时的收入来源于他工作的所得，试问：

（1）假如此人想使效用最大化，他应花费多少时间来睡觉、工作和消费？

（2）睡觉和消费的机会成本各多少？

15. 假定两种商品的效用函数为 $u=\sqrt{xy}$，试求：

（1）若 $P_x=1$，$P_y=2$，则在总效用为 10 单位的无差异曲线上，对应的 x、y 应为多少？这一组商品对应的边际替代率为多少？

（2）计算上述效用函数对应的边际替代率。

16. 说明一种商品的价格—消费曲线与其需求曲线之间的关系。令无差异曲线图的横坐标表示 x 商品的数量，纵轴表示 y 商品的数量，假设在收入给定的条件下，当 x 的价格变动，y 的价格不变时的价格—消费曲线是与横轴平行的直线，请说明为什么对 x 的需求弹性系数是单元弹性？

三、分析问答题

1. 分别解释一下什么是效用，什么是边际效用？
2. 什么是边际效用递减规律？试从现实生活中列举出正例和反例。
3. 试述基数效用论和序数效用论的区别。
4. 假定某人在消费商品 X、Y 时的边际效用如表所示，且 $P_x=2$ 美元，货币收入为 20 美元。

Q	1	2	3	4	5	6	7	8	9	10	11
MU_x	16	14	11	10	9	8	7	6	5	3	1
MU_y	15	13	12	8	6	5	4	3	2	1	0

试求:

(1) 说明此人的均衡条件;

(2) 假定第 4 单位 Y 的 MU 为 7,而不是 8,这对均衡条件有何影响?

(3) 假定此人消费更多的 X 时,MU_x 是递增的,而 Y 的边际效用仍如表中所示,此时消费者将如何安排他的消费使其达到效用的最大化?

5. 经济学家说:"当每种商品的最后一单位的边际效用相同时,消费者总是能找到他们的最优组合。"你同意这一观点吗?

6. 什么是消费者剩余?为什么这部分剩余没有被企业所占有?也就是说为什么企业不向人们收取他们愿意支付的最高价格,而是收取由市场决定的价格?

7. 消费者需求变动的总效用分为哪两部分?

8. 低档商品和吉芬品的区别是什么?试用替代效应和收入效应的关系来加以说明。

9. 为什么价格提供曲线有可能向右上方倾斜,有可能向右下方倾斜,还有可能是水平的?

10. 一个风险的回避者有机会在以下两者之间选择:在一次赌博中,他有 25% 的概率得到 2000 美元,有 75% 的概率得到 1000 美元,或者他可以得到 1250 美元,他会怎样选择?如果他得到的是 1200 美元,他会怎样选择?

参考答案

一、选择题

1. C	2. C	3. D	4. D	5. A	6. D	7. D
8. D	9. A	10. A	11. A	12. A	13. C	14. C
15. C	16. C	17. D	18. B	19. C	20. D	21. D

22. D   23. D   24. D   25. B   26. D   27. A   28. C
29. B   30. B   31. A   32. C   33. B   34. C   35. B
36. C   37. A   38. C   39. D   40. D   41. D   42. A
43. A   44. A   45. D   46. D   47. C   48. B   49. D
50. D   51. D   52. A

二、计算题

1. 解：

在这些饮料上的每单位的货币的边际效用如下表所示：

数量	1	2	3	4	5	6
MU_c/P_c	25	20	15	10	8	6
MU_w/P_w	15	10	8	6	5	4
MU_s/P_s	10	9	8	7	6	5

$Q_s=1$，$Q_w=4$，$Q_c=2$

$MU_c/P_c=MU_w/P_w=MU_s/P_s=10$

1×（1元）+2×（4元）+4×（2元）=17元

故此人应购买1单位的苏打水、4瓶可乐和2瓶雪碧。

2. 解：$\begin{cases} \dfrac{MU_1}{MU_2}=\dfrac{P_1}{P_2} \\ 3x_1+4x_2=100 \end{cases} \Rightarrow \begin{cases} \dfrac{1.5x_2 x_1^{0.5}}{x_1^{1.5}}=\dfrac{3}{4} \\ 3x_1+4x_2=100 \end{cases}$

$MU_1=1.5x_2 x_1^{0.5}$ $MU_2=x_1^{1.5}$

求解得：$x_1=20$，$x_2=10$。

3. 解：

（1）$MU_x=y$ $MU_y=x$

$\begin{cases} \dfrac{MU_x}{MU_y}=\dfrac{y}{x}=\dfrac{P_x}{P_y} \\ P_x \cdot x + P_y \cdot y = 120 \end{cases} \Rightarrow \begin{cases} \dfrac{y}{x}=\dfrac{2}{3} \\ 2x+3y=120 \end{cases}$

求解得:$x=30$,$y=20$。

(2) 边际效用:$MU_M = \dfrac{MU_x}{P_x} = \dfrac{y}{P_x} = \dfrac{20}{2} = 10$。

总效用:$TUM_M = MU_M \cdot M = 10 \times 120 = 1200$。

(3) $\begin{cases} \dfrac{MU_x}{MU_y} = \dfrac{y}{x} = \dfrac{P_x}{P_y} = \dfrac{2 \times (1+0.44)}{3} = \dfrac{2.88}{3} \\ xy = 600 \end{cases} \Rightarrow \begin{cases} 2.88x = 3y \\ xy = 600 \end{cases}$

求解得:$x=25$,$y=24$。
$M' = 2.88x + 3y = 2.88 \times 25 + 3 \times 24 = 144$
所以需要增加的收入 $\Delta M = M' - M = 144 - 120 = 24$。

4. 解:

(1) 当 $x=30$,$y=5$ 时,$U = xy = 30 \times 5 = 150$,过点(30,5)的无差异曲线为 $xy=150$。

(2) 甲的商品组合为(30,5),现在进行交换,他得到15单位 y,失去25单位 x,商品组合变为(5,20),这时他的效用可由效用函数算得:

$$U = xy = 5 \times 20 = 100$$

原来商品组合(30,5)提供的效用是150,现在交换后的商品组合(5,20),提供的效用是100,此人的满足减少50。

(3) 仔细分析一下,所要问的实际上是这样一个问题,在无差异曲线 $xy=150$ 上,与商品组合(30,5)相比,甲要想多消费15单位 y,那么他要放弃多少单位的 x 商品。

由于 $xy = x \cdot (5+15) = 150$,所以 $x = 7.5$。

甲必须放弃 $(10-7.5) = 2.5$ 单位 x,也就是说乙最多只能得到2.5单位的 x。

5. 解:

$\dfrac{\partial U}{\partial C} = 20 - 2C = 0 \Rightarrow C = 10$

$\frac{\partial U}{\partial B} = 18 - 6B = 0 \Rightarrow B = 3$

即应消费 10 单位香烟，3 单位啤酒。

6. 解：

$R = PQ = 60Q - 2Q^2 \Rightarrow P = 60 - 2Q$

$MR = 60 - 4Q = 20 \Rightarrow Q = 10$

$P = 60 - 2Q = 40$

$\because MR = P(1 - \frac{1}{E_d})$

$\therefore 10 = 40 \times (1 - \frac{1}{E_d})$ $\therefore E_d = \frac{4}{3}$

7. 解：

（1）根据题意所得，商品的边际效用：

$MU = \frac{\partial U}{\partial q} = 0.5q^{-0.5}$

单位货币的效用为：$\lambda = \frac{\partial U}{\partial M} = 1$。

若单位商品的售价为 P，则单位货币的效用 λ 就是商品的边际效用除以价格，即 $\lambda = \frac{\partial U}{P}$。

于是得：$\frac{\partial U}{\partial M} = \frac{\frac{\partial U}{\partial q}}{P}$，即 $1 = \frac{0.5q^{-0.5}}{p}$。

进而得：$q = \frac{1}{4p^2}$，这就是需求曲线。

（2）由 $q = \frac{1}{4p^2}$，得 $p = \frac{1}{2\sqrt{q}}$，这就是反需求曲线。

（3）当 p=0.05，q=25 时，则：

消费者剩余 $= \int_0^q \frac{1}{2\sqrt{q}} dq - pq$

$\qquad = q^{\frac{1}{2}} \Big|_0^q - pq = q^{\frac{1}{2}} - pq$

$\qquad = 25^{\frac{1}{2}} - 0.05 \times 25 = 3.75$

8. 解：

对于 $Y = 20 - 2\sqrt{X}$ 有 $\frac{dY}{dX} = -2 \times \frac{1}{2} X^{-\frac{1}{2}}$，

即 $\frac{dY}{dX} = -\frac{1}{\sqrt{X}}$。

（1）当 X=4 时，$\frac{dY}{dX} = -\frac{1}{\sqrt{X}} = -\frac{1}{2}$，则：

$Y = 20 - 2\sqrt{X}$ 在点（4，12）处的斜率是 $-\frac{1}{2}$。

（2）当 X=9 时，$\frac{dY}{dX} = -\frac{1}{\sqrt{X}} = -\frac{1}{3}$，则：

$Y = 20 - 2\sqrt{X}$ 在点（9，8）处的斜率是 $-\frac{1}{3}$。

（3）由于 $MRS_{xy} = -\frac{dY}{dX} = \frac{1}{\sqrt{X}}$，

而 $(X^{-\frac{1}{2}})' = -\frac{1}{2} X^{-\frac{3}{2}} < 0$，则：

MRS_{xy} 是递减的。

9. 解：

（1）$MU_x = 50 - x$ $MU_y = 100 - 2y$

由消费者均衡条件知：$\frac{MU_x}{P_x} = \frac{MU_y}{P_y} \Rightarrow \frac{50-x}{4} = \frac{100-2y}{P_y}$，

且：$4x + y \cdot P_y = 672 \Rightarrow x = \dfrac{672 - y \cdot P_y}{4}$

$\Rightarrow y = \dfrac{1600 + 472 \times 14}{32 + P^2}$

（2）当 $P_y=14$ 时，$y = \dfrac{1600 + 472 \times 14}{32 + 14^2} = 36$

（3）$x \cdot P_x + y \cdot P_y = M$

$\Rightarrow x = \dfrac{M - y \cdot P_y}{P_x}$

$\dfrac{\partial x}{\partial M} = \dfrac{1}{P_x}$

当 $P_x=4$ 时，X 的需求收入弹性为 $\dfrac{1}{4}$。

（4）当 P_y 下降到 5 元时，在保持原有的消费水平不变的情况下，相当于收入增加了 $(14-5) \times 36 = 9 \times 36 = 324$ 元，这是他愿意入会的最大代价。

（5）当会费为 222 元时，$\because 222 < 324$ $\therefore$ 他愿意入会，此时可供支配的收入水平为 672−222=450 元。

$\begin{cases} 4x + 5y = 450 \\ \dfrac{50-x}{4} = \dfrac{100-2y}{5} \end{cases} \Rightarrow x = 50,\ y = 50$

此时货币对他的边际效用 $\lambda = \dfrac{MU_x}{P_x} = \dfrac{MU_y}{P_y} = 0$。

10. 解：

（1）$MU_x = \dfrac{a}{2} x^{-\frac{1}{2}} y^{\frac{1}{2}}$

$MU_y = \dfrac{a}{2} x^{\frac{1}{2}} y^{-\frac{1}{2}}$

$$\frac{MU_x}{P_x} = \frac{MU_y}{P_y}$$

$$\Rightarrow \frac{\frac{a}{2}x^{-\frac{1}{2}}y^{\frac{1}{2}}}{8} = \frac{\frac{a}{2}x^{\frac{1}{2}}y^{-\frac{1}{2}}}{P_y}$$

$$\Rightarrow \frac{y \cdot P_y}{8} = x \Rightarrow y \cdot P_y = 8x$$

$8x + y \cdot P_y = 656 \Rightarrow 16x = 656 \Rightarrow x = 41$

则：$y \cdot P_y = 656 - 8x = 656 - 328 = 328 \Rightarrow y = 388 \cdot P_y^{-1}$

（2）a. $4x + 2y = 656 - 176 = 480$

$$\frac{MU_x}{P_x} = \frac{MU_y}{P_y} \Rightarrow \frac{\frac{a}{2}x^{-\frac{1}{2}}y^{\frac{1}{2}}}{4} = \frac{\frac{a}{2}x^{\frac{1}{2}}y^{-\frac{1}{2}}}{2} \Rightarrow y = 2x$$

$\Rightarrow x = 60\ y = 120\ U = 84.85a$

b. $8x + y = 656 - 176 = 480$

$$\frac{MU_x}{P_x} = \frac{MU_y}{P_y} \Rightarrow \frac{\frac{a}{2}x^{-\frac{1}{2}}y^{\frac{1}{2}}}{8} = \frac{\frac{a}{2}x^{\frac{1}{2}}y^{-\frac{1}{2}}}{1} \Rightarrow y = 8x$$

$x = 30\ y = 240\ U = 84.85a$

c. $6x + 1.5y = 480$

$$\frac{MU_x}{P_x} = \frac{MU_y}{P_y} \Rightarrow \frac{\frac{a}{2}x^{-\frac{1}{2}}y^{\frac{1}{2}}}{6} = \frac{\frac{a}{2}x^{\frac{1}{2}}y^{-\frac{1}{2}}}{1.5} \Rightarrow y = 4x$$

$\Rightarrow x = 40\ y = 160\ U = 80a$

因此，他应该加入，以 a 或 b 的方式加入。

11. 解：

预算约束：$x_1 + 2x_2 + 2000x_3 = 9000$。

建立拉格朗日函数，并使其偏导等于零：
$\xi = 5\ln x_1 + 4\ln x_2 + \ln(1+x_3) + \lambda(9000 - x_1 - 2x_2 - 2000x_3)$

$\dfrac{\partial \xi}{\partial x_1} = \dfrac{5}{x_1} - \lambda = 0 \Rightarrow x_1 = \dfrac{5}{\lambda}$

$\dfrac{\partial \xi}{\partial x_2} = \dfrac{4}{x_2} - 2\lambda = 0 \Rightarrow x_2 = \dfrac{2}{\lambda}$

$\dfrac{\partial \xi}{\partial x_3} = \dfrac{1}{1+x_3} - 2000\lambda = 0 \Rightarrow x_3 = \dfrac{1}{2000\lambda} - 1$

把 x_1，x_2 和 x_3 代入预算式中求得：

$\lambda = \dfrac{1}{1100}$

则：$x_1 = 5500$，$x_2 = 2200$，$x_3 = -\dfrac{9}{20}$

因为 $x_3 = -\dfrac{9}{20}$ 是不可能的，故汽车的消费应为0，这样预算线将为 $x_1 + 2x_2 = 9000$，则有 $\dfrac{5}{\lambda} + 2x \cdot \dfrac{2}{\lambda} = 9000 \Rightarrow \lambda = \dfrac{1}{1000}$。

得 $x_1 = 5000$，$x_2 = 2000$。

因此，对该消费者来说，他应购买5000单位的食物，2000单位的衣服，但不买汽车。

12. 解：

$MU_x = \gamma \cdot x^{\gamma-1} y$

$MU_y = x^\gamma$

$$\frac{MU_x}{P_x} = \frac{MU_y}{P_y} \Rightarrow \frac{\gamma \cdot x^{\gamma-1} y}{P_x} = \frac{x^\gamma}{P_y} \Rightarrow \frac{y}{x} = \frac{P_x}{\gamma \cdot P_y}$$

由于 P_x, P_y 是固定不变的，r 为常数。

故 $\frac{P_x}{\gamma \cdot P_y}$ 是一个大于零的常数，则 $y = (\frac{P_x}{\gamma \cdot P_y})x$

又由于 $P_x \cdot x + P_y \cdot y = M$

$$x \cdot P_x + \frac{P_x}{\gamma} \cdot x = M \Rightarrow x(1 + \frac{1}{\gamma})P_x = M$$

即 $M = (1 + \frac{1}{\gamma})P_x \cdot x$

因此，恩格尔曲线是一条经过原点且斜率为 $M = (1 + \frac{1}{\gamma})P_x \cdot x$ 的直线。

13. 解：

（1）先求价格没有变化时，他购买 x 和 y 的量，这时已知：
$P_x=1$，$P_y=2$，$U=xy$

$$MU_x = \frac{\partial U}{\partial x} = y \qquad MU_y = \frac{\partial U}{\partial y} = x$$

$\frac{MU_x}{P_x} = \frac{MU_y}{P_y}$ 即为：$\frac{y}{1} = \frac{x}{2}$

预算方程式为 $x+2y=80$

解 $\begin{cases} y = \frac{x}{2} \\ x+2y = 80 \end{cases}$ 得 $\begin{cases} x = 40 \\ y = 20 \end{cases}$

再求购买 20 单位的 x，10 单位的 y 在新价格下需要的收入：

$$M = x \cdot P_x + y \cdot P_y \text{ 元}$$

最后求在新价格和新收入（30元）下，他购买的 x 和 y 的量：

∵ $P_x = 1$ $P_y = 1$ $MU_x = y$ $MU_y = x$

∴ $\dfrac{MU_x}{P_x} = \dfrac{MU_y}{P_y}$ 即为：$\dfrac{y}{1} = \dfrac{x}{1}$

预算约束为：$x + y = 60$

解 $\begin{cases} y = x \\ x + y = 60 \end{cases}$ 得 $\begin{cases} x = 30 \\ y = 30 \end{cases}$

因此，y 价格下降使他购买更多的 y，多购买（30-20）=10 单位。

（2）先求 y 价格下降后，他实际购买的 x 和 y 的量：

∵ $P_x = 1$ $P_y = 1$ $M = 80$ $MU_x = y$ $MU_y = x$

∴ $\dfrac{MU_x}{P_x} = \dfrac{MU_y}{P_y}$ 即为：$\dfrac{y}{1} = \dfrac{x}{1}$

预算方程式为：$x + y = 40$

解 $\begin{cases} y = x \\ x + y = 80 \end{cases}$ 得 $\begin{cases} x = 40 \\ y = 40 \end{cases}$

可见，y 价格下降的收入效应使他购买更多的 y，多购买（40-30）=10 单位。

由于在新价格和收入为 60 元时，他购买 30 单位的 x 和 30 单位 y，在新的价格下，要使他购买 40 单位 x，40 单位 y，需增加 20 元收入，即收入为 80 元，要增购 10 单位 y 的话，必须增加 20 元的收入。

因此，y 的价格下降对 y 的需求收入效应相当于增加 20 元的收入效应。

（3）y 价格下降的替代效应使他买更少的 x，即少买（30-20）=10

单位。收入效应使他购买更多的 x，多买（30-20）=10 单位。y 价格下降对 x 需求的总效应为零。

14. 解：

（1）此人的预算约束为

4w=6c 并且 w+c+s=24，5c+2s=48

建立拉格朗日函数式：

$$\xi = \frac{1}{4} s^{-\frac{3}{4}} c^{\frac{3}{4}} + \lambda \cdot (48 - 5c - 2s)$$

$$\begin{cases} \frac{\partial \xi}{\partial s} = \frac{1}{4} s^{-\frac{3}{4}} c^{\frac{3}{4}} - 2\lambda = 0 \\ \frac{\partial \xi}{\partial c} = \frac{3}{4} c^{-\frac{1}{4}} s^{\frac{1}{4}} - 5\lambda = 0 \end{cases}$$

$5c + 2s = 48$

求解得：c=7.2 小时，s=6 小时。

w=24－7.5－6=10.8 小时

（2）此人睡觉的机会成本是 4 元钱，他消费的机会成本是 10 元。

15. 解：

（1）$\because MU_x = \sqrt{y} / 2\sqrt{x}$，$MU_y = \sqrt{x} / 2\sqrt{y}$

$$\frac{MU_x}{P_x} = \frac{MU_y}{P_y} \Rightarrow \frac{\sqrt{y}/2\sqrt{x}}{1} = \frac{\sqrt{x}/2\sqrt{y}}{2}$$

$\Rightarrow x = 2y$

$\therefore U = \sqrt{xy} = 10 \quad xy = 100$

$\therefore x = 10\sqrt{2} \quad y = 5\sqrt{2}$

则 $MRS_{xy} = \frac{\partial y}{\partial x} = -\frac{100}{x^2} = -1/2$

71

(2) $MRS_{xy} = -\dfrac{MU_x}{MU_y} = -\dfrac{\sqrt{y}/2\sqrt{x}}{\sqrt{x}/2\sqrt{y}} = -\dfrac{y}{x}$

16. 解：

一种商品的需求曲线是从它的价格—消费曲线推导出来的，先有商品的价格—消费曲线，然后才建立商品的需求曲线。

假设收入 I，商品 y 的价格为 P_y，按题意假定，由于价格—消费曲线是平行于横轴的直线，故商品 y 的数量为固定的数值 y，当商品 x 的价格从 P_{x_1} 下降到 P_{x_2} 时，消费量则由 x_1 增加到 x_2，因为：

$P_{x_1} x_1 + P_y y = M$ ①

$P_{x_2} x_2 + P_y = M$ ②

②-①得：$P_{x_2} x_2 - P_{x_1} x_1 = 0$ ③

上式可变为：$(P_{x_2} x_2 - P_{x_1} x_2) + (P_{x_1} x_2 - P_{x_1} x_1) = 0$

$(P_{x_2} - P_{x_1})x_2 + (x_2 - x_1)P_{x_1} = 0$

$\therefore \dfrac{x_2 - x_1}{P_{x_2} - P_{x_1}} = \dfrac{P_{x_1}}{x_2} = -1$

又 $\because P_{x_2} \cdot x_2 - P_{x_1} \cdot x_1 = 0$

$\dfrac{P_{x_2}}{P_{x_1}} = \dfrac{x_1}{x_2}$

$P_{x_2}/P_{x_1} + 1 = x_1/x_2 + 1$

$$\frac{P_{x_2} + P_{x_1}}{P_{x_1}} = \frac{x_1 + x_2}{x_2}$$

故：$\dfrac{P_{x_1}}{x_2} = \dfrac{P_{x_1} + P_{x_2}}{x_1 + x_2}$

因此：

$$\frac{x_2 - x_1}{P_{x_2} - P_{x_1}} \cdot \frac{P_{x_1}}{x_2} = \frac{x_2 - x_1}{P_{x_2} - P_{x_1}} \cdot \frac{P_{x_2} + P_{x_1}}{x_1 + x_2}$$

$$= \frac{x_2 - x_1}{x_2 + x_1} \bigg/ \frac{P_{x_2} - P_{x_1}}{P_{x_2} + P_{x_1}} = -1$$

由弧弹性的公式可知，对 x 的需求的弹性系数是单位弹性。

其实问题也可以从③式得到说明。由于 $x_2 \cdot P_{x_2} - x_1 \cdot P_{x_1} = 0$，所以 $x_2 \cdot P_{x_2} = x_1 \cdot P_{x_1}$。可见，随着 P_x 的下降，消费者用于 x 的支出未变。因此，对 x 的需求弹性系数是单位弹性。

三、分析问答题

1. 答：效用是指人们从消费某种商品或商品组合中所得到的欲望满足程度。它有两个条件：一是人们具有该种欲望，二是人们具有对该种欲望满足程度的主观感受。因此，一件物品的效用往往因时因地因人的不同而不同。

边际效用是指人们在对其他商品的消费数量保持不变的情况下，每增加一单位某种商品的消费所增加的总效用的数量。

2. 答：边际效用递减的规律是指，人们在对其他的商品的消费数量保持不变的情况下，随着对某种商品消费数量的增加，他的边际效用最终将呈现下降的趋势。累进所得税就是随着收入的增加，收入中的更高的比例将作为税收上缴，累进税率的思想将被看作是边际效用递减规律的延伸，由于富人的收入边际效用低于穷人，所以对高收入者征收较多的税也就显得合理了。但是也有例外的情况，这种例外往往发生在"癖好"和"集邮"两类情况中。例如对酒鬼来说，他喝第二瓶酒的满足程度大于第一瓶酒，而第三瓶酒的满足程度又大于第二瓶酒。对于一个集邮爱好者来说，他总是收集邮票越多满足感越强，而一套邮票中最后一张邮票也许给他带来最大的满足。

3. 答：基数效用论认为效用是可以计量并加总求和的，故效用可以用基数（1，2，3……）来表示。

序数效用论表示效用作为一种主观的感受是无法用基数来衡量其大小的，故效用只能用序数（第一，第二，第三……）来表示满足程度的高低和顺序。

4. 答：(1) 消费者均衡的条件是花费在每一种商品上的最后一单位的货币所带来的边际效用都相等，消费者在消费 6 单位的 X 商品，4 单位的 Y 商品时达到最大的效用，因为此时同时满足 $MU_x/P_y=MU_x/P_y=8/2=4$ 且 $P_xQ_x+P_yQ_y=M$ 即 $6\times2+4\times2=20$。

(2) 依题的变化为使消费者达到均衡，此人将购买多于 6 单位的商品 X 和稍少于 4Y 单位的商品，如果商品都只能按单位消费，那么此人将仍购买 6X 和 4Y。

(3) 如果商品 X 的边际效用是递增的，那么此人将用他的全部收入购买 X 商品。

5. 答：不是，商品的最优组合条件是：一种商品的边际效用和它的价格之比等于所有其他的商品的边际效用和与其各自的价格之比。

6. 答：消费者剩余是由以下两个因素造成的：一是由于存在着边际效用的递减规律，随着消费者购买商品数量的增加，他愿意支付的价格越来越低；二是在市场上总是存在着一种现实的市场价格，而消费者实际支付的价格一般反映了他所拥有的最后一单位商品的边际效用的估价。因此，除了他所购买的最后一单位的商品外，消费者从以前购买的所有的商品消费中得到的满足都超过了他为之付出的代价。换句话说，他先购买的每单位商品给他带来的边际效用都高于他从最后一单位的商品中获得的边际效用,超出的部分就是消费者剩余。企业很难获得消费者剩余,因为他很难决定某消费者愿意为每单位的商品所支付的货币。

7. 答:从消费者的一个均衡点到另一个均衡点的移动可分解为替代效应和收入效应。替代效应就是当一种商品价格下降的时候,消费者将用此商品替代别的商品从而使这种降价商品的需求量增加。收入效应就是如果商品的价格下降,则消费者的货币收入的购买力将增加,即实际的收入增加。当某商品降价时,若该商品是正常的商品,收入效应使消费者增加对该商品的购买量;若此商品为低档的商品,收入效应将使该商品的需求量减少。

8. 答:当低档商品价格下降的时候,替代效应将倾向于增加此商品的需求量,但收入效应将倾向于减少此商品的需求量,如果替代效应强于收入效应,此低档商品需求曲线的斜率为负,这是最常见的情形;如果收入效应等于替代效应,需求曲线呈现垂直;如果替代效应弱于收入效应,需求曲线的斜率为正,此物品为吉芬商品。由此可见,低档商品不一定是吉芬商品,低档商品是收入和需求量之间的反向关系,而吉芬商品是因低档商品中的收入效应足够强,以致于使该商品的价格与需求量发生了同方向的变动。

9. 答:价格提供曲线(价格—消费曲线)是指在商品 Y 的价格和收入水平一定的情况下,当商品 X 的价格发生变动的时候,消费者的均衡点形成的轨迹。

如果 X 商品的需求弹性较小,那么 X 商品的价格下降只会使他的需求量增加,消费者就会用节省下来的收入购买 Y 商品,从而使得 X 商品和 Y 商品的需求量都增加,价格提供曲线向上倾斜的形状。

如果 X 商品的需求弹性较大,由 X 商品下降所节省下来的收入就因 X 商品需求量以较大的幅度增加而全部被吸收了,也就是说,不再存在使商品的需求量增加的收入效应;相反,因 Y 商品的相对价格较高只会使其需求量有所下降,这样价格提供线就会出现向下倾斜的形状。

10. 答:该消费者在无风险的条件下(即不赌博的条件下)可以

持有的确定的货币财富是 1250 美元,而在风险的条件下(即进行赌博的条件下),财富的期望值也是 1250 美元(0.25×1000+0.75×100=325)。由于他是风险的回避者,他认为持有一笔确定的货币财富的效用大于在风险的条件下赌博的期望值,因而他会选择不赌博。

如果他得到的是 1200 美元,他是否选择赌博取决于他的效用函数的形式。如果他是风险的回避者,他仍不肯选择赌博;如果他是风险的爱好者,他会选择赌博;如果他是风险的中立者,他也会选择赌博,因为风险的中立者关心的是货币的期望值极大,而不管风险有多大,显然在 1250＞1200 的情况下,他会选择赌博。

第四章 生产者行为

内容提要

就像消费者行为理论中消费者总是以效用的最大化为目标一样，生产者理论中假定厂商是以利润的最大化为目标，即厂商力求以产品的总收入和总成本之间的差额为最大。

生产函数是指在一定的生产技术水平下，各种生产要素投入的数量与产品最大的产出数量之间的关系。生产函数一般分为两类：固定比例的生产函数和可变比例的生产函数。

总产量是指在生产要素一定的情况下所生产出来的全部的产量。平均产量是指平均每单位生产要素生产出来的产量。边际产量是指增加最后一单位的某种生产要素所带来的总产量的增量。在厂商生产某种产品的生产函数中一种要素发生变动，其余的要素不变，总产量、平均产量和边际产量的曲线都呈现先上升后下降的走势；在边际产量曲线和平均产量曲线的交点，边际产量等于平均产量，此时的平均产量是最大的；当边际产量为零的时候总产量达到最大；边际产量为负数的时候，总产量将会减少。

连续把数量相等的某种生产要素增加到一种或者几种数量不变的生产要素上，总的产量最初会增加，但该生产要素的增加超过一定限度的时候，增加的产量将会递减，这就是规模报酬的递减规律。它的前提条件是：(1)技术水平不变；(2)生产规模不变，即其他生产要素投入的数量不变；(3)随着生产要素的增加，边际收益出现递增、递减，最后呈现出负数这一规律。

等产量曲线表现的是某一固定数量的商品可以用所需要的各种生产要素的不同数量的组合生产出来。等产量曲线具有以下特征：(1)等产量曲线是一条自左上向右下倾斜的曲线，其斜率为负值；(2)在同一等产量曲线图上会有无数条的等产量线，不同的等产量线代表的是不同的产量水平，距离原点越远的等产量曲线代表的产量水平也就越高；(3)一个等产量曲线图上，任意两条等产量曲线不可能相交；(4)等产量线上的任意一点的两种生产要素的边际技术的替代率都是递减的。

边际技术替代率是指为了保持相同的产量水平，增加一种生产要素与可以减少的另外一种生产要素的量的比率。边际技术替代率是递减的，它也是等产量曲线的斜率。

等成本曲线表示的是既定的成本可以购买的两种生产要素的各种可能的数量组合。要实现生产要素的最优组合，应该同时考虑等成本曲线和等产量曲线，把等成本曲线和等产量曲线合在一个图上，等成本曲线必定与无数条等产量曲线中的一条相切，这一切点表示的是生产要素的最优组合，即在既定的产量下成本最小和在既定的成本下达到产量的最大。

在技术水平不变的情况下，所有生产要素的变动对产量的影响可以用规模经济来分析，随着生产规模的扩大，产量的变动大致经过规模报酬的递增、不变和递减这三个阶段。

机会成本是指由于厂商使用一定的资源生产某种产品而放弃的这些资源用于其他用途所得到的收益。机会成本是由显性成本和隐性成本构成的。显性成本是指为了获得某种资源、产品或劳务所投入的实际费用。隐性成本是指厂商在其生产过程中所使用的自有的投入价值。把机会成本的概念用于经济分析，可以实现资源的最佳配置。

短期成本是指一段时期内厂商无法改变其固定设备所限定的规模。短期成本可以区分为固定成本和可变成本。

长期成本是指厂商可以根据产量来调整包括固定设备在内的一切生产要素。在长期的成本分析中，主要是对总成本、平均成本和边际成本的分析。在长期的成本分析中，由于所有的要素投入都是可变的，所以不存在可变要素。

综合练习题

一、选择题

1. 如果连续增加某种生产要素，在总产量达到最大值的时候，边际产量曲线与以下哪条线相交（　　）。

   A. 平均产量曲线
   B. 纵轴
   C. 横轴
   D. 总产量曲线

2. 在总产量、平均产量和边际产量的变化过程中，下列哪一个首先发生变化（　　）。

   A. 边际产量下降
   B. 平均产量下降
   C. 总产量下降
   D. B 和 C

3. 在边际收益递减规律的作用下，边际产量会发生递减，在这种情况下，如果增加相同产量的产出，应该（　　）。

   A. 停止增加可变的生产要素
   B. 减少可变生产要素的投入
   C. 增加可变要素投入的数量
   D. 减少固定生产要素

4. 等产量曲线（　　）。

   A. 说明为了生产一个给定的产量而可能的各种要素投入组合
   B. 除非得到所有要素的价格，否则不能画出这条曲线
   C. 表明了投入与产出的关系
   D. 表明了无论投入的数量如何变化，产出量都是一定的

5. 如果一项投入品的边际产量为正值，随着投入的增加，边际产

量递减，则（　　）。

  A. 总的产量已经达到了最高点，正在不断下降

  B. 总的产量不断增加，但是增加的速度越来越慢

  C. 平均产量一定下降

  D. 厂商应当减少产出

6. 如果一项投入品的平均产量高于其边际产量，则（　　）。

  A. 随着投入的增加，边际产量增加

  B. 边际产量将向平均产量趋近

  C. 随着投入的增加，平均产量一定增加

  D. 平均产量将随投入的增加而降低

7. 在生产的有效区域内，等产量曲线（　　）。

  A. 凸向原点

  B. 不能相交

  C. 负向倾斜

  D. 上述说法都对

8. 下列的说法中正确的是（　　）。

  A. 生产要素的边际技术替代率是规模报酬递减规律造成的

  B. 边际收益递减规律是规模报酬递减规律造成的

  C. 规模报酬递减是边际收益递减规律造成的

  D. 生产要素的边际技术替代率递减是边际收益递减规律造成的

9. 对于如图所示的等产量曲线，下列说法中错误的是（　　）。

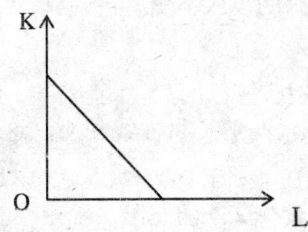

  A. 规模报酬不变

  B. 固定比例的生产函数

C. L 与 K 之间完全可以替代

D. L 与 K 的边际技术替代率为零

10. 生产理论中的扩展线类似于消费者理论中的（　　）。

    A. 恩格尔曲线

    B. 收入—消费曲线

    C. 价格—消费曲线

    D. 预算约束线

11. 凡是属于齐次的生产函数，都能分辨其规模收益的类型，这句话（　　）。

    A. 正确

    B. 不正确

    C. 可能正确

    D. 不一定正确

12. 等成本曲线在坐标平面上与等产量曲线相交，那么要生产等产量曲线所表示的产量水平（　　）。

    A. 应该增加成本的支出

    B. 不能增加成本的支出

    C. 应该减少成本的支出

    D. 不能减少成本的支出

13. 已知等成本曲线和等产量曲线既没有相交也没有相切，此时要达到等产量曲线所表示的产出的水平，应该（　　）。

    A. 增加投入

    B. 保持原有的投入不变

    C. 减少投入

    D. 或 A 或 B

14. 若等成本曲线与等产量曲线相交，这表明等产量曲线所表示的产量水平（　　）。

    A. 还可以减少成本的支出

    B. 不能再减少成本的支出

    C. 应该再增加成本的支出

D. 上面的说法都不正确

15. 某厂商以既定的成本产出最大的产量时，他（   ）。

    A. 一定是获得了最大的利润
    B. 一定没有获得最大的利润
    C. 是否获得了最大的利润，还是没有办法确定
    D. 经济利润为零

16. 一个厂商在长期内能完成下列哪些对经济条件的调整（   ）。

    A. 采用新的计算机生产化的技术，可以节省生产线上 50% 的劳动力
    B. 雇用三班倒的工人，增员扩容
    C. 面对国外严酷的竞争，将工作的压力减轻 30%
    D. 以上的措施在长期内都是可行的

17. 任何企业在短期内的固定成本包括（   ）。

    A. 购买投入品的所有成本
    B. 最优生产条件下生产一定产量的最小成本支出
    C. 相当长的一段时间内都固定的成本，比如工会组织的长期的工资合约
    D. 即便不生产产品也要花费的总的费用

18. 某工厂 1000 个单位的日产出水平，总的成本为 4900 美元，如果产量减少 1 单位，则总的成本为 4890 美元，在这个产出的范围以内（   ）。

    A. 平均成本高于边际成本
    B. 平均成本和边际成本大致相等
    C. 边际成本高于平均成本
    D. 由于给定的条件中无法得到边际成本，因此不能比较平均成本和边际成本的大小

19. 如果边际成本在一定的产出范围以内大于平均成本，那么在这一范围内，产出的增加将会使平均成本（   ）。

    A. 升高

B. 降低

C. 升高或者是降低将会取决于可变成本的变化

D. 保持不变

20. 某工厂每周400单位的产出的边际成本是2美元,500单位产出的边际成本是2.5美元,如果产出控制在400~500的范围以内,则平均成本（　　）。

   A. 必定增加

   B. 必定减少

   C. 必定保持不变

   D. 可能减少,可能增加,或者是既减少又增加,但是不可能不变

21. 如果一个企业的边际产量与价格的比率和所有的投入品都相同,那么（　　）。

   A. 每一投入的边际产量都等于其价格

   B. 企业的成本最小,利润最大

   C. 企业利润最大化生产,但是并不一定以成本的最小化生产

   D. 企业不一定是以利润的最大化生产,但一定是以成本的最小化生产

22. 用a、b、c三种投入品生产商品,如果投入的数量不断增加,那么我们认为边际产量将（　　）。

   A. 在任何的情形下都增加

   B. 若b与c保持不变,则a边际产量将增加,但是如果b与c同比例增加,a的边际产量就不一定增加

   C. 在任何的情况下都减少

   D. 若b、c保持不变,a的产量将减少,但是如果b、c同比例的增加,a的产量不一定减少

23. 一个企业的投入品为x和y,x的边际产量为60,y的边际产量为40,x的价格是4美元,y的价格是3美元,假定只有这两种投入品,则这个企业（　　）。

   A. 以最小的成本进行生产,但不是利润的最大化

B. 成本不是最小，利润也不是最大

C. 成本最小，但不一定利润最大

D. 成本不是很小，然而利润最大

24. 学校里一块新的停车场地的机会成本是什么（　　）。

A. 由此引发的所有费用

B. 由用于其他用途产生的最大价值决定

C. 用于建造停车场的机械设备的折旧的大小

D. 建造停车场的劳动力的薪水

25. 考虑企业 X 的生产函数，它用 2 个单位的工人和 1 单位的资本生产 10 单位的产出，只有工人和资本的增加，必须保持上面的比例才能使产出增长，X 企业的等产量曲线是（　　）。

A. 直线

B. L 形状

C. 曲线，凸向原点

D. 曲线，凹向原点

26. 等产量曲线和等成本曲线有一个共同的特点：这两条线上的任何一点都代表（　　）。

A. 总的产出量

B. 以美元计的总成本

C. 投入品数量的组合

D. 投入品价格的组合

27. 根据投入在产出中的应用，以等产量曲线和直线来表示固定比例投入和可变比例投入的差别，则等产量曲线（　　）。

A. 固定的投入等产量曲线是直线，可变的投入等产量曲线是直角线

B. 固定的投入等产量曲线是直角线，可变的投入表现为曲线

C. 固定的投入等产量曲线表现为曲线，可变的投入表现为直角线

D. 固定的投入表现为直角线，变动的投入表现为直线

28. 农场主投入土地和劳动进行生产，他种植了 40 亩地的谷物，

收益递减的规律告诉我们（　　）。

  A. 土地不变，增加劳动力，最终土地的边际产量将会下降

  B. 土地不变，增加劳动，最终劳动力的边际产量将会下降

  C. 短期内劳动的平均产量保持不变

  D. 短期内，没有可变的投入

29. 经济成本和经济利润具有以下特征（　　）。

  A. 前者比会计成本大，后者比会计利润小

  B. 前者比会计成本小，后者比会计利润大

  C. 两者都比相应的会计成本和会计利润小

  D. 两者都比相应的会计成本和会计利润大

30. 从原点出发与 TC 曲线相切的直线的斜率是（　　）。

  A. AC 的最低点

  B. 等于 MC

  C. AVC 和 AFC 之和

  D. 上面的答案都成立

31. AC 成本的曲线是由何种曲线的斜率决定的（　　）。

  A. TFC 曲线的斜率

  B. TVC 曲线的斜率

  C. TC 曲线的斜率

  D. 既是 TC 曲线的斜率，也是 TVC 曲线的斜率

32. 企业使其利润最大意味着（　　）。

  A. 使它的亏损最小化

  B. 使总的收益和总的成本之间的差额最大

  C. 根据边际收益和边际成本相等来决定产出的水平

  D. 以上都是

33. 一个企业在下面的哪种情况下应该关门（　　）。

  A. AVC 的最低点大于价格的时候

  B. AC 的最低点大于价格的时候

  C. 发生亏损的时候

  D. MC＞MR

34. 在下面说法中正确的是（   ）。
    A. 在产量的某一个变化范围内，只要边际成本曲线位于平均成本曲线的上方，平均成本曲线一定是向下倾斜的
    B. 边际成本曲线在达到某一个产量水平的时候趋于上升，是由边际收益递减规律造成的
    C. 长期平均成本曲线在达到一定的产量水平以后趋于上升，是由边际收益递减规律造成的
    D. 在边际成本曲线上，与平均成本曲线的交点上的部分构成商品的供给曲线

35. 已知产量为 500 单位的时候，平均成本是 2 元，产量增加到 550 单位的时候，平均的成本等于 2.5 元，在这个产量的变化范围内，边际成本（   ）。
    A. 随着产量的增加而上升，并在数值上大于平均成本
    B. 随着产量的增加而上升，并在数值上小于平均成本
    C. 随着产量的增加而下降，并在数值上小于平均成本
    D. 随着产量的增加而下降，并在数值上大于平均成本

36. 等产量曲线和等成本曲线的切点表示的是（   ）。
    A. 对任何的产出，可得到最低可能的等成本线，切点表明了一定产出水平的最低成本
    B. 对任何的支出，所得到的最高可能的等产量曲线，切点表明的是这一支出水平下的最大产出
    C. 最大利润的产出水平
    D. A 与 B 都是

37. 劳动的边际产量与厂商的边际成本之间的关系是（   ）。
    A. 边际成本与边际产量成反比
    B. 边际成本等于工资除以边际产量
    C. 当边际产量的曲线向下倾斜的时候，边际成本曲线也会向下倾斜
    D. 边际成本不变，而边际产量服从收益递减

38. 根据替代效应（   ）。

A. 边际成本在平均成本最低点处与其相等
B. 一种投入的价格提高会导致厂商用其他的投入来代替
C. 一种投入的价格下降会导致厂商用其他的投入来代替
D. 若厂商不知道其边际成本曲线,可以用平均成本曲线来代替

39. 长期与短期的区别在于（　　）。
   A. 短期中存在着不变的收益而长期中不存在
   B. 从长期来看,所有的投入都可变
   C. 三个月
   D. 平均成本在短期内是递减的,而长期成本在长期内是递增的

40. 规模收益递增的概念是指（　　）。
   A. 同时生产几种产品要比分别生产它们昂贵
   B. 大数量生产要比小数量生产昂贵
   C. 产量越大生产的平均成本也就越低
   D. 边际成本线向下倾斜

41. 厂商的经济成本是指（　　）。
   A. 经理的时间机会成本
   B. 厂商资本投资的替代效应
   C. 业主资本投资的收益
   D. 上述各项

42. 行业的长期供给曲线是（　　）。
   A. 完全有弹性的
   B. 比短期的供给曲线更有弹性
   C. 比短期的供给曲线缺乏弹性
   D. 短期供给曲线较低的边缘曲线

43. 如果具有 U 型的短期平均成本线的厂商通过工厂的数目翻番而使产量翻番,且平均成本不变,那么长期的供给曲线是（　　）。
   A. 完全有弹性的
   B. 完全没有弹性的

C. 向上倾斜的
D. 向下倾斜的

二、计算题

1. 已知生产函数为 $Q=KL-0.5L^2-0.32K^2$，Q 表示产量，K 代表的是资本，L 代表劳动力，若 K=10，求：（1）写出劳动的平均产量和边际产量函数。（2）分别计算总产量、平均产量和边际产量达到最大时，厂商雇用的劳动量。（3）证明当 AP_L 达到极大值时 $AP_L=MP_L=2$。

2. 假设某公司短期的生产函数为 $Q=72L+15L^2-L^3$，其中 Q、L 分别代表一定时间内的产量和可变要素的投入量，求：（1）导出 AP_L 和 MP_L 的函数。（2）当 L=7 时，MP_L 是多少？（3）当 L 由 7 个单位增加到 8 个单位的时候，产量增加多少？（4）L 的投入量为多大时，MP_L 将面临递减？（5）该公司的最大的产量是多少？为了达到这个最大的产量，L 的投入量是多少？

3. 已知某厂商的生产函数为 $Q=L^{0.25}K^{0.75}$，又设 $P_L=1$ 元，$P_K=3$ 元。试求：（1）产量为 10 时的最低成本支出和使用的 L、K 数量。（2）产量为 25 时的最低成本支出和使用的 L、K 数量。（3）总的成本为 160 时厂商均衡的 Q、L 与 K 的值。

4. 已知生产函数为 $Q=L^{0.4}K^{0.6}$，试证明：（1）该生产的过程是规模报酬不变。（2）受规模报酬递减规律的支配。

5. 假设小机械的生产函数为 $Q=KL-0.8K^2-0.2L^2$，其中 Q 代表的是小机械的年生产函数，K 代表的是年资本的投入量，L 为年劳动的投入量，求：（1）设 K=10，劳动在什么投入水平时的平均产出达到最大，此时小机械的生产量是多少？（2）再设 K=10，劳动在何种投入水平下 $MP_L=0$？（3）假定资本的投入增加到了 K=20，（1）和（2）将如何变化？（4）小机械的生产函数表明的是规模报酬不变、规模报酬递减还是规模报酬递增？

6. 假定厂商只有一种可变要素的劳动 L，产出的也只有一种产品 Q，固定成本为既定的，短期函数为 $Q=-0.2L^3+12L^2+24L$，试求：（1）劳动的平均产量 AP_L 为极大值时雇用的劳动人数。（2）劳动的边际产

量 MP_L 为极大值时雇用的劳动人数。(3) 平均可变成本极小时的产量。(4) 假如每个人的工资 $W=240$，产品的价格 $P=10$，求利润极大时的雇用的劳动人数。

7. 一个厂商用资本和劳动生产产品，在短期中资本是固定的，劳动是可变的，短期的生产函数为 $x=-L^3+12L^2+144L$，其中 x 是每周的产量，L 是雇用的劳动人数，每个人每周工作 40 小时，工资是每小时 6 元，试求：(1) 计算该厂商在生产的第一、二、三个阶段上的 L 数值。(2) 厂商在短期中生产的话，其产品的最低价格是多少？(3) 如果该厂商每周的纯利润要达到 300 元，需雇用 8 个工人，该厂商的固定成本是多少？

8. 假定一个企业的平均成本函数为 $AC=160/Q+5-3Q+2Q^2$，求它的边际成本函数？

9. 已知 $MC=9Q^2+4Q+5$，$Q=10$，$TC=3000$，分别求 TC、AC 的函数形式。

10. 令某个生产者的生产函数为 $Q=\sqrt{KL}$，已知 K 的总值为 200，K 的用量为 8，L 的价格为 10，试求：(1) 平均成本和边际成本函数。(2) 如果产品的价格为 40，生产者为了获得最大的利润应该生产多少？此时的利润是多少？(3) 如果 K 的总值从 200 升到 240，产品的价格为 40，生产者为了获得最大的利润应生产多少以及利润是多少？

11. 假定西瓜价格在晴朗炎热的天气条件下为每担（100 斤）30 元，在阴凉多雨时为每担 20 元，农民生产西瓜的成本为 $TC=1/2Q^2+5Q+100$，而他的生产决策总是在未能预知夏天天气的情况下作出的，假定天气好坏的概率分别为 50%，那么为了使预期的利润最大他应该生产多少西瓜？他能够得到多少利润？

12. 已知某厂商的长期生产函数 $Q=aA^{0.5}B^{0.5}C^{0.5}$ 为每个月的产量，A、B、C 为每个月投入的三种生产要素，三种要素的价格为 $P_A=2$ 元，$P_B=18$ 元，$P_C=8$ 元，试求：(1) 推导出厂商长期总成本函数、长期平均成本函数和长期边际成本函数。(2) 在短期内 C 为固定的要素，A、B 是可变要素，推导出厂商短期总成本函数、长期平均成本函数、短期可变的成本函数和短期边际成本函数。

13. 某厂商使用两种生产要素 A、B，生产一种产品 Q，可以选择的生产函数有两种：(1) $Q=aA^{0.4}B^{0.6}$；(2) $Q=bA^{0.6}B^{0.4}$。已知要素的价格分别为 $P_A=1$ 元，$P_B=P$，试求：(1) B 的价格为多少时两种生产方法对厂商并没有差别？(2) 假如 B 的价格超出了上面计算得出的价格，厂商将选用哪一种方法进行生产？

三、分析问答题

1. 生产的三个阶段是如何划分的？为什么厂商只会在第二个阶段进行生产？
2. 用图形说明总产量曲线、平均产量曲线和边际产量曲线之间的关系。
3. 用图形解释"脊线"的概念。
4. 规模报酬递增、不变和递减的三种情况与可变比例的生产函数报酬递增、不变和递减的三种情况的区别何在？规模报酬递增的厂商也会面临要素报酬递减的现象吗？为什么？
5. 在经济学中厂商的成本都包括哪些？
6. 当边际成本递增的时候，平均成本也是递增的吗？
7. 平均固定成本和平均可变成本与边际总成本之间有什么不同？
8. 长期平均成本曲线与短期平均成本曲线都是 U 型的，但是两者形成的原因不同，请加以解释。
9. 请分析为什么平均成本的最低点一定在平均可变成本的最低点的右边？
10. 成本曲线对市场的结构有什么影响？请举例加以说明。

参考答案

一、选择题

1. C　2. A　3. C　4. A　5. B　6. D　7. D

8. D	9. C	10. B	11. A	12. C	13. A	14. A	
15. C	16. D	17. D	18. C	19. A	20. D	21. D	
22. B	23. B	24. B	25. B	26. C	27. B	28. B	
29. A	30. D	31. C	32. D	33. A	34. B	35. A	
36. D	37. B	38. B	39. B	40. C	41. D	42. B	
43. A							

二、计算题

1. 解：

（1） $AP_L = \dfrac{Q}{L} = K - 0.5L - \dfrac{0.32K^2}{L} = 10 - 0.5L - \dfrac{0.32 \times 10^2}{L}$

$\qquad = -0.5L + 10 - \dfrac{32}{L}$

$MP_L = \dfrac{\partial Q}{\partial L} = K - L = 10 - L$

（2）总产量 $Q = 10L - 0.5L^2 - 32$，令 $\dfrac{\partial Q}{\partial L} = 10 - L = 0$，当 L=10 时总产量极大。

平均产量 $AP_L = -0.5L + 10 - 32/L$。

令 $\dfrac{\partial AP_L'}{\partial L} = -0.5 + 32/L^2 = 0$。

当 L=8 时，AP_L 达到极大。

$MP_L = 10 - L, MP_L' = -1$（$MP_L$ 处于递减阶段）。

当 L=0 时，MP_L 达到极大。

（3）AP_L 达到极大值时，L=8，则：

$AP_L = -0.5L + 10 - 32/L = -0.5 \times 8 + 10 - 32/8 = 2$

$MP_L = 10 - L = 10 - 8 = 2$

所以，当 AP_L 极大时，$AP_L = MP_L = 2$。

2. 解：

(1) $MP_L = \dfrac{dQ}{dL} = 72 + 30L - 3L^2$

$AP_L = \dfrac{dQ}{dL} = 72 + 15L - L^2$

(2) $MP_L = 135$。

(3) 产量的增量是 128。

(4) 当 MP 达到最大化时它开始面临递减，MP 达到最大化的必要条件为 $dMP_L/dL = 0$，由（1）令 $dMP_L/dL = 30 - 6L = 0$，$L = 0$，又 $dMP_L^2/dL^2 = -6 < 0$（充分条件满足）。

由以上各式可知 L=5 时，MP_L 开始递减。

(5) Q 为最大时，令 $MP_L = 0$，$MP_L = 72 + 30L - 3L^2 = 0$，则：

$L = \dfrac{-30 \pm \sqrt{900 + 864}}{-6} = -2$（无意义），12

故 L=12 时，Q=1296，该公司的最大产量为 1296，为达到这个产量所需要的 L 投入量为 12。

3. 解：

(1) 由已知，设成本函数为：$TC = L + 3K$

$\min TC = L + 3K$

则：$S = 10 = L^{\frac{1}{4}} K^{\frac{3}{4}}$

设拉格朗日函数为：$x = L + 3K + \lambda \cdot (10 - L^{\frac{1}{4}} K^{\frac{3}{4}})$

分别求 L、K、λ 的偏导数并令其为零，则得：

$\dfrac{\partial x}{\partial L} = 1 - \dfrac{\lambda}{4} L^{-\frac{3}{4}} K^{\frac{3}{4}} = 0 \Rightarrow \lambda = 4L^{\frac{3}{4}} K^{-\frac{3}{4}}$

$$\frac{\partial x}{\partial K} = 3 - \frac{3\lambda}{4} L^{\frac{1}{4}} K^{-\frac{1}{4}} = 0 \Rightarrow \lambda = 4L^{-\frac{1}{4}} K^{\frac{1}{4}}$$

$$\frac{\partial x}{\partial \lambda} = 10 - L^{\frac{1}{4}} K^{\frac{3}{4}} = 0 \Rightarrow L^{\frac{1}{4}} K^{\frac{3}{4}} = 10$$

$$\frac{4L^{\frac{3}{4}} K^{\frac{3}{4}}}{4L^{-\frac{1}{4}} K^{\frac{1}{4}}} = 1 \Rightarrow \frac{L}{K} = 1 \Rightarrow L = K$$

$\therefore L = K = 10$

$\min TC = L + 3K = 40$

当产量为 10 的最低成本支出为 40 元，使用的 L 与 K 的数量均为 10。

（2）既定产量下的最低成本支出和要素组合除（1）中的方法外，还可根据 $MP_L / MP_K = P_L / P_K$ 的厂商均衡条件求解，对于：

$$Q = L^{\frac{1}{4}} K^{\frac{3}{4}}, MP_L = \frac{1}{4} L^{-\frac{3}{4}} K^{\frac{3}{4}}, MP_K = \frac{3}{4} L^{\frac{1}{4}} K^{-\frac{1}{4}}$$

$$\frac{MP_L}{MP_K} = \frac{\frac{1}{4} L^{-\frac{3}{4}} K^{\frac{3}{4}}}{\frac{3}{4} L^{\frac{1}{4}} K^{-\frac{1}{4}}} \Rightarrow \frac{K}{3L} = \frac{P_L}{P_K} = \frac{1}{3}$$

$\therefore L = K$

当 Q=25 时的生产函数 $L^{\frac{1}{4}} K^{\frac{3}{4}} = 25$，则：

L=K=25

$\min TC = L + 3K = 25 + 3 \times 25 = 100$

所以，当产量为 25 时的最低成本支出为 100，使用的 L 与 K 的数量均为 25。

（3）由（1）和（2）可知，无论成本是多少，根据均衡条件都有 L=K，则：

当 TC=160 时，得：$L + 3K = 160 \Rightarrow L = 40, K = 40$

$$Q = L^{\frac{1}{4}}K^{\frac{3}{4}} = 40^{\frac{1}{4}} \cdot 40^{\frac{3}{4}} = 40$$

当成本为 160 时，厂商的均衡产量为 40，使用的 L 与 K 的数量分别为 40 和 40。

4. 解：

（1）$\because Q = f(L,K) = L^{0.4}K^{0.6}$

$f(\lambda L, \lambda K) = (\lambda L)^{0.4}(\lambda K)^{0.6} = \lambda \cdot L^{0.4}K^{0.6} = \lambda \cdot Q$

$\therefore$ 该生产过程是规模报酬不变。

（2）假定资本的投入量不变（用 K 表示），而 L 为可变的投入量，对于生产函数 $Q = L^{0.4}\overline{K}^{0.6}$ 来说，则：

$MP_L = 0.4L^{-0.6}\overline{K}^{0.6}$

$\dfrac{\partial MP_L}{\partial L} = -0.4 \times 0.6 L^{-0.6}\overline{K}^{0.6} < 0$

这期间，当资本的使用量既定时，随着劳动的使用量 L 的增加，劳动的边际产量是递减的。

同样，$MP_K = 0.6\overline{L}^{0.4}K^{-0.4}$

$\dfrac{\partial MP_K}{\partial K} = -0.6 \times 0.4 \overline{L}^{0.4}K^{-1.4} < 0$

这说明，劳动的使用量既定时，随使用资本量 K 的增加，资本的边际产量是递减的。

上述分析表明，该生产过程受报酬递减规模的支配。

5. 解：

（1）当 K=10 时，$Q = 10L - 80 - 0.2L^2$

令 $dQ/dL = 10 - 0.4L = 0$，解得最大值在 L=25 时，Q=45，则：

$\dfrac{d^2Q}{dL^2}=-0.4$，总产出曲线上凸的。

$AP_L = Q/L = 10 - 80/L - 0.2L$

令 $dAP_L/dL = 80/L^2 - 0.2 = 0$，解得最大值 L=20，当 L=20，Q=40。

（2） $MP_L = 10 - 0.4L$，令 $10 - 0.4L = 0$，则 L=25。

（3）当 K=20 时，则：

$Q = 20L - 320 - 0.2L^2$，$AP_L = 20 - 320/L - 0.2L$

令 $dAP_L/dL = 0$，解得 L=40，Q=160 时达到最大值。

令 $MP_L = 20 - 0.4L = 0$，得 L=50。

（4）这里的 K 和 L 增加 1 倍，产出增加 4 倍，由此表明该函数处于规模报酬递增阶段。

6. 解：

（1）生产函数 $Q = -0.2L^3 + 12L^2 + 24L$。

劳动的平均产量函数为：$AP_L = -0.2L^2 + 12L + 24$。

令：$\dfrac{dAP_L}{dL} = -0.4L + 12$

求解：$L = 30$
即劳动的平均产量极大时所雇用的劳动人数为 30 人。

（2）劳动的边际产量为 $MP_L = -0.6L^2 + 24L + 24$。

$\dfrac{dMP_L}{dL} = -1.2L + 2.4$

求解：L = 20

即劳动的边际产量为最大时所雇用的劳动人数为20人。

（3）平均可变成本极小时，即 AP_L 极小时，L=30，代入生产函数，则：

$Q = -0.2L^3 + 12L^2 + 24L$

$\quad = -0.2 \times 30^3 + 12 \times 30^2 + 24 \times 30 = 6120$

即平均可变成本最小时的产量为6120。

（4）$\Pi = PQ - W \cdot L = 10 \times (-0.2L^3 + 12L^2 + 24L) - 240L$

$\quad = -2L^3 + 120L^2$

$\Pi' = -6L^2 + 240L = 0$

$\therefore L = 40$

当w=360元，P=30元，利润极大时雇用的劳动人数为40人。

7. 解：

（1）对生产的第一、二、三阶段的判断取决于 MP_L 和 AP_L。从 AP_L 和 MP_L 都等于0到二者相等时，即 AP_L 为最大值时，为第一阶段；从这一阶段到 MP_L 为0时是第二阶段；从 MP_L 变为负值起为第三阶段。根据这一原理，先要计算出 AP_L 为最大及 $MP_L=0$ 时投入劳动的数值，即

$x = -L^3 + 12L^2 + 144L, AP_L = -L^2 + 12L + 144$

$\dfrac{\partial AP_L}{\partial L} = -2L + 12 = 0 \Rightarrow L = 6$

$MP_L = -3L^2 + 24L + 144 = 0 \Rightarrow L = 12$

0<L<6 时，处于生产的第一阶段；

6<L<12 时，处于生产的第二阶段；

L>12 时，处于生产的第三阶段。

（2）当产品的价格 P_x=SAVC 的最小值时，工厂停止生产，SAVC 最小发生在 AP_L 为最大值，从上面的计算已知，L=6 时 AP_L 达最大值。

当 L=6 时，产量 $x = -6^3 + 24 \times 6^2 + 240 \times 6 = 2088$。

由于满足每人每周工作 40 小时，每小时为 6 元，所以 6 个工人一周的工资成本为 $WL = 40 \times 6 \times 6 = 1440$ 元。

$$SAVC = \frac{1440}{2088} = 0.69 \text{ 美元}$$

当产品的价格低于 0.69 美元时，则停止生产。

（3）厂商均衡的条件为 $W = VMP = P_x \cdot MP_L$，则：

$$P_x = \frac{W}{MP_L}$$

当 L=8 时，$MP_L = -3 \times 8^2 + 24 \times 8 + 144 = 144$。

每个工人每周的工资为 $40 \times 6 = 240$ 元，则：

$$P_x = \frac{W}{MP_L} = \frac{240}{144} = 1.67 \text{ 元}$$

当 L=8 时，总产量 $x = -8^3 + 12 \times 8^2 + 144 \times 8 = 1408$。

总收益 $TR = x \cdot P_x = 1.67 \times 1408 = 2351.36$ 元。

总可变成本 $TVC = W \cdot L = 8 \times 240 = 1920$ 元。

由于利润要达到 300 元，所以固定成本

$\Delta TFC = 2351.36 - 1920 - 300 = 131.36$ 元。

8. 解：

$$TC = Q \cdot AC = 160 + 5Q - 3Q^2 + 2Q^3$$

$$MC = \frac{dTC}{dQ} = 5 - 6Q - 6Q^2$$

这就是边际成本函数。

9. 解：

由 MC 微分得：

$TC = 3Q^3 + 2Q^2 + 5Q + \alpha$ （α 为常数）

$3000 = 3 \times 10^3 + 2 \times 10^2 + 5 \times 10 + \alpha \Rightarrow \alpha = -250$

$\therefore TC = 3Q^3 + 2Q^2 + 5Q - 250$

$AC = \dfrac{TC}{Q} = 3Q^2 + 2Q + 5 - \dfrac{250}{Q}$

10. 解：

（1） $K \cdot P_K = 200 \Rightarrow 8 \cdot P_K = 200 \Rightarrow P_K = 25$

对于生产函数 $Q = \sqrt{K \cdot L}$，则：

$MP_K = \dfrac{1}{2} K^{-\frac{1}{2}} L^{\frac{1}{2}}, MP_L = \dfrac{1}{2} K^{\frac{1}{2}} L^{-\frac{1}{2}}$

根据生产者的均衡条件 $MP_L / MP_K = P_L / P_K$，得：

$\dfrac{K}{L} = \dfrac{10}{25} = \dfrac{2}{5} \Rightarrow K = \dfrac{2}{5} L$

代入生产函数：$Q = \sqrt{K \cdot L} = \sqrt{\dfrac{2}{5} L^2} \Rightarrow L = \dfrac{\sqrt{10}}{2} Q$

此即为 L 的投入函数：

$TC = 200 + L \cdot P_L = 200 + 5\sqrt{10} Q$

$AC = 5\sqrt{10} + \dfrac{200}{Q}, MC = 5\sqrt{10}$

（2）当生产者达到均衡时 $\dfrac{K}{L} = \dfrac{2}{5}$。

又 $\because K = 8, \therefore L = 20$

代入生产函数 $Q = \sqrt{K \cdot L}$，得：

$Q = \sqrt{8 \times 20} = 4\sqrt{10} = 12.65$
$\Pi = Q \cdot P_Q - TC = 40 \times 12.65 - (200 + 20 \times 10) = 106$

（3）当 K 的总值由 200 上升到 240 时，$K \cdot P_K = 240 \Rightarrow P_K = 30$。

根据生产均衡条件：

$\dfrac{MP_L}{MP_K} = \dfrac{P_L}{P_K} \Rightarrow \dfrac{K}{L} = \dfrac{1}{3} \Rightarrow L = 3K = 3 \times 8 = 24$

由生产函数 $Q = \sqrt{K \cdot L} = \sqrt{24 \times 8} = 8\sqrt{3}$，得：

$\Pi = P \cdot Q - TC = 40 \times 8\sqrt{3} - 240 - 240 = 74.26$

11. 解：

设预期利润为 $E(\pi)$，则：
$E(\pi) = 0.5 \cdot (30Q - TC) + 0.5 \cdot (20Q - TC) = 25Q - TC$
农民的预期价格为 $E(P) = 0.5 \times 30 + 0.5 \times 20 = 25$。
为使利润最大化，必须使 $E(P) = MC$，则：
$MC = Q + 5 = E(P) = 25, Q = 20$
$E(\pi) = E(P) \cdot Q - TC$

$\quad\quad = 25 \times 20 - (\dfrac{1}{2} \times 20^2 + 5 \times 20 + 100) = 100$

12. 解：

（1）$P_A = 2, P_B = 18, P_C = 8$

$LTC = 2A + 18B + 8C$
求厂商总的成本函数实际上是求 $\min LTC = 2A + 18B + 8C$

$Q = \alpha A^{0.5} B^{0.5} C^{0.5}$

设拉格朗日函数为：

$x = 2A + 18B + 8C + \lambda \cdot (Q - \alpha A^{0.5}B^{0.5}C^{0.5})$

分别对 A、B、C 求导，得：

$\dfrac{\partial x}{\partial A} = 2 - \dfrac{\alpha\lambda}{2}A^{-0.5}B^{0.5}C^{0.5} = 0 \Rightarrow \lambda = \dfrac{4}{\alpha}A^{0.5}B^{-0.5}C^{-0.5}$

$\dfrac{\partial x}{\partial B} = 18 - \dfrac{\alpha\lambda}{2}A^{0.5}B^{-0.5}C^{0.5} = 0 \Rightarrow \lambda = \dfrac{36}{\alpha}A^{-0.5}B^{0.5}C^{-0.5}$

$\dfrac{\partial x}{\partial C} = 8 - \dfrac{\alpha\lambda}{2}A^{0.5}B^{0.5}C^{-0.5} = 0 \Rightarrow \lambda = \dfrac{16}{\alpha}A^{-0.5}B^{-0.5}C^{0.5}$

$\dfrac{\partial x}{\partial \lambda} = Q - \alpha A^{0.5}B^{0.5}C^{0.5} = 0$

得出 $B = \dfrac{A}{9}, C = \dfrac{A}{4}$。

$Q = \alpha A^{0.5}B^{0.5}C^{0.5} = \alpha A^{0.5}(\dfrac{A}{9})^{0.5}(\dfrac{A}{4})^{0.5} = \dfrac{\alpha}{6}A^{1.5} \Rightarrow A = (\dfrac{6Q}{\alpha})^{\frac{2}{3}}$

$LTC = 2A + 18B + 8C = 2A + 2A + 2A = 6A = 6 \times (\dfrac{6Q}{\alpha})^{\frac{2}{3}}$

$LAC = 6 \cdot (\dfrac{6}{\alpha})^{\frac{2}{3}}Q^{\frac{1}{3}}, LMC = \dfrac{\partial LTC}{\partial Q} = 4(\dfrac{6}{\alpha})^{\frac{2}{3}}Q^{-\frac{1}{3}}$

（2）在短期中，C 为固定要素，A、B 为可变要素，则：

$FC = P_C \cdot C = 8C, VC = 2A + 18B$

由 $\dfrac{MP_A}{P_A} = \dfrac{MP_B}{P_B}$ 得：$\dfrac{0.5\alpha A^{-0.5}B^{0.5}\overline{C}^{0.5}}{2} = \dfrac{0.5\alpha A^{0.5}B^{-0.5}\overline{C}^{0.5}}{18}$

$B = \dfrac{A}{9}$

代入生产函数得：

$$Q = \alpha A^{0.5} B^{0.5} \overline{C}^{0.5} = \alpha A^{0.5} (\frac{A}{9})^{0.5} \overline{C}^{0.5} = \frac{\alpha}{3} \overline{C}^{0.5} A$$

$$A = \frac{3Q}{\alpha} \overline{C}^{-0.5}$$

$$STC = FC + VC = 8\overline{C} + 2A + 18B = 8\overline{C} + 4A = 8\overline{C} + \frac{12Q}{\alpha} \overline{C}^{-0.5}$$

$$SAC = \frac{8\overline{C}}{Q} + \frac{12}{\alpha} \overline{C}^{-0.5}$$

$$SAVC = \frac{VC}{Q} = \frac{12}{\alpha} \overline{C}^{-0.5}$$

$$AMC = \frac{dSTC}{dQ} = \frac{12}{\alpha} \overline{C}^{-0.5}$$

13. 解：

（1）两种方法对厂商无差别意味着，在每一个相同的产量水平下，两种生产方法对厂商的费用成本相等。为此，先求出在两种不同方法下的成本函数，即 $C_1(Q)$ 与 $C_2(Q)$ 其中都含有变量 P。

先求出方法（1）的成本函数 C_1：

由 $\dfrac{MP_A}{P_A} = \dfrac{MP_B}{P_B}$ 得：$\dfrac{0.4\alpha A^{-0.6} B^{0.6}}{1} = \dfrac{0.6\alpha A^{0.4} B^{-0.4}}{P}$

$\therefore B = \dfrac{3A}{2P}$

将 $B = \dfrac{3A}{2P}$ 代入生产函数，得：

$$Q = \alpha A^{0.4} B^{0.6} = \alpha A^{0.4} (\frac{3A}{2P})^{0.6} = \alpha (\frac{3}{2P})^{0.6} A$$

$\therefore A = 3^{-0.6} (2P)^{0.6} \alpha^{-1} Q$

$$C_1 = A + B \cdot P = A + \frac{3}{2} A = \frac{5}{2} A = 2.5 \times 3^{-0.6} (2P)^{0.6} \alpha^{-1} Q$$

再求方法（2）的成本函数 C_2：

$$\frac{MP_A}{P_A} = \frac{MP_B}{P_B}$$

$$\frac{0.6bA^{-0.4}B^{0.4}}{1} = \frac{0.4bA^{0.6}B^{-0.6}}{P}$$

$$B = \frac{2A}{3P}$$

$$Q = bA^{0.6}B^{0.4} = bA^{0.6}(\frac{2A}{3P})^{0.4} = b(\frac{2}{3P})^{0.4}A$$

$$\therefore A = 2^{-0.4}(3P)^{0.4}b^{-1}Q$$

$$C_2 = A + B \cdot P = A + \frac{2}{3}A = \frac{5}{3}A = \frac{5}{3} \times 2^{-0.4}(3P)^{0.4}b^{-1}Q$$

若使 $C_1 = C_2$，则：$2.5 \times 3^{-0.6}(2P)^{0.6}\alpha^{-1}Q = \frac{5}{3} \times 2^{-0.4}(3P)^{0.4}b^{-1}Q$

$$\therefore P = (\frac{a}{b})^5$$

即 B 的价格为 $(\frac{a}{b})^5$ 时，两种生产方法对厂商并无区别。

（2）两种生产函数产品的单位成本之比为：

$$\frac{C_1/Q}{C_2/Q} = \frac{2.5 \times 3^{-0.6}(2P)^{0.6}\alpha^{-1}}{\frac{5}{3} \times 2^{-0.4}(3P)^{0.4}b^{-1}} = \frac{1.5 \times 2P^{0.2}b}{3\alpha} = P^{0.2} \cdot \frac{b}{\alpha}$$

由此可见，当 $P < (\frac{\alpha}{b})^5$ 时 $\frac{C_1/Q}{C_2/Q} < 1$。

即第一种方法的单位平均成本小于第二种方法，则应选择第一种生产函数。

当 $P > (\frac{\alpha}{b})^5$ 时 $\frac{C_1/Q}{C_2/Q} > 1$。

此时，应选择第二种生产函数。

三、分析问答题

1. 答：生产的三个阶段就是根据总产量曲线、平均产量曲线和边际产量曲线的形状及其相互之间的关系来划分的。第一阶段，平均产量递增阶段，即平均产量从0增加到平均产量最高的阶段，这一阶段是从原点到AP、MP曲线的交点。第二阶段，平均产量的递减阶段，边际产量仍然大于0，所以总的产量仍然是递增的，直到总的产量达到最高点。这一阶段是从AP、MP两曲线的交点到MP曲线与横轴的交点。第三阶段，边际产量为负，总的产量也是递减的，这一阶段是MP曲线和横轴的交点以后的阶段。

首先，厂商肯定不会在第三阶段进行生产，因为这个阶段的边际产量为负值，生产不会带来任何的好处。其次，厂商也不会在第一阶段进行生产，因为平均产量在增加，投入的这种生产要素还没有发挥最大的作用，厂商没有获得预期的好处，继续扩大可变投入的使用量从而使产量扩大是有利可图的，至少是平均产量达到最高点时为止。因此厂商可以在第二阶段进行生产，因为平均产量和边际产量都下降，但是总产量还在不断增加，收入也增加，只是增加的速度逐渐减慢，直到停止增加时为止。

2. 答：从平均产量曲线、边际产量曲线的形成及其形状可以看出，他们之间存在如下的几种情况：

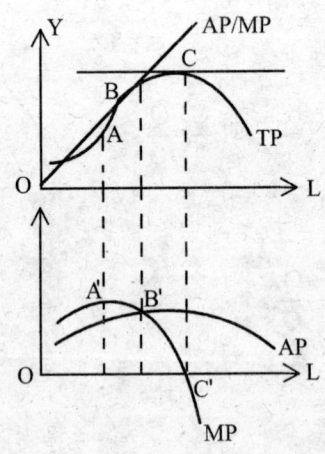

（1）平均产量是连接原点与总产量曲线上的点的直线的斜率，

因此，其斜率值最高的一点，即通过原点所做直线与总产量曲线的切点（图中的 B 点），是平均产量曲线的最高点，见图中的 B 点。

（2）边际产量是总产量曲线上各点切线的斜率的值，其斜率值的最高一点，即拐点（A'点）便是边际产量曲线的最高一点，见图中的 A'点。

（3）总产量曲线的最高点（图中的 C 点），就是边际产量曲线与横轴的交点，因为这时的边际产量为 0，总产量最大，见图中的 C'点和 C 点。

（4）平均产量曲线的最高点，一定是平均产量曲线与边际产量曲线的交点（即图中的 B'点），因为当边际产量等于平均产量以后，在往下递减的时候，平均产量也下降。

（5）平均产量上升的部分，边际产量曲线一定高于平均产量曲线，两条曲线相交以后下降的部分，边际产量曲线一定低于平均产量曲线。

3. 答：

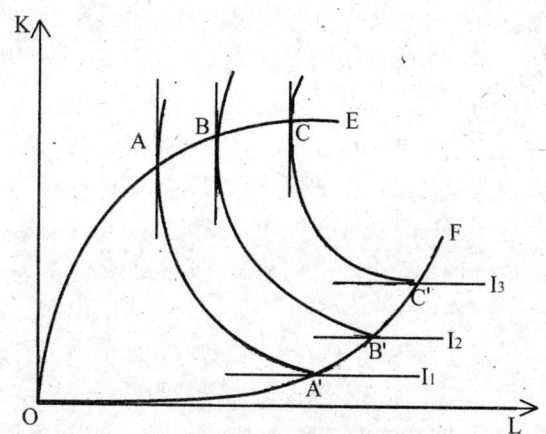

脊线代表的是生产要素替代的有效范围，等产量曲线的斜率可以为负，也可以为正。当等产量曲线的斜率为负值时，表明两种要素可以替代，如上图中的 A 点到 C 点。当等产量曲线的斜率为正值时，表明两种生产要素必须同时增加才能维持原有的总产量不变，如上图中的 A'点到 C'点以外的线段。等产量曲线的斜率还可能为零或无穷大，如图中切点与纵轴平行的切线，其斜率为无穷大，切点和横轴平行的直线，其斜率为零。

等产量曲线可以作出无数条，位置越是偏离原点的等产量曲线表示的总产出越大，图中有三条等产量曲线，I_3 的产量大于 I_2 的产量，I_2 的产量大于 I_1 的产量，上面的点和点可以看成是一个界限，超过这个界限，则必须同时增加两种要素的投入数量，才能够使总的产量不变，把各点连接起来，就形成了两条线 OE、OF，这两条线就叫做脊线，厂商只有在这两条脊线形成的区域内从事生产，才是有效的。因此这一区域也称为"生产区域"或"生产的经济区"。

4. 答：规模报酬的递增、不变和递减与可变比例的生产函数报酬递增、不变和递减的区别如下：规模报酬论及的是，一个厂商的规模的本身发生变化（假定为该厂的厂房、设备等固定的要素和劳动、原材料等可变的要素发生了同比例的变化），相应的产量是递增、不变还是递减，或者说厂商根据其经营规模的大小（产销量的大小）设计不同的工厂规模；可变比例生产函数所讨论的则是该厂商的规模已经固定下来，即厂房、设备等固定的要素既定不变，可变要素的变化引起的产量（报酬）的递增、递减及不变等三种情况。

规模报酬递增的厂商可能也会面临要素报酬递减的情况，规模报酬和可变要素报酬是两个不同的概念，规模报酬讨论的是一个工厂本身的规模发生变化时产量的变化，而可变要素论及的则是厂房的规模已经定下来以后，增加可变要素的相应产量的变化。事实上，当厂商的经营规模较大，在给定的技术状况下投入要素的效率提高，即规模报酬递增的同时，随着可变要素投入的增加以至使固定要素得到最有效的利用以后，继续增加可变要素，总产量的增加同样将会出现递减的现象，所以规模报酬递增的厂商可能也会同时面临报酬递减的现象。

5. 答：在经济学的分析中，厂商的成本包括直接成本和隐含成本两部分。所谓的直接成本是指厂商为购买各种生产要素或投入而支付的货币。所谓隐含成本是指与厂商所使用的自有资源（包括企业家的劳务，自己所拥有的资本等）相联系的成本。它反映的是这些资源相应的可以用在别处的这一事实,应该包含在厂商的总成本之中。在计算厂商总成本的时候,如果忽略了厂商的隐含成本,将会使决策严重失误。

一定资源或投入用于某种特殊生产时的成本,就是这些资源可能生产其他产品的价值,用这种方式定义的成本就是所谓的机会成本。机会成本的概念强调的是:一种资源可以生产许多东西。在竞争市场上,厂商的成本即直接成本和隐含成本之和,将趋近于和他所使用的资源的机会成本相等。除此之外,成本中还应该包含另外的一部分,即所谓的正常利润,这是在支付了所有其他生产要素的机会成本以后,把一个企业家留在一个特定行业中的最起码的报酬。正常利润之所以也构成成本的一部分,是因为如果这部分得不到补偿,对于一个特定的行业来说,企业家的供给将会枯竭。

以上所说的成本(包括直接成本、隐含成本和正常利润)仅指私人成本。

6. 答:当边际成本曲线递增的时候,平均成本曲线不一定是递增的,也可能递减,如下图所示:

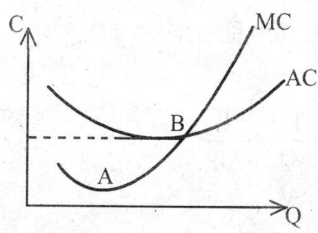

当 MC 曲线达到最低点 A 以后,开始上升,在上升的初期,MC 还是小于 AC,它不足以抵消整个平均成本的下降,平均成本依旧呈现下降的趋势,直至达到最低点 B,此时 MC 等于 AC,以后 MC 大于 AC,随着 MC 的上升,平均成本也开始上升。所以当 MC 曲线增加的时候 AC 曲线先下降,当达到最低点以后开始上升。

7. 答:平均固定成本表示的是每单位产品分担的固定成本是多

少，由于固定成本不随产量的改变而改变。所以当总产量增加的时候，它必定呈现下降的趋势，平均可变成本表示的是每单位产品承担的可变成本是多少，它的计算公式如下：

$$AVC = \frac{P \cdot V}{Q} = \frac{P}{\frac{Q}{V}} = \frac{P}{AP}$$

其中 P 表示生产要素的价格，V 表示生产要素的投入量，Q 表示总产量，由于生产要素的 AP 是先上升后下降的，所以该种生产要素的 AVC 是先下降后上升的。

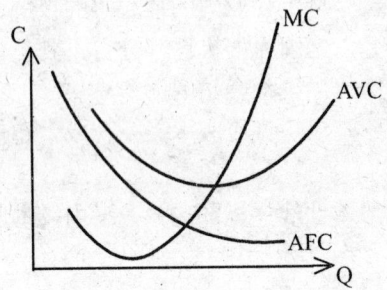

边际总成本表示的是产量每增加一单位而增加的成本是多少，它的计算如下：

$$MC = \frac{P \cdot \Delta V}{\Delta Q} = P \frac{1}{\frac{\Delta Q}{\Delta V}} = \frac{P}{MP}$$

其中 P 表示生产要素的价格，ΔV 表示生产要素的投入，ΔQ 表示产量的变动，由于生产要素的边际产量是先上升后下降的，所以该种生产要素的 MC 是先下降后上升。

8. 答：任何一种边际成本都是成本的增量与产量的增量之比，因此边际固定成本、边际总成本、长期平均成本曲线与短期平均成本曲线都是 U 型的。也就是说，在产量增加到一定量以前长短期平均成本都是下降的，当产量增加到一定点时，二者达到最低点，这时进一步增加产量，二者都是上升的。但是 U 型的成因是不相同的，短期平均成本之所以呈现 U 型，是因为边际生产力递减规律的作用。具体说，短期平均成本之所以由下降转而上升，是因为 AFC 的下降最终要被 AVC 的上升所抵消，而 AVC 的上升是由可变投入的平均产量即 AVP 的下降所引起的，至于 AVP 的下降则是边际生产力递减规律直接作用的结果。然而，边际生产力递减与长期平均成本曲线的成因并没有直接的关系，因为在长期内没有任何固定的投入。

决定长期平均成本曲线形状的因素是规模收益的变动。一般来说，在长期内，所有的投入成比例扩大，规模收益开始是递增的，在递增到一定点以后，会在一个或长或短的时期内保持不变，然后随着规模的进一步扩大而发生递减的变化。当规模收益处于递增阶段时，产量增加的比例大于投入增加的比例，从而大于总成本增加的比例，这必然会导致平均成本的下降。根据同样的原因，当规模收益不变的时候，平均成本一定不变，当规模收益递减的时候，平均成本一定上升。因为规模收益通常都是先上升，后下降，所以，LAC 曲线通常都是 U 型的。

9. 答：平均成本是平均固定成本和平均可变成本之和。当平均可变成本达到最低点开始上升的时候，平均固定成本仍在下降，只要平均固定成本下降的幅度大于平均可变成本上升的幅度，平均成本就会继续下降，只有当平均可变成本上升的幅度和平均固定成本下降的幅度相等的时候，平均成本才达到最低点。因此，平均总成本总是比平均可变成本晚达到最低点。也就是说，平均总成本的最低点总是在平均可变成本的最低点的右边。

10. 答：虽然大多数的厂商都具有 U 型的长期平均成本曲线，但是对于不同的行业和不同的厂商来说，其平均成本达到最低点的产量水平是不相同的。单位产品的平均成本达到最低点时的经营规模对于汽车的制造者来说可能是很大的，而对于服装的制造者来说相对较小，之所以产生这样的差别，是因为导致长期平均成本下降的规模收益递减主要是由技术因素决定的，而支配不同产品的技术有着明显的不同。

对于一个行业的典型厂商来说，其平均成本最低点的产量水平对该行业的市场结构有重要的影响。更确切地说，相对于行业所面临的市场需求曲线来说，典型厂商的平均成本达到最低点时的产量是至关重要的。下图说明了这一点，当 X 的需求曲线为 D 时，假定典型厂商的长期平均成本曲线为 LAC_1，在单位产量的成本为 5 美元时，AC 达到最低点，而在价格为 5 美元时，消费者总的需求为 x_1，该厂商可以用 5 美元的单位成本生产 $0.05x_1$，即总需求量的 1/20，既然对于生产 x 的厂商来说是典型的长期平均成本曲线，所以该行业可以容纳 20 家厂商，其中每一家都大体上生产总产量的 5%，拥有如此大量厂商的行业很可能是高度竞争性的行业。

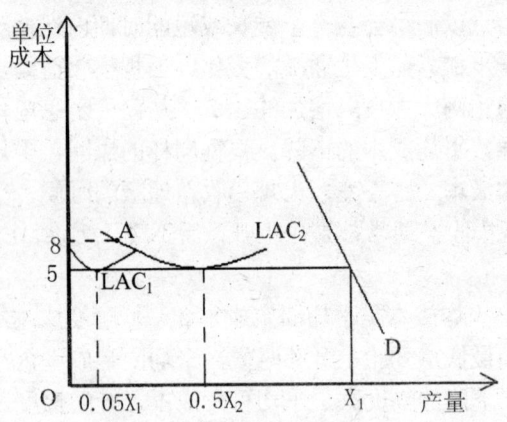

假定生产技术所决定的成本曲线为 LAC_2，这条曲线在生产相对于 5 美元价格的总需求量的一半时，达到最低点，具有这种成本曲线的行业将趋向于被少数大厂商统治。如果小厂商要在这一市场上竞争，它只能以小规模经营，其单位成本将会高于 5 美元。比如说他可能在 A 点上经营，而这时的平均成本为每单位 8 美元，这个小厂商将会被迫停止经营，因为当经营规模进一步扩大，使单位的平均成本下降为 5 美元时，商品 x 将导致供大于求，产品将被廉价出售。由于这一原因，该行业必然要由较少数量的大厂商所组成。因此，决定一个厂商在何种产量水平上其平均成本达到最低点的生产的技术水平，是决定一个行业是由大量还是少量的厂商所构成的一个重要的因素，虽然其他的因素也可能会发生作用。

第五章 完全竞争条件下的价格和产量

内容提要

市场结构理论是在均衡价格理论的基础上研究不同市场结构条件下产品价格和产量的决定,以及厂商如何根据市场价格和生产成本组织生产以求获得最大利润。经济学把市场结构分为四种类型,即完全竞争、完全垄断、寡头垄断和垄断竞争。

完全竞争是指不受任何阻碍和干扰的市场结构。一个完全竞争市场应具备的条件是:(1)市场上有大量相互独立的买者和卖者;(2)不存在产品差别;(3)各种生产要素都可以自由流动;(4)市场信息畅通。

在完全竞争条件下,单个厂商只能按整个行业的供求关系所决定的价格出售他愿意卖出的任何数量的产品,即市场对该厂商产品的需求弹性无穷大。因此,需求曲线是一条与横轴平行的直线,两者的距离就是市场价格。由于单个厂商出售任何数量的产品时价格都不变,因此,厂商的需求曲线是价格水平线,也是平均收益线和边际收益线。这是完全竞争市场的一个重要特点。

完全竞争条件下的厂商均衡分短期均衡和长期均衡。

1. 厂商的短期均衡。在完全竞争中,单个厂商不能决定价格,他只能是市场价格的接受者。短期内厂商不能根据市场需求来调整全部生产要素,但可根据既定的市场价格和成本状况决定一个使利润最大或亏损最小的产量,这就是短期均衡产量。当厂商不再改变其产量时就达到均衡状态。

厂商利润最大化的条件是 MR=MC，因此，均衡产量就是与此相应的边际成本等于边际收益的产量。短期均衡可分以下几种情况：（1）当边际成本与边际收益相等时，如果平均收益（即价格）大于平均成本，总收益将高于总成本，厂商获得超额利润。（2）当边际成本与边际收益相等时，如果平均收益（即价格）等于平均成本，总收益将等于总成本，厂商不亏不盈，只能获得正常利润。（3）当边际成本等于边际收益时，如果平均收益（即价格）小于平均成本但大于平均可变成本，厂商开工生产的亏损有所补偿，若把产量调整到边际成本刚好等于既定的市场价格就能使亏损最小。（4）当边际成本等于边际收益时，如果平均收益（即价格）小于平均可变成本，厂商就会停止生产，因此平均可变成本曲线的最低点为停止营业点。

完全竞争市场的厂商，其短期供给曲线表示在不同的销售价格下厂商愿意生产和销售的产量，只要价格大于平均可变成本，厂商就可生产营业。厂商的短期供给曲线就是位于停止生产点以上的那段边际成本曲线。

2. 厂商的长期均衡。长期均衡是指在此时期内，厂商能根据市场需求调整全部生产要素。如果因价格高于平均成本而获得超额利润，厂商必然扩大生产规模，其他行业的厂商也会加入进来。其结果是整个行业的供给增加，价格下降，直至等于长期平均成本最低点，超额利润消失。此时，价格、长期平均成本、长期边际成本、短期平均成本和短期边际成本都相等，即 AR（p）=LAC=LMC=SAC=SMC，这是厂商长期均衡的条件。与厂商的短期均衡相比，厂商在长期均衡中既无超额利润，也无亏损。短期均衡中厂商将产量调整到边际成本与价格一致的水平，而长期均衡中竞争使价格等于最低长期平均成本。

根据市场长期均衡条件，产业的长期供给曲线是市场需求变动引起的行业供求平衡时单个厂商长期平均成本最低点的轨迹。完全竞争行业的长期供给曲线可能有三种情况：（1）成本不变产业。该产业的单位产品成本不会因产量的增加而变化。因产品平均成本不变，故长期供给价格不变，长期供给曲线是一条通过长期平均成本曲线最低点的水平线。(2)成本递增产业。该产业由于行业产量扩大引起生产要素价格上升而使单位产品成本提高。平均成本上升,从而使长期供给价格递增,长期供给曲线将随产量的增加自左下方向右上方倾斜。(3)成本递减产业。随着产量的增加,该产业由于外在经济的产生而使要素价格下降,从而使单位产品成本下降。因平均成本下降导致供给曲线右移,市场价格逐步下降直到等于长期平均成本最低点的新均衡状态,长期供给曲线随产量的增加向右下方倾斜。

综合练习题

一、选择题

1. 下列哪一项不是完全竞争行业的特点（   ）。
    A. 厂商数量众多
    B. 同质产品
    C. 竞争对手之间有激烈的价格竞争
    D. 厂商可以自由出入这一行业

2. 完全竞争厂商利润最大化的条件是"价格等于边际成本"，这表示企业将（   ）。
    A. 扩大产出直到价格上升到等于边际成本
    B. 扩大产出直到价格下降到等于边际成本
    C. 扩大产出直到边际成本降低到等于价格
    D. 扩大产出直到边际成本上升到等于价格

3. 完全竞争条件下的某一厂商在其当前的产出水平下，其索要的价格、边际成本和平均成本都是1元。边际成本将随着产出的增加而提高，则这一厂商（   ）。
    A. 正好处于利润最大化位置
    B. 不在利润最大化位置
    C. 不一定在利润最大化位置，需要知道平均可变成本
    D. 不一定在利润最大化位置，需要知道总成本

4. 一完全竞争的厂商每天的总收入为8 000元，这是其利润最大化的产出。厂商的平均成本是8元，边际成本是10元，平均可变成本是5元，其每天的产出为（   ）。
    A. 200 单位
    B. 400 单位
    C. 625 单位

D. 800 单位

5. 上题中厂商的总固定成本是（　　）。

　　A. 3 元

　　B. 100 元

　　C. 500 元

　　D. 2400 元

6. 上题中厂商每天的利润为（　　）。

　　A. -800 元

　　B. 0 元

　　C. 800 元

　　D. 1600 元

7. 一完全竞争行业内的厂商每天生产并以 7 元的价格卖出 200 单位，其平均成本是 5 元，如果他每天扩大生产并销售到 201 单位，平均成本将上升到 5.01 元。根据以上条件，为达到利润最大化厂商应该（　　）。

　　A. 扩大产出，因为边际收益大于边际成本

　　B. 减少产出

　　C. 保持当前的产出

　　D. 增加产出，因为平均成本低于价格

8. 一厂商必须以 1.9 元的价格卖出产品，其成本参数如下：平均成本 2 元，边际成本 1.5 元，平均可变成本 1.5 元，总固定成本 500 元。追求利润最大化的厂商将（　　）。

　　A. 扩大产出

　　B. 减少产出

　　C. 保持当前产出

　　D. 停产

9. 由于城市税收减少，一厂商每月的总固定成本减少了 500 元，厂商处于完全竞争行业，如果厂商追求利润最大化，降低成本在短期将造成（　　）。

　　A. 价格下降

B. 产出上升

C. 价格上升

D. 价格和产出均无变化

10. 一完全竞争厂商的供给曲线与下列哪一个完全相同（　　）。

   A. 整个边际成本曲线

   B. 边际成本曲线的一部分

   C. 平均成本曲线

   D. 平均成本曲线随产出的增加而上升或保持不变的部分

11. 一完全竞争行业内的厂商面临的市场价格为15元，其每天生产1 000单位，总成本为18 000元。这一厂商（　　）。

   A. 应当扩大产出以减少损失

   B. 应当减少产出以减少损失

   C. 应当停产以减少损失

   D. 条件不足，无法确定

12. 假定上一题中的厂商发现在产出扩大到1 001单位时，总成本上升到18 015元，且此时平均可变成本为12 000元，这一条件将改变你的选择吗？这一厂商（　　）。

   A. 应当扩大产出以减少损失

   B. 应当减少产出以减少损失

   C. 应当停产以减少损失

   D. 正处于利润最大化（损失最小化）的位置

13. 一完全竞争行业的厂商发现收入无论如何都少于总成本（产出大于零），但是总收入足以抵消固定成本。这一厂商（　　）。

   A. 正处于亏损，应当停产来改善处境

   B. 正处于亏损，但继续维持目前的状况可以减少亏损

   C. 正处于亏损，但依靠扩大产出和销量可以减少亏损或不亏损

   D. 正处于亏损，但给出的条件不足以判断其是否应当继续生产或停产

14. 如果上一题中的总收入（虽然还不足以抵消总成本）超过了

其总可变成本,则这一厂商（　　）。

　　A. 正处于亏损,应当停产来改善处境

　　B. 正处于亏损,但继续维持目前的状况可以减少亏损

　　C. 正处于亏损,但依靠扩大产出和销量可以减少亏损或不亏损

　　D. 正处于亏损,但给出的条件不足以判断其是否应当继续生产或停产

15. 一完全竞争行业的厂商以短期的平均总成本最低点生产。这一厂商（　　）。

　　A. 一定在利润最大化产出水平,但不一定索取最优价格

　　B. 一定在利润最大化产出水平,而不必考虑价格,因为其不能控制市场价格

　　C. 不在利润最大化水平,应当扩大产出

　　D. 不一定在利润最大化水平

16. 竞争厂商的"收支相抵点"发生在下列哪一个产出水平上（　　）。

　　A. MC=AC

　　B. AVC=AFC

　　C. MC=AVC

　　D. AC=AVC

17. 竞争厂商的"停止营业点"发生在下列哪一个产出水平上（　　）。

　　A. MC=AC

　　B. AVC=AFC

　　C. MC=AVC

　　D. AC=AVC

18. 完全竞争中厂商的长期均衡条件是"价格等于最小平均成本",这一条件的含义是（　　）。

　　A. 只要厂商选择利润最大化的产出,它在长期就必须遵守这一条件

B. 只要厂商选择利润最大化的产出，它在短期就必须遵守这一条件

C. 厂商在短期和长期内都不必考虑这一条件，所有厂商在长期内都会自动实现这个条件

D. 任何一个追求利润最大化的厂商在长期和短期都会坚持这一条件

19. 给定一条向下倾斜的市场需求曲线，如果对生产过程中的投入品征税使该行业中每个厂商的边际成本（对应于每一产出）上升，则这一税收对市场价格和总产出的影响是（　　）。

A. 价格上升，总产出增加

B. 价格上升，总产出减少

C. 价格下降，总产出增加

D. 价格下降，总产出减少

20. 在完全竞争的条件下，如果某行业厂商的商品价格等于平均成本，那么（　　）。

A. 新的厂商要进入这个行业

B. 原有厂商要退出这个行业

C. 既没厂商进入也没厂商退出这个行业

D. 既有厂商进入也有厂商退出该行业

21. 厂商获取最大利润的条件是（　　）。

A. 边际收益大于边际成本的差额达到最大值

B. 边际收益等于边际成本

C. 价格高于平均成本的差额达到最大值

D. 价格高于平均可变成本的差额达到最大值

22. 假定在某一产量水平上，某厂商的平均成本达到了最小值，这意味着（　　）。

A. 边际成本等于平均成本

B. 厂商获得了最大利润

C. 厂商获得了最小利润

D. 厂商的超额利润为零

23. 在完全竞争市场上，厂商短期均衡条件是（　　）。

　　A. P=AR

　　B. P=MR

　　C. P=MC

　　D. P=AC

24. 在一般情况下，厂商得到的价格若低于以下哪种成本就停止营业（　　）。

　　A. 平均成本

　　B. 平均可变成本

　　C. 边际成本

　　D. 平均固定成本

25. 假定完全竞争行业内某厂商在目前产量水平上的边际成本、平均成本和平均收益均等于1元，则这家厂商（　　）。

　　A. 肯定只得到正常利润

　　B. 肯定没得到最大利润

　　C. 是否得到了最大利润还不能确定

　　D. 肯定得到了最少利润

26. 在完全竞争的条件下，如果厂商把产量调整到平均成本曲线最低点所对应的水平（　　）。

　　A. 他将取得最大利润

　　B. 他没能获得最大利润

　　C. 他是否获得最大利润仍无法确定

　　D. 他一定亏损

27. 在完全竞争市场中，行业的长期供给曲线取决于（　　）。

　　A. SAC 曲线最低点的轨迹

　　B. SMC 曲线最低点的轨迹

　　C. LAC 曲线最低点的轨迹

　　D. LMC 曲线最低点的轨迹

28. 成本递增行业的长期供给曲线是（　　）。

　　A. 水平直线

119

B. 自左向右上倾斜

C. 垂直于横轴

D. 自左向右下倾斜

29. 下列行业中哪一个最接近于完全竞争模式（　　）。

    A. 飞机

    B. 白酒

    C. 小麦

    D. 手机

30. 完全竞争企业在长期均衡状态下，在成本不变的行业中，产量的增加量（　　）。

    A. 完全来自新企业

    B. 完全来自原有企业

    C. 要么完全来自新企业，要么完全来自原有企业

    D. 部分来自新企业，部分来自原有企业

31. 总利润达到最大是在（　　）。

    A. TR=TC 处

    B. TR 曲线和 TC 曲线平行处

    C. TR 曲线和 TC 曲线平行，且 TC 超过 TR 处

    D. TR 曲线和 TC 曲线平行，且 TR 超过 TC 处

32. 在任何市场中，厂商的平均收益曲线可以由（　　）。

    A. 他的产品供给曲线表示

    B. 他的产品需求曲线表示

    C. 行业的产品供给曲线表示

    D. 行业的产品需求曲线表示

33. 若生产要素的价格和数量变化方向相同，则该行业是（　　）。

    A. 成本不变行业

    B. 成本递增行业

    C. 成本递减行业

    D. 以上任何一个

（根据图 5-1 回答 34~37 题）

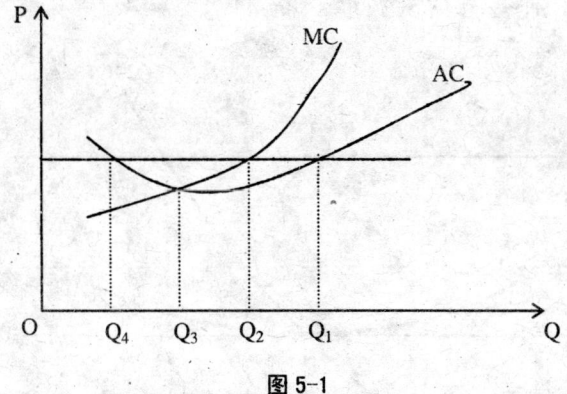

图 5-1

34. 能使厂商利润极大化的产量水平为（   ）。
    A. Q_1
    B. Q_2
    C. Q_3
    D. Q_4

35. 使厂商处于不盈不亏状态的产量水平为（   ）。
    A. Q_1
    B. Q_2
    C. Q_3
    D. Q_4 和 Q_1

36. 厂商利润最大化时，其利润水平为（   ）。
    A. 正值
    B. 负值
    C. 零
    D. 不确定

37. 由图可知，该厂商处于以下哪一个市场中（   ）。
    A. 完全垄断
    B. 完全竞争
    C. 寡头垄断

D. 垄断竞争

（根据图 5-2 和图 5-3 回答 38～44 题）

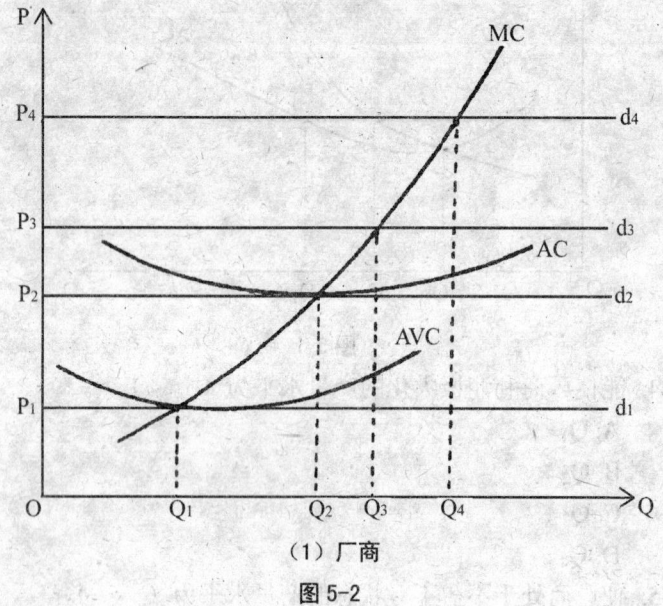

(1) 厂商

图 5-2

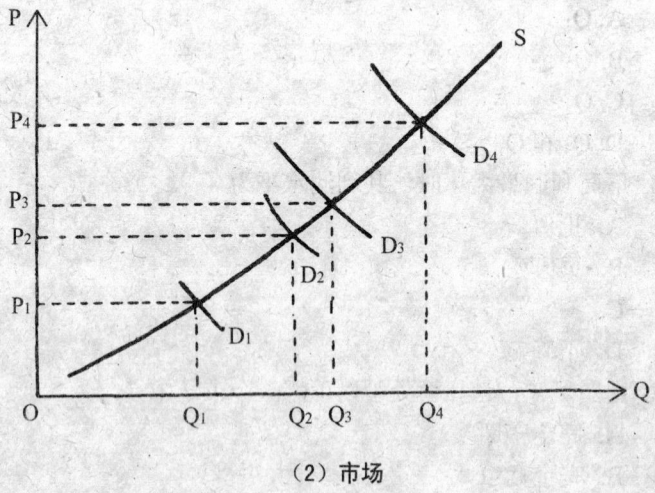

(2) 市场

图 5-3

38. 如果市场的供给曲线和需求曲线分别为 S 和 D_1，那么厂商面对的价格为（   ）。

   A. P_1

   B. P_2

   C. P_3

   D. P_4

39. 如果市场需求曲线从 D_1 移动到 D_2，其原因是（   ）。

   A. 消费者数量的增加

   B. 消费者收入的增加

   C. 该商品的替代品的价格上涨

   D. 以上全对

40. 厂商短期内将继续提供一定的产出，直至价格降至（   ）。

   A. P_1

   B. P_2

   C. P_3

   D. P_4

41. 厂商依据市场供求变化来改变自己的产量，意味着（   ）。

   A. 该厂商是一个价格制定者

   B. 该厂商是一个价格接受者

   C. 该厂商拥有垄断权力

   D. 厂商无法控制其产量

42. 如果此时市场需求曲线为 D_3，那么（   ）。

   A. 厂商收益低于成本，该厂商将退出该行业

   B. 厂商收益高于成本，激励新厂商进入该行业

   C. 厂商收益高于成本，行业内部厂商数目不变

   D. 不能说明任何问题

43. 当一个竞争性市场中的厂商蒙受经济损失时，该行业在完全趋于长期均衡过程中可能发生的情况是（   ）。

   A. 较高的价格和较少的厂商

   B. 较低的价格和较少的厂商

C. 较高的价格和较多的厂商

D. 较低的价格和较多的厂商

44. 完全竞争市场中，厂商短期均衡意味着（　　）。

   A. P=minAC

   B. P=MC

   C. 不存在经济利润

   D. 不存在亏损

45. 为使收益极大化，竞争性的厂商将按照何种价格来销售其产品（　　）。

   A. 低于市场的价格

   B. 高于市场的价格

   C. 市场价格

   D. 略低于距它最近的竞争对手的价格

46. 对于一个竞争性厂商而言，应使（　　）。

   A. P=AC

   B. P=MR=AC

   C. P=MR=MC

   D. P=AR=MR

47. 当竞争性厂商处于不盈不亏状态时，市场价格为（　　）。

   A. MR=MC=AR=AC

   B. TR=TC

   C. A 和 B

   D. 会计利润为零

48. 边际成本曲线在平均可变成本以上的部分表明（　　）。

   A. 竞争性厂商的需求曲线

   B. 竞争性厂商的供给曲线

   C. 竞争性厂商在不同价格水平下将提供的产品数量

   D. B 和 C 都对

二、计算题

1. 完全竞争市场的需求函数和供给函数分别是 $D=-50P+250$ 和 $S=100P/3$。求：(1) 市场均衡价格和均衡产量；(2) 厂商的需求函数。

2. 完全竞争市场上需求函数为 $D=-400P+4000$。单位厂商的短期成本函数 $C=0.1q^2+q+10$，该行业共有 100 个厂商。求：(1) 厂商的短期供给函数；(2) 行业的供给函数；(3) 市场的均衡价格和均衡产量。

3. 上题中，假设政府对企业征收销售税，其税率是每销售一单位为 0.9 元。求：(1) 市场均衡价格和均衡产量；(2) 分析销售税对企业和消费者的影响。

4. 完全竞争厂商的短期成本函数 $TC=0.04q^3-0.8q^2+10q+5$。试求：(1) 厂商短期供给函数；(2) 如果此时市场价格 $P=10$ 元，厂商利润最大化时的产量及其利润总额各是多少？

5. 完全竞争厂商的短期成本函数 $TC=0.1q^3-2q^2+15q+10$。求：(1) 厂商的短期供给函数；(2) 使得厂商停止营业的价格水平。

6. 完全竞争厂商在长期中，当其产量达到 1000 单位时，长期平均成本达到最低值 3 元。试求：

(1) 如果市场需求曲线为 $D=2\,600\,000-200\,000P$，求长期均衡的价格、均衡产量以及长期均衡当中厂商的个数。

(2) 如果市场需求曲线由于某种原因变为 $D=3\,200\,000-200\,000P$，假设厂商无法在短期内调整其产量，求此时的市场价格及每个厂商的经济利润水平。

(3) 给定(2)中的需求状况，求长期中均衡的价格和数量组合及此时的厂商个数。

7. 完全竞争市场存在着大量的潜在进入者（如果该行业中存在经济利润）。假设该行业为成本不变行业，每个厂商有共同的成本曲线，当其产量为 20 个单位时，长期平均成本最低点为 10 元，市场需求曲线为 $D=1\,500-50P$。求：

(1) 该行业长期供给函数；

(2) 长期当中，均衡的价格—数量组合及其厂商的个数；

（3）使得厂商位于长期均衡中的短期成本函数为 $PC=0.5q^2-10q+200$，求出厂商的短期平均成本函数和边际成本函数以及当短期平均成本最低时的产出水平；

（4）厂商和行业的短期供给函数；

（5）假设市场需求曲线变为 $D=2\,000-50P$，如果厂商无法在极短期内调整其产出水平，求出此时的价格水平及每个厂商的经济利润水平；

（6）在短期中，由(4)知行业短期供给函数，试回答（5）；

（7）求长期中，该行业的均衡价格—数量组合及其厂商个数。

8. 完全竞争市场的需求函数为 $D=1\,500-50P$，厂商的长期经营成本为 $TC_0=0.5q^2-10q$，所有的生产要素中，企业的管理者是一种稀缺资源，该要素的供给函数为 $S_e=0.25W$，每个厂商需要一个管理者，因此，厂商的总成本函数 $TC=0.5q^2-10q+W$。求：

（1）长期当中，市场均衡产量—价格组合及厂商的数量；

（2）管理者的人数和其工资水平 W；

（3）如果需求曲线变为 $D=2\,428-50P$，回答问题（1）。

9. 一个完全竞争厂商每天利润最大化的收益为 5 000 元。此时，厂商的平均成本为 8 元，边际成本为 10 元，平均可变成本为 5 元。求厂商每天的产量是多少？固定成本是多少？

10. 一个完全竞争厂商使用劳动和资本从事生产。在短期内，劳动的数量可变，而资本的数量不变。厂商的成本曲线估计如下：

$LTC=(2/3)Q^3-16Q^2+180Q$

$STC=2Q^3-24Q^2+174Q+400$

求：（1）厂商预期的长期最低价格是多少？

（2）如果要素价格不变，在短期内，厂商将继续经营的产品最低价格是多少？

（3）如果产品价格为 120 元，在短期内厂商将生产多少产品？

11. 一个处于成本不变的完全竞争行业，市场需求曲线为 $D=1500-25P$，厂商的市场供给函数为 $q=15P-100$（$P\geqslant 10$），$P<10$ 时，$q=0$。若行业处于长期均衡时有厂商 25 家，求：

（1）均衡的市场价格、产量和每个厂商的均衡产量；

（2）每一厂商处于最优的生产规模，请说明此时的最小短期平均成本和长期平均成本的关系。

12. 假设一个完全竞争的成本递增行业的每一个厂商的长期总成本函数为：$LTC=q^3-2q^2+(10+0.0001Q)q$。

式中，q 为单个厂商的产量，Q 为整个行业的产量。又假定单个厂商的产量变动不影响行业的产量。如果行业的需求函数由 $D=5\,000-200P$ 增加到 $D=10\,000-200P$，试求此行业的长期均衡价格的增长率。

13. 一个完全竞争厂商的短期生产函数为 $Q=-0.01L^3+L^2+36L$，又知产品的价格为 0.1 元，劳动 L 的工资率为每人时 4.8 元。试问，如果每天的总固定成本为 50 元，厂商的最大利润是多少？

14. 完全竞争行业中某厂商的成本函数为 $STC=Q^3-6Q^2+30Q+40$，假设产品价格为 66 元。试求：

（1）利润极大时的产量及利润总额。

（2）由于竞争市场供求发生变化，由此决定的新的价格为 30 美元，在新的价格下，厂商是否会发生亏损?如果会，最小的亏损额为多少？

（3）该厂商在什么情况下才会退出该行业（停止生产）？

15. 若很多相同厂商的长期成本函数都是 $LTC=Q^3-4Q^2+8Q$，如果正常利润是正的，厂商将进入行业；如果正常利润是负的，厂商将退出行业。试求：

（1）行业的长期供给函数。

（2）假设行业的需求函数为 $D=2\,000-100P$，则行业均衡价格、均衡产量和厂商的数目各是多少？

16. 某完全竞争市场中一家厂商的产品单价是 640 元，其成本函数为 $TC=240Q-20Q^2+Q^3$（正常利润包括在成本中）。试求：

（1）利润最大时的产量，此产量的单位平均成本、总利润。

（2）假定这个厂商在该行业中有代表性，试问这一行业是否处于长期均衡状态?为什么？

（3）如果这个行业目前尚未处于长期均衡状态，则均衡时这家企业的产量是多少？单位成本是多少？产品单价是多少？

17. 一个成本不变行业中完全竞争厂商有下列长期成本函数：$LTC=q^3-50q^2+750q$，其中，q 是厂商每天产量，单位是吨；厂商产品的市场需求函数：$Q=2\,000-4P$，其中，Q 是该行业每天销售量，P 是每吨产品价格。试问：

（1）求该行业长期供给曲线。

（2）该行业长期均衡时有多少家厂商？

（3）如果课征产品价格 20%的营业税，则新的长期均衡时该行业有多少厂商？

（4）营业税如废止，代之以每吨 50 元的消费税，该行业在这种情况下达了长期均衡，此时有多少家厂商？

（5）如果所有税收都废除，行业达到（2）的均衡状态，政府再给每吨产品 S 元的津贴，结果该行业的厂商增加了 3 个，试问政府给每吨的津贴是多少？

18. 完全竞争行业的代表厂商的长期总成本函数为 $LTC=q^3-60q^2+1\,500q$，q 为每月产量。试问：

（1）长期平均成本函数和长期边际成本函数是多少？

（2）假设产品价格 P=975 美元，求利润为极大时的产量。

（3）上述利润为极大的长期平均成本为多少？利润为多少？为什么这与行业的长期均衡相矛盾？

（4）假如该行业是成本固定不变行业，推导出行业的长期供给方程（提示：求出 LAC=LMC 时的 LAC 之值）。

（5）假如市场需求曲线是 $P=9\,600-2Q$，长期均衡中留存该行业的厂商数目是多少？

19. 在完全竞争条件下，成本固定不变行业包含许多厂商，每个厂商的长期总成本函数为 $LTC=0.1q^3-1.2q^2+11.1q$，q 是每个厂商的年产量。又知市场需求函数为 $Q=6\,000-200P$，Q 是该行业的年销售量。试问：

（1）厂商长期平均成本为最小的产量和销售价格是多少？

（2）该行业的长期均衡产量是多少？

（3）长期均衡状态下该行业的厂商数目。

（4）假如政府决定用公开拍卖营业许可证（执照）600张的办法把该行业竞争厂商的数目减少到600个，即市场销售量为Q=600q。问：（a）在新的市场均衡条件下，每家厂商的产量和销售价格为多少？（b）假如营业许可证是免费领到的，每家厂商的利润为多少？（c）若领到许可证的厂商的利润为零，每张营业许可证的竞争性均衡价格为多少？

20. 商品x由国内成本递增的完全竞争行业生产。行业中每一厂商的长期总成本函数为 $LTC=0.01q^3-1.6q^2+(70+0.0005Q)q$。其中 q 是厂商每周产量，Q 是整个行业每周产量。由于是完全竞争，因此每个厂商都无法控制行业产量 Q，厂商产量对整个行业产量的成本也没有影响。商品 x 也可以按每单位 10 美元的价格出口，不计运输成本。商品 x 的市场需求曲线为 x=27 900-1 500P。其中，x 是每周市场销售量，P 是商品 x 的单价。试问：

（1）每星期进出口各多少？

（2）国内厂商数是多少？

假定现在政府对进口商品 x 课征价格 20% 的关税，市场和行业调整到一个新的均衡状态，这时候：

（3）每周进口量为多少？

（4）现在国内价格是多少？国内购买量为多少？

（5）现在国内厂商有多少？

（6）国内行业利润因征收关税而变动多少？

（7）关税使国内消费者的情况是变好了还是变坏了？

（8）政府从关税中收入了多少？

（9）政府有没有使另一方面的情况变好或变坏？

三、分析问答题

1. 简述完全竞争市场的基本特征和假定条件。
2. 给定一条向右下倾斜的市场需求曲线，只对完全竞争市场中每一个厂商的固定成本征税将对市场价格和总供给量有何影响?

3. 既然在完全竞争市场条件下厂商是市场价格的接受者,那么是否可以认为市场价格不会改变呢?

4. 既然完全竞争在现实经济生活中根本不存在,那么这一模型是否还有意义?为什么经济学家首先要研究完全竞争模型?

5. 某一空调制造商认为他所在的行业是完全竞争行业。他觉得同其他空调制造商之间存在激烈的竞争,其他空调制造商一旦采取降价措施或提高服务质量时,他也及时作出反应。请你根据所学的有关完全竞争的知识判断空调制造商所在行业是完全竞争行业吗?

6. 为什么利润最大化原则(边际成本等于边际收益)在完全竞争条件下可以表达为 P=MC?

7. 试评析"高固定成本是厂商亏损的原因,但永远不会是厂商关门的原因"。

8. 厂商的 MC 曲线在产量增加时常可画成向下倾斜然后向上倾斜,市场供给曲线是在单个厂商的 MC 曲线基础上作出的,为什么产量增加时市场供给曲线从来不画成向下倾斜然后再向上倾斜?

9. 在完全竞争市场上,厂商的需求曲线和行业的需求曲线有何不同?为什么?为什么厂商和行业的短期供给曲线都是一条向右上倾斜的曲线?行业长期供给曲线是否也一定是向右上倾斜的?

10. "在长期均衡点,完全竞争市场中每个厂商的利润都为零。因而,当价格下降时所有这些厂商就无法继续经营。"试分析。

11. 简述完全竞争市场长期均衡的实现过程和特点。

12. 完全竞争行业的短期供给曲线是该行业中厂商的短期供给曲线的水平相加,能否说该行业长期供给曲线也是该行业中厂商的供给曲线的水平相加?

13. 如果在短期,一完全竞争的厂商发现无论他选择何种产出水平(产出大于零)都会蒙受亏损,那么这个厂商还会继续经营吗?(提示:考虑"停止营业点")

参考答案

一、选择题

1. C	2. D	3. A	4. D	5. D	6. D	7. C
8. A	9. D	10. B	11. D	12. D	13. D	14. B
15. D	16. A	17. C	18. C	19. B	20. C	21. B
22. A	23. C	24. B	25. A	26. C	27. C	28. B
29. C	30. A	31. D	32. B	33. B	34. B	35. D
36. A	37. B	38. A	39. D	40. A	41. B	42. B
43. A	44. B	45. C	46. C	47. C	48. D	

二、计算题

1. 解：

（1）完全竞争市场中的均衡价格和均衡产量由 D=S 决定。

令 D=S，得：$-50P+250=100P/3$

所以 P=3， D=S=100

（2）完全竞争市场中厂商的需求曲线是一条平行线，反映厂商个体的假设，即可以按照现行的市场价格销售它所愿意销售的任何数量，故 P=3 代表厂商的需求函数。

2. 解：

（1）厂商的短期供给曲线由其边际成本曲线在平均可变成本以上部分给出。

厂商的边际成本曲线为：$MC=0.2q+1$

厂商的平均可变成本为：$AVC=(0.1q^2+q)/q=0.1q+1$

因为 $q\geq 0$，即当 q=0 时 AVC 最小且 $minAVC=1$。

所以，厂商的供给函数：

由 $MC=P=0.2q+1$ （$q\geq 0$）

得 s=5P-5 （P≥1）

（2）厂商的短期供给函数加总构成行业供给函数：
S=100s=500P-500

（3）令 D=S，市场均衡价格和均衡产量分别为：
-400P+4 000=500P-500,   P=5,   D=S=2 000。

3. 解：

（1）当存在税收时，企业按价格 P 每销售一个单位的产品，实际收到的是（P-0.9）。

消费者面对价格 P 的需求为 D=-400P+4 000，此时，市场供给函数和需求函数分别为：

S=500 (P-0.9) -500   D = -400P+4 000

令 S=D，得 P=5.5   D=S=1800。

（2）由于税收的存在，均衡的市场价格上升到 5.5 元，均衡产量降为 1 800 单位。价格提高的数量，小于单位税收的数量。销售价格为 5.5 元，企业实际收入为 4.6 元，较之于没有税收的收入 5 元少收入 0.4 元；消费者支付的价格为 5.5 元，较之于没有税收时，多支付了 0.5 元。这意味着，每一单位的产品税收为 0.9 元，消费者和企业分别承担了 0.5 元和 0.4 元。

一般来说，消费者和企业分担税收份额的大小取决于需求曲线和供给曲线的斜率。

4. 解：

（1）已知成本函数为：
$TC=0.04q^3-0.8q^2+10q+5$

则：$AVC=(0.04q^3-0.8q^2+10q)/q=0.04q^2-0.8q+10$

令：$d(AVC)/dq=0$

得：$0.08q-0.8=0$，即当 q=10 时，AVC 最小。

厂商的边际成本曲线：$MC=0.12q^2-1.6q+10$

当 q≥10 时，短期供给函数为：

由 $P=MC=0.12q^2-1.6q+10$ （q≥10）

得：$q= [20+5 (3P-14)^{1/2}] /3$ （P≥6）

（2）当价格为 10 时，厂商利润最大化的产出：
q= [20+5 (3P-14)$^{1/2}$] /3= [20+5 (30-14)$^{1/2}$] /3=40/3
利润为： π =TR－TC
=P·q－(0.04q^3－0.8q^2+10q+5)。
=10×40/3－[0.04(40/3)^3+0.8(40/3)^2+10(40/3)+5]
=1145/27

5. 解：

（1）已知总成本函数为：
TC=0.1q^3－2q^2+15q+10
则：边际成本 MC= 0.3q^2－4q+15

令 P=MC,得：q=s=(4+$\sqrt{1.2P-2}$)/0.6

厂商的平均可变成本 AVC=(0.1q^3－2q^2+15q)/q=0.1q^2－2q+15
令 d(AVC)/dq=0
得 q=10，代入 AVC 中，得 minAVC=5。
由此，得厂商的短期供给函数：

q=s=(4+$\sqrt{1.2P-2}$)/0.6 (P≥5)

（2）短期内，当厂商面对的价格水平小于其平均可变成本时，将停止营业。故本例中，当价格水平 P<5 时，厂商将停止营业。

6. 解：

（1）厂商的长期均衡由其长期平均成本最低点给定。因此厂商长期最低平均成本等于均衡价格 3 元，单个厂商的均衡产量为 1 000 个单位。已知需求曲线为 D=2 600 000-200 000×3=2 000 000 等于长期行业供给 S，所以厂商个数为：2 000 000 / 1 000=2 000。

（2）尽管需求发生变化，但是由于厂商无法在短期内调整其产出水平，故供给量 2 000 000 为固定。令 D=3 200 000-200 000P=S=2 000 000，求得价格水平为 P=6；此时，单个厂商的利润水平 π = 1 000(6-3)=3 000。

（3）随着需求的变化，长期当中，由于超额利润的存在，会促使新厂商进入到该行业中来，使其均衡价格水平恢复到与其长期最低平均成本相等（3元）。与（1）类似，令长期供给 S=D=3 200 000-200 000×3=2 600 000。厂商的个数为 2 600 000／1 000=2 600。

7. 解：

（1）每个厂商的成本函数相同。长期中，厂商的均衡产出水平由其长期平均成本最低点给定。行业供给曲线由与长期平均成本最低点相等的价格水平（10元）给出，即 P=MC=AC=10。

（2）已知需求曲线为 D=1 500-50P，价格水平为 10 元，令行业供给 S=D=1 500-50×10=1 000，每个厂商的均衡产出为 20，厂商的个数为 1 000／20=50。

（3）厂商短期平均成本函数为 AC=0.5q－10+200／q，边际成本函数为 MC=q-10。当 AC 最低时，AC=MC，求得产出水平为 q=20。

（4）厂商的短期供给函数为 q=P+10（P>10）；

行业短期供给函数为 s=50×(P+10)=50P+500。

（5）由于厂商不能在极短期调整其产出水平，令 S=1 000=D=2 000-50P，得 P=20，此时单个厂商的利润水平为 π=20(20-10)=200。

（6）行业短期供给函数由（4）知，为 s(q)=50P+500，令 s(q)=D，得：50P+500=2 000-50P，解得 P=15，产出水平为 s(q)=D=1 250。

厂商的利润水平 π=25×（15-10.5）=112.5（短期内厂商数目不变，仍为 1 000 个，平均产出为 25，此时的平均成本为 10.5）。

（7）长期中，均衡价格水平由于新厂商的进入将重新回到 P=10 元的水平（每个厂商均衡产出仍为 20），令 S=D=2 000-50×10=1 500，厂商个数为 1 500／20=75。

8. 解：

（1）已知企业管理者供给曲线 S_e=0.25W，则 W=4S_e，代入成本函数 TC=0.5q^2-10q+W 中，得 TC=0.5q^2-10q+4S_e。边际成本 MC=q-10=P（S_e 对单个厂商来说为常数），平均成本为 AC=0.5q-10+4S_e/q=P。

在长期均衡中，P=MC=AC，即 q-10=0.5q-10+4S_e/q，解得 q=$(8S_e)^{1/2}$。

因为每个厂商只雇用一个管理者，故厂商个数与管理者个数相等,行业供给为 $S=S_e q=S_e(8S_e)^{1/2}$。

已知:市场需求曲线为 $D=1\,500-50P$,令 $S=D$,则:
$S=S_e(8S_e)^{1/2}=D=1\,500-50P=1\,500-50\times[(8S_e)^{1/2}-10]$

因为 $q=(8S_e)^{1/2}$,$q=10+P$ 分别由 AC、MC 给出,即 $(S_e+50)\times(8S_e)^{1/2}=2\,000$,求得管理者个数为 50,同时也是厂商的个数。

行业供给量为 1 000。

均衡价格为 $P=q-10=20-10=10$。

(2)管理者的工资水平为 $W=4S_e=200$。

(3)当需求曲线变为 $D=2\,428-50P$ 时,运用和(1)相同的方法,可以求得,该行业均衡的价格和数量配为 $P=14$,$S=1\,728$。厂商个数为 $S_e=72$,管理者的工资水平为 $W=288$。

9. 解:

已知 $TR=5\,000$,$AC=8$,$MC=10$,$AVC=5$。根据利润最大化条件 $MR=P=MC$,得:$P=10$。

由 $TR=PQ=5\,000$,得 $Q=500$

又因为 $AC=TC/Q=8$,故 $TC=AC\cdot Q=4\,000$

$VC=AVC\cdot Q=5\times500=2\,500$

所以,$FC=TC-VC=4\,000-2\,500=1\,500$

即产量为 500,固定成本为 1 500 元。

10. 解:

(1)在长期内,厂商一定在长期平均成本的最低点经营。

根据 $LTC=(2/3)Q^3-16Q^2+180Q$,得:

$LAC=LTC/Q=(2/3)Q^2-16Q+180$

$LMC=d(LTC)/dQ=2Q^2-32Q+180$

因为 LMC 与 LAC 相交于 LAC 曲线的最低点,即 $minLAC=LMC$

$(2/3)Q^2-16Q+180=2Q^2-32Q+180$

解得　$Q=12$

从而　$minLAC=84$

因此,预期最低价格为 84 元。

(2)同理,根据 STC 求出 SAC 和 SMC,并对二者重复(1)中的运算,可得最低价格为 102 元。

(3)当 P=120 时,根据 P=SMC 的原则,可得:

120=d(STC)/dQ=6Q2-48Q+174

解得　Q=8

因此,生产 8 单位产品。

11. 解:

(1)行业的供给函数为:25q=25×15P-25×100　(P≥10)

25q=0　(P<10)

令 S=25q,即行业的供给函数为:S=375P-2 500　(P≥10)

S=0　(P<10)。

当市场处于均衡时 D=S,即

1 500-25P=375P-2 500

解得　P=10

Q=1 500-25×10=1 250

其中每个厂商的产量为:q=Q/25=1 250/25=50。

(2)由于每一厂商处于最优的生产规模,厂商的最小短期平均成本和长期平均成本相切于长期平均成本曲线的最低点,其数值为 10 个单位。

12. 解:

根据已知条件,可得厂商的平均成本为 $q^2-2q+(10+0.0001Q)$。

又因为长期均衡时,厂商一定在长期平均成本曲线的最低点进行生产。

令 d(LAC)/dq=0, 得均衡产量 q=1。

故均衡价格为:P=LAC= $q^2-2q+(10+0.0001Q)$ =9+0.0001Q

当市场需求为 D=5 000-200P 时,均衡价格 P_1 满足下式,即

P_1=9+0.0001(5 000-200P)

P_1=950/102

当市场需求为 D=10 000-200P 时,均衡价格 P_2 满足下式,即

$P_2=9+0.0001(10\ 000-200P)$

$P_2=1\ 000/102$

于是,该行业长期均衡价格增长率为:

$\pi=(P_2-P_1)/P_1=(1\ 000-950)/950\approx 5.26\%$

13. 解:

利润 $\pi=PQ-P_L-FC$

令 $d\pi/dL=0$,可得 $L=60$, $\pi=22$

即最大利润为 22 元。

14. 解:

(1) 已知厂商的短期成本函数为 $STC=Q^3-6Q^2+30Q+40$,则:

$SMC=d(STC)/dQ=3Q^2-12Q+30$,

又知 $P=66$ 元,利润极大化的条件为 $P=SMC$,即

$66=3Q^2-12Q+30$

解方程得:$Q=6$, $Q=-2$(舍负)。

因此,利润极大值为:

$\pi=TR-TC=PQ-(Q^3-6Q^2+30Q+40)=176$

即利润极大值为 176 元。

(2) 均衡条件为 $P=MC$,即 $30=3Q^2-12Q+30$

得 $Q=4$, $Q=0$(没有经济意义,舍去)。

利润极大值为:$\pi=TR-TC=PQ-(Q^3-6Q^2+30Q+40)=-8$

可见,当价格为 30 元时厂商会发生亏损,最小亏损额为 8 元。

(3) 厂商退出行业的条件是 $P<AVC$ 的最小值。

因为 $TC=Q^3-6Q^2+30Q+40$,所以:

$VC=Q^3-6Q^2+30Q$

$AVC=VC/Q=Q^2-6Q+30$ 要求 AVC 最低点的值,只要令:

$d(AVC)/dQ=2Q-6=0$,得:$Q=3$,当 $Q=3$ 时 $AVC=21$。

可见,只要价格 $P<21$,厂商就会停止生产。

15. 解:

(1) 已知 $LTC=Q^3-4Q^2+8Q$,则 $LAC=Q^2-4Q+8$。欲求 LAC 的最小值,只要令 $d(LAC)/dQ=2Q-4=0$,得 $Q=2$。这就是说,每个厂商的

产量为 Q=2 时，长期平均成本最低，其长期平均成本为：LAC=2^2-4×2+8=4。当价格 P 等于长期平均成本 4 时，厂商既不进入，也不退出，整个行业处于均衡状态。故行业长期供给函数即供给曲线是水平的，行业的长期供给函数为 P=4。

（2）已知行业的需求曲线为 D=2 000-100P，而行业的供给函数为 P=4，把 P=4 代入 D=2 000-100P 中，可得行业需求量 D=2 000-100×1=1 600。

由于每个厂商长期均衡产量为 2，若厂商有 n 个，则供给量 S=2n。行业均衡时，D=S，即 1 600=2n，得 n=800。故整个行业均衡价格为 4，均衡产量为 1 600，厂商有 800 家。

16. 解：

（1）已知 P=640 元，成本函数为 TC=$240Q-20Q^2+Q^3$，则：
MC=d(TC)/dQ=$240-40Q+3Q^2$
完全竞争厂商利润最大化的条件是 P=MC，即
640=$240-40Q+3Q^2$，得 Q=20（舍负）。
又因为 TC=$240Q-20Q^2+Q^3$，所以：
AC=TC/Q= $240-20Q+Q^2$
当 Q=20 时，AC=240，利润 π=TR-TC=PQ-AC·Q=8 000。

（2）行业是否处于长期均衡状态，可从 P 是否等于 AC 的最低点的值来判断。

前面已算出 AC=$240-20Q+Q^2$，求 AC 的最低点，只要令 d(AC)/dQ=-20+2Q=0，得 Q=10。把 Q=10 代入 AC=$240-20Q+Q^2$中，得出：AC=240-20×10+10^2=140。已知 P=640＞140，即 P 大于 AC 最低点的值，这意味着该行业并没有处于长期均衡状态。

（3）由于该行业没有达到长期均衡状态，且 P＞AC，代表性厂商可获得超额利润。超额利润的存在吸引了其他厂商加入该行业，使供给量增加。因而产品价格下降，一直降低到代表性厂商平均成本曲线最低点，即 P=AC=140，140=$240-20Q+Q^2$，得 Q=10。在此时，各厂商只能获得正常利润，超额利润为 0。均衡时这家企业的产量为 10，单位成本=TC/Q=AC=140，产品单价也是 140 元。

17. 解:

(1) 由于成本不变,因此该行业供给曲线在价格等于最低平均成本时有着完全弹性,即行业供给曲线是一条水平线,其高度为长期均衡价格,它等于最低的长期平均成本。为找到最低的 LAC,可令 LAC=LMC,即

$q^2-50q+750=3q^2-100q+750$

$2q^2-50q=0$, 故 q=25

当 q=25 时,LAC=LMC=125,这样,行业长期供给曲线为 P=125。

(2) 已知市场需求函数为 Q=2000-4P,又从(1)中已知行业长期均衡时的价格 P=125。因此,求得该行业的总销售量或总产量为 Q=2 000-4×125=1 500。

又已知长期均衡时每个厂商的产量 q=25,因此,长期均衡时该行业有厂商 N=1 500/25=60。

(3) 对产品征相当于产品单价 20%的营业税,就等于价格上升20%。因此,供给曲线向上移动为 P=125+125×20%=150。从市场需求曲线 Q=2 000-4P,得该行业产销量为 Q=2 000-4×150=1 400。

因此,该行业在新的长期均衡中有厂商 N=1 400/25=56。

(4) 如果废除营业税,代之以每吨收 50 元的消费税,则每吨价格变为 P=125+50=175。这时市场的产销量为 Q=2 000-4×175=1 300,该行业中有厂商数目 N=1 300/25=52。

(5) 如果废除所有税,行业回到(2)的均衡状态,即共有 60 家厂商。若政府再给每吨产品 S 元津贴,使该行业中厂商增加 3 家,即增加到 63 家。由于每个厂商的产量仍为 25,因此行业产量从 1 500 增加到 1 500+3×25=1 575。从市场需求函数 Q=2 000-4P 中可知,当 Q=1 575 时,P=(2 000-1 575)/4=1 06.25(元)。原来的均衡价格是 125,现在成为 106.25,可见,每吨产品津贴是 125-106.25=18.75。

18. 解:

(1) 该厂商长期平均成本函数是: LAC=LTC/q=$(q^3-60q^2+1 500q)/q$ =$q^2-60q+1 500$。长期边际成本函数是: LMC=d(LTC)/dq=$3q^2-120q+1 500$。

（2）完全竞争行业中厂商利润极大时 P=MC，已知 P=975 美元，因此利润极大时 $975=3q^2-120q+1\,500$，得 $q_1=35$，$q_2=5$。利润极大化还要求利润函数的二阶导数为负。由于利润函数为 $\pi=TR-TC$，因此 $d\pi/dq=d(TR)/dq-d(TC)/dq=MR-LMC=P-LMC=975-(3q^2-120q+1\,500)$，$d^2\pi/dq^2=-6q+120$，当 $q_2=5$ 时，$d^2\pi/dq^2>0$，故 $q_2=5$ 不是利润最大化的产量。当 $q_1=35$ 时，$d^2\pi/dq^2<0$，故 $q_1=35$ 是利润最大化的产量。

（3）上述利润极大的长期平均成本是 $LAC=q^2-60q+1\,500=35^2-60\times35+1\,500=625$（元）。利润 $\pi=TR-TC=Pq-LAC\times q=(975-625)\times35=12\,250$（元）。

上面计算出来的结果与行业长期均衡是相矛盾的。因为行业长期均衡要求留存于行业中的厂商只能获得正常利润，不能获得超额利润，而现在却获得超额利润 $\pi=12\,250$ 元。之所以会出现这个矛盾，是因为行业长期均衡时，价格应当是最低平均成本。在这里，当长期平均成本函数为 $LAC=q^2-60q+1\,500$ 时，要求得 LAC 的最小值，只要令 LAC 的一阶导数为零，得 $q=30$。由 $q=30$，求得最低平均成本 $LAC=600$，行业长期均衡时价格应为 600，而现在却为 975。因而出现了超额利润。

（4）假如该行业为成本固定不变行业，则该行业的长期供给曲线 LS 是一条水平线。从上面已知，行业长期均衡时 P=600，可见，行业长期供给函数 LS 为 P=600。

（5）已知市场需求曲线是 $P=9\,600-2Q$，又已知长期均衡价格为 600，因此该行业长期均衡产量为 $Q=(9\,600-600)/2=4\,500$。由于代表性厂商长期均衡产量为 $q=30$，因此，留存于该行业的厂商人数为 $4\,500/50=150$。

19. 解：

（1）已知总成本函数为 $LTC=0.1q^3-1.2q^2+11.1q$，所以平均成本函数 $LAC=LTC/q=0.1q^2-1.2q+11.1$。令 $d(LAC)/dq=0$，得 $q=6$，故 $minLAC=0.1\times6^2-1.2\times6+11.1=7.5$。在长期均衡中，价格等于长期边际成本，即 $P=7.5$。

（2）已知市场需求函数为 $Q=6\,000-200P$，又已知厂商长期平均成本为最小的价格是 P=7.5。这一价格就是行业长期均衡价格，因为只有行业长期均衡时厂商的产品价格才会等于最低平均成本,因此,将这一价格代入需求函数可得行业的长期均衡产量为 Q=6 000-200×7.5=4 500。

(3) 行业的长期均衡产量为 4 500,从(1)中又已知每个厂商的均衡产量为 q=6,因此,该行业厂商的数目为 4 500/6=750。

(4)(a) 如果政府用发放执照办法将行业竞争数减少到 600 家,即市场销售量为 Q=600q,这一销售量就是市场的实际需求量;又已知市场需求函数为 Q=6 000-200P,因此,只要将这一销售量代入需求函数,就可求得每一厂商的需求函数,即 600q=6 000-200P,得 P=30-3q。完全竞争行业中厂商均衡时,P=MC,即 $30-3q=0.3q^2-2.4q+11.1$,于是得到厂商均衡产量 q=7,均衡价格 P=30-3q=30-3×7=9。这就是政府将该行业竞争数减少到 600 家时每家厂商的产量和销售价格。(b) 假如营业许可证是免费领到的,则每家厂商的利润 π=Pq-TC=9×7-($0.1×7^3-1.2×7^2+11.1×7$)=63-53.2=9.8。(c) 只要对每张营业证收费 9.8 元,即可把每个厂商的超额利润化为零。

20. 解:

(1) 由于该商品进口价和出口价都是 10 美元,因此价格也必然是 10 美元。如果超过 10 美元,进口会增加;如果不到 10 美元,出口会增加。在 P=10 时,从 x 的市场需求曲线 x=27 900-1 500P 中求得 x=12 900。

在长期,厂商必须按最低长期平均成本生产。欲求最低的 LAC,可令 LMC=LAC,即 $0.03q^2-3.2q+(70+0.0005Q)=0.01q^2-1.6q+(70+0.0005Q)$,得 q=80。

当 q=80 时,LAC=6+0.0005Q。

长期均衡时纯利润为 0,LAC=P,而从上已知 P=10,故 6+0.0005Q=10,得 Q=8 000。

国内市场上出售量 x=129 000,而长期均衡时国内只生产 8 000,其超过部分即为进口量,进口量为 12 900-8 000=4 900。

(2) 厂商数 N=Q/q=8 000/80=100。

(3) 政府对 x 商品课征该商品价格 20%的关税,则使该商品进口价格变成12元，出口价仍为10元。由于存在进口，而进口价格又为12元，于是国内市场价变为12元。一旦当P=12元时，该商品的销售量就为 x=27 900-1 500P=27 900-1 500×12=9 900。

在（1）中提到，国内行业供给曲线位于最低长期平均成本的水平上，即 LAC=6+0.0005Q=P。当P=12时，Q=12 000。

由于在进口价格水平上生产量（Q=12 000）大于市场销售量（x=9 900），因此就没有进口，并且这时也没有出口。因为国内价格为12元，而出口价格只有10元，因此，不可能有出口。这样，也就没有对外贸易。

（4）由于没有对外贸易，因此国内价格由供给和需求决定。供给为 6+0.0005Q=P，需求为 X=27 900-1 500P。当 x=Q 时，得 P=11.40 元，Q=X=10 800，即国内购买量为10 800。

（5）国内厂商数 N=Q/q=10 800/80=135。

（6）在完全竞争中，长期均衡时行业利润为0。

（7）在没有征关税时，国内价格P=10，销售量x=12 900；征收关税后，价格提高为P=11.40，销售量减少为 x=10 800。消费者剩余减少了，其数值为：$(P_2-P_1)(X_1+X_2)/2=16\ 590$。这就是说，消费者每周损失了16 590（元）。

（8）当征收关税以后进口没有了，因此政府从关税中的收入为0。

（9）当行业产量从8 000扩大为10 800时，成本由于要素价格上升（因为假定是成本递增行业）而增加了，这些要素的供给者便获得了利益。

三、分析问答题

1. 答：完全竞争市场基本特征和假定条件：存在着大量的买者和卖者，产品是同质的，资源可以自由流动，完全信息。

2. 答：完全竞争厂商的短期均衡条件为P=MC，由于只对固定成本征税，所以厂商的边际成本不变，从而短期内市场价格和厂商的供给量都不变。但是，由于税收提高了厂商的总成本，在短期内厂商会蒙受亏损，从而在长期调整中一部分厂商会退出该行业，导致行业的供给曲线左移。最终,市场价格上升,总产量下降。

3. 答:完全竞争的厂商面对的是一条水平的需求曲线,厂商是市场价格的接受者。但是这并不意味着市场价格不会改变,它仅仅意味着单个厂商的行为不会影响现行的价格。如果一个完全竞争行业中的所有厂商或大多数厂商同时增加或减少其产量,市场价格就会发生变动,但每一次变动后的市场价格对单个厂商来说仍然表现为一种既定的价格,厂商在这一价格下能够卖掉任意数量的产品而不会对价格产生影响。

4. 答:严格地讲,完全竞争在现实中并不存在,但是这并不意味着完全竞争模型没有意义。尽管完全竞争市场只是一种理想的状态,但对一般厂商而言,当他们对市场价格几乎没有什么影响和控制作用时,就可近似作为完全竞争厂商来看待,以便简化厂商均衡问题的分析。任何一般理论模型的意义并不完全取决于其假定的准确性,而是取决于它的解释和预测能力。过去几十年的经验表明,完全竞争模型在解释和预测现实的经济行为方面是非常有用的,它有助于对资源配置的效率作出准确的判断。不仅如此,由于完全竞争市场理论是各种类型市场理论的基础,弄清完全竞争市场中产品价格和产量如何决定,分析其他市场类型产品价格和产量的决定也就不困难了。因此,经济学家分析厂商理论时首先从完全竞争市场开始。

5. 答:市场结构是否为完全竞争,并不依赖于市场当中的竞争激烈与否。完全竞争的一个重要特征在于,市场参与者都是价格的接受者,每一个厂商既不能影响价格也不会把其他厂商看作自己的竞争对手。空调产品存在着产品差别,每个厂商实际都面对斜率为负的需求曲线,厂商能够影响价格,所以空调行业不是完全竞争行业。

6. 答:在完全竞争条件下,每个厂商按照市场决定的价格能卖出愿意出卖的任何数量的产品,故单个厂商的需求曲线是一条水平线,即不管产销量如何变动,单位产品的价格始终不变。因此,MR(每增加一单位商品的销售量所带来的总收益的增加量)恒等于固定不变的出售价格 P,由于利润极大化原则是 MC=MR,而在此是 MR=P,所以利润极大化原则在完全竞争条件下可表达为 MC=P。

7. 答：这一说法是正确的。在短期，不管固定成本有多高，只要销售收入能够补偿可变成本，追求利润最大化的厂商就会继续营业，因为这样还可以补偿一部分固定成本。在长期，一切成本都是可变的，也就不存在固定资本的问题了。因此，无论短期还是长期，高固定成本不能是厂商关门的原因。

8. 答：市场的供给量是由该行业内各个厂商的供给量加总而成的。单个厂商的供给函数或供给曲线就是在不同价格水平上愿意提供的产量，这条供给曲线由该厂商边际成本（MC）曲线位于平均可变成本（AVC）曲线以上的那一段构成。这是因为完全竞争厂商均衡的条件是 MC=P，可是，当 P<AVC 时，厂商将停止生产，因此，只有 AVC 曲线以上的那段 MC 曲线才能代表厂商提供不同产量所要求的价格水平。成本理论告诉我们，尽管 MC 曲线和 AVC 曲线都呈 U 型，但 MC 曲线只能在递增时才会和 AVC 曲线相交于 AVC 曲线的最低点。因此，无论是单个厂商的供给曲线，还是市场的供给曲线都不可能画成先向下倾斜然后再向上倾斜。

9. 答：（1）在完全竞争市场条件下，每一个厂商都是市场价格的接受者，都可以按照市场价格出售任何数量的产品，因此厂商的需求曲线是一条水平线。而行业的需求曲线是由所有的消费者对该产品的需求加总而成的，当商品价格上升时，需求量会减少；当商品价格下降时，需求量会增加。所以，行业的需求曲线是一条向右下倾斜的曲线。

（2）厂商短期供给曲线是由 MC 曲线位于 AVC 曲线以上的那部分 MC 曲线表示的。由于 AVC 曲线以上的那段 MC 曲线是向右上倾斜的，因此厂商的短期供给曲线是一条向右上倾斜的曲线。行业的短期供给曲线是由行业内各个厂商的供给曲线水平加总而成的，因此也是一条向右上倾斜的曲线。

（3）由于在长期中存在规模经济和生产要素价格的变化等原因，我们不能通过将行业内厂商的长期边际成本加总的方法来推导行业的长期成本曲线。行业长期供给曲线不一定是向右上倾斜的曲线。根据成本不变、递增、递减，长期供给曲线可以为水平、向右上倾斜和向右下倾斜的三种不同的形状。

10. 答：这句话前半部分是对的，后半部分是错的。在长期，完全竞争市场中每个厂商的利润（指超额利润）为零，也即每个厂商只能获得正常利润，得不到超额利润。当产品的价格下降时（由需求缩小引起的），由于亏损会引起部分厂商退出该行业，从而使该行业的供给量减少，供给曲线向左移动，价格会上升到原来的水平。当恢复到原来的价格水平时，留存下来的厂商又达到新的均衡。因而，不能说当价格下降时，所有厂商都无法继续经营。

11. 答：（1）完全竞争市场长期均衡的实现过程如下：市场的供给和需求决定市场的均衡价格和均衡产量。各厂商根据市场的均衡价格调整厂房设备的规模，与此同时，不断有新的厂商进入和亏损的厂商退出该行业。当该产品的供给量和需求量在某一价格水平上达到均衡时，如果这一价格水平等于厂商的最低的长期平均成本，则该产品的价格、产量和留存下来的厂商人数不再发生变化，因为每个厂商既没有超额利润（从而不再扩大产量，新厂商也不再加入该行业），也不亏损（从而不再缩小生产，原有厂商也不再退出该行业），于是该行业处于长期均衡状态。

（2）完全竞争市场长期均衡状态的特点是：第一，在行业达到长期均衡时生存下来的厂商都具有最高的经济效率，最低的成本。第二，在行业达到长期均衡时生存下来的厂商只能获得正常利润。如果有超额利润，新的厂商就会被吸引进来，造成整个市场的供给量扩大，使市场价格下降到各个厂商只能获得正常利润为止。第三，在行业达到长期均衡时，每个厂商提供的产量，不仅必然是其短期平均成本（SAC）曲线最低点的产量，而且必然是其长期平均成本（LAC）曲线最低点的产量。

12. 答：不能。在长期中，厂商数目是可以变动的，当市场需求持续扩大时，不仅该行业中原有厂商生产规模可扩大，而且厂商数目会增加。完全竞争行业达到长期均衡状态时，与厂商均衡供给量（从而行业供给量）相对应的成本不是边际成本，而是厂商的长期平均曲线之最低点的平均成本，因而行业长期供给曲线是由市场需求扩大（或缩减）引起的行业供求平衡时各厂商 LAC 曲线之最低点的轨迹，因而不能再是厂商供给曲线的水平相加。根据行业需求和生产变动时产品成本变动的不同情况，行业长期供给曲线的形状可能为水平直线、向上倾斜和向右下倾斜三种不同情况。

13. 答：短期，厂商在选择任何产量时都会蒙受亏损。在这种情况下，厂商究竟是亏损经营，还是停止营业，这要取决于产品的价格能否补偿厂商的平均可变成本。如果价格高于平均可变成本，厂商应该继续经营；反之，则厂商应该停止营业。这是因为厂商在短期内无论是否生产，都必须支付固定成本，如果停止营业就会损失全部固定成本。所以，只要存在着使 $P>ATC-AFC=AVC$ 的产量，厂商就应该继续生产，这样厂商不仅能够补偿平均可变成本，还能够补偿一部分固定成本，从而使亏损降至最低限度。如果对于任何产量都只有 $P<AVC$，厂商就应该停止营业，因为这样至少可以避免可变成本的损失。如果厂商所面对的需求曲线与其平均可变成本的最低点相切，那么厂商继续经营还是停止营业，其结果都一样，即损失全部固定成本。

第六章 完全垄断条件下的价格和产量

内容提要

垄断是指整个行业的市场完全由一家厂商控制。完全垄断市场具有以下几个特征:(1)一家厂商提供整个行业的产销量;(2)产品不可替代,需求的交叉弹性为零;(3)该厂商决定价格水平;(4)其他厂商不能进入该市场。在此情况下,垄断厂商的需求曲线就是市场需求曲线,是一条向右下方倾斜的曲线。由于厂商独家定价,厂商的卖价就是产品的市场价格即消费者的买价,因此厂商的平均收益曲线和需求曲线是同一条线。厂商的边际收益曲线也是一条向右下方倾斜的曲线,但总位于需求曲线的下方。这是不同于完全竞争厂商的一个重要特点。

完全垄断厂商取得最大利润的原则和完全竞争厂商一样,即边际收益等于边际成本。值得注意的是,完全竞争厂商的短期均衡条件可以表示为 P=MC。因为 P=MR,因此 P=MC,其实就是 MR=MC。但含垄断因素的厂商的短期均衡条件决不能表达为 P=MC,只能是 MR=MC,因为垄断厂商产品需求曲线向右下倾斜。因此,价格总大于边际收益。假如强使垄断者在 P=MC 条件下生产,实际上就是要垄断者放弃追求最大利润,而服从于某一最高限价。垄断厂商短期均衡有三种情况,这取决于价格和平均成本的关系。当 P>AC 时,厂商就能获得超额利润;当 P=AC 时,厂商只能获得正常利润;当 P<AC 时,厂商将蒙受亏损。完全垄断厂商的长期均衡条件是 MR=SMC=LMC。长期内垄断厂商可以取得

高于正常利润的垄断利润,厂商可根据市场需求状况来调整生产规模。

为求得最大利润,垄断厂商可在一定条件下实行价格歧视。价格歧视可分三种类型:一度价格歧视是指厂商根据消费者买进每一单位产品愿意并能够支付的最高价格来确定产品的销售价格;二度价格歧视是指厂商根据消费者购买量的不同制定不同的价格;三度价格歧视是指垄断厂商将其顾客划分为两种或两种以上的类别或阶层,根据市场分配原则,即各分市场的边际收益等于总市场的边际收益,把总销售量分配到各分阶层,然后根据各分市场的需求价格弹性确定价格。价格歧视虽然是一种缺乏效率的商品经济方法,但是在有些情况下,某些商品和劳务只有在实行价格歧视的条件下才能生产出来。

综合练习题

一、选择题

1. 在竞争性市场和垄断市场当中,下列哪种情况下厂商将扩大其产出水平(   )。
   A. 价格低于边际成本
   B. 价格高于边际成本
   C. 边际收益低于边际成本
   D. 边际收益高于边际成本

2. 一个拥有大量企业的垄断厂商提供的产出水平将小于在完全竞争市场中这些企业所提供的产出水平,这是因为(   )。
   A. 垄断厂商的需求曲线向右下方倾斜,而完全竞争市场的需求曲线平行于横轴
   B. 垄断市场的需求曲线和完全竞争市场的需求曲线都向右下方倾斜
   C. 垄断市场的边际收益曲线低于市场需求曲线,而完全竞争市场中不是这样的
   D. 以上原因都对

3. 垄断可能会比竞争更可取,这是因为(   )。
   A. 垄断厂商有更多的激励来降低其生产成本
   B. 在一个污染性行业中,垄断是限制其产业水平以降低污染的最好方法
   C. 由于专利权而拥有垄断地位是回报技术创新的一个最好途径
   D. 在给定的市场规模下,单一厂商往往带来规模不经济

4. 以下最不可能成为垄断者的是(   )。
   A. 小镇上唯一的医生

B. 麦当劳

C. 某地区的电力公司

D. 某地区的自来水公司

5. 垄断厂商拥有控制市场的权力,这意味着( )。

   A. 垄断厂商面对一条向下倾斜的需求曲线

   B. 如果他的产品增加一个单位,则全部产品的销售价格必须降低

   C. 垄断厂商的边际收益曲线低于其需求曲线

   D. 以上都对

6. 当成本相同时,垄断和竞争一致的是( )。

   A. 利润最大化的目标

   B. 产出水平

   C. 长期当中的经济利润

   D. 生产有效率

7. 如果一个垄断厂商面对的需求弹性很小,它将( )。

   A. 降低价格,增加收益

   B. 提高价格,增加收益

   C. 降低价格,降低成本

   D. 提高产量降低价格

8. 无论是一个竞争性厂商还是一个垄断厂商,当其利润最大化时,总能满足的条件是( )。

   A. 价格等于长期平均成本的最低点

   B. 价格等于边际成本

   C. 边际收益等于边际成本

   D. 价格等于平均成本

9. 对一个垄断厂商来说,其供给曲线( )。

   A. 向上方倾斜

   B. 等同于其边际成本曲线

   C. 等同于其边际收益曲线

   D. 不存在

10. 当发生以下哪种情况时,厂商将会倾向于进入一个行业( )。

　　A. 该行业存在超额利润

　　B. 规模经济不构成一个主要的进入壁垒

　　C. 该行业的主要资源不被现存的厂商所控制

　　D. 以上全对

11. 与不实行价格歧视的垄断厂商相比,实行价格歧视的垄断厂商( )。

　　A. 产出更多,利润更高

　　B. 产出更少,利润更高

　　C. 产出更多,利润更少

　　D. 产出更少,利润更少

12. 对完全垄断厂商来说( )。

　　A. 提高价格一定能够增加收益

　　B. 降低价格一定会减少收益

　　C. 提高价格未必能增加收益,降低价格未必减少收益

　　D. 以上都不对

13. 完全垄断厂商的总收益与价格同时下降的前提条件是( )。

　　A. Ed>1

　　B. Ed<1

　　C. Ed=1

　　D. Ed=0

14. 一垄断者如果有一线性需求函数,总收益增加时( )。

　　A. 边际收益为正值且递增

　　B. 边际收益为正值且递减

　　C. 边际收益为负值

　　D. 边际收益为零

15. 完全垄断厂商的产品需求弹性 Ed=1 时( )。

　　A. 总收益最小

　　B. 总收益最大

C. 总收益递增

D. 总收益递减

16. 如果在需求曲线上有一点，Ed=2，P=20元，则MR为（　　）。

    A. 30元

    B. 10元

    C. 60元

    D. -10元

17. 当垄断市场的需求富有弹性时，MR为（　　）。

    A. 正

    B. 负

    C. 0

    D. 1

18. 垄断厂商利润极大时（　　）。

    A. P=MR=MC

    B. P>MR=AC

    C. P>MC=AC

    D. P>MR=MC

19. 如果市场价格超过平均成本，边际收益大于边际成本，垄断厂商多卖1单位时（　　）。

    A. 对总利润没有影响，但会缩小边际收益和边际成本之间的差额

    B. 总利润会减少

    C. 厂商总收益会减少，其数额等于P-AC

    D. 总利润会增加，其数额为MR-MC，并缩小边际收益和边际成本之间的差额

20. 完全垄断厂商的平均收益曲线为直线时，边际收益曲线也是直线，边际收益曲线的斜率为平均收益曲线斜率的（　　）。

    A. 2倍

    B. 1/2倍

    C. 1倍

D. 4 倍

21. 垄断利润或者超额利润( )。
    A. 不是一种成本,因为它不代表生产中使用资源所体现的替换成本
    B. 不为垄断者在长期中所获取,因为价格在最优产出水平上必须等于长期平均成本
    C. 为保证资本继续进入该行业所必需的
    D. 能与完全竞争者和垄断者一样在长期中获取

22. 如果一个管理机构对一个垄断厂商的限价正好使经济利润消失,则价格要等于( )。
    A. 边际收益
    B. 边际成本
    C. 平均成本
    D. 平均可变成本

23. 在短期,完全垄断厂商( )。
    A. 收支平衡
    B. 取得最大利润
    C. 蒙受亏损
    D. 以上任何情况都可能出现

24. 完全垄断厂商的长期均衡条件是( )。
    A. MR=MC
    B. MR=SMC=LMC
    C. MR=SMC=LMC=SAC
    D. MR=SMC=LMC=SAC=LAC

25. 完全垄断厂商如果处于( )。
    A. 长期均衡时,一定处于短期均衡
    B. 长期均衡时,不一定处于短期均衡
    C. 短期均衡时,一定处于长期均衡
    D. 以上都不是

26. 完全垄断厂商的最好或最优产量处于( )。

A. P=MC

B. P=SAC 的最低点的值

C. P 最高

D. MR=MC

27. 如果垄断者的长期平均成本超过市场价格,则厂商将( )。

   A. 停留在这一营业水平上,因为它使资本得到了一个正常报酬

   B. 停留在这一营业水平上,尽管其固定成本没有得到补偿

   C. 歇业并清理资产,退出该行业

   D. 暂时停业

28. 要能有效地实行差别定价,下列哪一条不是必须具备的条件( )。

   A. 分割市场的能力

   B. 一个巨大的无弹性的总需求

   C. 每个分市场上不同的需求价格弹性

   D. 保持市场分割以防止商品在较有弹性的需求时被倒卖

29. 如果完全垄断厂商在两个分割的市场中具有相同的需求曲线,那么垄断厂商( )。

   A. 可以实行价格歧视

   B. 不能实行价格歧视

   C. 条件不足,无法确定

   D. 上述都不对

30. 完全垄断市场中如果 A 市场的价格高于 B 市场的价格,则( )。

   A. A 市场的需求弹性大于 B 市场的需求弹性

   B. A 市场的需求弹性小于 B 市场的需求弹性

   C. 两个市场的需求弹性相等

   D. 以上都不正确

31. 完全竞争市场厂商的经营行为不同于垄断厂商,因为( )。

A. 竞争厂商在给定价格下的销售量不受限制,而垄断厂商要大幅度提高销售量必须降低价格

B. 垄断厂商索要会使他们赢利的价格,而竞争厂商永远不能获取像垄断者一样的利润

C. 垄断厂商的供给价格弹性高于竞争厂商

D. 垄断厂商追求利润最大化,而竞争厂商的产出决策是使价格等于平均成本

32. 完全垄断存在于( )。
    A. 一种产品只有一个卖方
    B. 卖方很少对索要的价格有一定程度的控制能力
    C. 卖方赚取的利润超过了正常的投资、利息加上风险补偿
    D. 卖方通过成功的广告运作维持其市场地位

33. 规模经济发生在( )。
    A. 边际成本线移动
    B. 总成本上升
    C. 专利权将要失效
    D. 长期内每单位生产成本下降

34. 边际收益是指( )。
    A. 最后一单位销量的价格
    B. 总产出与总收入的比率
    C. 总收入减最后一单位销量的卖价
    D. 最后一单位销量造成的总收入增量与在较低价格下销售前面所有产品而造成的总收入减少量之间的差额

35. 如果一厂商的边际收益大于其边际成本,则利润最大化原则要求厂商( )。
    A. 在完全竞争和不完全竞争条件下都扩大产出
    B. 在完全竞争时扩大产出,但在不完全竞争时并不一定如此
    C. 在不完全竞争时扩大产出,但在完全竞争时并不一定如此
    D. 在完全竞争和不完全竞争条件下都减少产出

36. 只要一厂商面临的需求曲线是具有完全弹性的,则( )。

A. 厂商不可能在实际竞争下生产

B. 利润最大化原则"边际成本等于边际收益"不适用

C. 在每一产出单位下,价格等于边际收益

D. 在每一产出单位下,价格等于边际成本

37. 如果一个垄断厂商实现了超额利润,则价格(   )。

A. 一定小于边际成本

B. 一定等于边际成本

C. 一定大于边际成本

D. 可能等于或小于边际成本,但不大于边际成本

38. 一垄断厂商,边际收益为 2 元,平均成本为 1.75 元,在给定当前的技术水平和投入品价格的条件下,1.75 元是最低的可持续平均成本。为达到利润最大化,厂商将(   )。

A. 提高价格

B. 降低价格

C. 减少产出和销量

D. 维持价格和产出不变

39. 如果上题中是价格而不是边际收益确定为 2 元,则为达到利润最大化,厂商将(   )。

A. 提高价格

B. 降低价格

C. 减少产出和销量

D. 以上都有可能,条件不足,无法判断

40. 如果一厂商产出的市场价格大于其边际成本,则利润最大化原则要求厂商(   )。

A. 在完全竞争和不完全竞争条件下都扩大产出

B. 在完全竞争时扩大产出,但在不完全竞争时并不一定如此

C. 在不完全竞争时扩大产出,但在完全竞争时并不一定如此

D. 在完全竞争和不完全竞争条件下都减少产出

41. 边际收益与需求价格弹性之间关系的正确表述是边际收益(   )。

A. 当需求缺乏弹性时为负值

B. 当需求缺乏弹性时为零

C. 当需求缺乏弹性时为正值

D. 当需求表现为单位弹性时为负值

42. 陈明和李平正在考虑明天是否去看电影,他们有附近电影院的年票。陈明和李平( )。

A. 必定去看电影,因为他们已经买了电影院的年票

B. 只有在票价低于看电影的边际收益时才会去看电影

C. 只有在当天看电影的边际收益大于当天的边际成本时才会去电影院

D. 不去看电影,因为是年票

43. 下列关于完全竞争与非完全竞争之间差别的哪个陈述是正确的( )。

A. 如果在某一行业中存在许多家厂商,则这个市场是完全竞争的

B. 如果厂商所面临的需求曲线是向下倾斜的,则这个市场是不完全竞争的

C. 如果行业中所有厂商生产相同的产品,且厂商数目大于1,则这个市场是完全竞争的

D. 如果某一行业中有不止一家的厂商,他们都生产相同的产品,都有相同的价格,则这个市场是完全竞争的

44. 一个能够在两个市场实行差别价格的垄断者将会( )。

A. 确定产品价格和销售量使两个市场上的需求价格弹性相同

B. 在需求曲线更具有弹性的市场上定更高的价格

C. 在需求曲线弹性愈高的市场出售愈多的产品

D. 上述说法均不准确

45. 一家电影院垄断了一部电影的首轮放映权,它知道成人与儿童对这部影片的需求弹性分别为2和4。如果这家影院对成人和儿童收取不同的票价,那么,利润最大化的成人票价格为( )。

A. 儿童票价的 2 倍
B. 儿童票价的一半
C. 儿童票价的 1.5 倍
D. 儿童票价的 1/5

46. 当一个行业由完全竞争转变为完全垄断时，则( )。
A. 垄断市场的价格等于竞争市场的价格
B. 垄断市场的价格大于竞争市场的价格
C. 垄断市场的价格小于竞争市场的价格
D. 垄断价格具有任意性

根据表 6-1 回答 47～50 的问题。

表 6-1

需求量	价格（元）	总成本（元）
0	10	15
1	9	20
2	8	25
3	7	30
4	6	35
5	5	40

47. 垄断厂商利润最大化的产出为( )。
A. 0
B. 1
C. 2
D. 3

48. 利润最大化的价格为( )。
A. 5 元
B. 6 元
C. 7 元
D. 8 元

49. 垄断厂商的固定成本为( )。

A. 5元
B. 8元
C. 10元
D. 15元

50. 在利润最大化的产出和价格水平下，垄断厂商(　　)。
    A. 经济利润为21元
    B. 经济利润为0，总收入等于总成本
    C. 亏损9元，但厂商仍然继续经营
    D. 亏损等于其全部固定成本

二、计算题

1. 垄断厂商的总收益函数为 TR=100Q+Q²，总成本函数为TC=10+6Q，求：厂商利润最大化时的产量和价格。

2. 假设一垄断厂商的成本函数为 TC=5Q²+20Q+10，市场需求函数为Q=140-P，求：厂商利润最大化时的产量、价格和利润。

3. 假设一垄断厂商在两个相互分割的市场A和B上销售产品，其市场需求曲线分别为 P_A=15-2Q_A，P_B=20-3Q_B，厂商的固定成本为15元，单位可变成本为2元，如果厂商实行价格歧视最多可以获得多少利润？

4. 假定一垄断厂商面临的需求曲线为P=4-0.25Q，厂商不变的边际成本为1元。试问：
（1）厂商利润最大化的产量是多少？此时产品的价格是多少？
（2）如果支付10元的广告费，需求曲线会移动到P=6-0.1Q，请问厂商会进行广告宣传吗？

5. 假定一个垄断厂商的需求函数为 P=100+4$A^{1/2}$-3Q，成本函数为TC=4Q²+10Q+A，其中A是厂商的广告支出。求该厂商利润最大化的A、Q和P各是多少？

6. 假设一垄断厂商拥有不变的平均成本和边际成本，并且AC=MC=6，厂商面临的市场需求曲线Q=70-P。试求：
（1）垄断厂商利润最大化时的价格、产量及相应的利润水平。

(2) 如果垄断厂商的成本函数为 TC=0.25Q^2-5Q+300，求垄断厂商利润最大化时的价格、产量及相应的利润水平。

(3) 如果垄断厂商新的成本函数为 TC=0.333Q^3-26Q^2+695Q-5800，求垄断厂商利润最大化时的价格、产量及相应的利润水平。

7. 假设垄断厂商拥有不变的平均成本和边际成本，并且 AC=MC=5，厂商面临的市场需求曲线为 Q=53-P。求：

(1) 该垄断厂商利润最大化时的价格、产量和相应的利润水平。

(2) 如果该市场是完全竞争的，其市场产出水平为多少？

(3) 计算(1)、(2) 中的消费者剩余。

8. 垄断厂商拥有不变的平均成本和边际成本，并且 AC=MC=10，该厂商面临的市场需求曲线为 Q=60-P，求：

(1) 该垄断厂商利润最大化时的价格、产量及其相应的利润水平。

(2) 如果市场需求曲线变为 Q=45-0.5P，求该垄断厂商利润最大化时的价格、产量及其相应的利润水平。

(3) 如果市场需求曲线变为 Q=100-2P，求该垄断厂商利润最大化时的价格、产量及其相应的利润水平。

9. 假设某垄断市场的需求不仅与价格有关，而且还取决于该垄断厂商的广告活动(广告费用支出用 A 表示)，需求曲线为 Q=(20-P)(1+0.1A-0.01A^2)。垄断厂商的成本曲线为 TC=10Q+15+A。试求：

(1) 如果该垄断厂商的广告费用支出 A 为零，求利润最大化时的价格、产量和厂商相应的利润水平。

(2) 如果垄断厂商的广告支出费用水平达到最优水平，求此时的价格、产量和垄断厂商相应的利润水平。

10. 假设垄断厂商拥有不变的平均成本和边际成本，并且 AC=MC=5，该厂商在两个分割的市场上销售其产品，两个市场的需求曲线分别为 Q_1=55-P_1 和 Q_2=70-2P_2。求：

(1) 该垄断厂商在两个市场中的价格、产量和总利润水平。

(2) 如果两个市场之间不具有完全分割性，从一个市场到另一个市场的运输成本为 5，此时垄断厂商的利润水平为多少？

11. 假设某完全竞争市场厂商拥有不变的边际成本，MC=10，如果该市场由一家厂商占有，其不变的边际成本为 MC=12，其中 2 个单位成本是由该厂商为保持其垄断地位而对政府进行游说造成的，该市场的需求曲线为 Q=1 000-50P。求：完全竞争和垄断条件下的最优价格和产量。

12. 假设一个垄断厂商面临的需求曲线为 P=10-3Q，成本函数为 TC=Q^2+2Q。试求：

（1）利润极大时的产量、价格和利润。

（2）如果政府试图对该垄断厂商采取限价措施迫使其达到完全竞争行业所能达到的产量水平，则价格应该限制在多少？这种价格能够长期维持吗？

（3）如果政府打算对该垄断厂商征收一笔固定的调节税，以便把该厂商所获得的超额利润都拿去，试问这笔固定税的总额是多少？

（4）如果政府对该垄断厂商生产的每单位产品征收产品税 1 单位，新的均衡点如何？

（5）试比较以上三种方法对消费者的影响。

13. 假设垄断者的产品需求曲线为 P=16-Q。试求：

（1）垄断者出售 8 单位产品的总收益为多少？

（2）如果垄断厂商实行一度价格歧视，垄断者的收益为多少？他攫取了多少消费者剩余？

（3）如果垄断厂商实行二度价格歧视，对前 4 个单位的商品定价为 12 元，对后 4 个单位的商品定价为 8 元，垄断者攫取的消费者剩余有多少？

14. 假设一个垄断厂商分别在甲、乙两地销售其产品，甲地的边际收益曲线是 MR_1=37-3Q_1，乙地的边际收益曲线为 MR_2=40-2Q_2。其中，Q_1 与 Q_2 分别为每天在甲地和乙地的销售量。假设该厂商的边际成本固定为 16，该公司的固定成本为 150，那么该厂商应该每天在两地各销售多少产品才能实现利润最大化？最大利润为多少？

15. 假设一个完全垄断厂商开办了两个工厂，其各自的边际成本函数分别为：$MC_1=18+3Q_1$ 和 $MC_2=8+4Q_2$，假定该厂商追求成本最小化并且已经在第一个工厂生产了 6 个单位的产品，试问在第二个工厂生产多少单位产品才能保证单位产品的成本最小？

16. 假设一个垄断厂商将建立惟一一个工厂，为两个空间上隔离的市场提供服务。在这两个市场上，垄断厂商可以采取两种价格，不必担心市场之间的竞争和返销，两个市场相距 40 千米，中间有一条公路相连。垄断厂商可以把工厂设在两个市场之间的任意一点。设 A 和 (40-A) 分别为从市场 1 和市场 2 到工厂的距离。垄断厂商的需求函数和生产函数不受其选择厂址的影响，市场 1 的需求函数为 $P_1=100-2Q_1$，市场 2 的需求函数为 $P_2=120-3Q_2$。垄断厂商的生产成本函数为 $TC_1=80(Q_1+Q_2)-(Q_1+Q_2)^2$，运输成本函数为 $S=0.4AQ_1+0.5(40-A)Q_2$。请求出 Q_1、Q_2、P_1、P_2 和 A 的最优值。

17. 假设一个垄断厂商在两个工厂中进行生产，两个工厂的总成本函数分别为：$TC_1=AQ_1^2+BQ_1+C$ 和 $TC_2=DQ_2^2+BQ_2+E$，其中 A、B、C、D 和 E 均为正数。求证：如果这一垄断厂商要实现利润最大化，这两个工厂的平均可变成本（AVC）必须相等。

18. 假设一个垄断厂商在两个工厂中进行生产，两个工厂的短期边际成本函数分别为：$MC_1=15$ 和 $MC_2=Q_2+9.5$，其中 Q_1、Q_2 分别为两个工厂的产量。市场需求函数为：$P=40-0.5Q$，其中 $Q=Q_1+Q_2$。试求：垄断厂商利润最大化时的均衡价格和两个工厂各自的产量。

19. 在一个小城市中只有一家公园，它所面临的成人需求曲线为 $P_1=16-Q_1$，面临的学生需求曲线为 $P_2=10-0.5Q_2$，其印制和出售门票的边际成本为 $MC=Q/3$，其中 $Q=Q_1+Q_2$。试求：

（1）如果公园可以实行价格歧视，则它会对成人和学生收取多少票价并销售多少数量？

（2）如果禁止实行价格歧视，则它会对成人和学生收取多少票价并销售多少数量？

20. 一个垄断厂商在一个工厂中生产产品而在两个市场上销售，他的成本曲线和两市场的需求曲线分别为：$TC=Q^2+10Q$，$Q_1=32-0.4P_1$，$Q_2=18-0.1P_2$。试求：

（1）如果厂商可以在两市场之间实行价格歧视，计算在利润最大化水平上每个市场上的价格、销售量和他所获得的利润。

（2）如果禁止实行价格歧视，计算在利润最大化水平上的价格、产量和利润。

21. 一个垄断厂商在一个工厂中生产产品而在两个市场上销售，他的成本曲线和两市场的需求曲线分别为：$TC=8Q-100$，$Q_1=10-0.5P_1$，$Q_2=40-P_2$。试求：

（1）计算当利润最大化时每个市场上的价格、销售量。

（2）证明在需求弹性较低的市场上垄断厂商会制定较高的价格。

22. 一个垄断厂商在两个市场上销售其产品，他的总成本函数为 $TC=Q^3/3-40Q^2+1\,800Q+5\,000$。两个市场的需求曲线分别为 $Q_1=320-0.4P_1$，$P_2=A-BQ_2$。垄断厂商的年总产量为 60 个单位、年利润为 5000 元时达到了利润最大化的均衡，试确定 A 和 B 的值。

23. 一个垄断厂商在两个市场上销售其产品，他的总成本函数为 $TC=0.1Q^3-9Q^2+330Q+3\,700$。两个市场的需求曲线分别为 $P_1=330-1.5Q_1$，$Q_2=AP_2^{-2}$。垄断厂商在市场 1 中以 240 元的价格实现了利润最大化的均衡，请问此时垄断厂商的总利润是多少？

24. 一个垄断厂商在两个市场上销售其产品，他的总成本函数为 $TC=Q^3/3-30Q^2+1\,000Q$。第 1 个市场的需求曲线为 $P_1=1\,100-13Q_1$，垄断厂商的总销售量为 48，第 1 个市场的需求曲线在均衡时，其需求价格弹性为 3，请问此时垄断厂商的总利润为多少？

25. 假设一个国内垄断厂商的成本函数为 $TC=0.5Q^2+10Q$，其国内市场需求函数为 $P=100-Q$。请问：

（1）垄断厂商实现利润最大化时的均衡产量、价格和利润各是多少？

（2）假如国外的厂商可以 55 元的价格在国内市场上销售同样的产品，此时国内垄断厂商的产量、价格和利润各是多少？

（3）假如政府部门对这种产品实行最高限价，规定价格不得高于 50 元，此时国内垄断厂商的产量、价格和利润各是多少？国内市场是出现过剩还是短缺？

三、分析问答题

1. 垄断厂商是价格的制定者,这是否意味着该厂商对于给定的产量,可以任意索取一个价格?

2. 试分析为什么在完全竞争条件下,厂商的价格等于边际收益,而垄断厂商的价格大于其边际收益。

3. 试用成本函数来表示垄断厂商利润最大化的条件。

4. 试作图描述垄断厂商的长期均衡,并说明垄断厂商长期均衡点是否能和完全竞争行业中的厂商一样,位于长期平均成本最低点?

5. 试说明垄断实行三度价格歧视的条件是什么?为什么必须要具备这些条件?

6. 假设一个偏远小镇上只有一家私人诊所,试说明该医生为什么能实行三度价格歧视?

7. 试分析为什么垄断厂商的供给曲线无法定义。

8. 垄断厂商一定能保证获得超额利润吗?如果在最优产量处亏损,他在短期内会继续生产吗?在长期内又会怎样?

9. 试比较完全竞争厂商的长期均衡与垄断厂商的长期均衡。

10. 一度价格歧视与二度价格歧视相比,哪个经常被垄断厂商采用?为什么?

11. 有人认为:"如果一个厂商在长期内不能以最小平均成本进行生产,他就会因为亏损而退出这一行业。"对垄断厂商来说,这一说法是否正确?

12. 为什么垄断厂商每一单位产出的边际收益总是小于价格?

13. 试分析"垄断厂商长期均衡时,垄断者的生产规模一定会使短期平均成本和长期平均成本达到最小"。

14. 在两个不同市场上实行价格歧视的垄断厂商一定会在需求弹性更大的市场上出售更多的商品吗?

参考答案

一、选择题

1. D	2. D	3. C	4. B	5. D	6. A	7. B
8. C	9. D	10. D	11. A	12. C	13. B	14. B
15. B	16. B	17. A	18. D	19. D	20. A	21. A
22. C	23. D	24. B	25. A	26. D	27. C	28. B
29. B	30. B	31. A	32. A	33. D	34. D	35. A
36. C	37. C	38. B	39. D	40. B	41. A	42. C
43. B	44. D	45. C	46. D	47. D	48. C	49. D
50. C						

二、计算题

1. 解：

利润 $\pi=TR-TC$

根据利润最大化条件 MR=MC，可知 $100-2Q=6$，得 Q=47。

又因为 $P=AR=TR/Q=100-Q$，则：

当 Q=47 时，P=53。

2. 解：

由 Q=140-P，可得：

$TR=PQ=140Q-Q^2$

$MR=dTR/dQ=140-2Q$

由 $TC=5Q^2+20Q+10$，可得：

$MC=dTC/dQ=10Q+20$，

利润最大化要求 MR=MC，即 $140-2Q=10Q+20$，得 Q=10。

当 Q=10 时，$P=140-Q=140-10=130$，$\pi=590$。

即利润最大化的产量为 10，价格为 130 元，利润为 590 元。

3. 解:

厂商的总收益为 $TR=TR_A+TR_B=P_AQ_A+P_BQ_B$
$$= (15-2Q_A)Q_A + (20-3Q_B)Q_B$$

厂商的总成本为 $TC=2(Q_A+Q_B)+15$

所以,利润 $\pi=TR-TC$
$$= (15-2Q_A)Q_A+(20-3Q_B)Q_B-[2(Q_A+Q_B)+15]$$

令 $d\pi/dQ_A=15-4Q_A-2=0$ （1）

$d\pi/dQ_B=20-6Q_B-2=0$ （2）

由（1）、（2）可得 $Q_A=13/4$，$Q_B=3$。

从而 $P_A=8.5$，$P_B=11$。

利润 $\pi = (15-2Q_A)Q_A+(20-3Q_B)Q_B-[2(Q_A+Q_B)+15]$
$= 33.125$

即,如果厂商实行价格歧视最多可以获得 33.125 的利润。

4. 解:

（1）由市场需求曲线 $P=4-0.25Q$，可得:

$TR=PQ=4Q-0.25Q^2$

$MR=dTR/dQ=4-0.5Q$

利润最大化的条件为 $MR=MC$，即 $4-0.5Q=1$，得 $Q=6$。

当 $Q=6$ 时，$P=2.5$。

即利润最大化的产量为 6，价格为 2.5 元。

（2）在市场需求曲线为 $P=6-0.1Q$ 的条件下,重复上述运算,可得:

$Q=25$，$P=3.5$

进行广告宣传后多获得的利润为 $30\times 2.5-25\times 3.5-10=7.5>0$

可见,进行广告宣传后利润增加了 7.5，故厂商会进行广告宣传。

5. 解:

由 $P=100+4A^{1/2}-3Q$，可得:

$TR=PQ=100Q+4A^{1/2}Q-3Q^2$

又因为 $TC=4Q^2+10Q+A$，则:

利润 $\pi=TR-TC=100Q+4A^{1/2}Q-3Q^2-(4Q^2+10Q+A)$

$= (90+4A^{1/2})Q-7Q^2-A$

令 $d\pi/dQ=90+4A^{1/2}-14Q=0$，得：

$Q=1/14\times(90+4A^{1/2})$

从而，$\pi=1/14\times(90+4A^{1/2})-7\times1/14^2\times(90+4A^{1/2})^2-A$

厂商的最优广告支出应当使 $d\pi/dA=0$，即 $45A^{(1/2)}-5=0$

$A=81$

$Q=1/14\times(90+4A^{1/2})=9$

$P=100+4A^{1/2}-3Q=109$

6. 解：

（1）已知市场需求曲线 $Q=70-P$，则垄断厂商的总收益为 $TR=PQ=70Q-Q^2$，边际收益为 $MR=70-2Q$。

垄断厂商利润最大化要求 $MR=MC$

已知 $MC=6$，则 $70-2Q=6$，解得 $Q=32$。

又据 $Q=70-P$，代入得 $P=38$。

此时，厂商的利润水平 $\pi=(P-AC)Q=(38-6)\times32=1024$。

（2）同理，可得 $Q=30$，$P=40$，$\pi=825$。

（3）同理，可得 $Q=25$，$P=45$，$\pi=597$。

7. 解：

（1）已知市场需求曲线 $Q=53-P$，则垄断厂商的收益为 $R=PQ=53Q-Q^2$（$Q=53-P$，则 $P=53-Q$），边际收益为 $MR=53-2Q$，垄断厂商利润最大化要求 $MR=MC$，已知 $MC=5$，则有 $53-2Q=5$。

根据 $Q=53-P$，求得 $P=29$，此时，厂商的利润水平 $\pi=(P-AC)$，$Q=576$。

（2）如果该市场是完全竞争的，那么每一个厂商的利润最大化要求 $AC=P=MC=5$，把 $P=5$ 代入 $Q=53-P$ 中，求得此时的市场价格 $P=5$，产出水平为 $Q=48$。

（3）完全竞争条件下的消费者剩余 $CS=48(53-5)/2=1152$，垄断条件下的消费者剩余 $CS=24(53-29)/2=576$。

8. 解：

（1）已知市场需求曲线 $Q=60-P$，则垄断厂商的总收益为

TR=PQ=60Q-Q², 边际收益为 MR=60-2Q。

垄断厂商利润最大化要求 MR=MC，故：

已知 MC=10，则 60-2Q=10。

解得 Q=25，

又据 Q=60-P，代入得 P=35。

此时，厂商的利润水平 π =(P-AC)Q=(38-6)×32=625。

（2）同理，可得 Q=20，P=50，π =800。

（3）同理，可得 Q=40，P=30，π =800。

9. 解：

（1）如果垄断厂商的广告费用支出为零，则相应的成本曲线和需求曲线分别为 TC=10Q+15 和 Q=20-P。

总收益 TR=20Q-Q²，故：

MR= d TR/dQ=20-2Q，边际成本 MC=10。

厂商利润最大化要求 MR=MC，即

20-2Q=10，解得 Q=5，代入 Q=20-P 中，得 P=35。

厂商的利润水平 π =TR-TC=15×5-65=10。

（2）已知垄断厂商的市场需求曲线为：

Q=(20-P)(1+0.1A-0.01A²)

令 K=1+0.1A-0.01A²，又知成本曲线 TC=10Q+15+A，则：

Q=(20-P)K，　TC=(200-10P)K+15+A。

垄断厂商的利润水平：

π =TR-TC=PQ-TC

　=(20-P)KP- (200-10P)K-15-A

　=(20P-P²)K- (200-10P)K-15-A

求 π 关于 P 的一阶导数并使其为零，即

令 dπ /dP=(20-2P)K+10K=0，解得 P=15。

把 P=15 代入 π =(20P-P²)K- (200-10P)K-15-A 中，得：

　π =75K-50K-15-A=25K-15-A。

求 π 关于 A 的一阶导数并使其为零，即

dπ /dA=2.5-0.5A-1=0，得 A=3。

Q=5（1+0.3-0.09）=6.05

π=PQ-TC=12.25

又因为当垄断厂商的广告费用支出为零时，其利润为10。因此，增加广告费用后利润增加了。

10. 解：

（1）垄断厂商在分割的市场中的利润最大化要求各个市场的边际收益分别等于其边际成本。

已知 $Q_1=55-P_1$，则：

$TR_1=(55-Q_1)Q_1=55Q_1-Q_1^2$

$MR_1=dTR_1/dQ_1=55-2Q_1$

又因为利润最大化的条件为 MR=MC，即 $55-2Q_1=5$

故 $Q_1=25$，$P_1=30$。

同理，$Q_2=30$，　　$P_2=20$

利润 $\pi=(30-5)\times 25+(20-5)\times 30=625+450=1\,075$。

（2）如果两个市场之间的运输成本为5，则该问题成为厂商通过实行价格差别来最大化其利润。但价格最大差别小于等于5时，如果价格差别超过5，套利行为将发生，价格差别趋于降低，则上述问题可转化为条件极值的问题，即

$\max \pi=(P_1-5)(55-P_1)+(P_1-5)(70-2P_2)$

S.T: $P_1-P_2=5$

利用拉格朗日乘数法，有：

构造 $L=(P_1-5)(55-P_1)+(P_1-5)(70-2P_2)+\lambda(5-P_1+P_2)$

令 $L/P_1=60-2P_1-\lambda=0$　　　　（1）

$L/P_2=80-4P_1-\lambda=0$　　　　（2）

$L/\lambda=5-P_1+P_2=0$　　　　（3）

由（1）、（2）、（3）解得 $P_1=26.66$，$P_2=21.66$。

利润 $\pi=(P_1-5)(55-P_1)+(P_1-5)(70-2P_2)=1\,166.6332$

11. 解：

在完全竞争条件下的均衡条件为 P=MC。

因为 MC=10，故 P=MC=10。

又因为市场的需求曲线为 Q=1000-50P，解得 Q=500。

即，在完全竞争条件下的最优价格为 10，产量为 500。

在完全垄断条件下的均衡条件为 MR=MC。

因为市场的需求曲线为 Q=1 000-50P，则：

TR=PQ=20Q-0.02Q^2

MR= d TR/dQ=20-0.04Q，MC=12。

令 MR=MC，有 20-0.04Q=12，解得 Q=200，P=16。

即在完全垄断条件下的最优价格为 16，产量为 200。

12. 解：

（1）已知 P=10-3Q，则 TR=PQ=10Q-3Q^2，MR= d TR/dQ=10-6Q

又知成本函数 TC=Q^2+2Q，则 MC= d TC/dQ=2Q+2

利润极大化的条件是 MR=MC，即

10-6Q=2Q+2，解得 Q=1。

把 Q=1 代入 P=10-3Q 中，得 P=10-3×1=7。

利润 π =TR-TC=PQ- (Q^2+2Q)= 7×1- (1^2+2×1)=4。

（2）政府采取限价措施使垄断者达到完全竞争行业所能达到的产量水平。

完全竞争条件下利润极大化的条件是 P=MC，即

10-3Q=2Q+2，解得 Q=2.4。

把 Q=2.4 代入 P=10-3Q 中得，P=10-3×2.4=2.8。

此时的利润 π =TR-TC=PQ- (Q^2+2Q)= -3.84。可见，由于政府的限价使垄断厂商蒙受了 3.84 元的亏损，如果长期如此，垄断厂商宁可退出该行业，所以这一限价措施不可能长期维持。

（3）如果政府征收的固定调节税恰好是把该厂商的超额利润都拿走，则政府对该厂商征收的固定调节税就是 4 单位，因为厂商的超额利润恰好为 4 单位。征税后产量和价格都没有变，垄断厂商的超额利润为零。

（4）如果政府对垄断厂商的每单位产品征收 1 单位的产品税，这种单位产品税是随着产量变化而变化的一项可变成本，它会导致垄断厂商的 AC 曲线和 MC 曲线向上移动，使原有的均衡位置发生变化。

由于增加单位产品税使生产每单位产品的 MC 上升了 1 单位,故征税后均衡条件为:MC+1=MR。

即,(2Q+2)+1=10-6Q,得 Q=0.875
把 Q=0.875 代入 P=10-3Q=7.375
税后的利润 π =TR-TC=PQ- (Q^2+2Q)
=7.375×0.875- $(0.875^2+2×0.875)$
=3.9375

征收单位产品税之前,垄断厂商的均衡产量为 1 单位,制定的价格为 7 单位,利润为 4 单位。征收单位产品税后,均衡点位置发生了变化,垄断厂商新的均衡产量为 0.875 单位,制定价格为 7.375 单位,利润为 3.9375 单位。

(5)消费者能从第一种方法即政府迫使垄断厂商采取限价措施扩大产量中得到好处,因为他们能以较低价格买到较多商品。第二种方法即政府对垄断者征收一笔固定调节税,这对消费者来说没有直接得到好处,因为价格和产量没有任何变化。但是只要政府将征来的税款用于对消费者的转移支付或公共设施的建设,消费者是可以得到间接好处的。第三种方法即政府对垄断厂商征收 1 单位的单位产品税,这对消费者来说反而受损。因为征收单位产品税后,产量下降了 0.125 单位 (1-0.875=0.125),价格却上涨了 0.375 单位(7.375-7=0.375)。这意味着垄断者把部分单位产品税通过提高价格转嫁给了消费者。

13. 解:

(1)垄断者出售 8 单位产品的总收益 TR=PQ=(16-Q)Q。
已知 Q=8,则 TR=(16-8)×8=64(元)。

(2)如果垄断者实行一度价格歧视,即对每单位索取不同的价格,则从第 1 单位到第 8 单位的产品价格(都根据 P=16-Q 计算)分别为 15、14、13、12、11、10、9、8 元。
于是垄断厂商的收益 TR=15+14+13+12+11+10+9+8=92 元。
垄断厂商攫取的消费者剩余 CS=92-64=28 元。

(3)垄断者实行二度价格歧视的总收益为:12×4+8×4=80 元。
垄断者实行二度价格歧视时攫取的消费者剩余 CS=80-64=16 元。

14. 解：

垄断厂商实现利润最大的条件是 $MR_1=MR_2=MC=MR$。

$MR_1=MC$，即 $37-3Q_1=16$，得 $Q_1=7$。

$MR_2=MC$，即 $40-2Q_2=16$，得 $Q_2=12$。

即，只要垄断厂商每天在甲地销售 7 单位，在乙地销售 12 单位，就可以实现利润最大化。

由 $MR_1=37-3Q_1$，可得：

$TR_1=\int MR_1 dQ_1=\int(37-3Q_1)dQ_1=185.5$

由 $MR_2=40-2Q_2$，可得：

$TR_2=\int MR_2 dQ_2=\int(40-2Q_2)dQ_2=336$

已知 $MC=16$，$FC=150$，则：

$TC=\int MCdQ+FC=\int 16dQ+150=16Q+150=16(Q_1+Q_2)+150=454$

利润 $\pi=TR_1+TR_2-TC=185.5+336-454=67.5$

即，最大利润为 67.5 元。

15. 解：

垄断厂商拥有两个工厂，每个工厂的产生成本不同，使总成本最低的条件是 $MC_1=MC_2=MR$。

已知 $MC_1=18+3Q_1$，$MC_2=8+4Q_2$，因此有：

$18+3Q_1=8+4Q_2$，即

$Q_2=(3Q_1+10)/4$

又知道 $Q_1=6$，所以 $Q_2=(3Q_1+10)/4=7$。

即第二个工厂应该生产 7 个单位产品。

16. 解：

已知市场 1 的需求函数为 $P_1=100-2Q_1$，市场 2 的需求函数为 $P_2=120-3Q_2$，则：

总收益 $TR_1=P_1Q_1=100Q_1-2Q_1^2$，

总收益 $TR_2=P_2Q_2=120Q_2-3Q_2^2$。

厂商的总成本为生产成本与运输成本之和。

即 $TC=TC_1+S=80(Q_1+Q_2)-(Q_1+Q_2)^2+0.4AQ_1+0.5(40-A)Q_2$。

则厂商的利润函数为：

$\pi = TR_1 + TR_2 - TC$

$= 100Q_1 - 2Q_1^2 + 120Q_2 - 3Q_2^2 - 80(Q_1+Q_2) + (Q_1+Q_2)^2 - 0.4AQ_1 - 0.5(40 - A)Q_2$

即 $\pi = -Q_1^2 + 20Q_1 - 0.4AQ_1 - 2Q_1^2 + 20Q_2 + 0.5AQ_2 + 2Q_1Q_2$

令 $\pi/Q_1 = -2Q_1 + 20 - 0.4A + 2Q_2 = 0$ （1）

$\pi/Q_2 = -4Q_2 + 20 + 0.5A + 2Q_1 = 0$ （2）

$\pi/A = -0.4Q_1 + 0.5Q_2 = 0$ （3）

由（1）、（2）、（3）解得：$Q_1 = 26.47$，$Q_2 = 21.18$，$A = 9.42$。

把 $Q_1 = 26.47$ 代入 $P_1 = 100 - 2Q_1$ 中得，$P_1 = 47.06$，

把 $Q_2 = 21.18$ 代入 $P_2 = 120 - 3Q_2$ 中得，$P_2 = 56.46$。

即 Q_1、Q_2、P_1、P_2 和 A 的最优值分别为 26.47、21.18、47.06、56.46 和 9.42。

17. 证明：

由 $TC_1 = AQ_1^2 + BQ_1 + C$，$TC_2 = DQ_2^2 + BQ_2 + E$

可得：$TVC_1 = AQ_1^2 + BQ_1$，$TVC_2 = DQ_2^2 + BQ_2$

可得：$MC_1 = dTC_1/dQ_1 = 2AQ_1 + B$，$MC_2 = dTC_2/dQ_2 = 2DQ_2 + B$

因为垄断厂商的短期均衡条件为：$MC_1 = MC_2 = MR$

即 $2AQ_1 + B = 2DQ_2 + B$

得：$AQ_1 = DQ_2$，因此有 $AQ_1 + B = DQ_2 + B$

又因为 $AVC_1 = TVC_1/Q = AQ_1 + B$，$AVC_2 = TVC_2/Q = DQ_2 + B$

所以，$AVC_1 = AVC_2$，命题得证。

18. 解：

由市场需求函数为：$P = 40 - 0.5Q = 40 - 0.5(Q_1 + Q_2)$

可得：$TR = PQ = 40(Q_1 + Q_2) - 0.5(Q_1 + Q_2)^2$

由 $MC_1 = 15$，$MC_2 = Q_2 + 9.5$

可得：$TC_1 = \int MC_1 dQ_1 + FC_1 = 15Q_1 + FC_1$

$TC_2 = \int MC_2 dQ_2 + FC_1 = 9.5Q_2 + 0.5Q_2^2 + FC_2$

所以，利润 $\pi = TR - TC_1 - TC_2$

$= 40(Q_1+Q_2) - 0.5(Q_1+Q_2)^2 - (15Q_1 + FC_1) - (9.5Q_2 + 0.5Q_2^2 + FC_2)$

令 $\pi/Q_1=40-(Q_1+Q_2)-15=0$ (1)
$\pi/Q_2=40-(Q_1+Q_2)-9.5-Q_2=0$ (2)

由（1）、(2) 可得 $Q_1=19.5$，$Q_2=5.5$
$P=40-0.5Q=40-0.5(Q_1+Q_2)=40-25=15$

即垄断厂商利润最大化时的均衡价格为 15 元，两个工厂各自的产量分别为 19.5 和 5.5。

19. 解：

(1) 由成人需求曲线为 $P_1=16-Q_1$ 和学生需求曲线为 $P_2=10-0.5Q_2$ 可得：$TR_1=P_1Q_1=16Q_1-Q_1^2$，$TR_2=P_2Q_2=10Q_2-0.5Q_2^2$，则：

$MR_1=dTR_1/dQ_1=16-2Q_1$，$MR_2=dTR_2/dQ_2=10-Q_2$，

利润最大化的均衡条件为 $MR_1=MR_2=MC$，又因为 $MC=Q/3=(Q_1+Q_2)/3$。

所以有，$16-2Q_1=(Q_1+Q_2)/3$ (1)
           $10-Q_2=(Q_1+Q_2)/3$ (2)

由（1）、（2）解得 $Q_1=6$，$Q_2=6$
$P_1=16-Q_1=16-6=10$
$P_2=10-0.5Q_2=10-3=7$

即成人票价为 10 元，销售量为 6，学生票价为 7 元，销售量也为 6。

(2) 如果禁止实行价格歧视，则必然有 $P_1=P_2=P$。

成人需求曲线为 $P=16-Q_1$，学生需求曲线为 $P=10-0.5Q_2$。

市场总需求 $Q=Q_1+Q_2=36-3P$，即 $P=12-Q/3$，则：

$TR=PQ=12Q-Q^2/3$
$MR=dTR/dQ=12-2Q/3$

又因为 $MC=Q/3$，且均衡条件为 $MR=MC$

所以有，$12-2Q/3=Q/3$

解得：$Q=12$，$P=8$

即如果禁止实行价格歧视，成人和学生的票价均为 8 元，总销量为 12。

20. 解：

(1) 如果厂商可以实行价格歧视，则利润最大化的条件为 $MR_1=$

$MR_2=MC$。

由 $Q_1=32-0.4P_1$ 和 $Q_2=18-0.1P_2$，可得：

$MR_1= dTR_1/dQ_1=80-5Q_1$，$MR_2= dTR_2/dQ_2= 180-20Q_2$

由 $TC=Q^2+10Q$，可得：

$MC= dTC/dQ=2Q+10$

由 $MR_1=MC$ 的条件，可得：

$80-5Q_1=2Q+10$，即 $Q_1=14-0.4Q$

由 $MR_1=MC$ 的条件，可得：

$180-20Q_2=2Q+10$，即 $Q_2=8.5-0.1Q$

所以，$Q= Q_1+ Q_2=14-0.4Q+8.5-0.1Q$，解得 $Q=15$

把 $Q=15$ 代入 $Q_1=14-0.4Q$，得 $Q_1=8$

把 $Q=15$ 代入 $Q_2=8.5-0.1Q$，得 $Q_2=7$

把 $Q_1=8$ 代入 $Q_1=32-0.4P_1$，得 $P_1=60$

把 $Q_2=7$ 代入 $Q_2=18-0.1P_2$，得 $P_2=110$

利润 $\pi =TR_1 +TR_2-TC=P_1Q_1+P_2Q_2-(Q^2+10Q)=875$

（2）如果禁止实行价格歧视，则两个市场价格相同，即 $P_1= P_2=P$。

由 $Q_1=32-0.4P_1$，$Q_2=18-0.1P_2$ 可得：

$Q= Q_1+ Q_2=32-0.4P_1+18-0.1P_2$

$=32-0.4P+18-0.1P$

$=50-0.5P$

即，$P=100-2Q$

$MR= dTR/dQ=100-4Q$

由 $TC=Q^2+10Q$，可得：

$MC= dTC/dQ=2Q+10$

因为利润最大化的均衡条件为 $MR=MC$，即

$100-4Q=2Q+10$，解得 $Q=15$

把 $Q=15$ 代入 $P=100-2Q$，得 $P=70$

利润 $\pi =TR-TC=PQ-(Q^2+10Q)=675$

21. 解：

（1）由 $Q_1=10-0.5P_1$ 和 $Q_2=40-P_2$，可得：

$TR_1 = P_1 Q_1 = 20Q_1 - 2Q_1^2$, $TR_2 = P_2 Q_2 = 40Q_2 - Q_2^2$

$MR_1 = dTR_1/dQ_1 = 20 - 4Q_1$, $MR_2 = dTR_2/dQ_2 = 40 - 2Q_2$

由 $TC = 8Q - 100$，可得：

$MC = dTC/dQ = 8$

利润最大化的条件为 $MR_1 = MR_2 = MC = 8$

所以，$20 - 4Q_1 = 40 - 2Q_2 = 8$，解得 $Q_1 = 3$，$Q_2 = 16$

把 $Q_1 = 3$ 代入 $Q_1 = 10 - 0.5P_1$，得 $P_1 = 14$

把 $Q_2 = 16$ 代入 $Q_2 = 40 - P_2$，得 $P_2 = 24$

即在市场 1 中的价格为 14 元，销售量为 3；在市场 2 中的价格为 24 元，销售量为 16。

（2）因为利润最大化的条件为 $MR_1 = MR_2 = MC = 8$

又因为 $MR_1 = P_1(1 - 1/E_{d1})$，$MR_2 = P_2(1 - 1/E_{d2})$，$P_1 = 14$，$P_2 = 24$。从而，可解得 $E_{d1} = 7/3$，$E_{d2} = 3/2$。

显然，市场 2 的弹性较低，但价格却较高。命题得证。

22. 解：

由总成本函数 $TC = Q^3/3 - 40Q^2 + 1800Q + 5000$，可得：

$MC = dTC/dQ = Q^2 - 80Q + 1800$

又因为均衡产量 $Q = 60$，则 $MC = Q^2 - 80Q + 1800 = 600$

由市场 1 的需求曲线 $Q_1 = 320 - 0.4P_1$ 可得：

$TR_1 = P_1 Q_1 = 800Q_1 - 2.5Q_1^2$

$MR_1 = dTR_1/dQ_1 = 800 - 5Q_1$

利润最大化的条件为 $MR_1 = MR_2 = MC$，即

$800 - 5Q_1 = 600$，解得 $Q_1 = 40$

把 $Q_1 = 40$ 代入 $Q_1 = 320 - 0.4P_1$，可得 $P_1 = 700$

又已知利润 $\pi = 5000$，当 $Q = 60$ 时，总成本 $TC = 41000$

所以，$\pi = TR_1 + TR_2 - TC$，即

$TR_2 = \pi + TC - TR_1 = 5000 + 41000 - P_1 Q_1 = 18000$

由市场 1 的需求曲线 $P_2 = A - BQ_2$，可得：

$TR_2 = P_2 Q_2 = AQ_2 - BQ_2^2 = 18000$，得 $P_2 = 18000/Q_2$

$MR_2 = dTR_2/dQ_2 = A - 2BQ_2$

由 $Q=Q_1+Q_2=60$，$Q_1=40$，得 $Q_2=20$，$P_2=18000/Q_2=900$
把 $Q_2=20$，$P_2=900$ 代入 $P_2=A-BQ_2$，得：
$900=A-20B$ （1）
又知 $MR_2=A-2BQ_2$，且利润最大化条件要求 $MR_2=MC=600$，得：
$600=A-40B$ （2）
由（1）、（2）解得 $A=1200$，$B=15$

23. 解：
由市场1的需求曲线 $P_1=330-1.5Q_1$，市场1中的均衡价格 $P_1=240$，可得：
$Q_1=40$，$MR_1=300-3Q_1=300-3\times40=180$
由总成本函数 $TC=0.1Q^3-9Q^2+330Q+3700$，可得：
$MC=dTC/dQ=0.3Q^2-18Q+330$
利润最大化的条件为 $MR_1=MR_2=MC$，即
$180=0.3Q^2-18Q+330$，解得 $Q=50$，$Q=10$（舍去，因为 $Q_1=40>10$）
所以，$Q_2=Q-Q_1=50-40=10$
由市场2的需求曲线 $Q_2=AP_2^{-2}$，可得：
$MR_2=0.5A^{0.5}Q_2^{-0.5}$
利润最大化的条件为 $MR_1=MR_2=MC$，又知 $MR_1=180$，可得：
$MR_2=0.5A^{0.5}Q_2^{-0.5}=180$，解得 $AQ_2^{-1}=360^2$
由市场2的需求曲线 $Q_2=AP_2^{-2}$，可得：
$AP_2^{-1}=P_2^2$
所以，$P_2^2=360^2$，解得 $P_2=360$
总收益 $TR=P_1Q_1+P_2Q_2=240\times40+360\times10=13200$
总成本 $TC=10200$
利润 $\pi=TR-TC=13200-10200=3000$
即此时垄断厂商的总利润为 3 000 元。

24. 解：
由总成本函数 $TC=Q^3/3-30Q^2+1000Q$，可得：
$MC=dTC/dQ=Q^2-60Q+1000$，
当 $Q=48$ 时，$MC=424$

由第 1 个市场的需求曲线 $P_1=1\ 100-13Q_1$，可得：
$MR_1=1\ 100-26Q_1$
利润最大化的条件为 $MR_1=MR_2=MC$，又知 $MC=424$，可得：
$1\ 100-26Q_1=424$，解得 $Q_1=26$
把 $Q_1=26$ 代入 $P_1=1\ 100-13Q_1$，可得 $P_1=762$
已知均衡时市场 2 需求弹性 $E_d=3$，$MR_2=MC=424$，且 $MR_2=P_2(1-1/E_d)$，可得：
$424=P_2(1-1/3)$，解得 $P_2=636$
总收益 $TR=P_1Q_1+P_2Q_2=26\times762+22\times636=33\ 804$
总成本 $TC=15\ 744$
利润 $\pi=TR-TC=33\ 804-15\ 744=18\ 060$
即此时垄断厂商的总利润为 18 060 元。

25. 解：

（1）由成本函数为 $TC=0.5Q^2+10Q$，可得：
$MC=dTC/dQ=Q+10$。
由市场需求函数为 $P=100-Q$，可得：
$TR=PQ=100Q-Q^2$
$MR=dTR/dQ=100-2Q$
利润最大化的条件为 $MR=MC$，即
$100-2Q=Q+10$，解得 $Q=30$
当 $Q=30$ 时，$P=100-Q=70$
利润 $\pi=TR-TC=PQ-(0.5Q^2+10Q)=1\ 350$

（2）假如国外的厂商可以 55 元的价格在国内市场上销售同样的产品，则国内垄断厂商也只能按照 55 元的价格出售其产品，此时 $P=55$。
当 $P=55$ 时，由市场需求函数为 $P=100-Q$，可得 $Q=45$
利润 $\pi=TR-TC=PQ-(0.5Q^2+10Q)=1\ 012.5$

（3）假如政府部门对这种产品实行最高限价，规定价格不得高于 50 元，则此时 $P=MR=50$。
垄断厂商的利润最大化条件为 $MR=MC$，即
$50=Q+10$，解得 $Q=40$。

利润 $\pi = TR-TC = PQ-(0.5Q^2+10Q) = 800$

当价格为 50 时，市场的需求量为 100-50=50，但厂商的供给量只有 40，显然市场上出现了短缺现象（短缺 10 单位的产量）。

三、分析问答题

1. 答：垄断厂商是价格的制定者，并不意味着该厂商对于自己给定的产量可以任意索取一个价格，垄断厂商在确定其产出水平时，相对于市场需求曲线来说，其价格确定了。

2. 答：在完全竞争条件下，单个厂商的产出相对于整个行业产出规模而言，数量非常小，厂商可以按照现行的市场价格任意地出售愿意产出的数量。故厂商每增加一个单位的产出所获得的边际收益与其价格是一致的。在垄断厂商情形下，垄断厂商面对的需求曲线就是行业的需求曲线，需求曲线负的斜率意味着如果垄断厂商增加一个单位的产出，为了能够销售出去，其价格也必须相应降低，而且前面生产的产品价格也同时下降。这样，边际收益必小于现在的价格。

3. 答：垄断厂商的利润由总收益与总成本之差决定，两者均可表示为产出的函数。

即，利润 $\pi = TR-TC = P(q) \cdot q - TC(q)$

厂商利润最大化要求上式关于 q 的一阶导数为 0，即 $d\pi/dq = MR - MC = 0$，也就是 $MR = MC$。

厂商利润最大化还要求二阶导数 $d^2\pi/dq^2 < 0$。此条件意味着 $\dfrac{d\pi}{dq}$ 递减，即随着产量的扩大，利润是递减的，若不如此则产量越大利润就越大，从而不存在最大利润点。事实上，一阶导数为零，二阶导数小于零，是求极大值的充分必要条件。而一阶导数等于 0 只是必要条件，并不能保证其解一定是极大值。

4. 答：(1) 垄断厂商的长期均衡如下图所示。

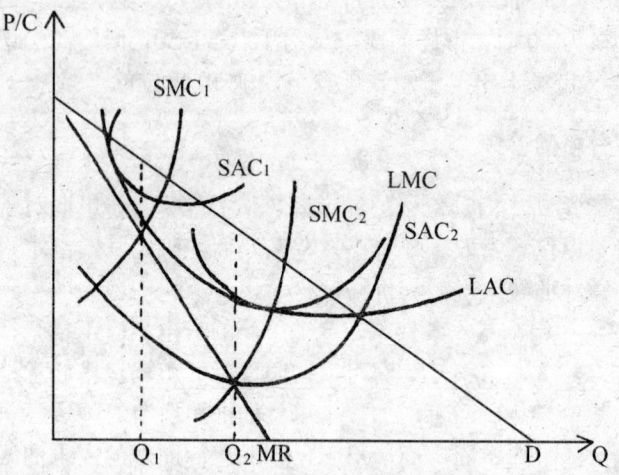

从短期来看，厂商的最优产出水平由 SMC_1 和 MR 的交点决定，即使其处于短期均衡的产出水平为 Q_1。在长期当中，由于厂商可以调整其所有投入要素，选取更合适的生产规模来生产由长期边际成本曲线 LMC 和边际成本曲线 MR 所决定的最优产出水平 Q_2。

（2）垄断厂商的长期均衡点有可能位于长期平均成本曲线的最低点。如下图所示。

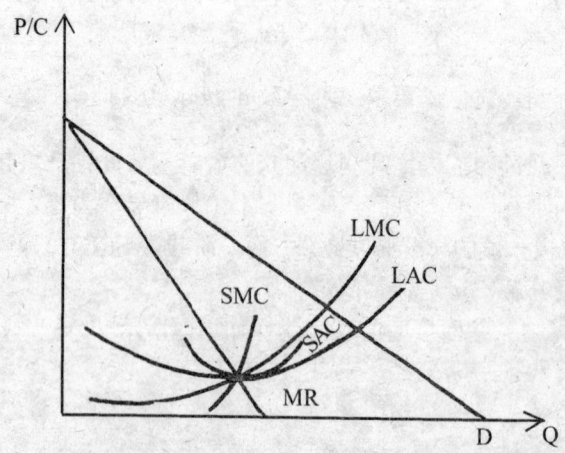

垄断厂商在长期当中可以获得经济利润，至少使其盈亏平衡才能继续营业。

5. 答：必须具备的两个条件是：(1) 存在被分割的市场，只有当购买者无法在低价市场买进又在高价市场卖出时，差别定价才能实行。否则，套利行为将会导致市场之间的价格趋向一致。(2) 被分割的市场需求曲线的价格弹性不同。如果需求弹性相同，垄断厂商利润最大化要求各个市场的边际收益均等于边际成本。这样，根据 MR=P(1-1/ε)，如果 ε(弹性)相同，MR 相同，那么价格也必相等，从而差别定价消失。

6. 答：首先，因为只有一家诊所，所以该医生处于一种医疗服务的垄断地位。由于其位置相对较为偏僻，可以近似认为该诊所没有竞争者。其次，医疗服务一般是不能转让的，不同的服务对象实际上处于不同的市场当中。最后，不同的病人由于收入、教育、家庭背景等原因，各自的需求价格弹性不同而且便于区分。因此，该诊所能实行三度价格歧视。

7. 答：在垄断情况下，我们无法定义厂商的供给曲线是因为：对于给定的市场需求曲线，厂商的供给曲线实际上只是一个点，即由 MR=MC 所决定的产出水平。如果需求曲线发生变动，那么相应地边际收益曲线也会移动，由此确定另一个利润最大化的产出水平。但是，把这些点连接起来没有什么意义，也不能表示垄断厂商的供给曲线。这是由于这些点的组合取决于移动的需求曲线的弹性变化及其相应的边际收益曲线，除非需求曲线的移动是平行移动，而这是不大可能的。所以，垄断厂商的供给曲线难以确定。

8. 答：垄断厂商并不保证一定能获得超额利润，能否获得超额利润主要取决于社会需求。如果该产品的需求者能接受垄断厂商制定的大于平均成本的价格，那么该厂商能获得超额利润。如果该产品的需求者只能接受 P<AC 的价格，那么该厂商会发生亏损。出现亏损后在短期内既有可能继续生产，也有可能停止生产。在短期内，若产品价格低于平均成本(SAC)，但只要还高于平均可变成本(SVC)的最低点，生产将会继续进行下去。但只要 P<AVC 的最小值，则该厂商将会停

止生产,如不停止生产,损失会更大,不仅损失全部的固定成本,而且还会损失一部分可变成本。

在长期,垄断厂商可以建立最适当的工厂规模进行生产。他还可以通过作广告、提高服务质量等,扩大产品的需求量,使需求曲线向右上移动。当然,这样也会增加产品的成本,垄断厂商经过综合考虑后发现,即使采取这些可能性的措施仍会亏损,厂商将会停止生产。

9. 答:第一,长期均衡的条件不同。完全竞争厂商的长期均衡的条件是:$P=MR=SMC=LMC=SAC=LAC$。垄断厂商的长期均衡的条件是:$MR=LMC=SMC$。第二,长期均衡点的位置不同。完全竞争厂商长期均衡产生于 LAC 曲线的最低点,而完全垄断厂商长期均衡不可能产生于 LAC 曲线的最低点。第三,获得的利润不同,完全竞争厂商在长期均衡时只能获得正常利润,而垄断厂商可以获得超额垄断利润。

10. 答:在一度价格歧视中,垄断者把消费者面临的需求曲线看成是自己的边际收益曲线,从而攫取全部消费者剩余。这就要求垄断厂商必须确切知道每一个消费者愿意支付的最高价格。在二度价格歧视中,厂商只是根据购买量的不同索取不同的价格,只攫取了一部分消费者剩余。一度价格歧视只有在垄断者面临少数消费者以及当垄断者机灵到足以发现消费者愿意支付的最高价格时,才可能实行。而二度价格歧视面临的是很多消费者以及消费者有选择的自由,故实行二度价格歧视要比一度价格歧视容易得多,因此也就更经常被垄断厂商所采用,而一度价格歧视在现实中极其罕见。

11. 答:这一说法不正确。因为在垄断条件下,一个行业中只有一个厂商,所以也就没有竞争因素或潜在的竞争压力来迫使垄断厂商在最低平均成本上生产,即便在长期也是如此。

12. 答:这是因为垄断厂商的销售量会对市场价格产生影响,他必须降低价格才可以卖出更多的产品。所以垄断厂商的边际收益曲线是向下倾斜的。由于市场价格是惟一的,垄断厂商必须降低所有产品的价格才能多卖出一单位产品,这样就使边际收益总是小于价格。

13. 答:不正确。垄断厂商长期均衡的条件是:$MR=LMC=SMC$。

也就是说，MR 曲线、LMC 曲线和 SMC 曲线这三条线必须相交于一点。但这并不要求 LAC 和 SAC 必须相切于 LAC 曲线的最低点上，只要相切就可以了。此切点可以在 LAC 曲线最低点的左边(这时垄断厂商长期使用的设备小于最优规模)，也可以在 LAC 曲线最低点右边(这时垄断厂商长期使用的设备大于最优规模)。而切点恰巧在 LAC 线最低点则是一种少见的情况。

14. 答：不一定。实行价格歧视的厂商一定会在更有需求弹性的市场上制定更低的价格，但是在两个市场上各出售多少，则可能有多种不同的组合情况，在富有弹性的市场上可能多卖一些，但并非一定如此。

第七章 垄断竞争条件下的价格和产量

内容提要

垄断竞争是指一种既有垄断又有竞争,介于完全竞争和完全垄断之间的市场结构。它由许多家厂商构成,这些厂商的产品可互相替代,又有一定差别,因此这类市场有完全竞争和完全垄断的特点。产品需求曲线向下倾斜,但比完全垄断厂商的需求曲线平坦些。垄断竞争厂商的需求曲线可设想有两条,一条是厂商认为自己产品价格变动对别的厂商不会跟着行动所存在的需求曲线,可称为主观需求曲线,以 dd 表示;另一条是厂商变动产品价格时别的厂商会跟着行动从而实际上会有需求曲线,可称实际需求曲线,用 DD 表示。DD 曲线要比 dd 曲线陡峭些。

垄断竞争市场具备三个条件:(1)厂商生产的产品之间存在差别,产品的差别使产品生产者成为自己产品的垄断者,差别程度越大,垄断程度越高;(2)市场上有很多厂商,厂商一般对市场可施加有限的影响,但不能控制市场价格;(3)厂商进出市场较容易。

垄断竞争市场上厂商的短期均衡发生于边际成本等于边际收益(主观需求曲线的边际收益)。这时,主观需求曲线和实际需求曲线正好相交也必须相交。垄断竞争厂商的均衡与完全垄断厂商的均衡相似,在短期内可获得超额利润,但也可能只得到正常利润甚至蒙受亏损,这取决于价格与平均成本的关系。均衡实现的条件也是 MR=MC。垄断竞争厂商的长期均衡则不同于完全垄断下的厂商均衡,厂商只能得到正常利润而不存在超额利润。均衡实现的条件是 MR=MC，AR=AC。达到长期均衡时，垄断竞争厂商的主观需求曲线与实际需求曲线相交，与长期平均成本曲线相切，因而只能盈亏平衡。同时，由于 dd 曲线向右下倾斜，垄断竞争厂商产量小于完全竞争条件下厂商长期均衡产量，其差额即过剩生产能力，是消费者为了有产品差别而付出的代价。

与完全竞争厂商的均衡相比，垄断竞争下的需求曲线与平均收益曲线重合，是一条向右下方倾斜的线，边际收益曲线在平均收益曲线的下方，AR＞MR。而完全竞争下的需求曲线与平均收益曲线、边际收益曲线重合，是一条与横轴平行的线，AR=MR。垄断竞争下的成本及价格高于完全竞争下的成本及价格，垄断竞争下的产量则低于完全竞争下的产量。但并不能由以上的对比得出完全竞争市场优于垄断竞争市场的结论。尽管垄断竞争市场上平均成本与价格较高，有资源浪费，但消费者可以得到有差别的产品，从而满足不同的需求。而且，垄断竞争市场上的产量高于完全垄断市场，其价格却比完全垄断市场低。

在分析垄断竞争市场的优缺点时，还要注意两点：第一，垄断竞争鼓励创新；第二，垄断竞争之下会使销售成本，主要是广告成本增加。

综合练习题

一、选择题

1. 垄断竞争市场上厂商的短期均衡发生于（　　）。
   A. 边际成本等于实际需求曲线中产生的边际收益时
   B. 平均成本下降时
   C. 主观需求曲线与实际需求曲线相交，边际成本等于主观需求曲线中产生的边际收益时
   D. 主观需求曲线与平均成本曲线相切时

2. 垄断竞争厂商短期均衡时（　　）。
   A. 厂商一定能获得超额利润
   B. 厂商一定不能获得超额利润
   C. 厂商只能得到正常利润
   D. 厂商取得超额利润、发生亏损及获得正常利润三种情况都可能发生

3. 垄断竞争厂商长期均衡时，必然有（　　）。
   A. 价格大于长期平均成本
   B. 在均衡点上，主观需求曲线的弹性大于实际需求曲线的弹性
   C. 资源在广告中浪费
   D. 边际成本等于实际需求曲线中产生的边际收益

4. 在垄断竞争厂商长期均衡点上，长期平均成本曲线处于（　　）。
   A. 上升阶段
   B. 下降阶段
   C. 水平阶段
   D. 以上三种情况都可能

5. 在垄断竞争中（　　）。
   A. 只有为数很少的几个厂商生产有差异的产品
   B. 有很多厂商生产同质产品
   C. 只有为数很少的几个厂商生产同质产品
   D. 有许多厂商生产有差异的产品
6. 垄断竞争厂商实现最大利润的途径有（　　）。
   A. 调整价格从而确定相应产量
   B. 质量竞争
   C. 广告竞争
   D. 以上途径都可能采用
7. 完全竞争和垄断竞争之间的重要相同点是（　　）。
   A. 长期当中，价格等于平均成本，边际收益等于边际成本
   B. 产品异质的程度
   C. 在长期平均成本上使厂商利润最大化的点是相同
   D. 以上都不对
8. 完全竞争和垄断竞争的主要区别是（　　）。
   A. 产品异质程度
   B. 市场当中厂商的数量
   C. 长期当中厂商获得的利润
   D. 以上都是
9. 垄断和垄断竞争之间的主要区别是（　　）。
   A. 前者依据 MR=MC 最大化其利润，后者不是
   B. 前者厂商的需求曲线和市场需求曲线是一致的，而后者不是
   C. 前者拥有影响市场的权力，后者没有
   D. 以上全对
10. 当出现以下哪种情况时，产品异质存在（　　）。
    A. 一项全新的生产工艺被用来生产一种相似产品
    B. 一个厂商生产许多种产品
    C. 消费者(不一定是生产者)认为厂商之间生产的产品存在差异

D. 厂商(不一定是消费者)认为其生产的产品存在差异

11. 在短期均衡状态下，处于垄断竞争市场中的厂商将会按下列哪些情形组织生产（　　）。

　　A. 边际成本等于由实际需求曲线得出的边际收益

　　B. 平均成本正处于下降阶段

　　C. 主观需求曲线与实际需求曲线的交点

　　D. 主观需求曲线与平均成本曲线的切点

12. 在长期均衡状态及垄断竞争条件下，正确的说法是（　　）。

　　A. 价格高于LAC

　　B. 主观需求曲线的弹性大于实际需求曲线的弹性

　　C. 必定存在更多厂商加入的某种障碍

　　D. 资源被浪费在广告上

13. 在垄断竞争的长期均衡条件下（　　）。

　　A. 超额利润为0

　　B. 价格高于边际成本

　　C. DD曲线与dd曲线相交

　　D. 上述说法全都正确

14. 如果我们认为一个行业由许多生产有差异的产品的厂商构成，而且这一行业可以自由出入，那么这一行业中的典型厂商长期均衡的特性是（　　）。

　　A. 平均成本AC位于其最低水平，而且P=AC

　　B. 平均成本AC位于其最低水平，而且P>AC

　　C. 平均成本AC高于其最低水平，而且P>AC

　　D. 平均成本AC高于其最低水平，而且P=AC

15. 不完全竞争市场的本质特点是（　　）。

　　A. 需求曲线向右下倾斜

　　B. 边际收益大于价格

　　C. 在产出超过一定数量后，平均成本曲线下降

　　D. 厂商产品同质

16. 不完全竞争市场形成的原因是（　　）。

A. 平均成本在超过可能的需求量水平后递减
   B. 法律方面的进入壁垒
   C. 产品差异
   D. 以上都是
17. 下列哪一项是垄断竞争行业的特征（　　）。
   A. 企业规模相同，数量较少
   B. 不存在产品差异
   C. 企业规模较大，数量很少
   D. 进出该行业容易
18. 下列哪一项不是垄断竞争的特征（　　）。
   A. 企业数量很少
   B. 进出该行业容易
   C. 需求曲线向下倾斜
   D. 企业忽略其竞争对手的反应
19. 下列哪一项不是垄断竞争的特征（　　）。
   A. 需求曲线向下倾斜
   B. 企业忽略其竞争对手的反应
   C. 存在产品差异
   D. 长期利润为正
20. 在垄断竞争中，利润会趋于零是由于（　　）。
   A. 产品差异
   B. 进入该行业容易
   C. 成本最小化
   D. 收益最大化
21. 如果垄断竞争的行业存在正的利润，那么（　　）。
   A. 新企业将进入该行业
   B. 现存企业将提高它们的价格
   C. 生产成本将上升
   D. 产品差异不再存在
22. 垄断竞争的行业将不断有新企业进入，直到主观需求曲线刚好接触到（　　）。

　　A. 边际成本曲线

　　B. 平均成本曲线

　　C. 边际收益曲线

　　D. 平均不变成本曲线

23. 当垄断竞争行业处于均衡状态时（　　）。

　　A. 边际收益高于边际成本

　　B. 边际收益等于价格

　　C. 价格高于最低平均成本

　　D. 需求有完全价格弹性

24. 处于短期均衡的垄断竞争厂商一般会按照以下哪一种方式生产（　　）。

　　A. 边际成本等于实际需求对应的边际收益

　　B. 平均成本等于价格

　　C. 主观需求曲线与实际需求曲线的交点

　　D. 主观需求曲线与平均成本曲线的交点

25. 在垄断竞争厂商处于长期均衡时（　　）。

　　A. 价格高于长期平均成本

　　B. 价格高于边际成本

　　C. 主观需求曲线的弹性小于实际需求曲线的弹性

　　D. 边际成本等于实际需求曲线所对应的边际收益

二、计算题

1. 垄断竞争市场中一厂商的长期总成本函数为 $LTC=0.00lq^3-0.425q^2+85q$。这里，LTC 是长期总成本，q 是月产量，不存在进入障碍，产量由该市场的整个产品集团调整。如果产品集团中所有厂商按同样比例调控价格，出售产品的实际需求曲线为 $q=300-2.5P$，这里 q 是厂商月产量，P 是产品单价。试求：

（1）厂商长期均衡产量和价格。

（2）厂商主观需求曲线上长期均衡点的弹性。

（3）若厂商主观需求曲线是线性的，导出厂商长期均衡时的主观需求曲线。

2. 垄断竞争市场结构中的长期(集团)均衡价格为 p*，它代表厂商的需求曲线与其长期平均成本(LAC)曲线相切之点，因而 p*=LAC。已知代表厂商的长期成本函数和需求曲线分别为：$LTC=0.0025q^3-0.5q^2+384q$，$p=A-0.1q$。式中的 A 是集团内厂商人数的函数，求长期均衡条件下：

（1）代表厂商的均衡价格和产量。

（2）A 的数值。

3. 在完全竞争条件下，某行业一些厂商生产一种同质产品。在最初长期均衡状态时，每个厂商的成本函数为：

$$LTC=0.002q^3-0.48q^2+81q$$
$$STC=0.002q^3-0.423q^2+67.32q+820.8$$

其中，成本单位为元，q 为日产量(以单位计)。该产品市场每日需求曲线方程为：

$$p=81-0.012Q$$

其中，Q 为该行业每日总销售量，p 为单价。厂商发现把厂家名称印在包装上会使消费者对商标产生偏好，而成本、质量并没有改变。如果所有厂商都以同一价格出售，行业销售总量在任何相同价格水平上仍保持不变，各厂商在市场上仍占有相同份额。但现在，每家厂商都发现通过改变其价格，使其偏离其他厂商所定的平均价格，这样可以改变其销售量，单个厂商的弹性为 5。试问：

（1）在短期，每个厂商的均衡产量和利润会如何变动，价格会如何变动？

（2）假定在长期，对新厂商加入该行业没有阻碍，且该行业为成本不变行业，则在长期均衡状态下，该行业厂商数目、均衡价格和每个厂商的均衡利润各是多少？

4. 许多厂商生产胶水。每个厂商的长期生产成本为：

$$LTC=0.0000001q^3-0.001q^2+6q$$

其中，成本单位为元，q 是每日产量，单位为千克。胶水市场情况是：如果所有厂商定价相同，每个厂商就售出同量的产品，每个厂商的每日销售量为：

$$q=(300000-50000p)/N$$

其中，p 是以元计的每千克的价格，N 是厂商的数量，上述条件适用以下所有情况。试问：

（1）如果在胶水行业中存在着完全竞争均衡，均衡时的价格和厂商的数目各是多少？

（2）某些单个厂商现开始通过改进包装来吸引顾客。每个厂商在每千克产品包装上花 0.4 元，并计入生产成本，从而使顾客获得商标偏好。每个厂商都认为其需求曲线是向下倾斜并且是线性的。斜率为如果每千克售价减少 0.01 元，则每天的销售量就增加 50 千克。厂商可自由进入，并且已达到长期均衡，则此时的均衡价格和厂商数目各是多少？

（3）你能推出消费者在（2）中比在（1）中过得较好或较差吗？程度如何？

（4）当消费者开始认识到在不同包装中的胶水实际上是同质的，因而不再有商标偏好了，但仍然感到有包装的胶水更吸引人且便于使用，所以仍然愿意购买有包装的胶水，则此时的均衡价格和厂商数目各是多少？

三、分析问答题

1. 在一个垄断竞争市场中，长期均衡的厂商得不到经济利润，但是为什么有人会认为垄断竞争市场导致浪费和无效率？消费者从垄断竞争市场购买产品会得到什么好处呢？

2. 完全竞争厂商的需求曲线是平行于数量轴的水平线，市场需求曲线向右下方倾斜，垄断竞争厂商的需求曲线也向右下方倾斜，但为什么不可能对垄断竞争市场的需求曲线给出明确定义？

3. 能否认为"产品差别程度越大，则产品价格差别越大"？

4. 为什么需求的价格弹性较高，将导致垄断竞争厂商进行非价格竞争？

5. 某垄断竞争厂商的实际需求曲线与主观需求曲线在 10 元处相交。这时，该厂商的产品价格能否在 12 元的水平上达到均衡？

6. 对比分析垄断竞争市场结构与完全竞争市场结构。

7. 为什么说垄断竞争兼有竞争和垄断的因素？

参考答案

一、选择题

1. C	2. D	3. B	4. B	5. D	6. D	7. A
8. A	9. B	10. C	11. C	12. B	13. D	14. D
15. A	16. D	17. D	18. A	19. D	20. B	21. A
22. B	23. C	24. C	25. B			

二、计算题

1. 解：

（1）由 $LTC=0.001q^3-0.425q^2+85q$

可得：$LAC=0.001q^2-0.425q+85$

由 $q=300-2.5P$

可得：$P=120-0.4q$

长期均衡时，实际需求曲线必然和 LAC 曲线在均衡点上相交。令 LAC=P，则有：

$0.001q^2-0.425q+85=120-0.4q$

可得：$q=200$，$P=40$。

（2）长期均衡时，主观需求曲线必然和 LAC 曲线相切，且 MR=MC。

由 $LTC=0.001q^3-0.425q^2+85q$，

得：$LMC=d(LTC)/dq=0.003q^2-0.85q+85$

当 q=200 时，LMC=35，因此，MR=LMC=35。

又因为 MR=P(1-1/ϵ)，即 35=40（1-1/ϵ）。
得：ϵ=8。

（3）由于主观需求曲线被假定为直线，即 P=A-bq，当 q=0 时的价格为 A，需求曲线与价格轴(纵轴)相交的截距为 A，则有：
ϵ=P/(A-P)，根据需求弹性的几何图形，即 8=40/(A-40)，得 A=45。
主观需求曲线的斜率为：b=(A-P)/q=(45-40)/200=0.025，故：
主观需求曲线为：P=45-0.025q。

2. 解：
由 $LTC=0.0025q^3-0.5q^2+384q$
可得：$LMC=d(LTC)/dq=0.0075q^2-q+384$
$LAC=0.0025q^2-0.5q+384$
由 $p=A-0.1q$，得 $R=PQ=Aq-0.1q^2$，$MR=dR/dq=A-0.2q$
长期均衡时，一方面 LMC=MR，另一方面 LAC=p，于是有：
$0.0075q^2-q+384=A-0.2q$ （1）
$0.0025q^2-0.5q+384=A-0.1q$ （2）
由（1）、（2）联立可得：q=80，p=360，A=368。

3. 解：
（1）由 $LTC=0.002q^3-0.48q^2+81q$
可得，$LAC=LTC/q=0.002q^2-0.48q+81$
$LMC=d(LTC)/dq=0.006q^2-0.96q+81$
因为最初的完全竞争长期均衡点一定在 LAC 曲线的最低处，又因为 LMC 与 LAC 在 LAC 曲线的最低点相交，故令 LMC=LAC，即
$0.006q^2-0.96q+81=0.002q^2-0.48q+81$，得 q=120。
当 q=120 时，p=LAC=52.2。
当 p=52.2 时，由市场需求曲线方程 p=81-0.012Q，可得，Q=2 400。
所以，厂商数目=Q/q=2 400/120=20。
在最初的完全竞争均衡时，每个厂商的产量为 120，价格为 52.2 元，厂商的经济利润为 0。
在垄断竞争下，短期内所有厂商处于同一状态，定价相同。实际需求曲线对于每个厂商来说都是 1/20 的市场需求。

因此，p=81-0.012Q=81-0.012×20q=81-0.24q

每个厂商使 SMC 与主观需求曲线的 MR 相等，又因为 MR=p（1-1/e），且 e=5，故：

MR=0.8p=0.8(81-0.24q)

又因为 SMC= d(STC)/dq=0.006q^2-0.846q+67.32，且短期均衡要求 MR=SMC，即

0.8(81-0.24q)= 0.006q^2-0.846q+67.32，得 q=105。

当 q=105 时，p=55.8

利润=TR-STC=PQ-STC=317.925

所以，每个厂商均衡产量的变动=105-120=-15，价格变动=55.8-52.2=3.6，每个厂商的利润变化=317.925-0=317.925。

（2）长期均衡要求 MR=LMC，且 p=LAC，从而可推出 0.8LAC=LMC，即

0.8（0.002q^2-0.48q+81）=0.006q^2-0.96q+81，解得 q=90。

当 q=90 时，LAC=p=54

由市场需求曲线，得 Q=2 250

厂商数目=Q/q=2 250/90=25

即，厂商数目为 25，均衡价格为 54 元，均衡利润为 0。

4. 解：

（1）由 LTC=0.0000001q^3-0.001q^2+6q，可得：

LAC=LTC/q=0.0000001q^2-0.001q+6

LMC=d(LTC)/dq =0.0000003q^2-0.002q+6

因为在完全竞争条件下，长期均衡必然在长期平均成本的最低点进行生产，又因为 LMC 与 LAC 在 LAC 的最低点相交。故令 LMC=LAC，即

0.0000003q^2-0.002q+6=0.0000001q^2-0.001q+6，解得 q=5 000。

将 q=5 000 代入 LAC，得 P=3.5（元）。

所以，厂商数目 N=（300 000-50 000p）/q=25。

此时，均衡价格为 3.5 元，厂商数目为 25。

（2）由于存在产品差异，所以市场结构转变为垄断竞争。因为

每一个厂商都认为自己的需求曲线是一条向右下倾斜的直线,并认为只要他把价格降低 0.01 元,销售量就会提高 50 千克。因此,厂商主观需求曲线的斜率为：-0.01/50= -0.0002。长期平均成本曲线的斜率为：$d(LAC)/dq=0.0000002q-0.001$。

又因为在垄断竞争长期均衡时,每一个厂商的主观需求曲线必然与 LAC 曲线相切,并在切点处进行生产。所以,在均衡点 LAC 曲线的斜率与厂商主观需求曲线的斜率必然相等,即,$0.0000002q-0.001=-0.0002$,得 $q=4\,000$, $p=LAC=4$,则：

$N=(300\,000-50\,000p)/q=25$

此时,均衡价格为 4 元,厂商数目为 25 个。

(3) 我们已知价格为 4 元而不是 3.5 元,消费总量 $Q=Nq=25\times 4\,000=100\,000$ 千克,而不是 125 000 千克。消费者剩余变动 $\triangle CS=(p_1-p_2)(Q_1+Q_2)/2= -56\,250$。这表明消费者剩余在(2)中比(1)中减少了 56 250 元。因此,如果仅仅从消费者剩余的变化来看,消费者在(2)中的处境显然变差了。但这并不是准确计算,消费者剩余这一概念本身是有局限性的,消费者还受到产品包装的吸引,并在其上附加了一定的价值,而这些价值并不能在消费者剩余的变动中反映出来。故我们并不知道消费者在包装上附加了多大的价值,因此,不能简单判断他们是过得好了还是过得差了。

(4) 还是完全竞争均衡状态,但成本比在(1)中高出了包装费这一份额。因此,计算方法与(1)完全相同,可得 $q=5\,000$, $p=minLAC=3.5+0.4=3.9$ 元, $N=(300\,000-50\,000p)/q=21$。此时,均衡价格为 3.9 元,厂商数目为 21 个。

三、分析问答题

1. 答:(1)一垄断竞争行业中的所有厂商都存在过剩的生产能力,也就是说,每一个厂商在达到长期平均成本最小值之前就已经达到利润最大化的产出水平了,因此就有垄断竞争导致浪费和无效率的说法。
(2) 在垄断竞争行业中,众多厂商生产的产品并不完全相同,这一产品的差异使消费者的选择余地大大增加,消费者得到的好处正在于此。

2. 答：由于各垄断竞争厂商的产品不是同质的，因此无法把各垄断竞争厂商归入同一市场，也就不能给垄断竞争厂商的需求曲线以明确定义，这种情况和完全竞争厂商不同。

3. 答：可以这样认为。因为产品差别造成了垄断，才能使垄断厂商按不同的产品价格出售自己的产品。如果产品没有差别，则价格不能有差别，否则，生产会失去市场。如果产品有差别，生产者就可以在价格上有差别。这样的价格差别并不会使生产者丧失市场，因为有差别的产品能满足人们不同的需要。产品差别越大，满足人们不同需要的程度也越大，从而使产品价格差别的可能性也越大。

4. 答：垄断竞争厂商的产品之间有较大的替代性，因而其需求的价格弹性较高，需求曲线接近于水平线。当垄断厂商提高价格时，如其他厂商不跟着提价，他的销售市场会缩小，利润减少；反之，当垄断厂商降价时，其他厂商也跟着降价，他的销售量只会稍有增加，利润也可能减少。因此，垄断厂商之间一般不愿意进行价格竞争，而宁可进行非价格竞争(包括改进品质、包装、商标、做广告等)，以便使自己的产品和竞争对手的产品区分开来。

5. 答：不能。垄断竞争厂商均衡时，不管是短期的，还是长期的，其价格一定等于实际需求曲线与主观需求曲线相交的交点所对应的价格。因为只有这一价格，才是厂商愿意接受的价格(主观需求曲线上的价格)，同时又是市场竞争允许有的价格(实际需求曲线上的价格)。因此，如果这两条需求曲线交点所对应的价格为 10 元，就不可能再在 12 元水平上达到均衡。

6. 答：垄断竞争行业与完全竞争行业相比，有一些相同或相似的地方，如垄断竞争行业也包含大量小规模厂商，厂商能自由进入该行业。这些情况很像完全竞争行业。但是，完全竞争行业的产品是同质的，各厂商的产品具有完全的替代性，而垄断竞争行业中每个厂商的产品是存在差别的。尽管这些有差别的产品之间具有很高的替代性，但这种差别毕竟使每一厂商对于自己的产品享有一定的排斥其竞争者的垄断权力。因此，垄断竞争行业每个厂商的产品的需求曲线，不是需求弹性为无穷大的水平线，而是向右下倾斜的，这是垄断竞争厂商与完全竞争厂商的惟一差别。因此，垄断竞争行业厂商长期均衡价格和产量虽然也是该厂商的产品需求曲线 dd 与 LAC 曲线相切之点的价格和产量，但由于这一切点不可能像完全竞争厂商长期均衡点那样在 LAC 曲线的最低点(完全竞争厂商长期均衡点在 LAC 曲线的最低点是因为厂商需求曲线是一条水平线)，而是在 LAC 曲线最低点的左面那段向下倾斜的 LAC 曲线上。因此，垄断竞争厂商的长期均衡产量低于完全竞争厂商长期均衡产量，而价格则高于完全竞争厂商长期均衡价格。这就是说，同完全竞争相比，垄断竞争导致较少产量，消费者支付较高价格，而生产者并未因此赚得更多利润，因为较少产量的平均成本较高。此外，垄断竞争者之间展开的广告战也导致更高的成本和价格。因此，从整个社会来看，同完全竞争比较，垄断竞争行业各厂商使用的设备规模小于最优规模，这样的设备规模提供的产量的平均成本大于该设备的最低平均成本。这意味着生产资源未能得到最有效率的利用，因而垄断竞争厂商长期均衡时也会出现过剩生产能力。这对于社会资源来说，就造成了浪费。然而，由于在垄断竞争情况下造成这种浪费的原因是产品的差异性，产品的差别又满足了人们本来就存在的多种多样的需求，而产品的多样化，丰富了消费者生活，对消费者也有利。因此，垄断竞争情况下较高的产品价格可以看作是消费者为满足多样化需求而付出的代价。

7.答：垄断竞争厂商的产品具有异质性的特点，这保证了厂商面对的需求曲线具有负的斜率。它意味着：如果其价格提高的话，不会失去所有的购买者；如果增加产出，其价格必须相应地降低。这种市场结构类似于垄断。但产品的异质并没有排除替代的可能。产品之间存在的替代性，使得厂商彼此之间无法给对方造成明显的影响，新厂商可以自由进入该行业，垄断竞争又类似于完全竞争市场。

第八章 寡头垄断条件下的价格和产量

内容提要

在前几章中我们考察了垄断和完全竞争,但在现实生活中,像这样极端的情况是很少的,更多的是介于这两个极端之间的各种不完全竞争。上一章我们已经介绍了垄断竞争,这一章我们将介绍寡头垄断。

寡头垄断(也称寡占)是指少数几家大厂商控制着某行业大部分产品的市场结构。寡头垄断同时包括垄断因素与竞争因素,但更接近于完全垄断的一种市场结构。寡头垄断市场结构的特征是:有少数几个厂商,彼此间存在着真实的和可信的高度依存关系。与垄断竞争的情形不同,寡头垄断行业中包括的厂商数目稀少,以至每个厂商作出决策时,都必须考虑到决策对其竞争对手的影响。此外,厂商还必须意识到,其自身策略的调整可能还会诱发其竞争对手策略的改变。因此,寡头垄断厂商可能彼此独立行动,也可能相互勾结;可能进行价格竞争,也可能进行非价格竞争。在下章中,将介绍与此相关的一些博弈论知识。在教材中,作者依次介绍了非勾结性寡头垄断及勾结性寡头垄断,在此也将采用这样的顺序。

在非勾结性的寡头垄断中,介绍了双头垄断模型,包括古诺模型、埃奇沃思模型、张伯伦模型。古诺模型是最早出现的寡头垄断模型。它假定市场上只有两家厂商,彼此独立决策,双方都推测对方不会改变原有产量,然后按利润最大原则进行生产。而埃奇沃思模型中厂商把对手的价格(而不是产量)看作是固定不变的。张伯伦模型假定竞争双方能根据市场的相互依存性达到某种妥协,从而使双方联合利润为最大。

斯威齐模型假定寡头垄断厂商追随削减价格而不追随提高价格,以便通过非价格竞争来争夺市场。根据这一假定,寡头厂商的产品需求曲线是弯折的,弹性不同的需求曲线形成两条 MR 曲线,这两条 MR 曲线在与弯折点相关的产量上会出现不连续的区域,只要 MC 曲线和 MR 曲线相交于该区域,寡头厂商都能达到利润最大的均衡。

勾结性的寡头垄断分为公开的勾结(卡特尔)和非公开的勾结(价格领先制)。卡特尔是通过对有关价格、产量和市场划分达成明确协议而建立的组织,主要为各成员厂商的产品规定统一的价格,并在厂商之间分配产量,目的是使整个卡特尔的利润最大化。价格领先则是通过某种默契相互勾结的一种寡头垄断形式。它有两种方式:一是支配型厂商的价格领先,二是晴雨表型的价格领先。支配型价格领先制中,由行业中最大的一个厂商制定或变动价格,本行业其他厂商跟着定价,这样的支配厂商既能实现自己的利润最大化,又能使跟进厂商销售他们所希望销售的全部产量而得到合理的利润。晴雨表型厂商价格领先是指某些厂商不一定是该行业中规模最大或效率最高的,但它一般能准确及时地掌握市场信息,对整个产业成本及需求改变作出准确判断,因而其定价行为能为其他厂商所仿效。

成本加成定价是垄断厂商不按 MR=MC 原则追求利润极大的一种常见形式。估算方法一般是先确定一个"正常"的或标准的产量,然后根据这个产量计算出相应的包含固定成本与可变成本的平均成本 AC,然后再加一个按平均成本的一定百分比 r 计算赚头,得出价格 P,即 $P=AC(1+r)$。

综合练习题

一、选择题

1. 寡头垄断和垄断竞争之间的主要区别是（   ）。
   A. 厂商的广告开支不同
   B. 非价格竞争的数量不同
   C. 厂商之间相互影响的程度不同
   D. 以上都不对

2. 寡头垄断和垄断的主要相同之处是（   ）。
   A. 都存在阴谋勾结以限制产量
   B. 长期中，生产效率低
   C. 行业中都存在法律上的进入壁垒
   D. 以上全对

3. 与不实行价格差别的垄断厂商相比，实行价格差别的垄断厂商（   ）。
   A. 产出更多，利润更高
   B. 产出更少，利润更高
   C. 产出更多，利润更少
   D. 产出更少，利润更少

4. 如在古诺模型中达到均衡，必须假设（   ）。
   A. 在同行业中只有两个厂商
   B. 这两个厂商有相同的反应函数
   C. 每个厂商都假设另一个厂商的价格不变
   D. 上述说法均不准确

5. 在一种只有固定生产成本的生产活动中，四个寡头垄断厂商面临 $p=100-Q$ 的市场需求曲线，如果在古诺假设的前提下，每个厂商生产最大的利润，那么（   ）。

A. 每个厂商生产 25 单位产品

B. 市场价格将为 p=20

C. 行业供给量将为 60 个单位产品

D. 不存在稳定的均衡

6. 寡头垄断在勾结情况下的需求曲线模型，（　　）。

　　A. 假设如果一个厂商提高价格，另外的厂商将会进行价格战

　　B. 解释为什么每个厂商会继续保持其当前价格而无视其他厂商将干什么

　　C. 会使价格不确定，因为边际收入曲线上有一缺口

　　D. 解释了为什么均衡价格是刚性的，但未解释此价格如何确定

7. 与垄断竞争市场中的厂商不同，寡头（　　）。

　　A. 面临向下倾斜的需求曲线

　　B. 是价格的接受者

　　C. 必须考虑竞争对手对他们的决策如何反应

　　D. 制定的价格在边际成本之上

8. 联合分割市场并使利润最大化的一组厂商被称为（　　）。

　　A. 垄断者

　　B. 买方垄断者

　　C. 卡特尔

　　D. 反托拉斯者

9. 卡特尔的困难之一在于单个厂商可能欺骗并（　　）。

　　A. 索取比协议价格低的价格

　　B. 销售比协议产量高的产量

　　C. 索取比协议价格高的价格

　　D. A 和 B

10. 现实中的串谋是很困难的，因为（　　）。

　　A. 反托拉斯法规定公开的定价协议是非法的

　　B. 单个厂商容易采取欺骗对手、降低价格的行为

　　C. 随着需求和成本情况的变化，重新谈判达成协议是很难的

D. 上述各项皆是
11. 当寡头公开承诺满足其他厂商的任何价格要求时,存在着( )。

　　A. 较多的价格竞争

　　B. 同样数量的价格竞争

　　C. 较少的价格竞争

　　D. 麻烦,因为满足价格要求是不合法的

12. 寡头垄断中的所有价格主导模型假定( )。

　　A. 产品是同质的

　　B. 某个厂商有能力支配其他厂商跟着他的导向走

　　C. 最低成本的厂商决定价格

　　D. 以上说法都不准确

13. 双头垄断的埃奇沃思模型假定( )。

　　A. 每个厂商的对手都将保持其价格不变

　　B. 每个厂商都可以估计不同战略的相对优势,但并不总是选择同一个战略

　　C. 结论为达到不稳定的均衡是可能的

　　D. 以上说法都不准确

14. 寡头垄断的勾结需求曲线模型的提出者是( )。

　　A. 埃奇沃思

　　B. 斯威齐

　　C. 张伯伦

　　D. 古诺

15. 一个追求利润最大化的卡特尔必须( )。

　　A. 为每个厂商确定一个产量配额

　　B. 有一种在厂商之间分配利润的体制

　　C. 有能力阻止一个厂商从卡特尔中退出

　　D. 以上说法都不准确

16. 下面哪一个模型解释了当成本上升时为什么产品价格也许没有变化的情况( )。

A. 古诺模型,当厂商没有统一的反应函数时

B. 伯川德模型的埃奇沃斯修正型

C. 斯威齐模型,当每个厂商都作出价格上升或下降的结果不对称的假设时

D. 中央指挥的卡特尔模型

17. 在寡头中,价格的领导者(　　)。

A. 制定行业的最高价格

B. 制定行业的价格,其他厂商跟随

C. 靠降低价格的威胁阻碍新厂商进入

D. 通过降低价格的威胁确保所有厂商的合作

18. 在一个生产同质产品的寡头垄断行业中,行业利润最大化的条件是,当厂商(　　)。

A. 像古诺模型中的寡头垄断者一样行动

B. 无论其成本高低,生产一样多的产品

C. 按照不同水平的边际成本曲线,规定不同的价格

D. 统一价格,但只在边际成本相等时生产

19. 下列哪些关于寡头垄断市场的陈述是不正确的(　　)。

A. 所有寡头垄断模型都假设厂商们考虑自己的行动对其他厂商的定价和产出决策所产生的影响

B. 主导企业价格领先模型假设,主导企业允许小企业按照主导企业定的价格售出他们希望出售的所有产品

C. 过剩的生产能力可以作为一种进入市场的障碍而起作用

D. 按照勾结需求曲线理论,行业中厂商假设价格升高不会导致其他厂商提高价格,但当降低价格时将导致其他厂商降低

20. 在寡头中,厂商经常分享详细目录或共同进行研究与开发。这些做法(　　)。

A. 在反托拉斯法下是非法的

B. 可以促进合作,因为违反串谋价格协议的厂商可以被排除在外

C. 是掠夺性定价的例子
   D. 仅仅存在于可竞争市场中

21. 古诺竞争中,厂商们(　　)。
   A. 考虑到关于对手将提供的产量的猜测,通过选择产量进行竞争
   B. 考虑到关于对手将索取的价格的猜测,通过选择价格进行竞争
   C. 响应对手的降价,但不响应提价
   D. 串谋以限定价格并获得垄断利润

22. 伯川德竞争中,厂商们(　　)。
   A. 考虑到关于对手将提供的产量的猜测,通过选择产量进行竞争
   B. 考虑到关于对手将索取的价格的猜测,通过选择价格进行竞争
   C. 响应对手的降价,但不响应提价
   D. 串谋以限定价格并获得垄断利润

23. 具有曲折需求曲线的厂商,其边际收益(　　)。
   A. 比垄断者的大
   B. 比垄断者的小
   C. 与垄断者的相同
   D. 在当前的产量水平下有一个落差

24. 如果竞争对手响应降价但不响应提价,那么厂商面临的需求曲线(　　)。
   A. 在当前的产量水平下是曲折的
   B. 在当前的产量水平下有一个落差
   C. 在当前的价格下是水平的
   D. 在当前的产量水平下是垂直的

25. 如果啤酒市场是古诺假定条件下的双头垄断市场,两个厂商面临着相同的不变的边际成本 C 和市场需求函数 p=a-by。在均衡时(　　)。

A. 两个厂商将都生产数量为 a/3b 的商品

B. 市场价格将高过两个厂商勾结时的市场价格

C. 当 p=C 时，这个行业的产量将等于市场需求的 2/3

D. 市场价格将为 a/3

26. 在古诺假定下，如果厂商的数量增加，那么（   ）。

   A. 每一厂商的数量将增加

   B. 行业产量增加，价格倾向于降到竞争时的水平

   C. 市场价格接近勾结时的价格

   D. 垄断者的行为更倾向于勾结

27. 在伯川德垄断条件下（   ）。

   A. 均衡价格等于垄断价格

   B. 在相同的市场条件下，均衡价格高于古诺双头垄断下的价格

   C. 均衡概念是建立在勾结基础上的

   D. 均衡价格等于竞争价格

28. 反托拉斯法（   ）。

   A. 禁止串谋行为

   B. 要求寡头中的厂商索取同样的价格

   C. 对违反串谋协议的厂商予以惩罚

   D. 通过增加竞争对手的成本促进串谋

29. 捆绑销售是（   ）。

   A. 厂商提供与其竞争对手相同的价格要求

   B. 卡特尔成员之间的协议，要求响应降价但不响应提价

   C. 买者购买一种产品时，必须同时购买另一种产品的要求

   D. 使价格的跟随者受缚于领导者的价格的一种做法

30. 实验经济学家们发现（   ）。

   A. 在博弈可以重复若干次时，参加者会逐渐采取一些简单的策略而促成串谋

   B. 串谋几乎是不可能的

   C. 串谋要求能够签订厂商合同以强制实行

D. 大多数参加者采取复杂的策略

二、计算题

1. 现有两个寡头垄断厂商,他们的行为遵循古诺模型,其成本函数分别为:

$TC_1 = 0.3q_1^2 + 40q_1 + 10\,000$

$TC_2 = 0.4q_2^2 + 50q_2 + 20\,000$

这两个厂商生产同质产品,其市场需求函数为:$Q = 4000 - 10p$。试求:

(1) 厂商 1 和厂商 2 的反应函数。

(2) 均衡价格和厂商 1、厂商 2 的均衡产量。

(3) 厂商 1 和厂商 2 的利润。

2. 假设某一寡头垄断厂商在价格上升时,它面临的需求函数为 $Q_d = 360 - 40P$;在价格下降时,它面临的需求函数为 $Q_d = 120 - 10P$。现在以 8 美元的价格出售产品。试问:

(1) 如果该垄断厂商的成本表已知为表 8-1 中的 SMC 和 SAC,找出该厂商最好的产出水平及这一产量下的售价和利润。

(2) 如果该厂商成本表改为 SMC' 和 SAC',则新的最好产出水平以及该产量下的价格和利润各为多少?

表 8-1

Q	SMC	SAC	SMC'	SAC'
20	3	4.50	4	5.50
30	4	4.00	5	5.00
40	5	4.50	6	5.50

3. 已知某寡头厂商的长期成本函数为 $C = 0.00024Q^3 - 0.0728Q^2 + 64.32Q$,C 为按美元计算的成本,Q 为按吨计算的产量,该厂日产量为 200 吨,以每吨 100 美元销售。该厂商估计,假如提高价格,顾客将减少,转向竞争对手,将导致他的产品的需求弹性为 -5;但若降低价格,他的产品的需求弹性为 -2。试问:

（1）若他使用的各种生产要素的价格同比例上升，但市场对他的产品需求不变，请计算说明，生产要素价格上升的比例不超过多少时，他不会改变他的销售价格？

（2）假如市场需求增加，生产要素价格不变，按现行价格他可以增加的销售量的百分率？（提示：由 MR=p（1+1/ε_d）计算不同的 ε_d 之 MR）

4. 某公司面对以下两段需求曲线：

p=25-0.25Q(当产量为 0~20 时)

p=35-0.75Q(当产量超过 20 时)

公司总成本函数为：TC_1=200+5Q+0.25Q^2

（1）说明该公司所属行业的市场结构是什么类型？

（2）公司的最优价格和产量是多少？这时利润（亏损）多大？

（3）如果成本函数改为 TC_2=200+8Q+0.25Q^2，最优价格和产量是多少？

5. 假定卡特尔由三家厂商组成，它们的总成本函数如表 8-2 所示。

表 8-2

产品单位	总成本		
	A 厂商	B 厂商	C 厂商
0	20	25	15
1	25	35	22
2	35	50	32
3	50	80	47
4	80	120	77
5	120	160	117

如果卡特尔决定生产 8 单位产量，产量应如何在三个厂商之间分配使成本最低？

6. 在一个实行支配型价格领先的寡头垄断行业中，行业的需求曲线为 p=150-0.5Q，其中，p 是支配厂商制定能为其他厂商接受的产品价格（按美元计），Q 是总需求量，其他产商的总供给量为 Q_r，Q_r=48p。支配厂商的边际成本是 2.96Q_b，Q_b 是该厂商产量。若该厂商想达到利润最大，应生产多少？产品价格应为多少？在这一价格上整个行业的产量将是多少？

7. 某产品市场需求函数为 Q=100-p，参与市场的企业的成本函数为一样，均为 $c=2x^2+60$，各企业均以其他企业产量一定为前提使自己利润最大化。试问：

（1） n 个企业存在时，各企业产量和利润是多少？

（2） 求最多有多少企业参与市场？

8. 某产品的市场需求曲线为 Q=60-p，三个企业支配该市场，成本函数一样，均为 $c=q^2+2$，各企业均以另外两企业产量一定为前提使利润极大，求均衡时产品价格？

9. 某产品的需求曲线为 Q=10-p，供给企业的成本函数为 $c=q^2+1$。试问：

（1） 设有 n 个企业参与市场，求竞争均衡时价格、各企业产量关于 n 的关系式？

（2） 求竞争均衡时最大的企业参与数？

（3） n 个企业达成 Cournot 均衡时的价格、各企业产量关于 n 的关系式？

（4） 求 Cournot 均衡时最大的企业参与数？

10. 某省纸浆委员会是由 1 000 家纸浆生产商组成的卡特尔，每一厂商的边际成本是不变的，为 3 元。对纸浆的需求和一家典型的生产商的供给线由表 8-3 给出，数量单位是公斤。试问：

表 8-3

市场需求		厂商供给	
价格（元）	数量	价格（元）	数量
10	10 000	10	60
9	15 000	9	55
8	20 000	8	50
7	25 000	7	45
6	30 000	6	40

续表

市场需求		厂商供给	
价格（元）	数量	价格（元）	数量
5	35 000	5	35
		4	30
		3	25
		2	20

（1）找到卡特尔整体的利润最大化价格。在这一价格下出售多少公斤？每一厂商必须生产多少以维持这一价格？

（2）如果卡特尔索取的价格等于（1）的计算结果，单个厂商愿意生产多少单位？

（3）现假定所有的厂商都采取欺骗行为，市场成为竞争性的，请找到均衡价格和产量。

11. 在一个卡特尔中包括 500 家电脑供应商，每一厂商的边际成本是不变的，为 400 美元。市场需求曲线和一家设备供应商的供给曲线如表 8-4 所示。数量代表电脑的台数。试问：

表 8-4

市场需求		总收益	边际收益
价格（美元）	数量	（美元）	（美元）
1 000	300 000		
900	400 000		
800	500 000		
700	600 000		
600	700 000		
500	800 000		
400	900 000		
300	1 000 000		

企业供给		市场供给	
价格（美元）	数量	价格（美元）	数量
1 000	4 000		
900	3 500		
800	3 000		
700	2 400		
600	2 000		
500	1 600		
400	1 000		
300	500		
200	100		

（1）求出电脑供应商市场的边际收益。

（2）将 500 家单个厂商的供给加总导出市场供给。

（3）找到卡特尔整体的利润最大化价格。在这一价格下会出售多少台电脑？每一厂商必须售出多少以维持这一价格？

（4）如果卡特尔以（3）的计算结果索取价格，单个厂商愿意出售多少单位？

（5）现假定所有的厂商都采取欺骗行为，市场变成竞争性的，请找到均衡价格和数量。

12. A 公司与 B 公司在某城区分享家具翻新市场。每家公司都使用同样的大量化学品，一桶可翻新 10 件家具。每一厂商的边际成本是不变的，等于 4 元。表 8-5 给出市场需求。试问：

表 8-5

价格（元）	产量	价格	产量
7.50	0	5.50	40
7.00	10	5.00	50
6.50	20	4.50	60
6.00	30	4.00	70

（1）假定两个厂商试图结成卡特尔并平分市场，请找到每一厂商的利润最大化产量？

（2）现在从 A 公司拥有者的角度来分析这个问题，他推测其对手 B 公司按（1）计算的产量生产，请找到利润最大化的产量。

13. 假定一寡头垄断行业的厂商所面临的需求曲线的形状如下图所示，图中 P* 为这个行业的均衡价格。试问：

（1）什么厂商相信他的需求曲线是这种形状？

（2）为什么当成本变化时厂商也不愿改变商品价格？

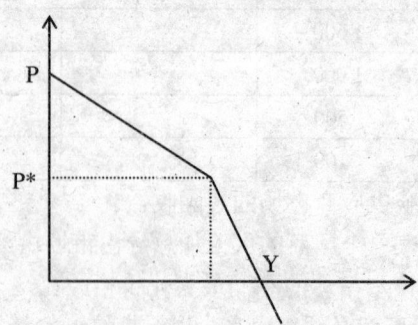

14. 假定厂商 I 垄断了商品 y 的生产，y 的需求函数为 $p=50-0.5y$。在现有的生产条件下，边际成本不变，$MC=10$，没有固定成本。现在假定由于新技术的使用，使边际成本减少到 0，开发这个技术的固定成本为 550 元。厂商 I 和潜在的厂商 II 需要决定是否要开发这一技术。如果只是厂商 I 开发这个技术，他将运用新技术；如果厂商 II 开发这个技术，将形成古诺双头垄断的局面，厂商 I 的边际成本为 10，厂商 II 的边际成本为 0。如果两家都开发这个技术，亦形成古诺双头垄断局面，致使两家的边际成本都将为 0。试问：

（1）如果仅有厂商 I 开发这一技术，试求他可以得到的垄断利润。

（2）如果仅由厂商 II 开发这一技术，试求厂商 I 和厂商 II 分别可以得到的垄断利润。

（3）如果两家厂商都开发这一技术，试求每家厂商将得到的垄断利润。

15. 在古诺模型中，行业的需求曲线函数为 p=1-y,可变成本为 0。试问：

（1）当厂商数量分别为 2 个、3 个和 N 个时，求每一厂商均衡的价格和利润。

（2）假定可变成本仍为 0，但每一厂商有 0.05 的进入该行业的进入成本，计算（1）时每一厂商的均衡价格和利润？如果可以免费进入该行业，长期均衡的厂商数量是多少？

（3）假定该行业 N 个厂商中的每一厂商都相信自己能占有 1/N 的产量，在这种情况下，厂商的长期均衡的数量是多少？

16. 一家公司垄断了篮球鞋的生产，它的边际生产成本为 18 元。它把所有的产品批发给一家零售商，后者的边际成本为批发价格加上边际零售成本 10 元。他们面临的需求函数为：p=100-y。试问：

（1）均衡的批发与零售价格和均衡的产量是多少？

（2）如果该公司自己经销篮球鞋，请计算此时的均衡产量与价格？

17. 两个厂商生产同质产品，长期成本曲线和市场需求曲线如下：

$LTC_1=0.1q_1^2+2q_1$

$LTC_2=0.025q_2^2+2q_2$

$Q=500-10p$

（1）厂商达到古诺均衡，求厂商的反应函数，并计算两个厂商此时各自的产量、产品的价格，两个厂商各自所得的利润。

（2）若两个厂商为使其总利润达到最大而同意组成卡特尔，并且同意一个厂商付给另一个厂商超额利润，以保证两个厂商在利润上有相等的绝对增长量。计算两个厂商各自的产量、产品的价格及哪个厂商将支付平均利润？支付额为多少？

18. 三个厂商生产同质产品，市场需求曲线为：

Q=1000-40p

Q 的单位为吨/年，p 的单位为元，厂商的总成本函数为：

$C_1=20q_1$

$C_2=0.075q_2^2+13.5q_2$

$C_3 = 0.005q_3^2 + 16.3q_3$

（1）这些厂商按古诺模型进行决策，且达到古诺均衡，计算每个厂商的产品价格、产量和利润。

（2）主导厂商打算买下另外两家厂商，计划按照他们财产的现行市价加上当前利润的现值（按当前利率进行现值计算）进行购买。在掠夺式的价格战恐吓下，这两个厂商同意了。当政府指定兼并者必须把最高价格压缩到低于前述的均衡价格的 0.5 时，主导厂商谋取垄断权利的计划受到限制，垄断厂商不得不调节最高价格以达到最大利润。试比较垄断者的境况与兼并前相比是好了还是坏了？消费者的境况与兼并前相比是好了还是坏了？

19. 许多个工厂生产一种同质产品，市场需求曲线为：

$Q = 3020 - p$

每个工厂长期总成本曲线与工厂数量无关，则：

$LTC = q^3 - 20q^2 + 120q$

成本与价格分别以元计，产量以年产吨数计。

（1）市场是完全竞争的，每个工厂是独立的，求出长期均衡状态下的价格，工厂（厂商）的数目、产量、行业总产量和行业总利润。

（2）现假设 A、B、C、D 四个厂商每家各拥有该行业 1/4 的工厂。通过掠夺式价格的威胁，阻止了可能进入该行业的潜在对手。他们按古诺模型进行生产，并建立了均衡。求出长期均衡情况下产品价格？各厂商的产量？各个厂商所拥有的工厂数量？行业总产量及行业的总利润？

（3）现又假设厂商 A 和 B 合并，C 和 D 合并，新产生的两个厂商亦按古诺模型进行决策，并建立了均衡。求出长期均衡情况下产品价格？各厂商产量？各厂商控制的工厂数？行业总产量及行业总利润？

（4）假设以上两个厂商又合并成一垄断公司，追求最大利润。求出长期均衡情况下产品的价格？被控制中的每个工厂的产量？被控制的工厂数量？行业总产量和行业总利润？

（5）把部分的答案进行比较，你将得出什么样的结论？你的结论是否赞同法律对兼并的禁止？在有这样的法律的情况下，是什么力量可以使任何竞争中的行业避免以上情况？

20. 由一个主导厂商（用 i 表示）和十二个次要厂商（用 j 表示）构成一个行业。主导厂商的总成本函数为：

$C_i = 0.0333 q_i^3 - 2q_i^2 + 50 q_i$

市场需求曲线为：

$Q = 250 - p$

其中每个小厂商的成本函数为：

$C_j = 2q_j^2 + 10 q_j$

主导厂商决定领导市场价格，即由自己决定价格，并管理自己的产出量，使整个市场供给既不短缺，也无剩余。正确的预期次要厂商将接受它定的价格。主导厂商的定价是为了使自己的利润最大。

（1）主导厂商的定价为多高？
（2）主导厂商的产量为多少？
（3）主导厂商的利润是多少？
（4）每个小企业的产量是多少？
（5）每个小企业的利润是多少？

21. 某一行业由一个大的厂商与五个小厂商组成，大厂商与每个小厂商的成本函数为：

$C_l = 0.001 q_l^2 + 3 q_l$

$C_s = 0.01 q_s^2 + 3 q_s$

其中，C 是每周的总成本，用元表示；q 是厂商每周产出的单位数，下标 l 和 s 分别表示大厂商和小厂商；他们的产品是同质的，小厂商拥有相同的工厂。市场需求曲线可以表示为如下方程：

$Q = 5250 - 25p$

其中，Q 是每周总销售量，p 是单位产品的价格，用元表示。

（1）在最初，产业处于由主导厂商价格领先模型所决定的均衡之中，大厂商是主导厂商。计算大厂商每周的产出？每个小厂商每周的产出、总产出、均衡价格？大厂商的利润？每个小厂商的利润和整个产业的利润？

(2) 政府接管所有六个厂商的所有权，以市价支付每个厂商的资产（等于机会成本），再加上纯利润和现值（以当前利率计算现值）。政府在单一的管理控制之下经营所有的企业，在短期没有充足的时间用于调整工厂的规模和建设新的工厂，政府仍然以原来的均衡价格出售产品。求政府的利润？企业可以得到多大程度的改善或变得更差？消费者得到多大程度的改善或变得更差？前三者之和为零吗？如果为零，是否为所有这种情形的必然结果或仅是这个场合的特殊特征？不为零，则剩余或不足来自何方或将归于何处？

(3) 假定政府不接管所有六个厂商的企业，而仅仅买下了大厂商的企业。购买价等于（2）中的市价加上"合适的"而不是实际的纯利润的现值。"合适的"利润定义为（为这个目的）等于小企业每单位的利润，并且是在大企业被接管之前的产出条件下的利润。政府拥有企业开始将价格定为边际成本，并给小企业的产出以津贴。求价格是多少？回答与（2）中同样的四个问题。

(4) 假定政府不接管某企业的所有权，而是给这种产品制定一个限制价格（最高价格），并且使限制价格等于（3）中的价格。回答与（2）中相同的问题。

三、分析问答题

1. 试述寡头垄断厂商的产量及价格决定。
2. 利用折弯的需求曲线分析寡头垄断厂商的行为及其均衡。
3. 在一个有支配厂商的价格领先模型中，除支配厂商外，请评论其他厂商的行为与完全竞争厂商的行为是否一样。为什么这些厂商都愿意跟着支配厂商定价？
4. 有这样一个卡特尔，其中每家厂商都具有相同的不变边际成本，如果这个卡特尔要使整个行业的利润最大化，那么对于厂商之间的产量分配，这个假定前提隐含了什么？
5. 纽约市的高价牛奶由来已久，人们对此很有意见。1986年，牧场牛奶公司（新泽西一家牛奶制造商）开始在斯泰坦岛（纽约市5个自治镇之一）出售牛奶。其低价位将牛奶的零售价压低至每加仑 40

美分。纽约州法律规定，任何像牧场牛奶公司这样的牛奶制造商都必须得到许可证，方可逐镇出售牛奶。纽约市现有的牛奶公司辩称，牧场公司进入该市其他地区不利于消费者，因为往那里经销牛奶成本高昂。此外，他们还声称，纽约的就业机会不应捎带给了新泽西。1987年1月，一名联邦法官判决牧场公司胜诉，并指出，禁止其在纽约促销的一项州法裁定是违反宪法的。试就上述纽约现有牛奶公司的论调进行详细评论。

6. 某企业具有规模报酬不变的生产函数，该企业在完全竞争情况下购买其所需的全部要素，目前对其产品的需求曲线为：

Q=20 000−250p

这里，Q 表示年销售量，p 是单位产品的价格，为了使其利润达到最大，该企业家一直在考虑做广告是否有利可图，他正在与两个互相竞争的广告代理人讨论广告方案。

第一个代理人：高利润的秘诀在于建立有诱惑力的利润盈余，对于我提出的年预算，我所推荐的广告方案将会强化您的顾客对您的产品支付更高的价格，不管您选择出售的产品数量是多少，通过我的广告方案您索要的价格比您在没有广告情况下所索要的价格高 5%。

第二个代理人：我的哲学有所不同，高利润的秘诀在于高销售量，贵企业尚有增长的余地，您应把扩大销售量作为您的广告的主要取向，在与我的竞争者相同的预算下，我所建议的方案将会增加消费者对您的产品的购买量，无论您选择索要的价格是多少，通过我的广告将使您出售的产品比没在广告情况下多 80%。

企业家核算了他的计算，说："我既对价格最大化无兴趣，对销售最大化也无兴趣，我只对利润最大化感兴趣，如果您二位声称的的确有根据的话，采取任何一位的方案所得的利润，与不采纳你们的方案利润一样，二位愿意重新考虑你们的方案吗？"请问厂商的长期总成本曲线方程是什么？提出的年广告预算是多少？

参考答案

一、选择题

1. C 2. B 3. A 4. D 5. B 6. D 7. C
8. C 9. A 10. D 11. C 12. D 13. D 14. B
15. D 16. C 17. B 18. D 19. A 20. B 21. A
22. B 23. D 24. A 25. C 26. B 27. D 28. A
29. C 30. A

二、计算题

1. 解：

（1）为求厂商1和厂商2的反应函数，先要求两厂商的利润函数。

已知市场需求函数为 Q=4 000-10p，可知 p=400-0.1Q，而市场总需求量为厂商1和厂商2产品需求量之和，即 $Q=q_1+q_2$，因此，$p=400-0.1Q=400-0.1q_1-0.1q_2$。

由此求得两厂商的总收益函数分别为：

$TR_1=pq_1=(400-0.1q_1-0.1q_2)q_1=400q_1-0.1q_1^2-0.1q_2q_1$

$TR_2=pq_2=400q_2-0.1q_1q_2-0.1q_2^2$

因此，两厂商的利润函数分别为：

$\pi_1=TR_1-TC_1=400q_1-0.1q_1^2-0.1q_2q_1-0.3q_1^2-40q_1-10\ 000$
$\quad =360q_1-0.4q_1^2-0.1q_1q_2-10\ 000$

$\pi_2=TR_2-TC_2=400q_2-0.1q_1q_2-0.1q_2^2-0.4q_2^2-50q_2-20\ 000$
$\quad =350q_2-0.5q_2^2-0.1q_1q_2-20\ 000$

要想实现利润极大，则：

$d\pi_1/dq_1=360-0.8q_1-0.1q_2=0$

$q_1=450-0.125q_2$ ………厂商1的反应函数

$d\pi_2/dq_2=350-q_2-0.1q_1=0$

$q_2=350-0.1q_1$ ………厂商 2 的反应函数

（2）均衡产量和均衡价格可以从反应函数的交点得到。

$q_1=450-0.125q_2$

$q_2=350-0.1q_1$

得：$q_1=410$，$q_2=309$

$Q=q_1+q_2=719$

$p=400-0.1\times 719=328.1$

（3）厂商 1 的利润：

$\pi_1=pq_1-TC_1=328.1\times 410-(0.3\times 410^2+40\times 410+10\,000)=57\,691$

厂商 2 的利润：

$\pi_2=pq_2-TC_2=328.1\times 309-(0.4\times 309^2+50\times 309+20\,000)=27\,740.5$

2. 解：

（1）该寡头垄断产商面临一条拐折的需求曲线。

对于 $Q_d=360-40p$ 来说，当 $p=8$ 时，则 $Q=360-40\times 8=40$。因为，$p=9-Q/40$，所以 $MR=9-Q/20$。当 $Q=40$ 时，则 $MR=7$。

同样，对于 $Q_2=120-10p$ 来说，当 $p=8$ 时，则 $Q=40$，$MR=4$。

根据利润极大化原则 $MR=MC$，当 $SMC=MR=4$ 时，最好的产出水平是 30（从成本表上看出），但根据以上计算 $MR=4$ 时，产量为 40，而 $Q=40$ 时，$SMC=5$（由表得出）。该寡头厂商的边际成本曲线在 MR 区域的任何地方（从 $MR=4$ 到 $MR=7$）的升降都不会导致寡头改变产出水平和现行价格，产量为 40 时，价格为 8 美元，利润为 $\pi=8\times 40-4.5\times 40=140$ 美元。如果产量为 30，则利润只有 $\pi=8\times 30-4\times 30=120$ 美元。因此，最好的产出水平应当是 40 而不是 30。

（2）当 SMC 变为 SMC'时，SMC'曲线仍与 MR 曲线的间断部分（从 $4MR=4$ 到 $MR=7$）相交，故厂商最好的产出水平仍应为 40，价格仍为 8 美元。这时，利润 $\pi=8\times 40-5.5\times 40=100$ 美元。如果产量为 30，则利润只有 $\pi=8\times 30-5\times 30=90$ 美元。

3. 解：

（1）由 $C=0.00024Q^3-0.0728Q^2+64.32Q$ 得：

$MC=0.00072Q^2-0.1456Q+64.32$

当产量为 200 吨时，MC=0.00072×200²-0.1456×200+64.32=64 美元。

从题意可知，该厂商面临一条拐折需求曲线。

当 Q=200 时，对于面对价格上升的需求曲线中的 MR_1 来说，MR_1=p(1+1/ε_d)=100×(1-1/5)=80 美元，而对于面对价格下降的需求曲线中的 MR_2 来说，MR_2=100×(1-1/2)=50 美元。

这说明，MC 在 50 和 80 的范围内变动都不会改变销售价格 100 美元。当各种生产要素价格上升 25%时，MC=64×(1+0.25)=80 美元，尚未超过 MR_1，因此还不会改变销售价格。若要素价格上升超过了 25%，说明 MC 要超过 80 美元，厂商就只能提高产品销售价格了。

（2）当 MR_1=80，MR_2=50，则 MC 从 50 到 80，都可以不改变价格，当要素价格不变时，产量上升会使成本上升，当 MC=80 时，产量为：80=0.00072Q²-0.1456Q+64.32，得 72Q²-14560Q+1568000=0。因此 Q=280。

这就是说，当产量 Q=280 时，仍可按现行价格每吨 100 美元销售。而（280-200）/200=40%，即按现行价格可以增加的销售量的百分率为 40%。

4. 解：

（1）该行业属斯威齐模型及拐折需求曲线模型。

（2）当 Q=20 时，p=25-0.25×20=20(从 p=35-0.75×20=20 求出)。然而，当 p=20，Q=20 时：

    对于 p=25-0.25Q 来说，MR_1=25-0.5Q=25-0.5×20=15

    对于 p=35-0.75Q 来说，MR_2=35-1.5×20=5

这就是说，MR 在 5~15 之间断续，边际成本在 5~15 之间变动不会改变价格和产量。

因为 TC_1=200+5Q+0.25Q²，由此得：

    MC_1=5+0.5Q

当 MR_1=MC_1 时，25-0.5Q=5+0.5Q Q_1=20

当 MR_2=MC_1 时，35-1.5Q=5+0.5Q Q_2=15

显然，只有 Q_1=20 才符合均衡条件，而 Q_2=15,小于 20，不符合题目假设条件，因为题目假定只有 Q>20 时，p=35-1.5Q 才适用。

当 Q=20 时，利润 $\pi =20\times 20- (200+5\times 20+0.25\times 20^2)=0$。

（3）$TC_2=200+8Q+0.25Q^2$，$MC_2=8+0.5Q$

当 $MC_1=MC_2$ 时，$25-0.5Q=8+0.5Q$ $Q_1=17$

当 $MR_2=MC_2$ 时，$35-1.5Q=8+0.5Q$ $Q_2=13.5$

显然，由于 $Q_2=13.5<20$，不符合假设条件，因此 Q_1 是均衡产量。

这时，$p=25-0.25\times 17=20.75$

利润 $\pi =20.75\times 17-(200+8\times 17+0.25\times 17^2) = -55.5$

利润为负，说明亏损，但这是最小亏损额。

5. 解：

卡特尔分配产量应遵循使各厂商边际成本相等的原则。根据这一原则，A 厂商应生产 3 单位，B 厂商应生产 2 单位，C 厂商应生产 3 单位，共 8 单位。这样，总成本最低。

6. 解：

在这一行业中，行业需求量为 $Q=300-2p$。其他厂商总供给量为 $Q_r=48p$，而 $Q=Q_r+Q_b$。因此，$Q_b=Q-Q_r=(300-2p) -48p=300-50p$。由此得 $p=300/50-Q_b/50=6-0.02Q_b$。这是支配厂商的需求函数，由此可求得 $MR_b=6-0.04Q_b$，已知支配厂商的边际成本为 $2.96Q_b$，因此，求支配厂商利润极大产量，只要令 $MR_b=MC_b$，即 $6-0.04Q_b=2.96Q_b$，得 $Q_b=2$。

将 $Q_b=2$ 代入 $p=6-0.02Q_b$，得 $p=5.96$。这是支配厂商定的价格。

其他厂商供给量为 $Q_r=49p=49\times 5.96=286.08$。

行业总产量为 $Q_r+Q_b=292.04+2=288.08$。

7. 解：

（1）设 n 个企业的产量分别为 x_1、$x_2\cdots x_n$，此时各企业利润为：

$$\begin{cases} \pi_1=px_1-c_1=(100-x_1-x_2\cdots x_n)x_1-2x_1^2-60 \\ \vdots \\ \pi_n=px_n-c_n=(100-x_1-x_2\cdots x_n)x_n-2x_n^2-60 \end{cases}$$

利润极大化条件为：

$$\begin{cases} d\pi_1/dx_1 = (100-x_1-x_2\cdots x_n) - x_1 - 4x_1 = 0 \\ \vdots \\ d\pi_n/dx_n = (100-x_1-x_2\cdots x_n) - x_n - 4x_n = 0 \end{cases}$$

由于 n 个企业状况相同,所以均衡时有 $x_1=x_2=\cdots=x_n$,由上述 n 个方程即可解得:

$x_1=x_2=\cdots x_n=100/(n+5)$

此时各企业利润为:

$\pi_1=\pi_2=\cdots=\pi_n=100/(n+5) - 2\times(100/n+5)^2 - 60$
$= 30\,000/(n+5)^2 - 60$

(2)由于企业进入的基本条件是利润非负,所以:

$\pi_1 = 30\,000/(n+5)^2 - 60 \geq 0$

$n \leq 17.36$

因此,求得最多参与企业数为 17。

8. 解:

设三个企业的产量分别为 q_1、q_2、q_3,由需求函数得:

$p = 60 - (q_1+q_2+q_3)$

三个企业的利润分别为:

$\pi_1 = pq_1 - c_1 = (60-q_1-q_2-q_3)q_1 - q_1^2 - 2$
$\pi_2 = pq_2 - c_2 = (60-q_1-q_2-q_3)q_2 - q_2^2 - 2$
$\pi_3 = pq_3 - c_3 = (60-q_1-q_2-q_3)q_3 - q_3^2 - 2$

三个企业利润极大化条件分别为:

$d\pi_1/dq_1 = 60 - (q_1+q_2+q_3) - q_1 - 2q_1 = 0$
$d\pi_2/dq_2 = 60 - (q_1+q_2+q_3) - q_2 - 2q_2 = 0$
$d\pi_1/dq_1 = 60 - (q_1+q_2+q_3) - q_3 - 2q_3 = 0$

由于三个企业条件相同,所以 $q_1=q_2=q_3$,由上述各式可求出:

$q_1=q_2=q_3=10$

由此可求得:$p=30$。

9. 解:

(1)各企业利润为:

$\pi = pq - c = pq - q^2 - 1$

利润极大化条件为：

$d\pi/dq = p - 2q = 0$

因此，$q = p/2$

由于企业都是相同的，市场供给函数应为：

$s = np/2$

均衡条件（需求=供给）为：

$10 - p = np/2$

由此可求出 p、q 表达式：

$p = 20/(n+2)$ $q = 10/(n+2)$

（2）均衡时企业要求利润为非负，即

$\pi = pq - q^2 - 1 = 100/(n+2)^2 - 1 \geq 0$

解得：$n \leq 8$

此时，竞争均衡时最大的企业参与数为 8。

（3）设 n 个企业产量为 $q_i(i=1\cdots n)$，由需求函数得：

$p = 10 - (q_1 + q_2 + \cdots + q_n)$

企业 i 的利润为

$\pi_i = pq_i - c_i = [10 - (q_1 + q_2 + \cdots + q_n)]q_i - q_i^2 - 2$

根据均衡条件：

$d\pi_i/dq_i = 10 - (q_1 + \cdots + q_n) - q_i - 2q_i = 0$

所有企业都是同样的，均衡时应有：

$q_1 = \cdots = q_n$

因此，求得：

$q_i = 10/n+3$

$p = 30/n+3$

（4）均衡时要求企业利润非负，即

$\pi_i = pq_i - q_i^2 - 1 = 200/(n+3)^2 - 1 \geq 0$

求得：

$n \leq 11.142$

此时，最大企业参与数为 11。

10. 解：

将单个厂商的供给加总。由于存在着 1 000 家厂商，市场供给仅仅是厂商的供给量乘以 1 000，市场供给由表 8-1 给出。

厂商供给		市场供给	
价格（元）	数量	价格（元）	数量
10	60	10	60 000
9	55	9	55 000
8	50	8	50 000
7	45	7	45 000
6	40	6	40 000
5	35	5	35 000
4	30	4	30 000
3	25	3	25 000
2	20	2	20 000

根据总收益计算出边际收益。边际收益为总收益变化量除以产量的变化。

市场需求		总收益（元）	边际收益（元）
价格（美元）	数量		
10	10 000	100 000	
9	15 000	135 000	7
8	20 000	160 000	5
7	25 000	175 000	3
6	30 000	180 000	1
5	35 000	175 000	−1

（1）找到卡特尔的利润最大化价格。市场供给曲线即卡特尔的边际成本。当产量为 25 000 时，边际成本等于边际收益；相应的价格为 7 元；每一厂商生产 25 公斤。

(2) 当价格为 7 美元时，厂商愿意提供 45 单位的产量，比指定数量多了 20 单位。

(3) 如果所有的厂商都欺骗，那么市场变成竞争性的，出清价格为 5 元，这时每个厂商生产 35 公斤。

11. 解：

(1) 和 (2) 的边际收益和市场供给表如下所示，边际收益等于总收益的变动除以数量的变动。

市场需求		总收益（美元）	边际收益（美元）
价格（元）	数量		
1 000	300 000	300 000 000	—
900	400 000	360 000 000	600
800	500 000	400 000 000	400
700	600 000	420 000 000	200
600	700 000	420 000 000	0
500	800 000	400 000 000	−200
400	900 000	360 000 000	−400
300	1 000 000	300 000 000	−600

企业供给		市场供给	
价格（美元）	数量	价格（美元）	数量
1 000	4 000	1 000	2 000 000
900	3 500	900	1 750 000
800	3 000	800	1 500 000
700	2 400	700	1 200 000
600	2 000	600	1 000 000
500	1 600	500	800 000
400	1 000	400	500 000
300	500	300	250 000
200	100	200	50 000

(3)卡特尔价格=800 美元,市场供给量=500 000,每一厂商的供给量=1 000。

(4)3 000。

(5)价格=500 美元,数量=800 000。

12. 解:

先找到边际收益,并使边际收益等于边际成本。如下表所示:

价格(元)	产量	总收益(元)	边际收益(元)
7.50	0	0	-
7.00	10	70	7
6.50	20	130	6
6.00	30	180	5
5.50	40	220	4
5.00	50	250	3
4.50	60	270	2
4.00	70	280	1

(1)当总产量为 40 时,边际收益等于边际成本。每一厂商购买 2 桶化学品,翻新 20 件家具。

(2)A 公司找到竞争对手的市场需求、边际成本和产量。按照(1)中计算的 B 的产量,B 公司预期生产 20 单位。

从市场需求中减去对手的产量,如下表所示。

价格(美元)	产量	价格(美元)	产量
7.00	0	5.00	50-20=30
6.50	20-20=0	4.50	60-20=40
6.00	30-20=10	4.00	70-20=50
5.50	40-20=20		

A 公司的边际收益,如下表所示。

价格（美元）	产量	总收益（美元）	边际收益（美元）
7.00	0	0	-
6.50	0	0	-
6.00	10	60	6
5.50	20	110	5
5.00	30	150	4
4.50	40	180	3
4.00	50	200	2

所以，当产量为30时，边际收益等于边际成本即4美元。

13. 解：

（1）根据斯威齐模型，厂商知道在寡头垄断条件下，价格下降的需求是缺乏弹性的，因此，降低价格并不能带来好处。由于价格上升的需求具有很高的弹性，所以，价格上升也不能带来好处。

（2）由于需求曲线的形状，边际收益曲线是不连续的。当边际成本在不连续的边际收益曲线范围内变化时，价格并不需要发生变化。

14. 解：

（1）当仅由厂商Ⅰ开发这一技术时，将使他的边际成本等于0。

$MC = 50 - y = 0 \quad y = 50$

$p = 50 - 0.5(50) = 25$

利润 $= 50 \times 25 - 550 = 700$

（2）当仅由厂商Ⅱ开发这一技术时，厂商Ⅰ的边际成本为10，厂商Ⅱ的边际成本为0。

$MC_1 = 50 - 0.5y_2 - y_1 = 10$

$y_1 = 40 - 0.5y_2$

$MC_2 = 50 - 0.5y_1 - y_2 = 0$

$Y_2 = 50 - 0.5y_1$

$y_1 = 40 - 0.5(50 - 0.5y_1)$

$y_1 = 20 \quad y_2 = 40$

$p = 50 - 0.5(60) = 20$

$\pi_1=(20-10)20=200$

$\pi_2=20(40)-550=250$

（3）如果两厂商都开发这一技术，两家边际成本都为0。

$y_1=50-0.5y_2$

$y_2=50-0.5y_1$

$y_1=y_2=10/3$

$p=50-200/6=50/3$

$\pi_2=\pi_1=(50/3)(100/3)-550=5.56$

15. 解：

（1）两个厂商时，每个厂商的利润函数为$(1-y_1-y_2)y$。

厂商Ⅰ的反应函数为 $y_1=1/2-y_2/2$

厂商Ⅱ的反应函数为 $y_2=1/2-y_1/2$

解得：$y_1=y_2=1/3$

$p=1-2/3=1/3$

$\pi_1=\pi_2=1/9$

三个厂商时，则：

厂商Ⅰ的反应函数为 $y_1=1/2-y_2/2-y_3/2$

厂商Ⅱ的反应函数为 $y_2=1/2-y_1/2-y_3/2$

厂商Ⅲ的反应函数为 $y_3=1/2-y_1/2-y_2/2$

解得：$y_1=y_2=y_3=1/4$

$p=1-3/4=1/4$

$\pi_i=1/16 \quad i=1,2,3$

当厂商的数量为N时，每个厂商的反应函数可以由下式推出：

$1-y_2-\cdots-y_n-2y_1=0$

均衡价格和产量为：

$y_i=1/(N+1) \quad i=1,2\cdots N$

$p=1-N/(N+1)=1/(N+1)$

$\pi_i=[1/(N+1)]^2 \quad i=1,2\cdots N$

（2）价格和数量是相同的，利润将比前一情况少0.05。在长期，利润为零，即$[1/(N+1)]^2-0.05=0$，所以N=3.47。厂商的数量一般是整数，N=3。

（3）每一厂商的利润为 $\pi = (1-Ny)y - 0.05$，y 是一个厂商的产量。为使利润最大化，因此有：

令 $\dfrac{\partial \pi}{\partial y} = 1 - 2Ny = 0$，则：

p=1-1/2=1/2　　　　y=1/2N

在长期，$\pi = 1/4N - 0.05 = 0$，N=5。

16. 解：

（1）当批发价为 P_w 时，零售商的最大化利润为：

$\pi = (100-y)y - (P_w+10)y$

令 $\dfrac{\partial \pi}{\partial y} = 100 - 2y - P_w - 10 = 0$，则：

$P_w = 90 - 2y$

公司最大化利润为：

$\pi = (P_w - 18)y = (90-2y)y - 18y$

利润最大化的产量和价格为：

y=18　P_w=90-36=54

P=100-18=82

公司最大化的利润为：

$\pi = 36 \times 18 = 648$

（2）y=36，P=64，π=1 296。

17. 解：

（1）从给定的等式中导出如下等式：

$MC_1 = 0.2q_1 + 2$　　　$MC_2 = 0.05q_2 + 2$

P=50-0.1Q　　　　　$p = 50 - 0.1q_1 - 0.1q_2$

为导出反应函数，令每一个厂商的 MC=MR，在另一个厂商的产出为常数的条件下，$0.2q_1 + 2 = 50 - 0.2q_1 - 0.1q_2$。

$0.05q_2 + 2 = 50 - 0.1q_1 - 0.2q_2$，所以：

$q_1 = 120 - 0.25q_2$　　$q_2 = 192 - 0.4q_1$

可得出：

$q_1=80$, $q_2=160$, $p=26$, $\pi_1=1\,280$, $\pi_2=3\,200$。

（2）为使总利润为最大，令 $MC_1=MC_2=MR=MC$，则：

$MC_1=0.2q_1+2$ 　　所以 $q_1=5MC-10$

$MC_2=0.05q_2+2$ 　　所以 $q_2=20MC-40$

$Q=25MC-50$ 　　　所以 $MC=0.04Q+2$

$P=50-0.1Q$ 　　$MR=50-0.2Q$

$MR=50-0.2Q=0.04Q+2=MC$

所以 $Q=200$ 　　$MC=MR=10$

在每一个边际成本方程中令 $MC=10$，得：

$q_1=40$, $q_2=160$, $p=30$, $\pi_1=960$, $\pi_2=3840$。

因此，总利润将增加 320，第二个厂商支付给第一个厂商的数量为 480。

18. 解：

（1）计算每一个厂商的反应函数：

厂商Ⅰ：$Q=1\,000-40p$，所以：

$p=25-0.025Q$

$p=25-0.025q_2-0.025q_3-0.025q_1$

$MR=25-0.025q_2-0.025q_3-0.05q_1$

$MC=20=MR$ 　　所以 $q_1=100-0.5q_2-0.5q_3$

依次类推，最后可得：

厂商Ⅰ：$p=20.5$ 　　$q_1=20$ 　　$\pi=10$

厂商Ⅱ：$p=20.5$ 　　$q_1=40$ 　　$\pi=160$

厂商Ⅲ：$p=20.5$ 　　$q_1=120$ 　　$\pi=432$

因此，总利润$=602$。

（2）在 $p=20$ 时，厂商Ⅰ利润为零，被迫关闭。将厂商Ⅱ和厂商Ⅲ的 MC 曲线相加，得出：

厂商Ⅱ：$MC=13.5+0.15q_2$ 　　　　$q_2=6.66MC-90$

厂商Ⅲ：$MC=16.3+0.01q_3$ 　　　　$q_3=100MC-1630$

$Q=106.66MC-1720$

在 $p=20$ 时，需求量$=200$。

在 Q=200 时，MR 曲线为折线，折线的上段为 MR=20。

折线的下段为 MR=25-0.05Q=25-0.05(200)=15。

工厂的总计 MC 曲线给出当 Q=200，MC=18。

它位于折线的下段。

当 MC=18 时，q_2=30，q_3=170。

厂商Ⅱ：p=20，q_2=30，π =127.5。

厂商Ⅲ：p=20，q_3=170， π =485.5。

因此，总利润=612

垄断厂商变得更好了，原因是总利润增加了 10 元，价格下降了 0.5 元，消费者的境况也变好了。

19. 解：

（1）完全竞争，每个厂商在最小的 LAC 处生产。

p=20

q=10

N=300

Q=3 000

π =0

（2）四厂商的古诺式寡头垄断，对每个有多个工厂的厂商来说 LMC=20=最小 LAC。计算 A 厂商的反应函数为：

p=3 020-q_A-q_B-q_C-q_D

所以 MR=3 020-2q_A-q_B-q_C-q_D

MC=20=MR

所以 q_A=1 500-0.5(q_B+q_C+q_D)

因四个厂商处于同一位置，他们的生产函数是对称的且 q_A=q_B=q_C=q_D，则：

p=620

q=600

n=60

Q=2 400

π =1 440 000

(3) 两厂商的古诺式寡头垄断,利用与 B 中相同的函数,导出反应函数为:

$MR_A = 3020 - 2q_A - q_C = 20 = MC$

$Q_A = 1500 - 0.5q_C$

两个厂商具有相同的反应函数,所以 $q_A = q_C$,则:

p=1 020

Q=1 000

N=100

Q=2 000

π=2 000 000

(4) 对于多个工厂垄断来说,LMC=20=LAC,则:

MR=3 020-2Q=20=MC

p=1 520

工厂产出=10(每个工厂在最小 LAC)

N=150

Q=1 500

π=2 250 000

(5) 当厂商数量下降时,价格上升,产出下降,利润增加。在竞争情况下 p=MC,当厂商数下降,p 逐渐地升到 MC 之上,消费者剩余下降。在这种情况下,禁止兼并对消费者有好处,但我们不能把这个结论直接推广到成本不是常数的其他情况上,在那里行为可能不是按古诺式进行的。

20. 解:

计算小厂商的供给曲线为:

$C_j = 2q_j^2 + 10q_j$

$MC_j = 4q_j + 10$

MC=p   所以 $q_j = 0.25p - 2.5$

$Q_j = 12q_j$ 所以 $Q_j = 3p - 30$

把小厂商的供给曲线从市场需求曲线中减去,则:

Q=250-p

$Q_j=3p-30$

$Q_i=280-4p$　是大厂商的需求曲线。

所以 $MR=70-0.5q_i$

大厂商的 $MC=0.1q_i^2-4q_i+50$

$q_i^2-35q_i-200=0$　　所以 $q_i=40$

（1）$p=60$

（2）$q_i=40$

（3）$TR_i=2\,400$　$TC_i=933.33$　　$\pi_i=1\,466.67$

（4）$q_j=12.5$

（5）$TR_j=750$　　$TC_j=437.5$　　$\pi_j=312.5$

21. 解：

（1）导出小厂商的边际成本：$MC=0.02q_s+3$

小厂商边际成本等于价格：$q_s=50p-150$

五个小厂商的总供给：$Q=250p-750$

从市场需求中减去小厂商的供给，则：

市场需求 $Q=5\,250-250p$

小厂商供给 $Q_s=250p-750$

大厂商面临的需求：$q_l=6\,000-500p$，则：

$p=12-0.002q_l$　　$MR_l=12-0.004q_l$

令大厂商的边际成本等于其边际收益：

$MC_l=0.002q_l+3=12-0.004q_l=MR_l$

所以，$q_l=1\,500$。

大厂商每周生产 $1\,500$ 单位，$p=9$，$q_s=300$，则：

每个小公司每周生产 300 单位。

总产出每周 $3\,000$ 单位。

均衡价格是每单位 9 元。

大厂商的利润为 $6\,750$ 元/周。

小厂商的利润是 900 元/周。

行业的总利润是 $11\,250$ 元/周。

（2）因价格没有变，需求量和总产出就不会改变。政府将从减少成本中获利,为了追求成本最小化,所有工厂的边际成本一定要相等。

$MC_s=0.02q_s+3$　　所以 $q_s=50MC-150$
$Q_s=5q_s=250MC-750$
$MC_l=0.002q_l+3$　　所以 $q_l=500MC-1\,500$
$Q=750MC-2\,250$
由 A(3),$Q=3\,000$,所以 $MC=7$
将 MC=7 代入 MC 等式:$q_s=200$　　$q_l=2\,000$
总成本可以从总成本方程(已知)中得到:
$TC=5\times(0.01\times200^2+3\times200)+(0.001\times2\,000^2+3\times2\,000)=15\,000$
原先的总成本是 15 750。

因此,边际成本相等使得总成本每周减少 750 元,政府的纯利润为每周 750 元。厂商们得到充分补偿,既没变好也没变坏。消费者以同样价格买同样的数量,境况不变。前三者每周 750 元。它是从使所有工厂的边际成本相等而使成本最小化的较大效率中获得的。通过使大厂商的产量从 1 500 增加到 2 000,同时每个小厂商的产量从 300 减少到 200,政府使成本最小化了。

(3)为求出"合适的"利润,导出平均成本方程且计算(2)中的均衡平均成本水平。

$AC_l=0.001\times1\,500+3=4.5$
$AC_s=0.01\times300+3=6$

由于 p=9,大厂商以 3 元/单位的数额得到补偿,因此,大厂商获得每周 2 250 元的补偿。因为小厂商将令 p=MC,所以 p=7.5。大厂商的产出 2 250 单位,$TR_l=16\,875$,$TC_l=11\,812.5$,利润为 5 062.5 元,其中 4 500 元由大厂商获得,余下的政府每周获益 562.5 元。

政府的利润为 562.5 元/周,当 p=7.5,小厂商令 p=MC,每个小厂商生产 225 单位。$TR_s=1\,687.5$,$TC_s=1\,181.25$,利润为 506.25 元,比原利润减少了 393.75 元。

大厂商利润下降了 2 250 元,每个小厂商下降 393.75 元,总利润下降了 4 218.75 元/周。消费者从价格由 9 元降到 7.5 元和消费量由

3 000 增加到 3 375 单位中获益。消费者剩余中的获益为 4 781.25 元/周。消费者剩余每周增加 4 781.25 元。

（4）当最大价格为 7.5 元时，所有厂商都会令 p=MC，并且能售出所有他们愿意生产出的产品，产量将会同 C 的一样，政府无得失。大厂商共获利润为 5 062.50 元，比起初少了 1 687.50 元。每个小厂商的利润减少 393.75 元，与 C 一样。因此，厂商们总的利润损失为 3 656.25 元。消费者剩余将增加 4 781.25 元，变得好一些，与 C 一样。总的获益是 1 125 元，与 C 中有相同的总量，且产生的原因也是一样的。

三、分析问答题

1. 答：有关厂商行为的假定决定寡头垄断市场的产量和价格决定理论。经常引用的两种相互对立的假定是：寡头厂商通过勾结获得垄断的超额利润；单个厂商在其他厂商不作出反应的条件下通过调整自身的产量或价格来获取超额利润。

当寡头之间存在勾结时，产量是由各寡头之间的协商确定的，协商的结果主要取决于寡头的实力分配。采取的方式可能是限定或分配产量，也可能是划分市场范围。勾结及其协议有一定程度的暂时性，当寡头厂商的实力发生变化时，就会引起新的竞争。

在相互勾结时，价格领先制和卡特尔是制定价格的方式。价格领先制又称领袖追随其后确定价格。相互勾结的寡头们通过协商产生领袖。作为领先制定价格的厂商往往在行业中最大，处于支配地位；或者成本最低，效率最高；或者在掌握市场行情变化或其他信息方面具有明显的优势，进而以协议的形式把这一价格确定下来。

卡特尔是各寡头之间公开进行勾结形成的寡头垄断组织，是相互勾结所独有的。在垄断组织内部，各寡头厂商协调行动，以垄断组织的利润最大化为原则共同确定价格。

在寡头之间不存在勾结的情况下，行业中的寡头根据竞争对手的情况确定产量和价格。产量和价格确定模型的结果取决于对寡头的行为假设。具有代表性的有：折弯的需求曲线模型、伯特兰模型和古诺模型等。

在相互竞争时,寡头行业仍可以按价格领先制确定价格。这时,行业中的厂商自觉跟随领先制厂商确定价格。此外,寡头厂商也可能采用成本加成定价方法。按照这种方法,厂商在估算成本的基础上加一个固定不变的利润率,其中利润率是寡头厂商根据全行业的利润率确定的,大致相当于全行业的平均利润率或厂商的长期利润率。

2. 答:折弯的需求曲线是寡头垄断厂商所面临的一种特殊的需求曲线。它基于如下的假定:一家寡头厂商提高价格时,它的竞争对手为了增加销售量,采取维持原有价格不变的策略;当它降低价格时,竞争对手为了保持已有的销售量,也随之降低价格。在对寡头厂商相互之间的竞争行为作出这样的假设之后,寡头厂商的需求曲线(被看成是存在于决策者心目中的主观需求曲线)是折弯的。由于厂商的需求曲线即是厂商的平均收益曲线,所以折弯的需求曲线意味着厂商的边际收益曲线在原有的价格处出现间断点(见下图)。

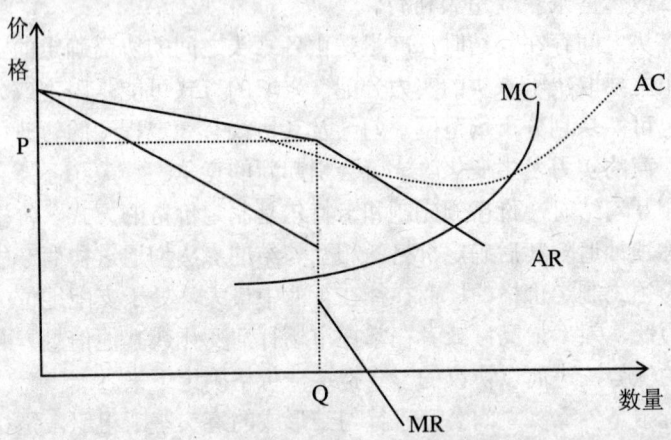

在假定寡头厂商的目标为利润最大化的条件下,厂商仍然会依照边际收益等于边际成本的原则决定生产的数量。对寡头垄断厂商行为关键性的分析在于边际收益的间断点。假如边际成本恰好与边际收益相交于边际收益的间断点之间,从而决定了利润最大化的产量为 Q。这时,如果边际成本在边际收益的间断点内上下变动,那么所决定的利润最大化的产量仍然为 Q。这在某种程度上解释了寡头垄断行业中价格相对稳定的现象，这就是说，即使厂商的成本发生一定变动，厂商的价格一般也较少发生改变。

折弯的需求曲线模型对寡头厂商行为的分析是建立在特定的假设基础之上的，它在一定程度上解释了寡头垄断市场上的一些现象。但是，这一假设并不具有普遍意义，因而寡头垄断厂商的折弯的需求曲线模型也就不是寡头垄断厂商均衡的一般解。

3. 答：其他厂商的行为与完全竞争市场中的厂商行为一样。在完全竞争市场中，厂商的行为建立在价格上是由市场决定的，而不是由各厂商所能决定的。在价格既定的条件下，每个厂商根据边际成本等于价格这一原则决定自己的产量。在价格领先模型中，价格由支配型厂商决定，非支配型厂商只是根据已定的价格出售他们想出售的数量。因此，这些非支配厂商的行为和完全竞争者一样。而这些厂商之所以愿意跟着支配厂商定价，是因为如果不跟着降价，就会失去消费者，如果不跟着涨价，实际上就是自己降价，这很可能引起价格战。一般说来，其他厂商规模较小，预测能力较差，如果跟着定价而变动价格，就可以避免独自定价的风险。

4. 答：在卡特尔中，通过在厂商之间重新分配销售量来降低其总产量的成本，使卡特尔的总利润增加。如果存在两个厂商，当厂商 I 的边际成本高于厂商 II 时，卡特尔可以把厂商 I 的部分生产任务转移给厂商 II，直到二者的边际成本相等为止，这样将使卡特尔总利润最大。在本题的这个卡特尔中，由于所有企业具有相同的边际成本，所以它们中的哪一个生产产品、生产多少都无关紧要。

5. 答：不管在纽约市其他地区推销牛奶是否成本高昂，来自牧场牛奶公司的竞争都可能压低价格，从而使消费者获益。纽约的消费者应当能够购买外埠工人生产的商品（包括牛奶）。

6. 答：生产函数表明了规模报酬不变，并且在竞争条件下要素价格不变。因此，LAC 和 LMC 是不变的，并且相等。总成本函数有如下形式，即 $LTC=aQ$，其中：$a=LAC=LMC$

根据第一个代理人的建议，对任何产量的价格都上升25%，将需求曲线重新写成 p=80-0.004Q，当做广告时它变成：
$$p_1=1.25(80-0.004Q_1)=100-0.005Q_1$$
令 MR=MC，$100-0.01Q_1=a$，有 $Q_1=10\,000-100a$
$$p_1=100-(50-0.5a)=50+0.5a$$
$$TR_1=p_1Q_1=(50+0.5a)(10\,000-100a)$$
$$TC_1=a(10\,000-100a)$$
所以 $\pi_1=50a^2-10\,000a+500\,000$ （1）

根据第二位代理人的方案，在任何价格情况下产量增加 80%。利用起初的需求方程，有广告后它变为：
$$Q_2=1.8(20\,000-250p_2)$$
$$Q_2=36\,000-450p_2$$
$$p_2=80-0.00222Q_2$$
令 MR=MC，$80-0.00444Q_2=a$，有 $Q_2=18\,000-225a$
$$P_2=80-0.00222(18\,000-225a)=40+0.5a$$
$$TR_2=P_2Q_2=(40+0.5a)(18\,000-225a)$$
$$TC_2=a(18\,000-225a)$$
所以 $\pi_2=112.5a^2-18\,000a+720\,000$ （2）

我们知道 $\pi_1=\pi_2$，令方程（1）与方程（2）相等，有：
$$50a^2-10\,000a+500\,000=112.5a^2-18\,000a+720\,000$$
所以 $a^2-128a+3\,520=0$。

求解：a=40 或 a=88，$Q_2<0$。

因此 a=40，成本方程是 LTC=40Q。

将 a 代入到利润式内得 $\pi_1=\pi_2=18\,000$，它是扣除广告费之前的毛利润。不做广告时利润最大化是：

MR=80-0.008Q=40=MC

所以，Q=5 000，p=60。

所以，TR=300 000，TC=40×5 000=200 000，π=100 000。

由于有无广告时厂商的境况相同，故广告预算为：
$$180\,000-100\,000=80\,000$$

第九章 博弈论与寡头市场分析

内容提要

继上章以传统方法分析了寡头市场之后,本章运用博弈论来进一步分析寡头行为。博弈论就是运用数学方法研究决策相互影响的理性认识如何进行决策以获取最大收益的。博弈分为静态博弈和动态博弈。对博弈的描述也有两种方法,一是策略式描述,二是扩展式描述。其中博弈的策略表示方法为:

一个有 N 个选手参与的博弈的策略式表述规定了每一个选手的策略集合 $S_1 \cdots S_n$,以及定义其上的支付函数 $u_1 \cdots u_n$,我们把这一形式记为 $G=\{S_1 \cdots S_n;\ u_1 \cdots u_n\}$。

纳什均衡是博弈论中较为重要的概念。其定义为,如果给定局中人 i 的策略为 S_i^*,S_j^* 是局中人 j 的上策,如果给定局中人 j 的策略 S_j^*,局中人 i 的上策为 S_i^*,那么,(S_i^*, S_j^*) 这一策略组合所表示的均衡就是纳什均衡。

纳什均衡可用来分析寡头厂商的产量竞争行为。以古诺模型为例,假设条件与上章相同。为了找到纳什均衡,首先将它转换成一个规范型的博弈。利用 MR=MC,求出厂商 I 的反应曲线,即 $q_1=0.5a-0.5q_2$,厂商 II 的反应曲线为 $q_2=0.5a-0.5q_1$,可得古诺均衡解为:$q_1=q_2=1/3a$。若两厂商进行串通,他们将平分利润,各自产量为 $q_1=q_2=0.5a$,较之古诺均衡,两厂商以较少的产量赚得更多的利润。但此均衡不是纳什均衡,两厂商都存在着扩大产量的驱动,均衡很容易被破坏。

伯川德模型描述了寡头垄断厂商利用价格竞争而不是产量竞争。假设两个厂商生产同质产品，边际成本为 c。由于产品是同质的，消费者只会从价格最低的厂商那里购买，因此，厂商最后都会把价格定在边际成本 c 上，赚得零利润。此时，这是一个纳什均衡。

动态博弈的核心问题是承诺的置信性，可利用逆向归纳求解的方法来求解动态博弈。也就是说，从最后行动的局中人的选择入手，考察其最优选择是什么，给定这一选择，比他先行一步的局中人考虑到他的这一最优选择后，作出自己的最优选择，如此类推，直到第一个行动的局中人作出选择。这里，必须假定局中人都是理性的。

斯塔克尔伯格模型是典型的动态博弈模型。在此模型中，厂商 I 率先选择产量 q_1，厂商 II 根据厂商 I 的选择，选择一个产量 q_2（这里，假定边际成本为 0，$p(Q)=a-Q$ 是市场价格函数，$Q=q_1+q_2$ 是总产量，各自利润 $\pi_i(q_i q_j)=q_i p(Q)$)，按照逆向求解的方法，厂商 II 的反应函数为 $R_2(q_1)=(a-q_1)/2$，以使自己利润最大化。而厂商 I 预计到厂商 II 的反应函数为 $R_2(q_1)$，因此，厂商 I 在第一阶段的问题就是如何使自己的利润最大化，即：

$$\text{Max}\, \pi_1(q_1, R_2(q_1)) = \text{Max}\, q_1[a-q_1-R_2(q_1)]$$
$$=\text{Max}\, 1/2\, q_1(a-q_1)$$

解得： $q_1^*=a/2$ $q_2^*=a/4$

厂商 I 借助优先选择的机会，获得更多的利润。

综合练习题

一、选择题

1. 图 9-1 是古诺假定下的两个厂商的反应函数曲线，两个厂商边际成本为 0，市场需求为 p=1-y，则（　　）。

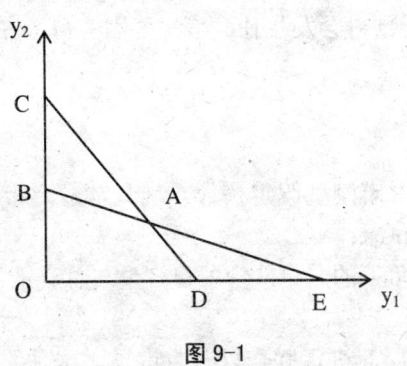

图 9-1

　　A. 厂商 I 的反应函数曲线是 CD，厂商 II 的反应函数曲线是 BE

　　B. 厂商 I 的反应函数曲线是 BE，厂商 II 的反应函数曲线是 CD

　　C. OB 与 OD 的距离等于垄断产量，即 y=1/2

　　D. A 和 C 正确

2. 根据上图，假定厂商 II 边际成本增加到 1/4，那么（　　）。

　　A. 厂商 II 的反应函数曲线将转为下降

　　B. 新的均衡产量将沿着 CD 曲线

　　C. A 和 B 正确

　　D. 以上皆不对

3. 囚徒困境表明（　　）。

　　A. 反托拉斯法的力量

B. 潜在竞争的影响

C. 维持串谋协议的困难

D. 曲折需求曲线的重要性

4. 囚徒困境中（　　）。

A. 囚徒双方都从自身利益出发采取行动，从他们共同的立场看，这导致最佳选择

B. 囚徒双方合作而产生最好的选择

C. 囚徒们考虑自身利益而采取行动，产生最坏的选择

D. 不可能预料会发生什么事情，因为每一囚徒都必须考虑彼此的反应

二、计算题

1. 如书中的古诺模型假定条件，现具体规定市场的需求曲线为 $Q=q_1+q_2=180-P$，试求：

（1）古诺竞争下的产量（含各自产量与总产量）、利润和市场价格。

（2）若两个厂商进行联合以垄断市场，这时的产量、价格和利润。

2. 如书中的斯塔克尔伯格模型假定条件，市场的需求曲线亦为 $Q=q_1+q_2=180-P$，求各自的产量、利润和市场价格。

3. 厂商 A 和厂商 B 是某一同质商品的仅有的两家制造商。$MR_A=100-8(Q_A+Q_B)$，其中，Q_A 为厂商 A 的月产量，Q_B 为厂商 B 的月产量。若 $MC_A=4$，试求厂商 A 反应曲线的方程式。

4. 某一特定市场上有两家厂商，即厂商 A 和厂商 B，每一厂商都有两种策略，支付矩阵如表 9-1 所示。试问：

（1）如果厂商 A 首先行动，它可能选择什么策略？厂商 B 可能选择什么策略？

（2）如果厂商 B 首先行动，它可能选择什么策略？厂商 A 可能选择什么策略？

（3）如果厂商 A 首先行动，试建立博弈树。

表 9-1　　　　　　　　　　　　　　　　　　　　　　　单位：万元

厂商 A 可能的策略	厂商 B 可能的策略	
	I	II
1	厂商 A 的利润：-500 厂商 B 的利润：-400	厂商 A 的利润：600 厂商 B 的利润：1 000
2	厂商 A 的利润：1 000 厂商 B 的利润：600	厂商 A 的利润：-400 厂商 B 的利润：-500

5. 某一市场上有两家厂商，即厂商 C 和厂商 D，每一个厂商都有两种策略，支付矩阵如表 9-2 所示。试问：

（1）厂商 C 是否有优势策略？如果有，该策略是什么？

（2）厂商 D 是否有优势策略？如果有，该策略是什么？

（3）该博弈的解是什么？

表 9-2　　　　　　　　　　　　　　　　　　　　　　　单位：万元

厂商 C 可能的策略	厂商 D 可能的策略	
	I	II
1	厂商 C 的利润：700 厂商 D 的利润：400	厂商 C 的利润：500 厂商 D 的利润：800
2	厂商 C 的利润：300 厂商 D 的利润：600	厂商 C 的利润：200 厂商 D 的利润：700

6. A 公司和 B 公司是在某市场上仅有的两家公司。支付矩阵如表 9-3 所示。试问：

表 9-3　　　　　　　　　　　　　　　　　　　　　　　单位：万元

A 可能的策略	B 可能的策略	
	设厂于东部	设厂于西部
设厂于东部	A 的利润：-4 000 B 的利润：-5 000	A 的利润：5 000 B 的利润：8 000
设厂于西部	A 的利润：7 000 B 的利润：4 000	A 的利润：-2 000 B 的利润：-3 000

(1) 有纳什均衡吗?
(2) 如果有,该纳什均衡是什么?

7. 李医生和王医生是某小镇仅有的两名牙医。他们一直串谋,分享市场,几年来每年都可获得 100 000 元的垄断利润。王医生正考虑降低价格。他估计如果李医生保持现在的价格水平,其利润会降至 25 000 元,而自己获利 150 000 元。也有可能李医生会与王医生竞争,导致的价格战使每人的收益降至 40 000 元。试问:

(1) 将这一市场用囚徒困境的博弈表示。
(2) 解释为什么当两个牙医竞争时,可能达到均衡。

8. 北方航空公司和新华航空公司分享了从北京到南方冬天度假胜地的市场。如果他们合作,各可获得 500 000 元的垄断利润,但是不受限制的竞争会使每方的利润降至 60 000 元。如果一方在价格决策方面选择合作而另一方却降低价格,那么合作的厂商获利将为 0,竞争厂商将获利 900 000 元。试问:

(1) 将这一市场用囚徒困境的博弈表示。
(2) 解释为什么均衡结果可能是两厂商都选择竞争性策略。

9. A 学校与 B 学校是某市著名的两所高校,每所学校都因其篮球队而自豪。如果两所学校都不给有前途的选手提供资金,那么很明显奖金的成本为 0。若一方提供的奖金为 20 000 元,则可吸引最好的选手(如果另一方不提供奖金),获得联赛的冠军可吸引至少 50 000 元的新捐赠。然而在这种情况下,失败学校所获捐赠将减少 30 000 元。另一方面,如果两所学校都提供奖金,将不存在优势和额外的捐献,每方花费 20 000 元而一无所得。试问:

(1) 将此市场用囚徒困境的博弈表示。
(2) 解释为什么当两所学校竞争时可能达到均衡。

10. 性别战的博弈中,丈夫和妻子计划一次度假。丈夫喜欢在山谷度假,妻子喜欢在海边度假,但他们都愿意在一起而不愿分开。他们在不同地点度假所获得的效用程度如表 9-4 所示。请问在此博弈中有无任何占优势的策略?在此博弈中为何分开度假,而不是纳什均衡?

表 9-4

A 的策略	B 的策略	
	山谷	海滨
山谷	(2, 1)	(0, 0)
海滨	(0, 0)	(1, 2)

11. A 与 B 进行硬币投掷的游戏。每次扔硬币或是正面或是反面。如果结果一致，B 支付给 A1 元，如果结果不同，A 支付给 B1 元。试问：

(1) 写出这个博弈的报酬矩阵，并且证明这里不包含纳什均衡。

(2) 在此情况下，局中人可能怎样选择它的策略？

12. 假设厂商 A 和厂商 B 的平均成本与边际成本都是常数，$MC_A=10$，$MC_B=8$，厂商产出的需求函数是：QD=500-20p。试问：

(1) 如果厂商进行伯川德竞争，在纳什均衡下的市场价格是多少？

(2) 每个厂商的利润分别为多少？

(3) 这个均衡是帕累托效率吗？

13. 宿舍中有甲乙两个同学，甲发现水壶没水了，此时若他去打水，将获得的效用是 1，若他等待乙去打水，所获效用为 3。若两个人一起去，因为可以互相分担，两人所获效用分别为 2。若两人都等待对方去打水，所获效用都为 0。乙的效用水平与甲相同。试问：

(1) 写出这个博弈的报酬矩阵，这个博弈有纳什均衡吗？

(2) 若甲（或乙）坚持一个不打水的策略，对此人有好处吗？

14. 糖果市场上有两家厂商，各自都可以选择是占有高收入阶层的市场还是低收入阶层市场。相应的利润由表 9-5 的收益矩阵给出，试问：

表 9-5

厂商 1	厂商 2	
	低	高
低	(-20, -30)	(900, 600)
高	(100, 800)	(50, 50)

（1）此博弈中是否存在纳什均衡，如果存在，哪些是纳什均衡？

（2）如果两厂商合作，结果是什么？

（3）哪个厂商从合作的结果中得好处最多？哪个厂商要说服另一个厂商并串通，需要给另一厂商多少好处？

15. 某市场中存在两家厂商。这两家厂商各有三种产量组合，相应的利润组合如表 9-6 所示。试问：

表 9-6

厂商 1	厂商 2		
	7.5	10	15
7.5	(112.5, 112.5)	(93.75, 125)	(56.25, 112.5)
10	(125, 93.75)	(100, 100)	(50, 75)
15	(112.5, 56.25)	(75, 50)	(0, 0)

（1）如果两厂商同时行动，该博弈的均衡将是哪个？此时两厂商各获益多少？

（2）如果厂商 1 先行动，均衡是哪个？此时厂商 1 比在（1）情况下多赚取多少？

16. 某博弈的报酬见表 9-6 所示。试问：

表 9-6

甲	乙	
	左	右
上	(A, B)	(C, D)
下	(E, F)	(G, H)

（1）如果（上，左）是优势策略均衡，那么 A、B、G、F 的范围应如何？

（2）如果（上，左）是纳什均衡，应满足什么条件？

（3）如果（上，左）是优势策略均衡，那么，它是否必定是纳什均衡？为什么？

17. 假定 A 国和 B 国进行贸易，其利益用各国国民的经济福利来表示，下表 9-7 为两国采取不同贸易政策时各自的获益情况。若两国政府均在已知对方政策不变的情况下采取使本国经济福利最大的政策，试分析均衡条件下两国的政策组合。

表 9-7

A 国	B 国	
	自由政策	保护政策
自由政策	(100, 100)	(10, 130)
保护政策	(140, 20)	(30, 30)

三、分析问答题

1. 政府政策的动态一致性是指，一个政策不仅在制定阶段应该是最优的，而且在制定之后的执行阶段也应该是最优的，假设没有任何新的信息出现。但实际中却经常出现动态不一致性。现以凯兰德和普莱斯考特（Kydland and Prescott,1977）的货币政策模型为例：

在这个模型里，博弈的参与人包括政府和私人部门，私人部门选择预期的通货膨胀率，政府在给定预期通货膨胀率的情况下选择实际的通货膨胀率，因此，政府和私人部门之间进行的是一个动态博弈。

假定政府关心的不仅是通货膨胀问题，还有失业问题。政府的单阶段效用函数如下：

$M(\pi, y) = -c\pi^2 - (y-ky')^2 \quad c>0, k>1$

其中，π 是通货膨胀率，y' 是自然失业率下的均衡产量，y 是实际产量，$k>1$ 可解释为由于市场的扭曲（如工资刚性、不完全竞争等）使得自然失业率下的产量低于政府认为的理想水平。

产出与通货膨胀率的关系由含有通货膨胀预期的菲利普斯曲线决定：

$y = y' + \beta(\pi - \pi^e) \quad \beta > 0$

其中，π^e 是私人部门预期的通货膨胀率。

试解释政府在选择政策时可能出现的动态不一致性。

2. 试解释上策均衡与纳什均衡，并说出两者的不同。

3. 什么叫逆向归纳求解方法？要想应用逆向归纳求解方法的关键问题是什么？

参考答案

一、选择题

1. D 2. D 3. C 4. C

二、计算题：

1. 解：

（1）由题意知：$P=180-Q=180-q_1-q_2$

厂商Ⅰ的收益为：$R_1=pq_1=(180-q_1-q_2)q_1=180q_1-q_1^2-q_2q_1$

厂商Ⅱ的收益为：$R_2=pq_2=(180-q_1-q_2)q_2=180q_2-q_2^2-q_2q_1$

两厂商的边际收益分别为：$MR_1=180-2q_1-q_2$

$MR_2=180-q_1-2q_2$

因为 $MC_1=MC_2=0$，所以，当利润最大时，$MR_1=MR_2=0$

$180-2q_1-q_2=0$

$180-q_1-2q_2=0$

解得：$q_1=60$，$q_2=60$

$Q=q_1+q_2=120$，$p=180-120=60$

$R_1=120×60=7200$

$R_2=120×60=7200$

（2）若两厂商进行联合以垄断市场，此时：$\pi=PQ=(180-Q)Q=180Q-Q^2$

∵ $MR=MC=0$

∴ $180-2Q=0$

$Q=90$，$P=90$

$\pi=90×90=8100$

2. 解：

此题为斯塔克尔伯格模型，由题意知：$P=180-Q$

$\pi_2=pq_2=(180-q_1-q_2)q_2=180q_2-q_1q_2-q_2^2$

$\Delta\pi_2/\Delta q_2=180-q_1-2q_2=0$

$q_2=1/2(180-q_1)$

厂商Ⅰ预计厂商Ⅱ将按此产量生产，则：

$\pi_1=pq_1=(180-q_1-q_2)q_1=(180-q_1-90-1/2q_1)q_1=90q_1-1/2q_1^2$

$\Delta\pi_1/\Delta q_1=90-q_1=0$

∴ $q_1=90$，$q_2=45$

$\pi_1=pq_1=45\times 90=4050$

$\pi_2=pq_2=45\times 45=2025$

$p=180-135=45$

3. 解：

如果厂商A相信厂商B每月将生产Q_B单位产量，那么，其边际收益就等于$MR_A=100-8Q_A-8Q_B$，为使其利润最大化，厂商A将使其边际收益等于其边际成本，即等于4，则：

$100-8Q_A-8Q_B=4$

$Q_A=12-Q_B$

4. 解

（1）策略2，策略Ⅰ。

（2）策略Ⅱ，策略1。

（3）略。

5. 解：

（1）有，策略1。

（2）有，策略Ⅱ

（3）厂商C将选择策略1，厂商D将选择策略Ⅱ。

6. 解：

（1）有。

（2）有两个纳什均衡。一个出现于当A设厂于东部，而B设于西部之时；另一个则出现于当A设厂于西部，而B设厂于东部之时。

7. 解：

（1）如下图：

		李医生	
		合作	竞争
王医生	合作	W=100 000 元 L=100 000 元	W=25 000 元 L=150 000 元
	竞争	W=150 000 元 L=25 000 元	W=40 000 元 L=40 000 元

（2）这表明竞争是均衡结果。对每一方来说，竞争总是最佳选择。如果李医生合作，那么王医生靠竞争可盈利较多。如果李医生竞争，王医生又可通过竞争获得更多利润，同样的情况适用于李医生。于是双方都选择竞争行为。

8. 解：

（1）如下图：

		北方航空公司	
		合作	竞争
新华航空公司	合作	北方航空公司=500 000 元 新华航空公司=500 000 元	北方航空公司=900 000 元 新华航空公司=0 元
	竞争	北方航空公司=0 元 新华航空公司=900 000 元	北方航空公司=60 000 元 新华航空公司=60 000 元

（2）如果新华航空公司竞争，那么北方航空公司会选择竞争（60 000 元>0 元）。如果新华航空公司合作，北方航空公司仍会选择竞争（900 000 元>500 000 元）。如果北方航空公司竞争，新华航空公司仍会选择竞争（60 000 元>0 元）。如果北方航空公司合作，新华航空公司仍会竞争（900 000 元>500 000 元）。由于双方总偏好竞争，每一方的利润均为 600 000 元。

9. 解：

（1）如下图：

		B 学校	
		不提供奖金	提供奖金
A 学校	不提供奖金	B=0 元 A=0 元	B=30 000 元 A=-30 000 元
	提供奖金	B=-30 000 元 A=30 000 元	B=-20 000 元 A=-20 000 元

（2）如果 A 学校不提供奖金，那么 B 学校会选择提供奖金（30 000 元>0 元）。如果 A 学校提供奖金，B 仍会选择提供奖金，（-20 000 元>-30 000 元）。如果 B 学校不提供奖金，A 会选择提供奖金（30 000 元>0 元）。如果 B 学校提供奖金，A 仍会选择提供奖金（-20 000 元>-30 000 元）。因此，不管怎样，双方都会提供奖金，均衡结果为双方各损失 20 000 元。

10. 解：

此博弈中没有起支配作用的策略。在性别战中，分开的休假策略组合不是纳什均衡，因为每一个知道其他人策略的局中人存在着选择一个不同的策略激励。

11. 解：

（1）如下图：

		B 的策略	
		正面	反面
A 的策略	正面	(1, -1)	(-1, 1)
	反面	(-1, 1)	(1, -1)

此博弈中没有纳什均衡，因为至少一位局中人有改变他的策略的动机。

（2）运用混合策略。

12. 解：

（1）$p=10-\varepsilon$，$q_A=0$，$q_B=300$。

(2) $\pi_A=0$, $\pi_B=600$。

(3) 因为 $p>MC_B$，所以无效率。

13. 解：

(1) 有两个纳什均衡。

	甲	
	去打水	等待
乙 去打水	(2, 2)	(1, 3)
乙 等待	(3, 1)	(0, 0)

(2) 有好处。

14. 解：

(1) 有两个纳什均衡，(100，800) 和 (900，600)。

(2) 合作的结果是 (900，600)，使两厂商的联合利润最大化。

(3) 如果两家厂商都采取最大值最小化策略，均衡将是 (50，50)，那么两家合作，厂商1获益 (850)，厂商2获益 (550)。所以，任何积极的提议都会鼓励串通。可是，假设没有合作，两厂商将达到 (100，800) 的均衡，则厂商1为了鼓励厂商2串通，必须至少付出201的代价。

15. 解：

(1) 如果两厂商同时行动，该博弈的惟一解释是两厂商都生产10，赚取100。

(2) 如果厂商1先行动，他将预期厂商2的选择，会把产量定在15，此时厂商2为了使自己的利润最大，将选择7.5作为自己的产量。均衡为 (112.5，56.25)，厂商1比 (1) 的情况下多赚取12.5。

16. 解：

(1) 优势策略均衡要求，不管其他参与者如何决策，他总是采取惟一最优策略，因此，如果（上，左）是优势策略均衡，则A>E，B>D，G<C，F>H。例如，当乙采取左时，甲认为A>E；乙采取右时，甲仍认为C>G。总之是上比下好。反之，甲取上时，乙认为B>D；甲取下时，乙认为F>H，即不管甲采取上还是下，乙总认为左比右好。

不管乙取左还是右,甲总认为上比下好。

(2)如果(上,左)时纳什均衡,上述不等式中 A>E,B>D 必须满足。因为即使 G>C,F>H,只要给定乙取左,甲取上,能满足 A>E,B>D,就可构成纳什均衡。

(3)如果(上,左)是优势策略均衡,则一定是纳什均衡。因为它满足了纳什均衡的条件,但不能说纳什均衡就一定是优势策略均衡。

17. 解:

对于 A 国来说,当 B 国选择自由政策时,A 国的最优策略是保护政策;当 B 国选择保护政策时,A 国的最优策略仍然是保护政策。所以不管 B 国策略怎样,A 国总是选择保护政策策略对自己最有利。同样对 B 国来说,其最优策略也是选择贸易保护,从而使自己的贸易收益最优。所以两国都选择贸易保护政策,从而使得各自的收益都为 30。

三、分析问答题

1. 答:因为政府是在给定私人部门通货膨胀预期的情况下选择货币政策,政府面临的问题是:

Max $M(\pi, y) = -c\pi^2 - (y-ky')^2$

$y = y' + \beta(\pi - \pi^e)$

解得 $\pi^* = (c+\beta^2)^{-1}\beta[\beta\pi^e + (k-1)y']$ ……政府的反应函数

假设私人部门有理性预期,那么预期的通货膨胀率等于 π^*。

将 $\pi^e = \pi^*$ 代入政府的反应函数,即

$\pi^e = \pi^* = c^{-1}\beta(k-1)y'$

因为政府的通货膨胀率被私人部门正确的预期到,实际产出水平将独立于通货膨胀率(即 $y=y'$),政府一方面忍受着通货膨胀率之苦,另一方面又无法使产出增加,将 π^* 与 y 代入政府效用函数可得:

$M_s = -(k-1)^2 y'^2 (1+c^{-1}\beta^2)$

对比之下,若政府实行零通货膨胀率,效用水平为:

$M_p = -(k-1)^2 y'^2$

显然,政府在选择短期最优通货膨胀率时的效用水平低于零通货

膨胀率政策时的效用水平,政府政策出现了动态不一致性。

2. 答:上策均衡:若策略组合(s_i^*, s_j^*)构成一上策均衡,则对于 i 或 j 来说,无论对方选择什么策略,s_i^* 或 s_j^* 都是上策。

纳什均衡:若策略组合(s_i^*, s_j^*)构成一纳什均衡,则对于 i 或 j 来说,只有对方选择 s_i^* 或 s_j^* 时,s_j^* 或 s_i^* 才是上策。

从以上的概念中很容易看出,上策均衡都是纳什均衡,而纳什均衡并不一定都是上策均衡。上策均衡是纳什均衡的特例。

3. 答:逆向归纳求解的方法是求解动态博弈的基本方法。它是从最后行动的局中人的选择入手,考察其最优的选择是什么。然后,给定这一选择。比他先行一步的局中人考虑到他的这一最优选择后,再作出自己的最优选择。如此倒推,直到第一个行动的局中人作出选择。

应用逆向归纳求解方法的关键问题是假设局中人都是理性的,即每个局中人都会选择使自己效用最大化的策略。这里还要考察承诺的可置信性,当局中人作出与自己最大效用不符的承诺时,可认为这一承诺不具有置信性。

第十章 要素价格和使用量

内容提要

西方经济学者认为,微观经济学的核心是价格理论,包括价格理论和分配理论,主要研究资源如何配置、产品的生产、价格的决定以及生产这些产品的各种生产要素的价格和相应使用量的决定。生产要素价格和它们的使用量即代表生产要素所有者的收入。因此,分配理论就是在对生产要素供应分析的基础上,考察各种生产要素在供给平衡时的价格和它们的使用量,从而确定生产要素所有者的收入和它们在国民收入中所占的份额。

生产要素价格决定的一般理论通常在两种情况下进行分析,即完全竞争条件下和不完全竞争条件下,要素价格是如何决定的。分析中使用到一些基本概念,即边际物质产品(MPP)是指增加使用一个单位生产要素引起的物质产品总量的增量;边际要素成本(MFC)是指增加一个单位生产要素的使用所增加的成本支出;平均要素成本(AFC)是指购买一个单位生产要素平均花费的成本。

1. 完全竞争条件下要素价格的决定。

要素价格决定于该要素在市场上的供给与需求,即由要素市场上的需求曲线和供给曲线的交点所决定。在完全竞争条件下,要素的边际产品价值等于要素的边际收益成本,厂商的要素需求曲线可由该生产要素的边际产品价值曲线表示。当边际要素成本等于边际产品价值时就符合厂商利润最大化的条件,同时也决定了厂商使用要素的数量。

但 VMP=MFC 仅为厂商利润最大化或亏损最小化的必要条件，只有满足 VMP≤VAP 的条件，厂商才能保本或使利润最大化。因此，厂商的要素需求曲线应是 VMP 曲线与 VAP 曲线相交后的向右下方倾斜的那一段，市场的要素需求曲线虽是所有厂商对要素需求的总和，但应考虑在完全竞争条件下因产品价格变动所引起的单个厂商要素需求曲线的移动。其原因是，单个厂商对生产要素的需求量决定于该生产要素的边际产品价值 VMP（MPP×P），当增加其生产要素使用量时并不会导致产品价格的下降。但如果整个行业的厂商都增加生产要素使用量时，必然使该要素所产产品的市场价格下降，从而导致单个厂商要素需求曲线的向左移动。因此，市场的要素需求曲线应是变动后的各个厂商要素需求曲线的加总。

在完全竞争条件下，单个厂商对要素的购买不影响要素的价格，即要素供给弹性系数无穷大。因此，厂商的要素供给曲线是一条水平线。而市场要素供给曲线就不同于单个厂商面临的要素供给曲线，这是因为如果所有厂商都增加或减少对要素的需求就会影响要素的均衡价格。市场的要素供给曲线根据要素价格提高而增加时，要素供给曲线向右上倾斜；当要素价格提高、要素供给量不变时，要素供给曲线是一条垂直线；当要素供给最初随价格提高而增加，之后随价格提高而减少时，供给曲线就成一条后弯的曲线。

市场的要素需求和供给决定市场的要素价格和使用量，要素市场均衡意味该生产要素在任何一种用途上的边际收益相等。

西方经济学者根据生产要素价格由供给决定，供求平衡时的价格等于要素边际生产力的一般原理，解释在完全竞争条件下工资、地租、利息和利润的决定。

均衡工资率（W）由劳动的供给和需求共同决定，劳动供给平衡时的价格等于最后一个单位的劳动生产出来的物质产品的销售价值，即 W=VMP。地租率的高低决定于土地的供求状况，对土地的需求由土地的边际生产力决定，需求曲线即土地的边际生产力曲线。土地的供给在经济分析中被假定是固定不变的，其供给弹性为零，故是一条垂直于横轴的直线。土地供给曲线之交点决定单位面积土地的地租。利息率的高低取决于资本的供求状况,对资本的需求决定于资本的边际生产力,资本的供给决定于人们的收入用于消费之后的余额即储蓄,供给均衡时就决定了利率水平。西方经济学者将利润区分为正常利润和超额利润,认为正常利润是对企业家才能这一生产要素的报酬,他们把正常利润归为成本,看作是工资的一种特殊形式,其高低由企业家才能的供求所决定。超额利润是超过正常利润的那部分利润,这主要来源于企业家职能的创新、冒险经营的风险以及市场竞争的不完全性。

2. 不完全竞争条件下要素价格的决定。

不完全竞争市场分为垄断、垄断竞争和寡头。现分三种情况分析一种生产要素在垄断条件下的价格决定问题。

(1)某厂商的产品市场是垄断的,而要素市场是完全竞争的。在此情况下,厂商的要素供给曲线是水平线,要素需求曲线则由 MRP 曲线表示。该厂商的产品需求曲线是市场对该产品的需求曲线,市场的要素需求曲线是使用该要素的垄断厂商的要素需求曲线的总和。要素市场价格由市场的供求曲线决定,厂商对要素的购买量决定于市场价格和垄断厂商的要素需求曲线。

(2)某厂商的产品市场是完全竞争的,但要素市场是买方垄断。在这种情况下,厂商的要素需求曲线是 VMP,要素的供给曲线是向右上倾斜的市场供给曲线。要素价格即平均要素价格,厂商对要素的购买量决定于 VMP 和 MFC 的均衡点。

(3)在产品市场的卖方垄断和要素市场的买方垄断共存条件下要素价格的决定。在此情况下,厂商对要素的需求曲线由 MRP 表示,要素的供给曲线由 MFC 表示,厂商对要素的购买量决定于 MRP 曲线和 MFC 曲线的均衡点,并与 AFC 曲线一起决定均衡价格。

综合练习题

一、选择题

1. 对生产要素的说法，哪个更确切（   ）。
   A. 各生产要素的价格确定了，则产品市场出清了
   B. 各生产要素的价格确定了，厂商就能够实现利润了
   C. 要素价格理论也就是收入分配理论
   D. A、B、C 都正确

2. 在完全竞争的市场上，厂商对生产要素的需求量取决于（   ）。
   A. 消费者对该要素生产的产品的需求
   B. 产品市场的价格
   C. 要素的边际产品
   D. 生产要素的价格

3. 在产品市场和要素市场都是完全竞争的条件下，厂商追求的利润最大化的条件是（   ）。

   A. $\dfrac{MP_a}{P_a} = \dfrac{MP_b}{P_b}$

   B. $P_x = MC_x$，且 MC_x 上升

   C. $\dfrac{MP_a}{P_a} = \dfrac{MP_b}{P_b} = \dfrac{1}{MC_x}$

   D. $\dfrac{MP_a}{P_a} = \dfrac{MP_b}{P_b} = \dfrac{1}{MC_x} = \dfrac{1}{P_x}$

4. 在产品市场和劳动市场完全竞争的条件下，若厂商使用的生产要素中只有劳动是可变要素，则该厂商对劳动要素的需求曲线可由下列何者决定（   ）。

A. MPP_L 曲线

B. MFC_L 曲线

C. VMP_L 曲线

D. 以上都不是

5. 在完全竞争条件下,某厂商在长期内对多个可变要素的某一个可变要素的需求曲线,必须考虑(　　)。

A. 要素价格变化的内部效应

B. 要素价格变化的外部效应

C. 该要素的边际产品价值曲线

D. 以上都不是

6. 边际收益产量(MRP)是衡量(　　)。

A. 多生产一单位产量所导致的 TR 的增加量

B. 多生产一单位产量所导致的 TC 的增加量

C. 增加一单位某投入要素引起的 TC 的增加量

D. 增加一单位某投入要素引起的 TR 的增加量

7. 要素变化的外部效应将使该要素的市场需求曲线(　　)。

A. 垂直

B. 比其他情况具有更大的弹性

C. 比其他情况具有更小的弹性

D. 对要素的需求曲线没有影响

8. 在完全竞争的市场中,假设一厂商在投入要素价格为 10 元,该投入的边际产量为 1/2 时获得了最大的利润,那么,商品的价格一定是(　　)。

A. 5 元

B. 20 元

C. 1 元

D. 0.1 元

9. 在完全竞争单一要素可变的情况,此生产要素的需求曲线之所以向下倾斜,是因为(　　)。

A. 该要素生产的产品价格递减

B. 该要素的 VMP 递减

C. 要素参加的生产规模报酬递减

D. 以上都是

10. 当某种生产要素的价格下降时，或多或少地会引起边际产品价值曲线的（　　）。

  A. 左移

  B. 右移

  C. 保持不变

  D. 无法确定

11. 在完全竞争产品市场与不完全竞争产品市场两种条件下，两者生产要素的需求曲线相比（　　）。

  A. 前者与后者重合

  B. 前者比后者陡峭

  C. 前者比后者平坦

  D. 无法确定

12. 假设生产某种商品需要使用 A、B、C 三种生产要素，当 A 的投入量连续增加时，它的边际产品（　　）。

  A. 在技术条件及 B 和 C 投入量不变时下降

  B. 在技术条件不变，但 B 和 C 的数量同比例增加时下降

  C. 在任何条件下都下降

  D. A 和 B

13. 当生产要素 A 的市场供给曲线（S_a）斜率为正时，（　　）。

  A. 无论该生产要素价格 P_a 如何，该要素的供给量总是固定的

  B. 其需求曲线单独决定平衡价格

  C. 该要素的需求曲线与供给曲线之交点决定均衡价格，而不决定均衡数量

  D. 该要素的需求曲线与供给曲线之交点决定均衡价格和均衡数量

14. 在完全竞争市场上，厂商对生产要素的需求曲线向右下方倾

斜是由于（　　）。

　　A. 要素所生产产品的边际效用递减

　　B. 要素的边际产品递减

　　C. 投入越多，产出越大，从而产品价格越低

　　D. 要素所生产的产品的需求减少

15. 在卖方垄断的产品市场和完全竞争的劳动市场中，某厂商对劳动的需求曲线可由下列（　　）表示。

　　A. VMP_L 曲线

　　B. MRP_L 曲线

　　C. MFC_L 曲线

　　D. 以上全不是

16. 在卖方垄断的产品市场和完全竞争的要素市场中，厂商在使用多种可变要素时对其中一种可变要素需求曲线与只有一种可变要素需求曲线，下列说法正确的是（　　）。

　　A. 前者较后者的价格弹性大

　　B. 前者较后者的价格弹性小

　　C. 前者和后者的价格弹性一样大

　　D. 以上全不正确

17. 如果厂商使用两种互补的生产要素 L 和 K，那么厂商对 L 的长期需求曲线（　　）。

　　A. 随着 L 价格的提高，曲线将向左下方移动

　　B. 随着 L 价格的提高，曲线将向右上方移动

　　C. 在 K 可变的条件下，相对于 L 的价格，曲线变得更为平坦

　　D. 在 K 可变的条件下，相对于 L 的价格，曲线变得更为陡峭

18. 如果 $MFC_a > P_a$，则该厂商为（　　）。

　　A. 垄断购买者

　　B. 寡头购买者

　　C. 垄断竞争者

D. 以上全不是

19. 当 $VMP_a > MRP_a > P_a$ 时，我们由（　　）。

   A. 产品市场卖方垄断
   B. 要素市场买方垄断
   C. 既是产品市场卖方垄断又是要素市场买方垄断
   D. 上列各项都不是

20. 当要素 A 供给（价格）弹性为零时（　　）。

   A. 该要素的供给量是固定的且与该要素价格无关
   B. 该要素的需求曲线单独决定平衡价格
   C. 要素 A 的全部支付都为租金
   D. 以上全对

21. 准租金是（　　）。

   A. 等于企业的总利润
   B. 比企业的总利润大
   C. 比企业的总利润小
   D. 以上都有可能

22. 某一时间科技进步很快，人们越来越倾向于资本密集生产方式，这将导致（　　）。

   A. 劳动的供给曲线向右移动
   B. 劳动的需求曲线向右移动
   C. 劳动的供给曲线向左移动
   D. 劳动的需求曲线向左移动

23. 如果劳动的边际产值大于工资率，下列哪一条件下最有可能由（　　）。

   A. 要素市场垄断
   B. 产品市场垄断
   C. 产品市场和要素市场的完全竞争
   D. 或者是 A 或者是 B

24. 劳动市场中垄断厂商与完全竞争厂商比较，他将为雇用的劳动支付（　　）。

A. 较多的工资

B. 较多还是较少不确定

C. 较少的工资

D. 一样多的工资

25. 假定某歌星的年薪10万元,但他若从事其他企业,最多只能得到4万元,那么该歌星所获得的经济地租为( )。

A. 6万元

B. 8万元

C. 2万元

D. 不得而知

26. 正常利润是( )。

A. 经济利润的一部分

B. 经济成本的一部分

C. 隐含成本的一部分

D. B和C两者

27. 下面哪一种情况有可能带来经济利润,( )。

A. 商品的供给很大

B. 商品的需求很小

C. 厂商有效地控制了商品的供给

D. 以上均是

28. 如果厂商使用两种互补的生产要素 z_1 和 z_2,厂商对 z_2 的长期需求曲线为( )。

A. 当 z_1 价格上升时,曲线将向左下方移动

B. 当 z_2 价格上升时,曲线将向左下方移动

C. 当 z_2 的数量固定时,这条曲线是 z_1 的边际收益曲线

D. z_1 的边际收益曲线变得更为平坦

29. 一厂商在完全竞争的劳动市场上购买劳动,但他垄断了产品的销售。当产量为100时,他获得了最大化的利润。他面临的需求曲线函数为p=500-y,工资为1500元。他所雇用的最后一位工人的边际产量为( )。

A. 10 单位 y
B. 5 单位 y
C. 8 单位 y
D. 没有充分的信息说明边际产量的数量

二、计算题

1. 假定厂商 A 生产产品只使用资本和劳动两种要素,其中劳动是惟一的可变要素,生产函数为 $Q=5+42L-7L^2$,同时假定厂商 A 面临的产品市场是一个完全竞争的市场,劳动的价格是 28,试求厂商 A 对劳动的需求函数。

2. 假定在完全竞争的要素市场中,厂商 A 所用劳动的平均产品曲线和边际产品曲线如下式所示:

$AP_L=200-Q_L$

$MP_L=200-2Q_L$

如果厂商 A 生产的产品价格为每单位 10 美元,试问:

(1) 厂商 A 对劳动的需求函数。

(2) 如果劳动的价格为每单位 200 美元,厂商 A 将雇用多少劳动?固定要素投入将得到多少租金?

3. 假设在劳动市场上,劳动的需求由 $L=-100W+900$ 给出,劳动的供给由 $L=200W$ 给出,其中 L 代表每小时实际工资率。试求:

(1) 该市场的均衡工资率 W 和均衡需求量 L。

(2) 假定政府将按受雇人数给雇主补贴,将均衡工资提高到每小时 4 美元,每人将补贴多少?什么是新的均衡就业量?总的补贴额为多少?

(3) 假定宣布最低工资是每小时 4 美元,此时劳动需求量是多少?将有多少失业?

4. 假定出租车(商业用)市场是完全竞争的,出租车的需求与供给分别由 $K=300-5V$ 和 $K=15V-100$ 给出,其中 K 代表厂商租车数量,V 代表每天的租金率。试求:

(1) 该市场 K 和 V 的均衡水平。

(2)假定由于石油禁运使汽油价格猛增,故厂商在租车时不得不考虑汽油价格,此时租车需求量将由 K=340-5V-60g 给出,其中 g 为每加仑汽油价格,若 g=2 美元,V 和 K 的均衡水平是什么?

5. 假定某特定劳动市场的供需曲线分别为:D_L=800-20W,S_L=20W。试求:

(1)均衡工资为多少?

(2)假定政府对工人提供的每单位劳动征收 5 美元的税,则新的均衡工资变为多少?

(3)政府征收的总税收额为多少?

6. 一个土地所有者拥有肥力不同的三个农场 A、B、C。三个农场雇用 1、2、3 个劳动力时的产出水平如下:

劳动力人数	产出水平		
	A 农场	B 农场	C 农场
1	10	8	5
2	17	11	7
3	21	13	8

若雇用 3 个劳动力,每个农场一个,则总产出为 10+8+5=23,这将表明劳动力配置不合理,因为若用 C 农场的劳动力去帮助 A 农场,则总产出将增加到 17+8=25。现问:

(1)由于市场需要,土地所有者雇用 5 个劳动力,何种劳动力配置产出最大?产出多少?最后一个工人的边际产出是多少?

(2)若农产品是在完全竞争市场上出售,其价格为 1 美元,当雇用 5 个劳动力时劳动市场达到均衡,此时工资是多少?土地所有者获得多少利润?

7. 假定在完全竞争的小麦行业有 1 000 个相同的农场,每个农场生产市场总量的相同份额。每个农场的小麦生产函数由 $X=\sqrt{KL}$ 给出。假定小麦的市场需求由 Q=400 000-100 000P 给出。试求:

(1) 若W(工资)=V（租金）=1美元，典型农场使用K和L的比率为多少？小麦的长期平均成本和边际成本是多少？

(2) 长期均衡时小麦的均衡价格和数量是多少？每个农场将生产多少？每个农场及整个市场将雇用多少劳动力？

(3) 假设市场工资W上升到2美元，而V保持不变（1美元），典型农场的资本和劳动的比率将如何变化？这将如何影响边际成本？

(4) 在上述（3）条件下，什么是长期的市场均衡点，整个小麦行业雇用的劳动力是什么？

8. 假定厂商A在完全竞争的产品和要素市场上从事生产经营，其生产函数为$Q=10L^{0.5}K^{0.5}$，其中Q为产品的件数，L为雇用的工人人数，K为使用的资本单位数。产品的价格为每件50元，工人的年工资为10 000元，单位资本的价格为40元。在短期，资本为固定要素，该厂商共拥有1 600单位的资本。试问：

(1) 该厂商劳动需求曲线的表达式。

(2) 工人的均衡雇用量。

(3) 该厂商的年纯利润。

9. 煤矿公司A是当地惟一的劳动力雇主，该公司可任意雇用男工和女工，女工的劳动供给曲线由下式给出$L_f=100W_f$，而男工的劳动供给曲线则由$L_m=9W_m^2$给出，其中W_f和W_m分别为女工和男工的小时工资率，假如A公司按每吨5美元在完全竞争市场上销售其原煤，同时每个工人（不论男女）每小时产原煤2吨。若该厂商为获得最大利润，应该雇用多少男工和女工，他们的工资率分别为多少？该厂商每小时由采煤机器所带来的利润是多少？试与厂商根据边际产品支付男女工人相同工资的情况相比较。

10. 厂商的生产函数为$Q=100K^{0.5}L^{0.5}$，在本生产企业，资本投入量为100单位，劳动投入量为25单位。试求：

(1) 这个要素的边际产量。

(2) 若资本价格为每单位20元，工资（率）应为多少？

(3) 如果产品的价格为50，求厂商对劳动的需求曲线。

11. 厂商在劳动市场上处于完全竞争，而在产出市场上处于垄断。

已知它所面临的市场需求曲线为 P=100-Q，当厂商产量为 50 时达到最大利润。若市场工资率为 1 000 时，最后一位工人的边际产量是多少？

12. 厂商 A 在劳动市场上是垄断购买者，而在产品市场上是完全竞争的，产品的价格为每单位 10 美元，产品的生产函数为：

$X=100L-2.5L^2$（假定无资本投入）

该地区劳动的供给函数为 $W=100+25L$，则：

确定厂商 A 的最佳劳动雇用量并确定支付给工人的工资。

13. 甲乙两人承包了一个农场，经协商达成协议，甲管理农场，并以此获得 30 000 元的年收入，剩下的农场纯利润与乙平分，农场的产出函数是 $X=1\,000L^{0.5} \times K^{0.25}$。其中，X 是每年谷物的年产出的担数，L 是雇用的工人数，K 是其他要素的支出，劳务是在一个竞争市场里雇用的每年每个工人工资 20 000 元，谷物以 8 元/担价格在农场上出售。试问：

（1）雇用了多少工人？

（2）乙每年能得多少分成？

14. 某行业由 100 个相同的工厂组成。由于没有更多的合适场地，新增工厂是不可能的。产品是在一个竞争性的世界市场出售，本国无法控制其价格。此行业中劳动可以自由流动，整个行业的劳动供给则由劳动供给曲线反映出来，工人们以完全竞争的方式提供劳动。每一个工厂的生产函数是 $X=30L-0.1L^2$，这里 X 是每周的产品产量，L 是工厂的劳动投入，尽管男工与女工具有相同的生产率，但他们的供给曲线不同，$M=40W_m-3\,200$，$F=100W_f+200$。这里，M 是可雇用的男工的数量，F 是女工的数量，W_m 和 W_f 是他们的各自的每周工资量。X 的价格是每单位 10 元。

A. 每个工厂分别由独立的厂商拥有，并且所有市场都是完全竞争的。计算下列均衡值：

（1）男工的每周工资率；（2）女工的每周工资率；（3）X 行业雇用的男工数量；（4）X 行业雇用的女工数量；（5）X 行业的总厂商数量；（6）整个行业总收益与总可变成本之差。

B. 厂商之间进行勾结,并在劳动市场上以单个垄断者的方式购买劳动,因此它们可以实行性别歧视工资制。产品仍然是在完全竞争的市场上出售。计算下列数值:

（1）男工的每周工资率；（2）女工的每周工资率；（3）X 行业雇用的男工数量；（4）X 行业雇用的女工数量；（5）X 行业的总厂商数量；（6）整个行业总收益与总可变成本之差。

C. 禁止性别歧视工资制的立法已通过。X 行业仍是劳动市场上的垄断买主,其产品仍在完全竞争的市场上出售。计算下列数值:

（1）工资率；（2）X 行业雇用的女工数量；（3）X 行业总产出；（4）X 行业的总厂商数量；（5）整个行业总收益与总可变成本之差。

D. 立法中规定了 X 行业的最低工资率（男女是相同的）水平为 B 中的男工工资率。计算下列均衡值:

（1）X 行业雇用的男工数量；（2）X 行业雇用的女工数量；（3）X 行业的总厂商数量；（4）整个行业总收益与总可变成本之差。

E. 有人发明了一种机器,此机器不可再分。而每个工厂最多装一台,每台机器每周租金成本是固定的,和产量无关,可以续租或任何时候中断租用,因而租金是可变成本,每台机器取代 30 个工人,所有市场是完全竞争的,100 个工厂有 20 个安装了此机器,所有厂商和劳动市场处于完全均衡状态。计算下列数值:

（1）每台机器的周租金；（2）整个行业总收益与总可变成本之差。

F. 根据 E 中的租金水平出租新机器,禁止性别工资差别,产业是垄断的,但没有最低工资规定。计算下列均衡值:

（1）多少工厂安装机器；（2）整个行业总收益与总可变成本之差。

G. 根据 E 中的租金水平出租机器,强行规定了最低工资,但最低工资水平与 D 中的相同。计算下列均衡值:

（1）愿装配新机器的工厂数；（2）整个行业总收益与总可变成本之差。

三、分析问答题

1. 生产要素的需求与产品需求有什么不同？

2. 假设一个厂商面临完全竞争要素和产品市场中，我们如何来描述该厂商的行为？描述在完全竞争市场情况下，个别厂商对一种生产要素的需求曲线。

3. 在完全竞争条件下，在多种要素可变的情况下（长期内）厂商对某一生产要素 A 的需求曲线与单一要素可变的情况下（短期内）对生产要素 A 的需求曲线有何不同？并解释原因。

4. 在完全竞争情况下生产要素的市场需求曲线与产品的需求曲线有何不同？

5. 在单一可变要素下（劳动），某厂商是产品的卖方垄断厂商，它所面临的要素市场是完全竞争的，在这种情况下该厂商对劳动的需求曲线是什么样的？

6. 在讨论固定要素价格时，租金和准租金分别指的是什么？请简要说明。

7. 当某厂商的产品在市场上具有垄断地位，但其要素市场处于完全竞争状态即出现卖方垄断时，其生产要素的均衡点如何确定？这与产品和要素市场都处于完全竞争时有何区别？

8. 简要评述生产要素边际生产力分配理论。

9. 在单一要素可变的条件下，厂商分别在完全竞争、买方垄断和卖方垄断条件下，对劳动的需求有何不同？

参考答案

一、选择题

1. C   2. C   3. D   4. C   5. A   6. D   7. B
8. B   9. B   10. A   11. C   12. A   13. D   14. B

15. B 16. A 17. C 18. D 19. C 20. D 21. B
22. D 23. A 24. B 25. A 26. D 27. C 28. A
29. B

二、计算题

1. 解：

因为产品市场为完全竞争市场，根据 $W=VMP_L=P \cdot MP_L=P \cdot \dfrac{dQ}{dL}$，即 $W=P \cdot (42-14L)=42P-14LP=28$，得厂商 A 对劳动的需求函数为：$L=3-2/P$

2. 解：

（1）$VMP_L=MP_L \cdot P=(200-2Q_L) \times 10=2\,000-20Q_L$

（2）$MFC=P_L=200$ 美元

$2\,000-20Q_L=200$，$Q_L=90$

企业支付劳动的报酬$=200 \times 90=1\,800$（美元）

企业的总收益$=AP_L \cdot Q_L \cdot P=(200-90) \times 90 \times 10=99\,000$（美元）

固定要素的租金$=99\,000-1\,800=97\,200$（美元）

3. 解：

根据题意，劳动的需求曲线为 $L=-100W+900$，劳动的供给曲线 S 为 $L=200W$，则：

（1）$S=D$，$200W=-100W+900$，均衡工资率 $W=3$，均衡需求量 $L=600$。

（2）$L=-100(W-S)+900$，其中 S 为补助金。当 $W=4$ 时，劳动供给 S 为 $L=800$，$S=D$，则：$800=-100(4-S)+900, S=3$。总的补助金为 $800 \times 3=2400$。

（3）$W=4$ 时，劳动的需求量 $D=500$，劳动供给量为 $S=800$，失业 $U=300$。

4. 解：

根据题意，出租车的需求 D 为 $K=300-5V$，出租车的供给 S 为 $K=15V-100$。

（1）S=D，15V-100=500-5V，20V=400,V=20，K=200。

（2）出租车的需求 D 为 K=340-5V-60g，当 g=2 时，则：K=340-5V-120=220-5V，S=D，15V-100=220-5V；20V=320，V=16，K=140。

5. 解：

根据题意，D_L=800-20W，S_L=20W，则：

（1）均衡时 D_L=S_L，即 800-20W=20W，得 W=800/40=20（美元）。

（2）若政府对工人提供的每单位劳动课以 5 美元的税收，则劳动供给曲线变为：

$$S'_L = 20(W' - 5)$$

由 $S'_L = D_L$，即 $20(W' - 5) = 800 - 20W'$，得 $W' = \dfrac{800 + 100}{40} = 22.5$（美元）。

（3）征税后的均衡劳动雇用量为：

$Q_L = 20(W' - 5) = 20 \times (22.5 - 5) = 350$，则政府征收到的总税款为 5×350=1750（美元）。

6. 解：

（1）这 5 个劳动力的配置应使他们各自的边际产出为最大：第一个劳动力去 A 农场，第二个去 B 农场，第三个去 A 农场，第四个去 C 农场，第五个去 A 农场。这样，总产出=10+8+7+5+4=34，最后一个劳动力的 MP_L 是 4。

（2）P=1，则 P×MP_L=1×4=4=W（工资率），5 个工人的工资总额 WL=20 美元；土地所有者的利润 π=TR-TC=PQ-WL=34-20=14 美元。

7. 解：

（1）由题可以看出生产函数 $X = \sqrt{KL}$，得技术替代率

$RTS = MP_L \dfrac{K/2\sqrt{KL}}{L/2\sqrt{KL}} = K/L$,由于 W=V=\$1,K/L=W/V=1/1,所以,K 和 L 将以 1∶1 的比率使用。TC=LW+KV=L+K=2L,所以,AC=2L/X=$2L/\sqrt{KL} = 2L/\sqrt{LL} = 2$,并且 MC=2。

(2) MC=P=2,所以 Q=400 000−100 000×2=200 000。X=200 000/1 000=200 工人/农场。X=200=$\sqrt{KL}$ =L,则每个农场雇用 200 个工人,整个行业 200 000 工人。

(3) W=2,V=1,K/L=2,TC=Wl+VK=2L+K=4L=$2\sqrt{2}$ q,所以 AC=MC=$2\sqrt{2}$。

(4) P=$2\sqrt{2}$,Q=400 000−100 000($2\sqrt{2}$)=117 175

L=117 175/$\sqrt{2}$ =83 000 工人。

8. 解:
(1)
由生产函数及给定的 K=1 600,得:
$MP_L = \dfrac{\partial Q}{\partial L} = 5L^{-0.5} \times 1\,600^{0.5} = 2\,000 L^{-0.5}$

因为产品和要素市场均为完全竞争,故均衡时有 W=VMP_L=P×MP_L,又由题意 P=50,于是:
W=VMP_L=5×2 000$L^{-0.5}$=10 000$L^{-0.5}$
劳动需求函数为 L=10 000$^2 W^{-2}$=1×$10^{10} W^{-2}$

(2) 将 W=10 000 代入已得到的劳动需求函数,得:
L=1×10^{10}×10 000^{-2}=100(人)

(3) 将 L=100,K=1 600 代入生产函数,得:

$X=10\times100^{0.5}\times1\,600^{0.5}=10\times10\times40=4\,000$

于是，总收益 $TR=PX=50\times4\,000=200\,000$

总成本 $TC=TFC+TVC=40\times1\,600+10\times4\,000=104\,000$

故该厂商年纯利润为：

$\pi=TR-TC=200\,000-104\,000=96\,000$

9. 解：

由题意得：

$W_m^2=L_m/9, W_mL_m=L_m^{3/2}/3$。$MFC_L=\frac{1}{2}L_m^{1/2}=MRP_L=2\cdot5=10$，$L_m=400$，$W_m=20/3$。

$W_f=L_f/100, W_fL_f=L_f^2/100, MFC_L=L_f/50=10, L_f=500, W_f=5$。劳动力总数 $L_T=900$，每小时由机械所带来的利润 $=9\,000-5\times500-6.66\times400=3\,833$。如果男女工资相同，则 $W=MRP_L=10$，由此，$L=1\,000+900=1\,900$，则每小时机械所带来的利润 $=1\,900\times10-10\times1\,000-10\times900=0$。

10. 解：

（1）$MP_L=\dfrac{\partial Q}{\partial L}=50L^{-0.5}K^{0.5}$，$MP_K=\dfrac{\partial Q}{\partial K}=50L^{0.5}K^{-0.5}$

在 $L=25$，$K=100$ 时，$MP_L=100$，$MP_K=25$。

（2）当厂商处于均衡时，$MP_L/P_L=MP_K/P_K$，解得 $P_L=80$。

（3）在资本投入既定的条件下，厂商对劳动的需求曲线为 $P_L=MR\cdot MP_L$，解得：$MP_L=1\,200/80=15$。

11. 解：

厂商在劳动市场上处于完全竞争，而在产出市场上处于垄断，实现最大利润时，有下列等式：

$MRP_L=P_L=MP_L\cdot MR=(100-2Q)\times50=P_L$，$Q=50-P/100$。

由此可以得到当市场工资率为 $1\,000$ 时，最后一位工人的边际产量是 $Q=40$。

12. 解：

$X=100L-2.5L^2$，$MP_L=100-5L$

$VMP_L(MRP_L)=(100-5L)\times10=1\,000-50L$

由 $W=100+25L$,$TC_L=100L+25L^2$,$MFC_L=100+50L$。

由 $MFC_L=MRP_L$,得到 $100+50L=1\,000-50L$。

得 $L=9$,$W=325$。

13. 解:

(1) 由于 K 是其他要素的支出,可将其看作价格为 1 的投入要素,最小成本的条件是 $\frac{MP_L}{MP_K}=\frac{W}{1}$。由生产函数得 $\frac{MP_L}{MP_K}=\frac{2K}{L}=W$,$K=LW/2$,将 K 值代入 MP_L,方程得:$MP_L=500L^{-0.5}L^{0.25}W^{0.25}2^{-0.25}$,已知 $P=8$,$MRP_L=8\cdot 500L^{-0.5}L^{0.25}W^{0.25}2^{-0.25}=W$,已知 $W=20\,000$,则 $L=16$。

(2) 将 $L=16$ 和 $K=LW/2=160\,000$ 元代入生产函数得 $X=80\,000$,总收益 $=80\,000\times 8=640\,000$ 元,劳动成本 $=16\times 20\,000=320\,000$,其他要素成本 $=160\,000$,纯利润 $=160\,000$,甲的补贴 $=30\,000$ 被平分得总数 $=130\,000$。因此,甲得分成是 $65\,000$ 元。

14. 解:

A. 由工厂的生产函数得:$MP=30-0.2L$,已知 $P=10$ $VMP=300-2L$,所以 $L=150-0.5VMP=150-0.5W$。所给的 100 个企业的产业劳动需求为 $L_d=100L=15\,000-50W$,因劳动市场是完全竞争的,男女具有同样的生产力,将他们的供给曲线相加:$L_s=50W-3\,000$,$L_d=L_s$,解得 $W=180$。

(1) $W_M=180$;(2) $W_F=180$;(3) $M=4\,000$;(4) $F=2\,000$;(5) $X^*=144\,000$;(6) 总收益 $=144\,000$,总可变成本 $=1\,080\,000$,差额 $=360\,000$。

B. 均衡条件为 $VMP=MRC_M=MFC_F$,则:(1) $W_M=150$;(2) $W_F=100$;(3) $M=2\,800$;(4) $F=1\,200$;(5) $X^*=104\,000$;(6) 总收益 $=104\,000$,总可变成本 $=540\,000$,差额 $=500\,000$。

C. 因为男女工资相等,从总劳动力供给推出 MFC,则:(1) $W=140$;(2) $M=2\,400$;(3) $F=1\,600$;(4) $X^*=104\,000$;(5) 总收益 $=1\,040\,000$,总可变成本 $=560\,000$,差额 $=480\,000$。

D. (1) $M=2\,800$;(2) $F=1.700$;(3) $X^*=1\,147\,500$;(4) 总收益 $=1\,147\,500$,总可变成本 $=675\,000$,差额 $=480\,000$。

E. (1) 租金 $=5\,220$;(2) 总收益 $=1\,493\,100$,总可变成本 $=1\,096\,200$,

差额=396 900。

F.（1）100个厂家全部安装机器；（2）总收益=1 440 000，总可变成本=882 000，差额=558 000。

G.（1）60个厂家全部安装机器；（2）总收益=1 493 100，总可变成本=988 200，差额=504 900。

三、分析问答题

1. 答：与最终产品的需求相比，生产要素的需求在下列方面有所不同：需求投入品是厂商而不是消费者，而像劳动这样重要的投入品则是由消费者而非厂商提供；不仅如此，由于厂商对生产要素的需求是一种"派生的需求"或"引致需求"，因此，要素的价格及其使用量，不仅取决于要素市场的结构，而且取决于产品市场的结构。

2. 答：根据要素价格理论，我们可以知道在完全竞争的产品市场中，厂商对产品市场的价格没有任何影响，厂商可以在商品给定的市场价格下，出售任何数量的该商品，这就意味着在该商品给定的市场价格下，企业面临的需求曲线为一条水平线（即弹性无穷大）。在完全竞争的要素市场中，厂商对要素市场的价格没有任何影响，厂商可以在该要素给定的市场价格下购买任何数量的该要素，这就意味着在市场决定的价格水平上，企业面临要素的供给曲线为水平线（即弹性无穷大）。在完全竞争情况下，厂商对某一种生产要素的需求量的决定不仅要考虑市场价格，还要考虑这一种生产要素的边际产值和平均产值，追求利润最大化的厂商将总是以一种要素的边际产值与该要素的价格相等的原则，来确定该要素的最佳使用量。概括地说，在完全竞争条件下，生产者对某一生产要素的需求曲线就是低于平均产值曲线的边际产值曲线（VMP_a）。

3. 答：当单一要素 A 可变时，追求利润最大化的厂商将总是以一种要素的边际产值与该要素的价格相等的原则，来确定该要素的最佳使用量，因此个别厂商对 A 生产要素的需求曲线就是低于其平均产值曲线的边际产品价值曲线（VMP_a）。但是，在长期内，多种生产要素是可变的（为了简化分析，我们认为有两种可变要素 A 和 B），厂商对其中的 A 要素的需求曲线就不再是这种情况。因为当 A 生产要素的价格发生变化时，生产要素 B 的需求量将会因此受影响而发生变化，而生产要素 B 的需求量的变化，又会反过来影响生产者对 A 生产要素的需求，使 A 生产要素的需求曲线 VMP_a 移动。这种影响就是生产中，生产要素之间对个别厂商的"内部效应"。由此，厂商对作为多种生产要素之一的 A 生产要素需求曲线是由原来的 VMP_a 曲线随着 P_a 的变化，产生内部效应之后，新的 VMP_a 的变化轨迹所形成，将比只有一种可变要素的需求曲线弹性大。概括而言，只要有两种以上的要素是可变的，上述情况就会发生，任何一种可变要素的需求曲线都是该要素的水平的价格曲线与发生相应变动后的该要素边际产品价值曲线之交点的轨迹。

4. 答：与产品的市场需求曲线不同，生产要素的市场需求曲线不能简单地由各个厂商对该要素的需求曲线水平加总而成。当一种生产要素的价格下降时，所有的厂商都会或多或少地增加该要素的投入量，从而使整个行业的产量有所扩大；或者，当某种生产要素价格下降时，会导致使用该要素的所有厂商的生产成本下降。不论是成本不变产量扩大还是产量不变成本下降，都意味着各厂商的供给曲线向右下方移动，从而造成厂商所生产的商品价格 P 下降。这就是说，任何一种生产要素价格的下降，都会程度不同地引起各厂商生产的产品价格 P 下降。而产品价格 P 与该要素的边际产品 MP 的乘积恰好等于边际产品价值 VMP，边际产品价值曲线实际上就是厂商对该要素的需求曲线。因此，当某种生产要素的价格下降时，由此而引起的产品价格 P 的下降会使边际产品价值 VMP 下降。

产品市场需求曲线之所以可以由所有个别厂商的需求曲线简单加总，是因为它假定在其他条件不变时人们的欲望是无限的，虽然有边际效用递减的原因也会产生商品的负效用，但这毕竟是一种例外。

5. 答：假定厂商只用一种可变生产要素——劳动，劳动市场是完全竞争的，即对单个厂商的劳动供给具有完全弹性。厂商在其产品市场上是垄断的，因此其产品的需求曲线是一条向右下方倾斜的曲线，其边际收益曲线在任何产量水平下都会小于其价格或平均收益。在这种情况下，个别厂商对劳动的需求曲线不再是劳动的边际产品价值 VMP_L 曲线，而是劳动的边际收益产品 MRP_L 曲线。用公式表示就是：

$MRP_L = MP_L \cdot MR$

由于在产品市场上厂商处于卖方垄断地位，因此其边际收益 MR 小于其平均收益 AR。由于平均收益总是等于价格（AR=P），MR 小于 AR，也就意味着 MR 小于 P，所以，MRP_L 在所有产量水平上都小于 VMP_L。劳动的供给曲线表现为一条平行于横轴的直线 S_L，同时设 MFC_L 为每增加 1 单位劳动投入而增加的总成本，称为"边际要素成本"。这样，追求利润最大化的产品的卖方垄断厂商对单一可变要素劳动的需求就可以用下式来表示：

$MRP_L = MFC_L = P_L$

该公式表示，在要素市场为完全竞争的条件下，厂商增加 1 单位劳动投入，就多支付一份工资，因此劳动的边际要素成本 MFC_L 就等于工资。厂商要达到利润最大化，就必须使投入 1 单位劳动所增加的成本等于这一劳动投入带来的总收益的增量，即劳动的边际收益产品 MRP_L。

6. 答：在以边际生产力理论为基础的分配理论中，生产要素的价格决定都是以其边际产品为基础的。而边际产品的存在又以该要素的投入量可变为前提。严格地说，真正的固定生产要素由于其投入量固定不变，因此是没有边际产品的。这样，其价格决定就应与可变要素不同。

固定生产要素的价格决定是建立在经济租金概念的基础上的。经济租金是超过"吸引并保持该固定要素被使用的费用"以上的支付，或者说经济租金是超过固定要素的机会成本的支付。如果一种固定生产要素除此一种用途之外别无他用，其机会成本就是零，这是使用该要素的所有支付都为租金。

许多长期可以变化的生产要素在短期内往往是供给固定的生产要素，对这种短期内固定的要素的支付称为准租金。因为在长期，当该要素成为可变要素时，这一租金会消失，因此不能与长期固定要素的经济租金划等号。

7. 答：在卖方垄断的条件下，厂商面临着一条水平的要素供给曲线，但由于它在产品市场上处于垄断地位，他的产品销售价格随着销售数量的增加而下降，即面临着一条向下方倾斜的需求曲线。完全竞争是厂商因产品价格随单个厂商的产量变动而变动，所以，厂商的边际产品价值 VMP 与其边际收益 MRP 相等，它们都等于边际物质产品与产品价格的乘积，即 MPP×P。但在卖方垄断的情况下，厂商的产量越大，销售价格越低。所以，边际收益 MRP 曲线和边际产品价值曲线分离，位于 VMP 的左下方。此时，MRP 曲线就是卖方垄断厂商对某生产要素的需求曲线。如下图所示。如果生产要素市场上的某要素价格为 P_1，卖方垄断厂商对该生产要素的需求量则由 MRP 曲线与 MFC 曲线的交点来决定，这时该生产要素的使用量为 Q_1，如果厂商在产品市场和要素市场都处于完全竞争时，则其边际产品价值 VMP 等于边际收益 MRP，此时均衡的要素使用量为 Q_2。由此可知，卖方垄断的厂商对生产要素的需求量小于完全竞争时厂商对生产要素的需求量。

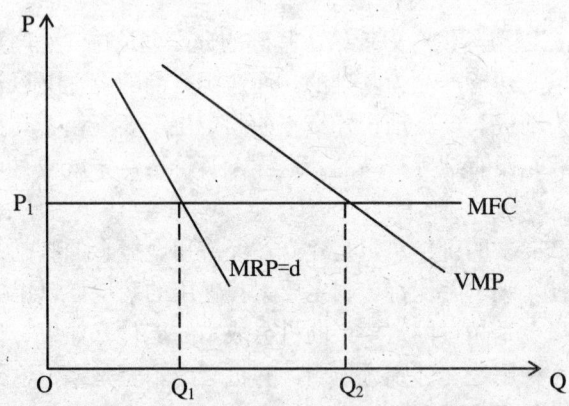

8. 答：西方经济学的分配理论也就是要素价格理论。因为产品的分配在市场经济中以生产要素价格的名义来进行。

要素价格决定理论根据生产理论断定，劳动、资本及土地都是生产产品所必需的投入或要素，并且都服从边际生产力递减或边际收益递减规律。对于厂商而言，他愿意为使用最后一单位要素支付或分配的产品不会大于这一单位要素所生产的产品。在完全竞争市场条件下，要素的市场价格既定，即厂商使用生产要素的成本既定，这时，厂商使用生产要素的数量直到其边际产品的价值等于要素的市场价格为止。

进一步来说，在完全竞争的条件下，如果厂商的生产处于规模报酬不变，那么，社会所生产出的所有产品按照参与生产的所有要素的边际产品进行分配，恰好把产品分配完毕。

同时，生产要素的供给者提供生产要素时必须得到相应的报酬，因为提供这些生产要素会给要素所有者带来一种负效用。例如，劳动会使得劳动者产生疲劳，提供资本必须以削减当前的消费为条件等。要素所有者的这些负效用需要使用者给所有者支付一定的费用加以补偿。只要所得到的收入给要素所有者带来的满足大于因提供要素所产生的负效用，那么要素所有者就会提供更多的生产要素。当二者相等时，要素的所有者获得最大的效用。

当要素市场处于均衡时，厂商因使用生产要素而获得最大利润，要素所有者因提供生产要素而获得最大的满足。所以，西方经济学试图论证完全竞争的市场机制，已使得要素收入的分配合理，制度和谐。

应该指出的是，生产要素的使用和要素收入分配的市场分析具有一般的意义。在市场经济条件下，要素使用和供给的竞争有利于资源的合理配置。但是，要素的收入分配是一个生产关系问题。西方经济学中所论证的要素市场的和谐是在假定要素私有的条件下进行的。事实上，要素的最初分配取决于生产资料的所有制形式，而占有生产资料的多少自然会形成这一分配制度所固有的不平等。因此，不难看出西方经济学在分配问题上的辩护性。

9. 答：在生产要素市场上，厂商雇用劳动者等生产要素数量的一般原则是边际收益产品等于边际要素成本。如下图所示。

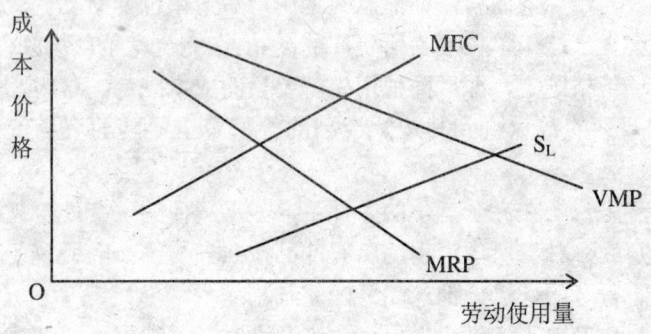

为了利润最大化，厂商每使用一单位数量的劳动所花费的成本必须等于该单位劳动所带来的收益：如果前者大于后者，厂商会减少该单位生产要素的使用；如果前者小于后者，厂商则增加使用。依照定义，厂商使用最后一单位劳动所花费的成本就是该单位要素的边际要素成本，而因使用该单位劳动所生产的产品卖出后获得的收益就是劳动的边际收益。它等于要素的边际产品的边际价值，即边际产品乘边际收益。

在完全竞争条件下，厂商面临着既定的要素价格和产品价格。这时，厂商使用任何数量时，每单位的要素所花费的成本都等于该要素的市场价格，即劳动的边际要素成本等于要素的市场价格。由于产品的价格既定，所以厂商所生产的产品的边际收益等于该产品的市场价格，从而劳动的边际收益产品等于劳动的边际产品乘以产品的价格，即等于劳动的边际产品价值。这样，随着劳动价格（工资率）的变动，厂商依照边际产品的价值曲线决定雇用劳动的数量。所以，在完全竞争条件下，厂商对劳动的需求曲线是劳动的边际产品价值曲线。

在产品市场垄断而要素市场完全竞争的条件下，厂商出卖使用劳动生产出的产品时面临的市场需求曲线，它向下倾斜。这就使得产品的边际收益小于市场价格，从而使得劳动的边际收益产品低于边际产品价值。在要素市场价格既定的条件下，厂商会根据劳动的边际收益产品等于劳动价格的条件决定劳动使用量。在这种条件下，劳动的需求曲线是边际收益产品曲线，它低于完全竞争条件的劳动需求，从而在既定的劳动价格下，厂商雇用更少的劳动。

在要素市场买方垄断的条件下，厂商雇用劳动力的原则仍然是劳动的边际收益产品等于边际要素成本。为了方便起见，假定产品市场是完全竞争的，这样，劳动的边际收益产品等于边际产品价值。与以上两种市场结构不同，劳动市场上的买方垄断意味着市场上只有一家厂商购买劳动这一生产要素。所以，该厂商面临的劳动的供给曲线是市场的供给曲线，它向右上方倾斜。这时，厂商使用劳动的边际要素成本不再是不变的量，它因劳动的平均要素成本增加而以更快的速度增加，即劳动的边际要素成本高于劳动的供给。厂商根据该边际要素成本等于边际产品价值决定劳动的使用量，把劳动的价格确定在比边际要素成本更低的劳动供给曲线上。由于买方垄断条件下厂商决定劳动价格，因此在这一市场结构下没有明显的劳动需求曲线。

第十一章 一般均衡与经济效率

内容提要

一般均衡的分析从微观经济主体行为的角度出发，考察每一种产品和每一种要素的供给和需求同时达到均衡状态所需具备的条件和相应的均衡价格以及均衡的供给需求量。如果经济处于完全竞争的条件下，所有市场的买者和卖者都是价格的接受者，当经济中出现一组价格（包括所有产品和要素的价格在内），能使所有消费者对商品的选择和生产者对投入产出的选择都满足下列条件时，整个经济便达到一般均衡状态：每一个消费者都在其既定的收入下达到了效用最大化；每一厂商都在其生产函数确定的投入产出组合下达到利润最大化；所有的市场同时出清，即各自的供求都相等；每一个厂商都只获得正常利润，其经济利润为零。第一、第二个条件是说消费者和厂商必须处于均衡状态。消费者的均衡意味着需求将会稳定在某一水平上，而厂商的均衡则意味着供给已稳定在一定水平上。第三个条件保证了所有的市场供求都相等，它意味着所有的市场都有已稳定的均衡价格。第四个条件则意味着经济中不再有使市场上扩大或减少其产量的动机。一般均衡状态的实现有两个重要的前提条件，一是完全竞争的假定，二是资源具有稀缺性的假定。前者至少在理论上保证了市场机制的充分作用，从而使一般均衡状态能够实现。后者则把资源的分配和经济效率问题引入经济活动之中，使一般均衡过程有了研究的必要性。实现一般均衡所要求的条件：对于有多个个人、多种商品、多种生产要素的经济，达到均衡时要求，在生产方面，任何一对生产要素之间的边际技术替代率在用这两种投入要素生产的所有商品的生产中都相等；在交换方面，任何一对商品之间的边际替代率对任何使用这两种商品的个人来说都相等；在生产与交换两者之间，任何一对商品间的生产的边际转换率等于消费这两种商品的每个个人的边际替代率。对于两种商品、两种要素、两个人的简化一般均衡模型，可以在平面坐标上用埃奇沃斯盒状图直观地描述一般均衡情况。交换契约曲线为两组无差异曲线间切点的轨迹，其上各点均表示满足交换条件的交换均衡点；生产契约曲线为两组等产量线间切点的轨迹，其上各点均表示满足生产条件的生产效率点。将契约曲线转换到以效用为坐标量的平面图就得到效用可能性曲线，将生产契约曲线转换到以商品为坐标量的平面直角图得到转换曲线(生产可能性曲线)。按照帕累托的观点，如果所有的帕累托改进都已实现，再无这种改进的余地，这种经济就是有效率的。一种竞争性经济能实现一般均衡所必需的条件，也能实现使一种经济达到有效配置所必需的条件。它是实现一般均衡和资源有效配置的前提条件。竞争性经济能实现有效的资源配置，但有效配置是否一定公平呢？这取决于如何定义公平，在西方经济学中有关公平分配的标准主要有效率原则或禀赋标准、平等标准、功利主义标准、最大最小标准等。正是由于有效配置并不必然是公平的，社会就必然在某种程度上依靠政府在家庭之间再分配收入或商品以实现公平的目标。

综合练习题

一、选择题

1. 在两个人（甲和乙）、两种商品（X 和 Y）的经济中，达到交换的全面均衡的条件为（　　）。

   A. 对甲和乙，$MRT_{XY}=MRT_{XY}$

   B. 对甲和乙，$MRS_{XY}=P_X/P_Y$

   C. $(MRS_{XY})_甲=(MRS_{XY})_乙$

   D. 上述所有条件

2. 下列哪一项不是帕累托最优的必要条件（　　）。

   A. 两种商品的边际替代率对于所有消费它们的消费者都是相同的

   B. 两种商品的边际转换率一定等于两种商品的消费者的边际替代率

   C. 两种要素的边际技术替代率对于生产中运用这两种要素的所有商品来说都是相等的

   D. 生产不在生产可能性边界进行

3. 假定有两种商品 X 和 Y，甲更喜欢 X，乙更喜欢 Y，商品的价格对两个人是相同的。在效用最大化时（　　）。

   A. 甲的 X 对 Y 的边际替代率大于乙的

   B. 甲将消费比他拥有的要多的 Y

   C. 两个的边际替代率相等

   D. 只有 B 和 C 正确

4. 在只有两个人（甲和乙）和两种商品（X 和 Y）的经济中，达到生产和交换全面均衡的条件为（　　）。

   A. $MRT_{XY}=P_X/P_Y$

   B. 对甲和乙，$MRS_{XY}=P_X/P_Y$

C. $(MRS_{XY})_甲 = (MRS_{XY})_乙$

D. $(MRS_{XY})_甲 = (MRS_{XY})_乙 = MRT_{XY}$

5. 在两种商品（X 和 Y）和两种生产要素（L 和 K）经济中，达到生产的全面均衡的条件为（   ）。

    A. $MRTS_{LK} = P_L/P_K$

    B. $MRTS_{LK} - MRS_{XY}$

    C. $MRS_{XY} = MRT_{XY}$

    D. $(MRTS_{LK})_X = (MRTS_{LK})_Y$

6. 转换曲线是从下列哪条曲线转换来的（   ）。

    A. 消费契约曲线

    B. 效用可能曲线

    C. 社会福利曲线

    D. 生产契约曲线

7. 如果对于消费者甲来说，以商品 X 替代商品 Y 的边际替代率等于 3，对于消费者乙来说，乙商品 X 替代商品 Y 的边际替代率等于 2，那么有可能发生下述情况（   ）。

    A. 乙用 X 向甲交换 Y

    B. 乙用 Y 向甲交换 X

    C. 乙和甲不会交换商品

    D. 以上均不正确

8. 由上题已知条件，在甲和乙成交时，商品交换的比例可能是（   ）。

    A. 1 单位 X 和 3 单位的 Y 相交换

    B. 1 单位 X 和 2 单位的 Y 相交换

    C. X 和 Y 交换的比例大于 1/3 小于 1/2

    D. 上述均不正确

9. 生产契约曲线上的点表示生产者（   ）。

    A. 获得最大的利润

    B. 支出成本最小

    C. 通过生产要素的重新配置提高了总产量

D. 以上均正确

10. 在导出效用可能曲线的过程中，我们（   ）做人际效用比较。

    A. 总是
    B. 不
    C. 有时
    D. 经常

11. 一个社会要达到最高的经济效率，得到最高的经济福利，达到帕累托最优状态，必须（   ）。

    A. 满足交换的边际条件：$(MRS_{XY})_甲=(MRS_{XY})_乙$
    B. 满足生产的边际条件：$(MRTS_{LK})_X=(MRTS_{LK})_Y$
    C. 满足替代的边际条件：$MRS_{XY}=MRT_{XY}$
    D. 同时满足上述三个条件

12. 导出下列哪一条曲线必须作出道德或福利的判断（   ）。

    A. 转换曲线
    B. 消费契约曲线
    C. 社会福利曲线
    D. 效用可能曲线

13. 在一个完全竞争的经济中，x_1 和 x_2 的均衡价格分别为 5 元和 10 元。那么，（   ）。

    A. 生产 x_2 中所用劳动的 MP 一定是生产 x_1 中所用劳动的 MP 的 2 倍
    B. 生产 x_1 的两种要素的 MRTS 一定是 1/2
    C. x_1 的成本一定是 x_2 的 2 倍
    D. x_1 的边际成本一定是 x_2 的边际成本的 1/2

14. 两种商品在两个人之间交换，能称为帕累托最优的条件是（   ）。

    A. 不使其他个人受损失就不可能使另一个人受益
    B. 个人都处于其消费契约曲线上
    C. 个人都处于他们的效用可能曲线上

D. 包括以上所有条件

15. 见下图，甲最初有 2 个 X，8 个 Y；乙最初有 8 个 X，2 个 Y。图中下方的横轴为甲的 Y，上方的横轴为乙的 Y；图中左方的竖轴为甲的 X，右方的竖轴为乙的 X，(　　)。

   A. 甲和乙不会进行交换，因为他们已获得最大化的效用
   B. 如果甲用一些 Y 跟乙交换 X，两人的效用都将增大
   C. 如果甲用一些 X 跟乙交换 Y，两人的效用都将减小
   D. 甲的 X 对 Y 的边际替代率等于乙的 X 对 Y 的边际替代率，这个点在 E 点

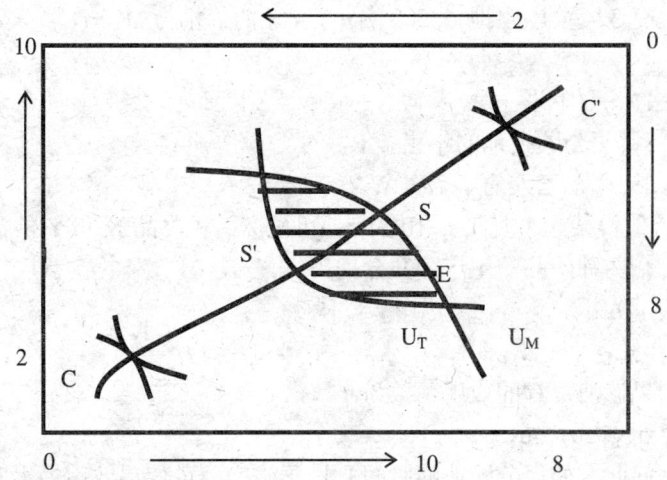

16. 根据上题，甲和乙在 E 点的基础上进行交换，新的组合为(　　)。

   A. 沿 CC' 曲线的任何点
   B. 沿 SS' 曲线的任何点
   C. 甲的 X 对 Y 的边际替代率比乙的边际替代率要低
   D. 上述说法全都正确

二 计算题

1. 一封闭经济系统用两种要素——土地和劳动力生产两种商品 x

和 y。所有土地均匀同质，劳动力也一样。两种要素的供给曲线完全无弹性。市场是完全竞争市场，并处在长期均衡中，生产函数为：

$$x = 48^{0.25} \times K_x^{0.75} \times L_x^{0.25}$$

$$y = 3^{0.25} \times K_y^{0.25} \times L_y^{0.75}$$

其中，x、y 为两种商品的年产出，K_x、K_y 为 x、y 生产过程中使用的土地的公顷数，L_x、L_y 为每种商品生产中雇用的劳动数。

每人都有已知给定的效用函数：

$$U = X^{0.5} \times Y^{0.5}$$

现有 324 公顷土地，2500 名工人，x 的价格为 D_0，计算下列均衡值：

（1）x 的价格。

（2）每公顷土地的年租金 R。

（3）每个工人的年工资 W。

2. 假设某人每月工作 10 天，他可生产两种产品 X 和 Y 供自己消费，已知两种产品的生产函数分别为：

$q_X = 10L_1$

$q_Y = 5L_1$

如果该消费者的效用函数为：

$U = q_X q_Y + 2q_X + 4q_Y$

试问此人如何分配他的时间 L 用于生产，可使得效用最大？

3. 假定厂商 A 和 B 生产同一种产品，他们的生产函数分别为：

$q_A = 10L - L^2$

$q_B = 10L - 0.5L^2$

已知劳动资源的总供给量为 10 人。为了使产量最大，A 和 B 各雇用多少工人？

4. 在纯交换经济中，消费者甲拥有 78 个单位的 Q_1，但没有 Q_2，其效用函数 $U_1 = q_{11}q_{12} + 2q_{11} + 5q_{12}$，消费者乙拥有 164 个单位的 Q_2，但没有 Q_1，他的效用函数为 $U_2 = q_{21}q_{22} + 4q_{21} + 2q_{22}$，求一般均衡价格？

5. 某一行业由同样的 50 家工厂组成，所有的工厂生产同一种产品，这些产品在完全竞争的世界市场上出售，售价为每单位 7.50 元，惟一可变要素为劳动，每一个工厂的生产函数如下：

$$X=2.2L-0.025L^2$$

其中，L 是工厂每小时以单位计的产出量所雇劳动力的人数。对 X 产业的劳动供给曲线已知，为：

$$W=4+0.005L_S^*$$

其中，W 为每个工人的工资率（元/小时），L_S^* 为所有愿在该行业工作的工人总数。

A. 最初每个工厂由相互独立的厂商拥有，没有工会，劳动力市场为完全竞争市场，计算下列均衡值：

（1）工资率。

（2）该行业所雇工人总数。

B. 50 个工厂合并成为一个联合体，工人们建立了工会，集体谈判的结果是制定了一个为期一年的合同，把工资率定为每小时 10.50 元，没有工作保证条款，并且世界产品市场依然是完全竞争的，问将有多少工人被雇用？

C. 当又要进行谈判从而制定一个新合同时，工会开始关心工人的就业水平，但工会从生产函数和产品的市场价格中知道，不可能通过降低厂商的利润来获得新的合同，因而他们的目的为在保持厂商现有利润水平的前提下，通过降低工人的工资率来保证一定的就业工人数量，使福利最大化。试问：

（1）如果工会希望就业工人数量最大化，他们将寻求多高的工资率和多大的雇用数量？

（2）如果工会希望该行业的就业工人的劳动要素收入最大化，那么，他们将寻求多高的工资率和多大的雇用量？

D. 雇主知道工会希望使要素收入最大化，他希望签订一个合同，使目前的要素收入水平保持下去，并且在此约束下，使利润最大化，他将寻求多高的工资率和多大的就业量？

E. 工会选定 C（2）情况，雇主选定 D，谈判结果为工资率定为 10.25 元／小时，问此时的雇用量为多少？

F.（1）A、B 以及 E 的结果是帕累托最优吗？

（2）E 中的合同是对 A 或者 B 的一个帕累托改进吗？

（3）能对 E 进行修改从而得到一个对 E 的帕累托改进吗？

（4）能对 E 进行修改，从而使 E 成为对 A 或 B 的一个帕累托改进吗？

三、分析问答题

1. 一般均衡的含义和其假定前提是什么？

2. 对于有多个个人、多种商品、多种生产要素的经济，实现一般均衡所要求的条件？

3. 整个经济处于全面均衡状态之下，如果某种原因使商品 X 的市场供给增加，试考察：在 X 商品市场上其替代品市场和互补品市场上会有什么变化，在生产要素市场上会有什么变化，收入的分配会有什么变化？

4. 假设一个简单经济最初处于全面的长期的完全竞争均衡，仅有两种商品 X 和 Y，X 的劳动密集程度（即 L/K 的比例）高于 Y 的；L 和 K 是仅有的生产要素，商品 X 和 Y 互为替代品；X 行业和 Y 行业是成本递增行业。以局部均衡的观点来讨论，如果 X 的需求上升将会带来什么变化？如果用一般均衡的观点来分析，Y 的商品市场将会发生什么变化，劳动和资本市场将会发生什么变化，劳动和资本市场的变化是如何影响整个经济的？

5. 为什么完全竞争可以实现经济效率所具备的条件？

6. 解释为什么在没有规模报酬不变或没有外溢效应及公共商品的条件下，如果某些产品或要素存在不完全竞争则不能达到帕累托最优状态？

7. 解释帕累托最优化的三个条件？

8. 判断下列说法的正误，并说明理由。

（1）为了达到帕累托最优状态，必须使任何使用某两种投入要素的两厂商的该两种要素间的边际替代率相等，即使这两个厂商生产的产品不同。

（2）如果两种商品之间的边际转换率不是对所有的消费两种商品的消费者来说都等于消费者在它们之间的边际替代率，那么两种商品中至少有一种不是有效生产出来的。

（3）对于帕累托最优状态来说，完全竞争长期一般均衡既是必要的又是充分的。

9. 一个人拥有一固定数量的劳动与土地，他生产并消费 x_1 和 x_2 两种商品。

（1）用图表示他自给自足时的均衡条件。

（2）当他可以 p_1 和 p_2 的固定价格与外部世界交换 x_1 和 x_2 时，他的均衡情况有什么变化？请用图说明之。

10. 假定有两位消费者小凡和小军，有两种商品 x 和 y，小凡的最初禀赋为 X_H^0 和 Y_H^0，小军的最初禀赋为 $X_T^0 Y_T^0$。

（1）用盒状图说明他们两人的最初禀赋情况，假定他们的最初禀赋处于契约曲线以外的 A 点。

（2）显示通过交换使双方状况改进的 B 点。

11. 试述一般均衡过程的条件和保证其实现的机制，并加以评论。

12. 什么是帕累托最优状态？对此加以评论。

参考答案

一、选择题

1. C   2. D   3. C   4. D   5. D   6. D   7. A
8. C   9. C   10. B   11. D   12. C   13. D   14. D
15. B   16. B

二、计算题

1. 解：

要素市场均衡要求：

$VMP_l = W$

$P_x \times MPL_x = W$

$0.25 P_x X / L_x = W$

$0.75 P_y Y / L_y = W$

$L_y P_x X = 3 L_x P_y Y$ (1)

$0.75 P_x X / K_x = R = 0.25 P_y Y$ (2)

$3 K_y P_x X = K_x P_y Y$

由效用函数 $MRS_{xy} = P_x / P_y$，得出：

$Y / X = P_X / P_y$

$P_x X = P_y Y$ (3)

将（3）代入（1）、（2）式得：

$L_y = 3 L_x$ 和 $K_x = 3 K_y$

$L_x + L_y = L = 2500$	$L_x = 625$	$L_y = 1875$
$K_x + K_y = K = 324$	$K_x = 243$	$K_y = 81$

将这些值代入生产函数得到：

$X = 810 \quad Y = 1125$

由（3）和已知 $P_X = 100$，得：

$P_y = 72$

由（1）并代入上述已知值，得：

$W = 32.4$

由（2）并代入上述已知值，得：

$R = 250$

2. 解：

根据该消费者的生产可能性曲线：

$q_x = 10 L_1$

$q_Y = 5 L_2$

$L_1 + L_2 = 10$

可以得出 $q_X=100-2q_Y$，从而求得产品的转换率为：
$MRT_{YX}=2$
根据效用函数可以求出：

$$MRS_{XY}=-\frac{dX}{dY}=\frac{q_X+4}{q_y+2}$$

当 MRT=MRS 时，消费者的资源配置最优。解下列方程：
$q_X=100-2q_Y$

$$\frac{q_X+4}{q_y+2}=2$$

得出 $q_X=50$，$q_Y=25$。

从而，$L_1=5$，$L_2=5$，即该消费者应在两种产品的生产上平分劳动时间。

3. 解：

因为 $Q=q_A+q_B=10L_A-L_A^2+10L_B-0.5L_B^2$

所以为了产量最大，下列条件应得到满足：

max $Q=10L_A-L_A^2+10L_B-0.5L_B^2$

$L_A+L_B=10$
利用拉格朗日函数可以得到：
$L_A=10/3$
$L_B=20/3$

4. 解：

对消费者甲而言，其预算约束为：
$p_1q_{11}+p_2q_{12}=78p_1+0 \cdot p_2$
则该消费者的效用最大化行为可以表示为：
max$U_1=q_{11}q_{12}+2q_{11}+5q_{12}$
利用拉格朗日乘数方法，求出使消费者效用最大化的 q_{11} 和 q_{12} 就

可以得出消费者甲的超额需求函数为:

$E_{11} = q_{11} - q_{11}^0 = q_{11} - 78 = \dfrac{p_2}{p_1} - 41.5$

$E_{12} = q_{12} - q_{12}^0 = q_{12} - 41.2 = \dfrac{p_1}{p_2} - 1$

消费者乙利用同样的手段,可得:

$E_{21} = 84 \times \dfrac{p_2}{p_1} - 1$

$E_{22} = \dfrac{p_2}{p_1} - 84$

从整个市场上来看,当下列等式成立时,市场处于均衡状态,即

$E_{11} + E_{21} = 0$

$E_{12} + E_{22} = 0$

$85 \times \dfrac{p_2}{p_1} - 42.5 = 0$

$42.5 \times \dfrac{p_2}{p_1} - 85 = 0$

从中得到 $p_2/p_1 = 2$,即为均衡价格比率。

5. 解:

A. 由每一工厂的生产函数可推出该行业的生产函数:

$x^* = 2.2L^* - 0.0005L^{*2}$ (1)

由(1)可得:

MP=$2.2 - 0.001L^*$

已知 P=7.50 元,MP=$16.5 - 0.0075L^*$ (2)

令 VMP=W 和劳动需求等于供给可得:

$16.5 - 0.0075L^* = 4 + 0.005L^*$

所以 $L^* = 1\,000$,W=9 元。

B. 当 W=10.50=VMP=$16.5 - 0.0075L^*$ 时,$L^* = 800$。

当 W=10.50 时,有 200 个工人被雇。

C. 联合体的利润在扣除固定成本之前为:

$$Л = Px^* - WL^*$$

把 P=7.5 和（1）式代入可得：
$$Л = 7.5(2.2L^* - 0.0005L^{*2}) - WL^*$$
$$Л = (16.5 - W)L^* - 0.00375L^* \tag{3}$$

把 B 中的 W=10.5，L^*=800 带入上式，得 Л=2 400。

把 Л=2 400 代入（3）得：
$$W = 16.5 - 0.00375L^* - 2400L^{*-1} \tag{4}$$

上式为在利润保持不变时，考虑工会时的约束。

（1）工会不可能争得到多于愿意工作的工人的雇用量。因此，劳动雇用量仍然受供给曲线约束。供给曲线为：
$$16.5 - 0.00375L^* - 2\,400L^{*-1} = 4 + 0.005L^*$$
$$L^* = 1\,200 \quad W = 10$$

（2）供给曲线表明了工人愿意工作的最低工资。它是劳动曲线的边际机会成本，由它可得平均机会成本曲线：
$$AOC = 4 + 0.0025L_S^*$$

租金量是指超过劳动机会成本的那部分工资量。因此：
$$R = WL^* - 4L^* - 0.0025L^* \tag{5}$$

代入（4）式得：
$$R = 12.5L^* - 0.00625L^* - 2\,400$$
$$L^* = 1\,000 \quad W = 10.35$$

D. 把 B 中的 W=10.35，L^*=800 代入（5）式得：

R=3 600，把 R=3 600 代入（5）式得：
$$3\,600 = WL^* - 4L^* - 0.0025L^{*2}$$

所以：
$$W = 0.0025L^* + 4 + 3600L^{*-1} \tag{6}$$

把（6）式代入（3）式 得：
$$Л = 12.5L^* - 0.00625L^{*2} - 3600$$
$$L^* = 1\,000 \quad W = 10.10$$

E. 把（3）式与（5）式相加，得：
$$Л + R = 12.5L^* - 0.00625L^{*2}$$

$L^* = 1\,000$

由 C（2）和 D 我们得知，尽管工会和雇主所寻求的工资分别为 10.35 元和 10.10 元，但双方所寻求的 $L^* = 1\,000$。他们在 W=10.25 元取得一致，$L^* = 1\,000$ 仍使他们的共同利益最大。没有其他的 L^* 值能比 $L^* = 1\,000$ 在与工资率无关的情况下，使双方同时都更好一些。

因此，如果双方是有理性的，那么，他们将在雇用量为 1 000 名工人上达成协议。

F.（1）(a) 竞争的均衡为帕累托最优，没有其他安排能使所有团体可能获得更好的结果。

(b) B 中的结果不是帕累托最优，还有余地进一步雇用工人，使双方受益。

(c) E 中的契约是一个帕累托最优。

(2)（a) 因为 A 本身为一帕累托最优，所以不必进行帕累托改进。

(b) E 中的契约使得利润和要素租金都比 B 提高了，但是它不是一个帕累托改进。因为 800 名工人在 B 中的工资率为 10.50 元，而在 E 中的工资率仅为 10.25 元，很明显他们的状况变坏了。

(3) E 中的契约本身是一个帕累托最优。

(4)（a) A 本身是一帕累托最优，因而无帕累托改进问题。

(b) 改进 E 使其成为对 B 的一个帕累托改进是可能的，通过使现有 800 人的工资率为 10.50 元，新工人的工资率为 9.25 元，保证雇用量仍为 1 000 工人。利润将与 E 中的相同，而比 B 中的高。增加的 200 名工人将比在 B 情形下过得好些，而现有的 800 名工人将保持原状。

这个解不是唯一的。

三、分析问答题

1. 答：如果经济处于完全竞争的条件下，所有市场的买者和卖者都是价格的接受者，当经济中出现一组价格（包括所有产品和要素的价格在内），能使所有消费者对商品的选择及生产者对投入产出的选择

都满足下列条件时,整个经济便达到一般均衡状态:

第一,每一个消费者都在其既定的收入下达到了效用最大化;

第二,每一厂商都在其生产函数确定的投入产出组合下达到利润最大化;

第三,所有的市场同时出清,即各自的供求都相等;

第四,每一个厂商都只获得正常利润,其经济利润为零。

第一、第二个条件是消费者和厂商必须处于均衡状态。消费者的均衡意味着需求将会稳定在某一水平上,而厂商的均衡则意味着供给已稳定在一定水平上。第三个条件保证了所有的市场的供求都相等,它意味着所有的市场都有已稳定的均衡价格。第四个条件意味着经济中不再有使市场上扩大或减少其产量的动机。

一般均衡状态的实现有两个重要的前提条件,一是完全竞争的假定;二是资源具有稀缺性的假定。前者至少在理论上保证了市场机制的充分作用,从而使一般均衡状态能够实现。后者则把资源的分配和经济效率问题引入经济活动之中,使一般均衡过程有了研究的必要性。

2. 答:实现一般均衡所要求的条件:对于有多个个人、多种商品、多种生产要素的经济,达到均衡时要求,在生产方面,任何一对生产要素之间的边际技术替代率在使用这两种投入要素生产的所有商品的生产中都相等;在交换方面,任何一对商品之间的边际替代率对任何使用这两种商品的个人来说都相等;在生产与交换两者之间,任何一对商品间的生产的边际转换率等于消费这两种商品的每个个人的边际替代率。

3. 答:(1)如果商品 X 的市场供给增加,按局部均衡分析,其价格下降。由于实际生活中,各个部门、各个市场是相互依存、相互制约的,X 商品市场的变化会对经济的其他部门产生影响。这种影响越大,越不适用于局部均衡分析。因此需用一般均衡分析来考察 X 商品市场的变化与经济其他部门的相互影响。由于商品 X 的价格下降,人们会提高其互补品的需求,降低其替代品的需求。这样互补品的价格和数量将上升,而替代品的价格和数量将下降。

(2)在商品市场中的上述变化也会影响生产要素的市场,因为它导致了生产 X 商品和其互补品的生产要素的需求的增加,引起了生产 X 商品和其互补品的要素价格和数量上升,它同时又引起商品 X 的替代品的需求下降,因此又引起生产商品 X 的替代品的生产要素的价格和数量的下降。这些变化被替代生产要素的价格的相对变化所削弱。

(3) 由于上述变化,不同生产要素的收入及收入的分配也发生变化。商品 X 及其互补品的投入要素的所有者因对其要素需求的价格增加,其收入也将随要素价格上升而增加;商品 X 的替代品的投入要素的所有者因对其要素的需求减少,其收入也随之下降。这些变化转而又或多或少的影响包括 X 商品在内的最终商品的需求。因此,所有生产要素的需求都受到影响。这一过程一直持续到所有的商品市场和要素市场同时重新稳定,整个经济又一次进入全面的均衡状态。

4. 答:(1) X 的需求增加时,其价格上升。生产 X 的厂商变得有利可图,于是他们在现有的生产规模下,通过增加可变要素投入来扩大商品 X 的产量。从长期看,他们将扩大生产规模,而新的厂商也会不断地进入这个行业,直到该行业没超额利润,因为 X 是一个成本递增的行业,因此新的长期均衡价格和数量高于初始的均衡价格,按局部均衡的观点,在其他条件不变的情况下,X 的市场均衡后其分析就结束了。

(2) 按一般均衡的观点,其他情况不会不变,因为 X 和 Y 互为替代品,X 的需求上升,Y 的需求将会下降,生产 Y 的厂商会短期亏损,他们将减少产量。从长期来看,一些厂商不断离开这个行业,直到所有留下的厂商无亏损为止。因为 Y 的行业也是一个成本递增的行业,因此它的新的长期均衡价格和产量低于初始的均衡值。

(3) 为了多生产 X 少生产 Y,一些用于生产 Y 的 L 和 K 必须转移到 X 的生产。然而,由于 X 的劳动密集程度高于 Y,为了在短期内能充分的利用 L 和 K,劳动的价格相对资本的价格必须上升。同时 K 对 X 的替代缓和劳动的价格相对资本价格的上升,人们劳动的收入相对于他们所拥有的资本所带来的收入上升,使人们的收入和收入的分配发生变化,这进一步会引起收入对 L 和 K 的需求的变化,而且导致它们价格的变化。价格的变化还会影响各自的需求,这种变化将一直持续到这个经济再次处于全面均衡。

5. 答:一般来说,消费者总是追求效用最大化,生产者总是追求利润最大化,这样市场的完全竞争能够实现经济的有效率。

(1)在完全竞争条件下,每种商品的价格对所有的消费者来说都是相同的,是既定不变的。消费者为了追求效用最大化,一定会使其消费的两种商品的边际替代率等于其价格比,既然相同的商品的价格对所有消费者来说都是相同的,那么,每一消费者购买任何两种商品的数量必使其边际替代率等于全体的消费者所面对的共同的价格比率,因此,就所有消费者来说,任何两种的边际替代率必定相同。

(2)在完全竞争的条件下,任一要素的价格对任一产品生产者都是一样的,是既定不变的。生产者为了追求利润最大化,一定会使其使用的任一组生产要素的边际技术替代率等于它们的价格比率。既然相同的要素对所有的产品生产者都是相同的,那么每一个生产者购买并使用的任何两种要素的数量必使其边际技术替代率等于全体生产者所面对的共同的价格比,因此,就所有的产品生产者来说,任何一种生产要素的边际技术替代率必定相同。

(3)任何两种产品生产的边际转换率即为这两种商品的边际成本之比,每一消费者对任何两种商品的边际替代率等于其价格比。而在完全竞争条件下,任何产品的价格等与其边际成本,因此,对于任何两种产品来说,其生产的边际转换率等于任何消费者的边际替代率。

由此可见,完全竞争能够实现为达到经济的资源有效配置状态所需要的条件。

6. 答:如果 X 行业是非完全竞争的,他将在 $MC_X=MR_X<P_X$ 处生产,这样与处于完全竞争的情况相比较,P_X 较高,Q_X 较少,所用的资源较少。如果有另一个行业 Y 是完全竞争的,则它将在 $MC_Y=MR_Y=P_Y$ 处生产。这样 $MRT_{XY}=MC_X/MC_Y<P_X/P_Y$,因此这个经济并不是有效率的。

7. 答:帕累托最优化是由消费者、企业和社会效益最优化条件三方面的内容构成。其中:

消费者福利最优化的条件是:消费者的各自商品组合达到这样一

种状态，即任何一种改变都不可能使任何一个人的境况变好或不变，而不使另一个人的境况变坏。如图所示，当两条无差异曲线 IC 乙$_2$ 与 IC 甲$_2$ 相切于点 E 时，它们的边际替代率相等。把所有这些无差异曲线的切点相连，可得到一条甲和乙消费最优条件的契约曲线，也就是满足消费者福利最优化的点的组合。

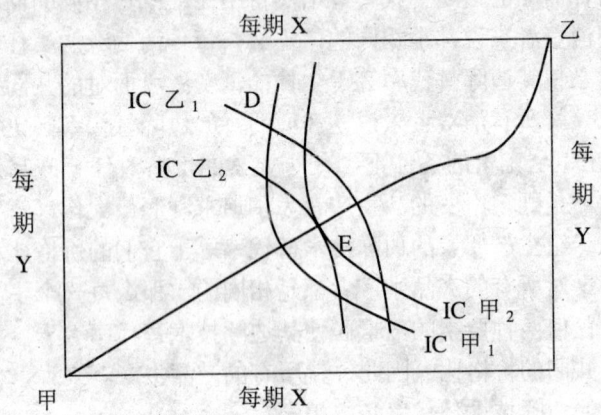

生产效率最优条件就是两条等产量曲线的边际技术替代率相等，再作任何一种变动都不可能使任何一个生产者得到更多的产出或者保持相同的产出，而不使另一个生产者减少产出。产品替代的最优条件是要求生产 X 和 Y 的最优比率恰好等于消费 X 和 Y 的最优比率，也就是说生产产品 X 和 Y 的边际技术替代率要恰好等于消费者的边际替代率，这样的资源利用将同时使生产获得最大的经济效益和消费者获得最大的满足程度。

8. 答：(1) 正确。如果两个厂商在两种要素之间具有不同的边际技术替代率，那么它们之间可以通过交换要素，使每个厂商生产出更多的产品，而无须增加要素的投入量，两种产品的增加将导致帕累托改进。因此，最初两个厂商在两种要素间具有不同的边际技术替代率，不可能实现帕累托最优，而两厂商生产不同的商品也与此没有关系。

(2) 错误。该经济完全有可能位于其转换曲线或生产可能性曲线上，因此所有的生产有效性的条件都满足了。如果边际转换率不等于边际替代率,那么通过产品的不同组合将会有一个帕累托的改进。虽然这些生产出来的产品的产量用帕累托最优状态来衡量是错误的,但它们仍然是有效生产出来的。

(3)错误。在长期均衡中完全竞争的确达到了帕累托最优状态,因为完全竞争的市场结构在长期能满足帕累托最优的三个条件。但完全竞争的长期均衡对帕累托来说并不是必要的,因为在计划经济中,满足所有的帕累托最优的条件是可能的,进一步说,虽然完全竞争对帕累托最优是充分的,但对于福利最大化并不充分,因为均衡状态在收入分配方面可能是不公平的,福利最大化必须兼顾生产效率和收入分配。

9. 答:(1)均衡条件为图1的A点。

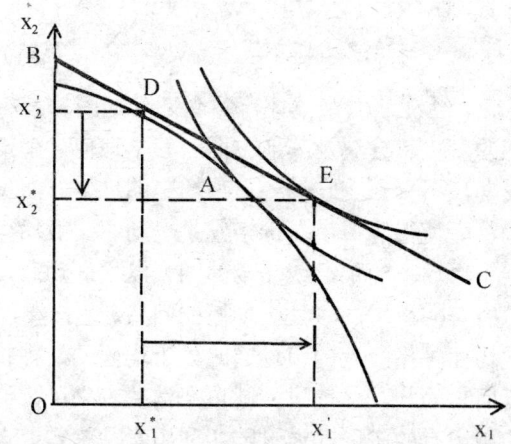

(2)价格预算线为BC,他的最优的生产组合为D点,他的消费效用最大化点为E,即用 $x_2^* x_2'$ 去交换 $x_1^* x_1'$。

10. 答:A、B两点见下图。

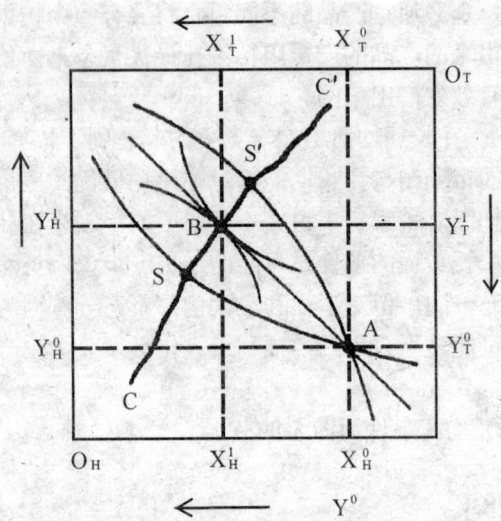

11. 答：整个经济是一个整体，各个部分之间总是相互联系在一起，任何局部的变化总会波及其他方面。其中任何一个市场上的需求或供给发生变动，不仅影响它们各自市场上的价格，而且还影响其他市场的供给，从而使得许多市场价格发生变动。一般均衡分析就是讨论当影响某一个市场上的供给或需求的因素发生变动后，能否存在一系列价格使得所有的市场同时处于均衡的问题。

所谓一般均衡是指所有的市场同时处于均衡的一种状态，它是相对于局部均衡而言的。具体地讲，就单个消费者来讲，他面对既定的市场价格，使用现有的资源，通过购买和出卖，来实现自身的效用最大化。此时，消费者处于均衡，从而形成对产品（组合）的需求，所有消费者需求的总和构成了商品的市场需求。

单个生产者在既定的价格下购买生产要素，利用成本最低的生产技术生产各种产品的组合，并以既定的市场价格出售。当厂商获得最大利润时，厂商处于均衡，从而形成对产品的供给，所有厂商供给总和构成了产品的供给。如果所有厂商的成本函数相同，那么在厂商处于均衡时，厂商的超额利润为零。

对所有的商品而言，当消费者的超额需求（消费者的需求量减最初拥有量）恰好等于厂商的市场供给时，市场处于一般均衡状态。可以证明，如果所有经济当事人的需求和供给函数都是连续的，并且消费者的效用最大化行为满足预算约束，那么对于任意价格，瓦尔拉斯定价成立，并且存在一系列价格，这使得所有的市场同时处于均衡。

在一般均衡的实现过程中，除了经济当事人需要满足的条件以外，最终均衡的实现还要借助于市场机制的自发调节。在完全竞争的条件下，价格就是反映市场供给变动的晴雨表。如果某一行业的利润较高，其他行业中的资源就会转移到该行业中来。市场机制根据市场的供求变动调整资源的配置：如果在某一个价格水平下需求量高于供给量，那么厂商就提高价格；反之，他就降低价格，直到所有的市场上的供给等于需求为止。如同单个商品的价格决定一样，市场机制的自发作用决定一系列的市场均衡价格，这使得市场处于一般均衡状态。

一般均衡模型除了论证看不见的手的目的以外，其分析也是建立在严格的基础之上的，所以需要特别注意其实现的条件：（1）一般均衡的实现需要完全竞争的条件，所以有关完全竞争市场的假定条件对一般均衡的实现起到重要的作用，从而使得一般均衡分析至多具有理论意义。（2）有关经济当事人行为的连续性等假设过于严格，有关拍卖者的假设也需要经济当事人超常的信息处理能力。（3）关于一般均衡存在性的证明也只是为一个数字问题提供了一个数学解。

12. 答：帕累托最优状态适用于判断市场机制运行效率的一般标准。一个帕累托最优状态或市场机制有效率的运行结果是指这样一种状态，即不可能存在资源的再分配使得在经济社会中其他成员的情况不变的条件下改善某些人的情况。理解情况变好对于应用帕累托标准判断经济运行的效率是重要的。一般来说，一个人的行为，特别是交换行为可以显示出变好还是变坏。

实现帕累托最优状态需要满足一系列重要的必要条件：（1）任何的两个消费者对任意两种商品进行交换时边际替代率相同。（2）任何两个厂商使用一种生产要素生产同一种产品的边际产量都相等，两种生产要素生产同一种商品的边际技术替代率都相等，任意两个厂商使用既定生产要素生产任意两种产品的边际产品转换率都相等。（3）消费者的任意两种产品的边际替代率等于生产者对这两种产品的转化的转换率。

在完全竞争市场结构条件下，如果经济当事人的行动满足连续性的假设，那么，当经济系统处于一般均衡状态时，帕累托最优状态的必要条件都通过一般均衡的价格比表示出来，从而使得这些条件得到满足。可见，完全竞争的市场结构可以实现帕累托最优状态。

帕累托最优状态的分析是西方经济学论证"看不见的手"的原理的一个重要组成部分，它用帕累托标准验证了完全竞争市场的效率。然而，这种分析掩盖了经济中的生产关系：（1）帕累托最优状态可以在其中一个经济当事人没有任何消费量的条件下实现。这和社会的一般准则是不相一致的。（2）完全竞争符合帕累托最优标准表明的含义仍然受到严格的完全竞争市场的假设条件的限制。在现实经济中，任何一个条件遭到破坏都将引起帕累托效率的损失。（3）有关完全竞争市场实现帕累托最优状态的证明同样只具有数学的意义。

第十二章 市场失灵与政府的作用

内容提要

在现实社会中,由于存在一些限制,市场不能充分发挥作用,也就是市场失灵。所谓市场失灵是指,即使市场可以充分发挥作用,也不能圆满实现帕累托最优。造成市场失灵的主要原因有:

1. 市场势力。它是指厂商或要素所有者对市场价格的控制能力。当厂商们有市场势力时会产生无效率。

2. 信息不对称。本章中主要考虑商品市场上的信息不对称问题,并说明私人部门和政府是如何解决这一问题的。

3. 外部性。本章研究了外部经济与外部不经济两种外部性对经济的影响。两者都可造成无效率,外部性发生的根本原因是无法建立适当的市场以供外部性的制造者和承受者之间进行交易。本章针对外部性的成因,提出了补救的办法。

4. 公共物品。公共物品是相对于私人物品而言的,具有共享和无法排他的特点,对市场达到最高效率构成了严重障碍。

由于现实对市场机制的发挥存在限制,就需要借助政府的作用以求得某种程度的缓解或解决,政府的公共决策包括以下几方面:

1. 建立公营事业,经营自然垄断产业,或对民营的自然垄断产业进行价格管制。

2. 对制造外部成本者课税或管制,并对产生外部收益者进行补贴。

3. 提供生产共享以及无法排他特性的公共产品。

4. 采取适当的收入分配和公共开支措施，改善贫富不均或福利状况不均的现象。

综合练习题

一、选择题

1. 市场失灵指的是（ ）。
   A. 在私人部门与公共部门之间资源分配不均
   B. 不能产生任何有用成果的市场过程
   C. 以市场为基础的对稀缺资源的无效率配置
   D. 收入分配不均

2. 市场失灵的例子不包括哪一条（ ）。
   A. 缺乏竞争
   B. 太少广告
   C. 信息问题
   D. 太少创新

3. 被称作外部性市场失灵发生在（ ）。
   A. 当市场价格不能反映一项交易的所有成本和利益的时候
   B. 当信贷市场配给贷款时
   C. 当市场不出清时
   D. 当公司追求利润最大化战略时

4. 当人们无偿的拥有了额外收益，或承担了不是由他们导致的额外成本时，称为（ ）。
   A. 道德陷阱
   B. 效率
   C. 交易成本
   D. 外部性

5. 当人们无偿的享有了额外收益，称为（ ）。
   A. 公共物品
   B. 消极的外部性

C. 交易成本

D. 积极的外部性

6. 当人们承担了不是由他们导致的额外成本时，称作（　　）。

   A. 公共物品

   B. 消极的外部性

   C. 交易成本

   D. 积极的外部性

7. 外部性发生在当人们（　　）。

   A. 无偿享有了额外收益或承担了不是由他导致的额外成本时

   B. 负担一个超出交易中购买价格的额外费用

   C. 由于供给的减少而减少他们对一种商品的需求时

   D. 借款给一个公司而那个公司宣布破产时

8. 在作消费决策时，单个消费者考虑（　　）。

   A. 私人成本和社会收益

   B. 社会收益和私人成本

   C. 私人成本和私人收益

   D. 社会收益和社会成本

9. 在作生产决策时，厂商考虑（　　）。

   A. 私人成本和社会收益

   B. 社会收益和私人成本

   C. 私人成本和私人收益

   D. 社会收益和社会成本

10. 如果一个市场上一种商品相对社会最优产量来说处于供给不足，这说明存在（　　）。

    A. 积极的外部性

    B. 固定成本

    C. 信息不完全

    D. 交易成本

11. 如果一个市场上一种产品相对社会最优产量来说处于供给过量，这说明存在（　　）。

A. 交易成本

B. 信息不完全

C. 逆向选择

D. 消极的外部性

12. 在存在（　　）情况时，市场的作用可能会造成供给过量。

A. 过剩

B. 消极的外部性

C. 反向的外部性

D. 积极的外部性

13. 当积极的外部性发生在一种产品的生产中时，（　　）。

A. 市场上该产品供给过量

B. 增加一个人消费边际成本为零

C. 市场上该产品供给不足

D. 排除某个人消费的成本过高

14. 当消极的外部性发生在一种产品的生产中时，（　　）。

A. 公共部门不起作用

B. 增加一个人消费边际成本为零

C. 市场上该产品供给不足

D. 市场上该产品供给过量

15. 一个产品的边际社会成本是由（　　）负担的。

A. 经济中的所有人

B. 生产该产品的厂商

C. 生产该产品厂商的客户

D. 除了生产该产品厂商的客户以外经济中的所有人

16. 当消极的外部性发生在一种产品的生产中时，（　　）。

A. 社会边际成本小于私人边际成本

B. 私人边际成本超过社会边际成本

C. 产品或服务供给不足

D. 社会边际成本超过私人边际成本

17. 当积极的外部性发生在一种产品的生产中时，（　　）。

309

A. 私人边际收益超过社会边际收益
B. 社会边际收益超过私人边际收益
C. 产品或服务供给过量
D. 社会边际收益超过私人边际收益

18. 当消极的外部性发生在一种产品的生产中时，（　　）。
    A. 市场价格相对于社会有效率的价格来说太高
    B. 市场供给曲线在包含全部成本的供给线以上
    C. 市场供给曲线夸大了产品的总成本
    D. 市场供给曲线低估了生产的总成本

19. 当积极的外部性发生在一种产品的生产中时，（　　）。
    A. 太多资源被分配给产品的生产
    B. 社会边际效益超过私人边际收益
    C. 社会边际效益小于私人边际收益
    D. 社会成本大于私人成本

20. 从社会角度看，效率要求（　　）之间相等。
    A. 社会边际收益和社会边际成本
    B. 社会边际收益和私人边际收益
    C. 社会边际成本和私人边际收益
    D. 私人边际成本和私人边际收益

21. 当一种产品的生产发生消极的外部性时，（　　）。
    A. 市场价格比社会有效率的价格高
    B. 私人边际成本超过社会边际成本
    C. 太少的产品被生产
    D. 市场价格低于社会有效率的价格

22. 当一种产品的生产发生积极的外部性时，（　　）。
    A. 市场价格比社会有效率的价格高
    B. 私人边际收益超过社会边际收益
    C. 太多的产品被生产
    D. 社会边际收益小于私人边际收益
    E. 市场价格低于社会有效率的价格

23. 以下哪个商品是消极的外部性的最好例子,(　　)。
    A. 国防
    B. 公共教育
    C. 一个噪音很大的割草机
    D. 一个汉堡包

24. 如果一种产品的社会边际收益超过私人边际收益,(　　)。
    A. 价格低于社会有效率的价格
    B. 社会应减少产品的生产
    C. 社会不应改变产品的生产
    D. 社会应增加产品的生产

25. 如果一种产品的社会边际成本超过私人边际成本,(　　)。
    A. 价格高于社会有效率的价格
    B. 社会应减少产品的生产
    C. 社会不应改变产品的生产
    D. 社会应增加产品的生产

26. 当政府试图处理消极的外部性时,它的基本目标是(　　)。
    A. 消除社会成本
    B. 激励决策者考虑全部成本
    C. 消除引起外部性的行为
    D. 减少社会成本使之等于私人成本

27. 治理消极外部性的政府直接控制趋于无效,因为(　　)。
    A. 所有部门治理污染的成本是一样的
    B. 厂商不会遵守政府建立的规则
    C. 很难判断是谁在制造污染
    D. 不同成本的厂商面对相同的管制

28. 如果某种产品的生产正在造成污染,因而社会边际成本大于私人边际成本,适当的税收政策是征税,征税额(　　)。
    A. 等于治理污染设备的成本
    B. 等于社会边际成本
    C. 等于社会边际成本和私人边际成本之差

D. 等于私人边际成本

29. 对污染的管制措施包括（　　）。
    A. 惩罚超过允许污染水平的厂商
    B. 增税以增加私人边际成本
    C. 对购买治理污染的设备提供税收减免
    D. 对共同财产分配产权

30. 以下哪一条与使用政府管制来对付消极的外部不经济如污染等问题不相关，（　　）。
    A. 管制需要比政府在合理预期下所能得到的更多的信息
    B. 管制应有一个单重标准，而不用考虑个别厂商在成本和反应上的差别
    C. 政府无权制定实施管制的标准
    D. 厂商可能花更多的时间去对付政府的管制，而不是试图减少外部性

31. 不完全竞争市场中出现低效率的资源配置是因为产品价格（　　）边际成本。
    A. 大于
    B. 小于
    C. 等于
    D. 可能不等于

32. 由于垄断会使效率下降，因此任何垄断都是要不得的，这一命题（　　）。
    A. 一定是正确的
    B. 并不正确
    C. 可能是正确的
    D. 基本上是正确的

33. 为了提高资源配置效率，政府对竞争性行业厂商的垄断行为（　　）。
    A. 是限制的
    B. 是提倡的

C. 不管的

D. 有条件地加以支持的

34. 为了提高资源配置效率，政府对自然垄断部门的垄断行为是（　　）。

　　A. 不管的

　　B. 加以管制的

　　C. 尽量支持的

　　D. 坚决反对的

35. 某一经济活动存在外部不经济是指该活动的（　　）。

　　A. 私人成本大于社会成本

　　B. 私人成本小于社会成本

　　C. 私人利益大于社会利益

　　D. 私人利益小于社会利益

36. 某一活动存在外部经济是指该活动的（　　）。

　　A. 私人利益大于社会利益

　　B. 私人成本大于社会成本

　　C. 私人利益小于社会利益

　　D. 私人成本小于社会成本

37. 某人的吸烟行为属（　　）。

　　A. 生产的外部经济

　　B. 消费的外部经济

　　C. 生产的外部不经济

　　D. 消费的外部不经济

38. 如果上游工厂污染了下游居民的饮水，按科斯定理，（　　），问题就可妥善解决。

　　A. 不管产权是否明确，只要交易成本为零

　　B. 只要产权明确，且交易成本为零

　　C. 只要产权明确，不管交易成本有多大

　　D. 不论产权是否明确，交易成本是否为零

39. 某项生产活动存在外部不经济时，其产量（　　）帕累托最

优产量。

  A. 大于

  B. 小于

  C. 等于

  D. 以上三种情况都有可能

40. 市场不能提供纯粹的公共物品是因为（ ）。

  A. 公共物品不具有排他性

  B. 公共物品不具有竞争性

  C. 消费者都想"免费乘车"

  D. 以上三种情况都是

41. 公共物品的市场需求曲线是消费者个人需求曲线的（ ）。

  A. 水平相加

  B. 垂直相加

  C. 算术平均数

  D. 加权平均数

42. 一项公共物品是否值得生产，主要看（ ）。

  A. 效益

  B. 政府的意志

  C. 公众的意见

  D. 成本和效益的对比

43. 交易双方信息不对称，比方说买方不清楚卖方的一些情况，是由于（ ）。

  A. 卖方故意要隐瞒自己一些情况

  B. 买方认识能力有限

  C. 完全掌握情况，所需成本太高

  D. 以上三种情况都有可能

44. 下列哪个市场最可能存在不对称信息问题，（ ）。

  A. 牙膏

  B. 香皂

  C. 电器

D. 旧车

45. 在次品模型中（　　）。
    A. 顾客知道商品的质量，但买主不知道
    B. 卖主知道商品的质量，但顾客不知道
    C. 顾客和卖主都不知道商品的质量
    D. 顾客和卖主都知道商品的质量是低的

46. 关于政府在经济中的角色，市场失灵论认为（　　）。
    A. 因为市场失灵，政府必须尽可能地做他们所能承担的
    B. 当市场不能产生有效率的结果时，政府要承担一个角色
    C. 政府较市场不大可能失灵
    D. 科斯定理在关于产权对产生有效率的市场结果的作用方面是正确的

47. 市场失灵的例子包括（　　）。
    A. 外部性
    B. 缺乏充分竞争
    C. 信息问题
    D. 以上都是

48. 环境污染的成本是（　　）例子。
    A. 积极的外部性
    B. 公共物品
    C. 消极的外部性
    D. 私人成本

49. 以下哪一个不是消极的外部性的例子，（　　）。
    A. 氟利昂气体破坏了一部分臭氧层
    B. 二氧化碳的排放引起全球变暖
    C. 工业烟雾的排放增加肺癌的发病率
    D. 当自然资源价格增加时消费者必须支付更多

50. 为了减少污染的排放，政府可以（　　）。
    A. 对治理污染征税
    B. 对治理污染补贴

C. 对污染产品如钢铁和化学产品的销售补贴

D. 给污染者重新分配污染的产权

51. 在市场不能产生有效率的结果时，政府可以扮演一个角色的观点称为（　　）。

　　A. 科斯定理

　　B. 市场失灵论

　　C. 可交易许可证

　　D. 命令和控制的方法

52. 以下哪个方法可以减少环境污染（　　）。

　　A. 对污染排放征税

　　B. 对治理污染补贴

　　C. 可交易许可证

　　D. 以上都是

53. 生产太多具消极的外部性的产品是（　　）的例子。

　　A. 一般均衡

　　B. 消费者主权

　　C. 政府失灵

　　D. 市场失灵

二、计算题

1. 假设一产品的市场需求函数是 $Q=1000-10P$，成本函数为 $C=40Q$。试问：

（1）若该产品为一垄断厂商生产，利润极大时的产量、价格和利润各是多少？

（2）要达到帕累托最优，产量和价格应为多少？

（3）社会纯福利在垄断性生产时损失了多少？

2. 假定有一企业，从私人角度看，每多生产1单位产品可多得12元，从社会角度看，每多生产1单位产品还可再多得4元，产品成本函数为 $C=Q^2-40Q$。试问：为达到帕累托最优，若有政府补贴办法，可使产量增加多少？

3. 假定某化工厂生产产品的需求函数 P=600-2Q，成本函数为 $C_P=3Q^2-400Q+40\ 000$（产量以吨计，价格以元计）。试求：

（1）利润最大时产量、价格和利润各是多少？

（2）若每增加 1 单位产量，由于外部不经济（环境污染）会使社会受到损失，从而使社会成本函数成为 $C_S=4.25Q^2-400Q+40\ 000$，试求帕累托最优的产量和价格应为多少？

4. 一种产品有两类生产者在生产。优质生产者生产的每件产品值 14 美元，劣质产品生产者的每件产品值 8 美元。顾客在购买时不能分辨优质产品和劣质产品，只有在购买后才能分辨。如果消费者买到优质产品的概率是 p，则买到劣质产品的概率是 1-p。这样，产品对于消费者的价值就是 14p+8(1-p)。两类生产者的单位产品生产成本都稳定在 11.50 美元，所有生产者都是竞争性的。试问：

（1）假定市场中只有优质产品生产者，均衡价格应该是多少？

（2）假定市场中只有劣质产品生产者，均衡价格应该是多少？

（3）假定市场中存在同样多的两类生产者，均衡价格将是多少？

（4）如果每个生产者能自主选择生产优质产品或劣质产品，前者单位成本 11.50 美元，后者单位成本为 11 美元，则市场价格应该是多少？

三、分析问答题

1. 什么叫市场失灵？哪些情况会导致市场失灵？

2. 公共物品与私人物品相比有什么特点？这种特点怎样说明在公共物品生产上市场是失灵的？

3. 什么叫外部性？如何解决外部性？

4. 举例说明信息不对称是如何导致市场机制不能达到最大效率的。

参考答案

一、选择题

1. C   2. B   3. A   4. D   5. D   6. B   7. A
8. C   9. C   10. A   11. D   12. B   13. C   14. D
15. A   16. D   17. B   18. D   19. B   20. A   21. D
22. A   23. C   24. D   25. B   26. B   27. D   28. C
29. A   30. C   31. A   32. B   33. A   34. B   35. B
36. C   37. D   38. B   39. A   40. D   41. B   42. D
43. D   44. D   45. B   46. B   47. D   48. C   49. D
50. B   51. B   52. D   53. D

二、计算题

1. 解：

（1）该产品为垄断厂商生产时，市场需求函数即该厂商的需求函数。

由 $Q=1000-10P$ 得 $P=100-0.1Q$

得边际收益函数 $MR=100-0.2Q$

由成本函数 $C=40Q$ 得 $MC=40=AC$

利润最大时，$MC=MR$，即 $40=100-0.2Q$

得 $Q=300$，$P=70$，$\pi=70\times300-40\times300=9\,000$

即产量、价格和利润分别为 300、70、9 000。

（2）要达到帕累托最优，则价格必须等于边际成本，即
$P=100-0.1Q=40=MC$，得 $Q=600$，$P=40$。

（3）当 $Q=300$，$P=70$ 时，消费者剩余为：

$$CS=\int_0^{300}(100-0.1Q)dQ-PQ$$

$$= \left|100 \times 300 - 0.05 \times 300 \times 300\right|_0^{300} - 700 \times 300 = 4\,500$$

当 Q=600，P=40 时，消费者剩余为：

$$CS = \int_0^{600} (100 - 0.1Q)dQ - PQ$$

$$= \left|100 \times 600 - 0.05 \times 600 \times 600\right|_0^{600} - 40 \times 600$$

$$= 600(70 - 40) = 18\,000$$

社会福利的纯损失为：18 000-4 500-9 000=4 500。

在此，18 000-4 500=13 500 是垄断所造成的消费者剩余的减少量，其中 9 000 转化为垄断者利润。因此，社会福利的纯损失为 4 500。

2. 解：

在政府没有补贴时，厂商能生产的产量为私人企业利润极大的产量。令 MC=MR，即 12=2Q-40，得 Q=28。

政府补贴后，厂商的边际收益增加到 16 元。令 MR=MC，即 2Q-40=16，得 Q=28。

可见，政府补贴后可增产 2 单位。

3. 解：

（1）从厂商需求函数求得边际收益函数为：

MR=600-4Q

从成本函数求得边际成本函数为：

MC_P=6Q-400

令 MC_P=MR，即 6Q-400=600-4Q

得 Q=100（产量），P=400（价格）。

$\pi = 400 \times 100 - (3 \times 100^2 - 400 \times 100 + 40\,000) = 10\,000$

（2）从该产品的社会成本函数中可知社会边际成本函数为：

MC_S=8.5Q-400

令 MC_S=MR，即 8.5Q-400=600-4Q。

得 Q=80（产量），P=440（价格）。

可见，若考虑外部不经济，从帕累托最优的资源配置角度看，该工厂的产量应该减少,价格应当上升。

4. 解:

(1)若市场中只有优质产品生产者,生产者之间的竞争会使价格降到生产成本,即 11.50 美元,消费者可获得的消费者剩余为:14-11.50=2.5 美元。

(2)若市场中只有劣质产品生产者,消费者只愿为每件产品支付 8 美元,而每件成本为 11.50 美元。因此,一件也卖不出去,不存在均衡价格。

(3)在这种情况下,竞争会把价格定在 11.50 美元,而对消费者来说,可获得的平均质量的产品至少要值 11.50 美元,即必须满足 $14p+8(1-p) \geqslant 11.50$,解不等式得 $p \geqslant 7/12$,而市场中存在同样多的优劣产品时 $p=0.5$,于是有:$14 \times 0.5+8 \times (1-0.5)=11$,小于 11.50。因此,消费者不会购买产品,不存在均衡价格。

(4)由于市场是完全竞争的,每个生产者都会认为自己不会左右市场价格,都只会按统一的市场价格出售产品。因此,为了增加盈利,都只选择成本为 11 美元的劣质产品生产。市场上只有劣质品,而消费者对劣质品只愿支付 8 美元,因而不可能有任何成交量。优质品和劣质品的生产都等于零,信息不对称破坏了市场效率。

三、分析问答题

1. 答:市场失灵是指市场机制在不少场合下会导致资源不适当配置,即导致无效率的一种状况。换句话说,市场失灵是自由的市场均衡背离帕累托最优的一种情况。微观经济学表明,在一系列理想化的假定条件下,自由竞争的市场经济可导致资源配置达到帕累托最优状态,但理想化的假定条件并不符合现实情况。在以下这些情况下,市场会失灵,即不完全竞争、公共物品、外部影响、信息不完全等。

2. 答:公共物品是指供整个社会即全体社会成员共同享用的物品,如国防、警务等。这些公共物品只能由政府以某种形式来提供,这是由其消费的非排他性和非竞争性决定的。非排他性是指一产品为某人消费的同时,无法排斥别人也来消费这一物品。这和一件衣服、一磅面包等私人物品不同。对于私人物品来说，购买者支付了价格就取得了该物品的所有权，就可轻易排斥别人来消费这一物品，而像国防等公共物品则不同，该国每一公民不管是否纳税，都享受到了国防保护。非竞争性是指公共物品可以同时为许多人所消费，且增加一名消费者的消费的边际成本为零，即一个人对这种物品的消费不会减少可供别人消费的量。

使用公共物品之所以具有非排他性和非竞争性，是因为在公共物品生产上具有不可分性，如国防、警务等提供的服务，不可能像面包、衣服那样可以分割为许多细小单位，而只能作为一个整体供全体社会成员使用。当物品可像私人物品那样细分时，消费者就可按一定价格购买自己所需要的一定数量独自享用，排斥他人分享。在这种情况下，消费者对物品的偏好程度就可通过愿意支付的价格来表现，使自己的消费达到最大满足，从而市场价格可对资源配置起支配作用。公共物品由于不能细分，因而人们对公共物品的消费不能由市场价格来决定，价格机制无法将社会对公共物品的供需情况如实反映出来。这样，公共物品就只能由政府根据社会成员的共同需要来提供。如果要人们根据用价格所表现的偏好来生产这些物品，则谁都不愿表露自己的偏好，只希望别人来生产这些物品，这样，公共物品就无法生产出来了。因此，在公共物品生产上，市场是失灵了。

3. 答：当一种消费或生产活动不通过市场价格对其他消费或生产活动产生影响，而这种影响又没有通过市场价格反映出来时，就产生了外部性。也就是说，对其他消费或生产活动的影响就市场来说是外在的。实际上，我们还可以下一个通俗的定义：外部性是指人们的经济行为有一部分的利益不能归自己享有，或有部分成本不必自行负担。如果有自己不能享受到的利益发生时，那一部分利益就称为外部经济或外部利益；当有自己不能承担的成本发生时，那种成本则称为外部不经济或外部成本。外部经济与外部不经济可统称为外部性。解决外部性的途径有：（1）赋予财产权。可对原为公共财产的物品赋予私人财产权，如公海变私海、街巷变成私人土地等。只要无主物一旦变成有主物，要使用或污染就必须付费给所有者，否则所有者将可以提起诉讼。如此，资源的使用就不会流于过量、浪费以及不足了。(2) 课税和补贴。在成熟的市场经济中，可以赋予私人财产权的客体大多已经私有化了，因此对产生外部效果的行为，只有借助政府的公共权力进行干预。干预的原则就是将外部效果内部化。如何内部化，即对产生外部效果的行为进行课税，并对提供外部经济的行为加以补贴，让外部效果由产生者自行负担或享受，这就是外部性的内部化。(3) 政府的直接管制。这是在污染防治上面最通用的手段。例如，政府对各种污染制造者与污染物，制定可容忍的污染标准。这样，在某种程度内可降低污染率或减轻污染所造成的社会成本。

4. 答：以旧车市场买卖为例。假如有一批旧车要卖，同时有一批要买这些旧车的购买者。旧车中有一半是优质车，一半是劣质车。假设优质车主索价 400 元，劣质车主索价 200 元。再假定买主对优质车愿支付 480 元，对劣质车愿支付 240 元。如果信息是完全的，即买主知道哪些车子是优质的，哪些是劣质的，则优质车会在 400～480 元之间成交，劣质车会在 200 元～240 元之间成交。但买主事实上无法凭观察判断旧车质量。旧车主会隐瞒劣质车的问题，买主只知道劣质车优质车所占比重各一半，但不知哪一辆是优质车，哪一辆是劣质车。于是，他们的出价至多是 $240 \times 1/2 + 480 \times 1/2 = 360$ 元，这样，优质车就不肯卖。如果买主知道只能买到劣质车，则成交价格只能在 200 元～240 元之间，优质车将被逐出市场，市场运转的有效性被破坏了。

宏观经济学部分

第一章 宏观经济学的产生和发展

内容提要

一、现代宏观经济学的产生

1. 早期的宏观经济理论

早期的宏观经济理论集中在两个方面：一是货币理论，二是经济周期理论或失业和衰退的理论。较著名的有萨伊定律、休谟的货币数量论和费雪的货币数量交换方程式等。

当时关于货币的理论和经济周期的理论存在着很大分歧，有些甚至是对立的。关于周期的理论，其争论的焦点集中在失业和经济衰退是否是资本主义经济所固有的问题上。

2. 现代宏观经济学的产生

现代宏观经济学的产生有两个主要的源头：一是罗斯福新政，它在实践上为国家干预经济提供了成功的例证；二是凯恩斯的《就业、利息和货币通论》的出版，它从理论上建立了现代宏观经济学的基础。

古典经济学家认为资本主义经济几乎是完美无缺的，可以自动达到充分就业的均衡状态，从根本上反对政府干预经济。但是1929年~1933年的大危机使得古典经济学的理论面临严重的挑战。再无视衰退的周期性以及经济危机与资本主义经济的内在关系，经济理论的解释力就要丧失殆尽了。1936年英国经济学家凯恩斯出版了《就业、利息与货币通论》，兴起了一场凯恩斯革命，也从此创立了现代宏观经济学。

凯恩斯的经济学是针对古典经济学（即马歇尔的 Neo-Classical

Economics 新古典经济学)的,其基本观点可以概括为:

(1)凯恩斯反对古典经济学家关于市场出清,并自动达到充分就业的观点。他认为随着经济的繁荣,三大心理规律会起作用,使得资本主义有效需求不足,导致经济衰退和失业(他用刚性工资来解释市场调节机制失效)。

(2)他对古典经济学的两分法提出了批评。他指出,从宏观经济来看,货币对实际经济变量是有巨大影响的。

(3)他提出了一整套宏观经济政策,提出了政府干预经济的主张。

《通论》发表以后,立即在西方引起了巨大反响。二战后,凯恩斯的众多追随者,如汉森、萨缪尔森等不断补充凯恩斯的理论,并将它与古典经济学的一些理论尽量融合在一起,形成了新古典综合派,又称凯恩斯主义主流派经济学。20世纪五六十年代是主流派经济学的鼎盛时期。

二、现代宏观经济学的发展

1. 新古典综合派的宏观经济学

二战后,西方国家的政府逐步接受了凯恩斯主义理论指导下的一系列宏观经济政策。20世纪50年代到60年代,是现代宏观经济学的形成时期,也是凯恩斯主义的鼎盛时期。在以萨缪尔森为代表的一批美国经济学家的努力下,逐渐形成了"新古典综合派"的宏观经济学。一系列在凯恩斯基本理论基础上的最新研究成果被综合在一起,形成了所谓的"宏观经济学"。宏观经济学的基本目的在于指导政府对经济的干预,因此早期的财政政策和货币政策就成了宏观经济学最初的重要成果。

2. 新古典学派

20世纪70年代,西方经济开始进入严重的滞胀阶段,传统的凯恩斯主义宏观经济政策遇到了严重的挑战,60年代几乎被公认的菲利浦斯曲线所描述的通货膨胀率与失业率之间的替代关系不再存在,以控制收入为主的"收入政策"(最典型的就是尼克松的"冻结工资和物价90天"的政策)也不再起作用。面对滞涨,新古典综合派束手无策。

传统的凯恩斯主义者一方面寻求新的政策调节途径和方式,另一方面也试图在凯恩斯主义基本理论的基础上来解释"滞胀"的原因。

另一方面,从20世纪五六十年代就批判凯恩斯主义的货币学派,在70年代十分活跃,他们批评凯恩斯主义政府干预经济的主张是错误的,会给经济带来巨大的危害。货币学派的理论引发了新自由主义经济学的兴起。到70年代末,形成了新古典学派(New Classical Economics)。其主要代表有货币学派,又从货币学派中衍生出来理性预期学派和供给学派。新古典学派在80年代达到其鼎盛时期。

到70年代中期,新古典学派逐渐显露头角,他们开始受到官方和经济学界的注意,并最终被主要资本主义国家的政府所接受。于是,从70年代末到80年代初,开始了宏观经济政策的全面转型。发达国家在80年代先后走上了自由化的道路,从而实行的是新古典学派或与其相近的宏观经济政策。

3. 新凯恩斯主义和宏观经济学的多元化发展

20世纪80年代,西方发达国家已经成功地控制住了通货膨胀。但是,经济增长仍然普遍达不到60年代的水平,而且失业严重,经济走走停停。这使得人们对新古典学派的理论产生了怀疑。同时,从80年代初起,一些比较年轻的凯恩斯主义经济学家就在坚持凯恩斯主义国家干预经济的基本观点的基础上,吸收了新古典学派的部分观点和理论,逐步形成了新凯恩斯主义经济学,到80年代大有重振老凯恩斯主义雄风的态势。

新凯恩斯主义同传统凯恩斯主义相比,已经发生了一些重大的变化。他们所主张的宏观经济政策更全面,也更深入,既考虑需求方面,也考虑供给方面;既考虑长期,又考虑短期;既注重微调政策在短期的作用,又重视结构性政策在长期的效果。可以说,新凯恩斯主义者继承了传统凯恩斯主义者关于国家应该干预经济的基本主张,既吸收了新古典经济学的一些合理的理论和政策主张,又在吸取80年代以来一些宏观经济实践中经验教训的基础上,发展了国家干预经济的理论,使得国家干预经济的政策体系发展到了一个新的水平。

综合练习题

分析问答题

1. 宏观经济学是在什么条件下产生的?
2. 新古典学派主要由哪些学派构成? 他们的基本主张是什么?
3. 简述新凯恩斯主义的主要观点。
4. 试述新古典宏观经济学与新凯恩斯主义经济学的分歧。

参考答案

分析问答题

1. 答：现代宏观经济学的产生有两个主要的源头：一是罗斯福新政，它在实践上为国家干预经济提供了成功的例证；二是凯恩斯的《就业、利息和货币通论》的出版，它从理论上建立了现代宏观经济学的基础。

  古典经济学家认为资本主义经济几乎是完美无缺的，可以自动达到充分就业的均衡状态，从根本上反对政府干预经济。但是1929年~1933年的大危机使得古典经济学的理论面临严重的挑战。再无视衰退的周期性以及经济危机与资本主义经济的内在关系，经济理论的解释力就要丧失殆尽了。1936年英国经济学家凯恩斯出版了《就业、利息与货币通论》，兴起了一场凯恩斯革命，也从此创立了现代宏观经济学。

  凯恩斯的经济学是针对古典经济学（即马歇尔的 Neo-Classical Economics 新古典经济学）的，其基本观点可以概括为：

  （1）凯恩斯反对古典经济学家关于市场出清，并自动达到充分就业的观点。他认为随着经济的繁荣，三大心理规律会起作用，使得资本主义有效需求不足，导致经济衰退和失业（他用刚性工资来解释市场调节机制失效）。

（2）他对古典经济学的两分法提出了批评。他指出，从宏观经济来看，货币对实际经济变量是有巨大影响的。

（3）他提出了一整套宏观经济政策，提出了政府干预经济的主张。

《通论》发表以后，立即在西方引起了巨大反响。二战后，凯恩斯的众多追随者，如汉森、萨缪尔森等不断补充凯恩斯的理论，并将它与古典经济学的一些理论尽量融合在一起，形成了新古典综合派，又称凯恩斯主义主流派经济学。

2. 答：新古典学派主要由货币学派、理性预期学派和供给学派三个学派构成。

货币学派认为，"滞胀"的基本原因是政府频繁使用凯恩斯主义政策所致。实际上，财政政策基本上是不会对经济中的实际变量起作用的，它只对经济的名义变量起作用，所以必然会破坏市场经济自发的运行机制，导致市场信息扭曲。加上政府频繁交替使用紧缩和扩张性的货币政策，导致通货膨胀日益严重。他们主张政府基本上放弃对经济的宏观干预，让市场机制自发起作用，中央银行只要将货币供给量控制在与实际经济增长率相适应的水平上，通货膨胀就会被控制住，而经济增长率将会在市场机制自动作用下达到一个自然的增长率，失业也会固定在自然失业率水平上。

理性预期学派认为，人们在预期上不会犯系统性错误，当人们正确地预期到政策的结果时，政策就会失效，只有预期不到的政策才会起作用，而政府是不能长期蒙蔽公众的，人们会很快熟悉新政策，并对自己的预期作出调整。所以宏观经济政策基本上是不起作用的，即使在短期内起作用，其效果也不可靠，而市场机制的自发作用要比政府政策可靠得多。理性预期学派并没有提出政策上的建设性意见，只是它使得政府更加重视市场机制自发的调节作用，避免那些可能破坏市场机制的干预性措施。

供给学派的政策主张主要是针对"滞胀"的，他们的基本政策是通过减税来刺激供给。这在凯恩斯主义者看来是荒唐的，因为在通货膨胀严重时期，减税属于扩张性财政政策，它将会提高总需求，使本来已经十分严重的通货膨胀更加严重，是对"滞胀"的雪上加霜，是天方夜谭，不可能实现。此外，由于当时美国政府连年出现巨额财政赤字，减税必然会带来更严重的问题。因此供给学派的代表人物阿瑟·拉弗提出了税率变动与税收总额变动关系的著名曲线——拉弗曲线。拉弗曲线解释说，经济存在着一个最佳的税率，税率过高和税率过低都会使税收减少，美国当时的税率属于过高的水平，因此，按照供给学派的政策减税，不但可以医治持续已久的"滞胀"，而且也可以增加税收，减少财政赤字。供给学派并不像上述两个学派一味地反对宏观经济政策，而是提出了政府应该从供给方面来考虑宏观经济政策的新命题。供给方面的政策实际上是从长期调解方面来考虑政府的经济干预政策，这为后来各国普遍实行的长期性的税收调节计划和其他旨在长期对经济起作用的经济计划，在理论上铺平了道路。

3. 答：新凯恩斯主义经济学产生于20世纪80年代，其政策主张兴盛于90年代。其代表人物多为美国经济学家，如Q. A. 阿克罗夫、J. 耶伦、G. 曼奎、B. 伯纳克等人。

新凯恩斯主义者对市场出清持怀疑态度。他们认为：

（1）信息不完全或不对称。信息不对称是指消费者和生产者所具有的信息是不一样的。例如，对某种商品的性能、质量、成本等的信息，消费者所能得到的与生产者相比就要少得多。因此，他们往往把价格高低看作是质量高低的信号。这种信息不对称到处都存在，它使得价格不像新古典理论所描述的那样灵敏，这就是所谓市场失效，它是产生价格刚性的一个重要原因。

（2）价格变动是有成本的。这会使得工资和价格变得具有刚性。新凯恩斯主义经济学坚持政府干预经济的主张，但是，却吸收了理性预期学派的理性预期的观点和"预期到的宏观经济政策无效"的观点。他们认为，在当代市场经济中信息是不对称的，而且工资和价格的变动具有粘性，这样，在短期仍然会出现偏离自然失业率的现象，出现有效需求不足。因此，需求管理政策仍然是必要的和起作用的。新凯恩斯主义并不仅仅坚持传统凯恩斯主义短期需求管理的主张，他们还特别强调供给学派从供给方面调节经济的思路，主张从长期着手、从供给方面着手来考虑经济政策。新凯恩斯主义还强调巩固性的财政政策，认为财政赤字对经济是有害的，它会引起投资的减少(基础效应)和贸易逆差的增加。此外，新凯恩斯主义者还研究了一些新的现象和机制，如提出了在货币政策起作用的机制方面，不应只考虑利息率，还应该考虑普遍存在的信贷配给机制。新凯恩斯主义同传统凯恩斯主义相比，已经发生了一些重大的变化，他们所主张的宏观经济政策更全面，也更深入，既考虑需求方面，也考虑供给方面；既考虑长期，又考虑短期；既注重微调政策在短期的作用，又重视结构性政策在长期的效果。可以说，新凯恩斯主义者继承了传统凯恩斯主义者关于国家应该干预经济的基本主张，既吸收了新古典经济学的一些合理的理论和政策主张，又在吸取80年代以来一些宏观经济实践中的经验教训的基础上，发展了国家干预经济的理论，使得国家干预经济的政策体系发展到了一个新的水平。

4. 答：新古典宏观经济学与新凯恩斯主义经济学是目前西方宏观经济学中的两个较有影响的理论学派。两者的主要分歧在于：

(1)在基本假设方面，新古典宏观经济学与新凯恩斯主义经济学最明显的分歧是：前者坚持市场的出清假设，而后者坚持市场非出清假设。新古典宏观经济学家认为，工资和价格具有充分的伸缩性，可以迅速调整，通过工资和价格的不断调整，使供给量与需求量相等，市场连续的处于均衡之中，即被连续出清。总之，新古典宏观经济学把表示供给量和需求量相等的均衡看作经常可以得到的情形。与此相反，新凯恩斯主义则认为，当经济出现需求扰动时，工资和价格不能迅速调整到使市场出清，缓慢的工资和价格调整使经济回到实际产量等于正常产量的状态需要一个很长的过程，如需要几年的时间，而在这一过程中，经济处于供求不等的非均衡状态。

(2)在解释经济波动方面，新古典宏观经济学与新凯恩斯主义经济学的分歧是：前者试图用实际因素从供给扰动方面解释宏观经济波动，后者则用货币因素从需求方面解释宏观经济波动。在新古典宏观经济学看来,引起经济波动的实际因素很多,其中技术是一个重要的因素。在人口和劳动力固定的情况下,一个经济社会中所产生的实际收入便取决于技术和资本存量。换句话说,这时总量生产函数取决于表示技术状况的变量 z 和资本存量 k,即 $y=zf(k)$。如果假定资本折旧率为 δ,则在考察时期的末期,经济中的可供利用资源为当期的产量加上没有折旧的资本存量,即总资源函数为:$zf(k)+(1-\delta)k$。假定总资源只有两个用途:消费和积累。现在假定由于技术进步,使 z 值增加,则生产函数和总资源函数向上移动,则原有的资本存量、产量和总资源都会相应增加,从而使下期的消费和资本积累也相应增加。如果经济社会选择新的资本存量,则资本存量的增加又会使实际收入进一步增加。如果没有进一步的技术变化,则经济随着总资源的增加,会扩张直到达到新的状态上。这便是新古典宏观经济学对经济波动的解释。

新凯恩斯主义经济学对宏观经济波动的解释较为复杂。首先,新凯恩斯主义为了与非市场出清的假设相一致,建立了解释工资和价格粘性的各种理论,其中包括长期劳动合同论。其次,新凯恩斯主义导出了短期总供给曲线。最后,利用短期总供给曲线,新凯恩斯主义通过考察经济遭受总需求冲击后恢复到正常状态的过程,说明经济经历了一次波动。

(3)在政策主张上,新凯恩斯主义认为,由于价格和工资的粘性,经济在遭受到总需求冲击后,从一个非充分就业的均衡恢复到充分就业均衡状态是一个缓慢的过程,因而刺激总需求是必要的。为了避免较长时期的非充分就业持续出现,凯恩斯主义的需求政策仍然是有效力的。

新古典宏观经济学中一个不变的主题是反对政府干预。早期的理性预期学派就曾断言,由于人们的合理预期,政策对产量的变动是无效的。因而,为了避免因政策的突然变动引起的经济波动,政府应按稳定的政策规则行事。

第二章 国民收入的核算与循环

内容提要

一、GDP 的核算

宏观经济学的研究对象是国民经济中的总量经济关系。所谓总量经济关系是指国民经济各个总量决定过程中的那些宏观经济运行关系。在国民经济的许多总量中,国内生产总值是最具有代表性的经济总量。因此,研究国内生产总值的决定因素及其决定过程,研究影响其增长、波动的因素及其作用机制等,就构成了宏观经济理论的基本内容。GDP 是 Gross Domestic Product(国内生产总值)的简称,是在一国范围内一年中所生产的最终产品和服务的市场总价值。GDP 的核算方法主要有生产流方法、收入流方法和支出流方法。

与 GDP 相关联的概念还有:GNP、NDP、NI、DI 和 NT。

GNP(Gross National Product),即国民生产总值,是指一国一定时期内所生产的最终产品(包括产品与劳务)的市场价值总和。GNP 是按照国民原则来计算的,而 GDP 是按国土原则来计算的。两者的关系是:GDP=GNP-得自国外的净要素收益。

NDP(Net Domestic Product),即净国内生产总值,是指 GDP 扣除折旧的部分,即 NDP=GDP-折旧。

NI(National Income),即国民收入,是一个国家一年内用于生产的各种生产要素所得到的全部收入,即工资、利润、利息和地租的货币值之和。它与 GDP 的关系为:GDP-折旧-间接税=NI。

NI 概括了一个社会所有人的总收入,但总收入并不等于可支配收入。某人一个月的总收入中要扣除住房公积金、医疗保险金和个人所得税;此外,他也会有一些额外的收入,如国家发给的住房补贴和国家的特殊津贴等,进行了这些加加减减之后的钱才是这个人可以自由支配的收入。我们计算全社会可支配收入 DI(Disposable Income)就是从 NI 中扣除相应的项目,即 DI=NI-社会保险费-经营利润税-企业留利-个人所得税+国家的转移支付+企业的转移支付+……

NT(Net Taxes),即净税收,是指政府的总税收减去转移支付的部分。它与 GDP 的关系为:DI=GDP-NT。

二、国民收入的循环

从宏观角度看,市场可以分为三大类:最终产品市场、生产要素市场和金融市场。其中,企业、家庭和政府是经济活动的参与者,经济活动又有国内经济活动和对外经济活动之分。企业部门是指所有生产最终产品和劳务的企业的总和,家庭部门是指生产要素占有者的总和,也是所有消费者的总和。

1. 在只有家庭和企业的两部门以及只有生产要素市场和最终产品市场两个市场的经济中,如果家庭部门将其总收入全部用于消费支出,产品市场上的总供给就会等于总需求。因此,我们得到一个重要的等式:总供给=总需求。

2. 在只有家庭和企业的两部门以及生产要素市场、最终产品市场和金融市场三个市场的经济中,由于国民生产总值从需求角度看是 AE=C+I,从收入角度看是 NI=C+S。因此有 C+I=C+S,即 S=I,这就是两部门三市场经济总供求均衡的基本条件。

3. 在有家庭、企业和政府三部门以及生产要素市场、最终产品市场和金融市场三个市场的经济中,由于国民生产总值从需求角度看是 AE=C+I+G,从收入角度看是 NI=C+S+T。因此有 C+I+G=C+S+T,即 I+G=S+T,这就是三部门三市场经济总供求平衡的基本条件。这里我们再将政府总支出 G 分解为政府转移支付(GT)和政府用来购买最终产品和劳务的支出(GP)两部分,将政府的总税收(T)分解为政府的转移支付(GT)和净税收(NT)两部分。这样,当政府总税收等于总支出时，财政收支平衡公式可以写为 NT=GP。

4. 如果把国外市场也作为经济活动的一个部门，那么在家庭、企业、政府和国外部门四部门以及生产要素市场、最终产品市场和金融市场三个市场的经济中，国民生产总值从需求角度看是 AE=C+I+GP+EX，从收入角度看是 NI=C+S+NT+IM。因此有 C+I+GP+EX=C+S+NT+IM，即 I+GP+EX=S+NT+IM，这就是四部门三市场经济总供求平衡的基本条件。

三、国民经济中的其他重要变量

1. 一般价格水平。一般价格水平是指产品市场上的物价总水平。在理论分析中，它是一个抽象的概念，用来概括种类繁多的产品价格。一般价格水平的变动泛指产品市场上物价的普遍变动趋势。

在实际国民经济统计中，一般价格水平是由价格指数来反映的。价格指数是以基期或报告期的产量为权数计算的报告期价格与基期价格之比。西方常用的价格指数有：消费者物价指数 CPI、生产者物价指数 PPI 和 GDP 缩减指数。

2. 一般利息率水平。利息率的决定机制是由金融市场上的供求关系决定的。

期限最短、风险最小的利率称为基础利率。贴现率是特指中央银行对商业银行的准备金贷款利率。共同市场基金利率则是指商业银行间准备金贷款的利率。

名义利率是指现实中的市场利率，实际利率则是指剔除了通货膨胀因素后的利率。其公式为：实际利率=名义利率-通货膨胀率。

3. 失业率。

失业率=（已失业但正在找工作的人数÷劳动力总人数）×100%

失业有三种类型：摩擦性失业、结构性失业和需求不足失业或非自愿失业。

摩擦性失业是指那些具有某种熟练技术的工人的短期失业。结构性失业是指由于某个行业的衰落或某种技术的废弃而产生的失业。需求不足的失业是指产品市场上，需求量相对于产量不足或减少而造成的失业。

在充分就业状态下,失业率并不等于零。它相当于摩擦性失业率与结构性失业率之和。这就是"充分就业下的失业率"的概念。用公式表示为:充分就业下的失业率=摩擦性失业率+结构性失业率。

综合练习题

一、选择题

1. 在国民收入核算体系中,测定一定时期所有最终产品和劳务的货币价值量的是(   )。
   A. 国民收入
   B. 国民生产总值
   C. 国民生产净值
   D. 可支配收入总和

2. 一国的国民生产总值小于国内生产总值,说明该国公民从外国取得的收入(   )外国公民从该国取得的收入。
   A. 大于
   B. 小于
   C. 等于
   D. 可能大于也可能小于

3. 下面哪一种情况是从家庭部门向企业部门的实物流动(   )。
   A. 物品与劳务
   B. 生产要素
   C. 为物品与劳务进行的支付
   D. 为生产要素进行的支付

4. 下面哪一种情况属于政府部门对家庭部门的转移支付(   )。
   A. 政府为其雇员支付工资
   B. 政府为购买企业生产的飞机而进行的支付
   C. 政府为其债券支付的利息
   D. 政府为失业工人提供的失业救济金

5. 下列哪一项不列入国民生产总值的核算(   )。
   A. 出口到国外的一批货物

B. 政府给贫困家庭发放的一笔救济金

C. 经纪人为一座旧房买卖收取的一笔佣金

D. 保险公司收到一笔家庭财产保险费

6. 在下列项目中，（   ）不是要素收入。

   A. 总统薪水

   B. 股息

   C. 公司对灾区的捐献

   D. 银行存款者取得的利息

7. 在下列项目中，（   ）不属于政府购买。

   A. 地方政府办三所中学

   B. 政府给低收入者提供一笔住房补贴

   C. 政府定购一批军火

   D. 政府给公务人员增加薪水

8. 下列（   ）不属于要素收入但被居民收到了。

   A. 租金

   B. 银行存款利息

   C. 红利

   D. 养老金

9. 在一个只有家庭、企业和政府构成的三部门经济中，一定有（   ）。

   A. 家庭储蓄等于净投资

   B. 家庭储蓄等于总投资

   C. 家庭储蓄加折旧等于总投资加政府支出

   D. 家庭储蓄加税收等于净投资加政府支出

10. 在用支出法计算国内生产总值时，不属于投资的是（   ）。

    A. 通用汽车公司购买政府债券

    B. 通用汽车公司增加了 500 辆汽车的存货

    C. 通用汽车公司购买了一台新机床

    D. 通用汽车公司建立了另一条新装配线

11. 国内生产总值等于（   ）。

A. 国民生产总值

B. 国民生产总值减本国居民国外投资的净收益

C. 国民生产总值加本国居民国外投资的净收益

D. 国民生产总值加净出口

12. A 国与 B 国的人均国民生产总值相等,在哪一种情况下 A 国的实际生活水平高于 B 国,(   )。

    A. A 国的国防产品高于 B 国

    B. A 国的转移支付高于 B 国

    C. A 国的总投资高于 B 国

    D. A 国的非市场活动高于 B 国

13. 国民收入账户对于下列哪一项特别有用(   )。

    A. 获得可用性资源的信息

    B. 测度政府的经济政策对整个经济和经济的某一部分的影响

    C. 预测政府特定政策对就业和产出的影响

    D. 以上说法都对

14. 在考察一个国家的全部财富时,下列哪项不应该包括进来(   )。

    A. 国家公路

    B. 海洋中的鱼

    C. 某一公司股票的所有权

    D. 一个大的发电机

15. 当在某一时期,产出没能全部消费时,国民财富将(   )。

    A. 增加

    B. 保持不变

    C. 减少

    D. 增加或减少

16. 下列哪一项不是公司的间接税(   )。

    A. 销售税

    B. 公司利润税

C. 货物税

D. 公司财产税

17. 下列哪个指标可由现期要素成本加总得到（   ）。

    A. 国民收入

    B. 国民生产总值

    C. 可支配收入

    D. 国民生产净值

18. 为从国民收入中获得可支配收入，不用减去下列哪一项（   ）。

    A. 社会保险基金

    B. 公债利息

    C. 公司收入税

    D. 公司未分配利润

19. 在一般情况下，国民收入核算体系中数值最小的是（   ）。

    A. 国民生产净值

    B. 个人收入

    C. 个人可支配收入

    D. 国民收入

20. 下列哪一项应记入GDP（   ）。

    A. 面包厂购买的面粉

    B. 购买40股股票

    C. 家庭主妇购买的面粉

    D. 购买政府债券

21. 在国民收入核算体系里，政府支出是指（   ）。

    A. 政府购买物品的支出

    B. 政府购买物品和劳务的支出加政府转移支付之和

    C. 政府购买物品和劳务的支出，不包括转移支付

    D. 转移支付

22. 所谓净出口是（   ）。

    A. 出口减进口

B. 进口减出口

C. 出口加进口

D. 只是出口

23. 下面哪一部分收入是居民挣得的但他们并没有拿到（　　）。

    A. 社会保险税

    B. 工资和薪金

    C. 红利

    D. 股息

24. 假如某人不出租他的房子而是自己使用,这部分房租（　　）。

    A. 不算入国内生产总值,因为出租房子不属于生产行为

    B. 算入国内生产总值,按若出租可得到的租金计算

    C. 不算入国内生产总值,因为房子由房主本人居住

    D. 不知应不应算入国内生产总值

25. 货币国民生产总值随着下述哪种因素的变化而变化（　　）。

    A. 商品的数量

    B. 商品的价格

    C. 商品的数量与价格

    D. 商品的质量

26. 在国内生产总值的计算中,所谓商品（　　）。

    A. 必须是有形的

    B. 必须是无形的

    C. 既可以是有形的,也可以是无形的

    D. 无法判断

27. 在国民收入核算体系里,下面哪一项属于私人投资（　　）。

    A. 政府修建公路

    B. 私人购买股票

    C. 厂商年终的存货大于年初

    D. 私人购买政府债券

28. 在经济分析中通常使用国内生产总值指标而不是国内生产净值指标,这是因为（　　）。

A. 联合国有关机构有规定
B. 国内生产总值比国内生产净值更好地反映了一国一年内新增的实物量
C. 国内生产净值比国内生产总值更好地反映了一国一年内新增的实物量
D. 国内生产总值比国内生产净值更容易做准确计算

29. 下列说法中哪项不是现行 GDP 的特征（　　）。
A. 它是用实物量测度的
B. 它只是测度最终产品
C. 它只适用于给定时期
D. 它没有计入生产过程中消耗的商品

30. 作为经济财富的一种测度，GDP 的基本缺点是（　　）。
A. 它测度的是一国的生产而非消费
B. 它不能测度私人产出总量
C. 它所用的社会成本太多
D. 它不能测度与存活增加相联系的生产

31. 家庭和厂商在（　　）市场上相互作用。
A. 劳动、产品和商品
B. 劳动、产品和资本
C. 产品、资本和货币
D. 劳动、商品和货币

32. 家庭在产品市场上（　　），在劳动市场上（　　），在资本市场上（　　）。
A. 出售商品，出售劳动力，借入货币
B. 购买商品，购买劳动力，贷出货币
C. 购买商品，出售劳动力，贷出货币
D. 出售商品，购买劳动力，贷出货币

33. 厂商在产品市场上（　　），在劳动市场上（　　），在资本市场上（　　）。
A. 出售商品，出售劳动力，借入货币

B. 购买商品，购买劳动力，贷出货币
C. 购买商品，出售劳动力，贷出货币
D. 出售商品，购买劳动力，借入货币

34. 在总量劳动市场上，需求等于供给时将不存在失业，也就是说（　　）。

A. 每个适龄人员都有工作
B. 工资足够高从而保证了所有工人都有合理的工资收入
C. 只有那些失去工作能力的人没有工作
D. 每个愿意在市场工资水平上工作的工人都能找到一份工作

35.

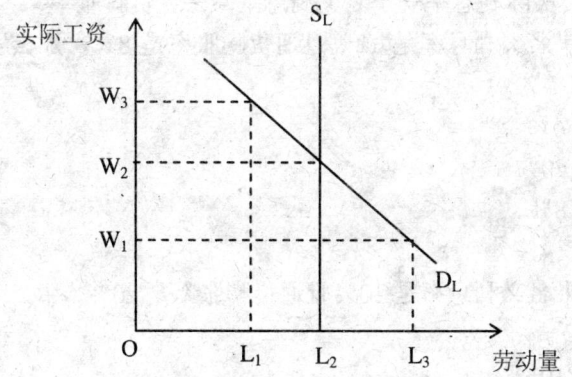

上图显示的是劳动力市场，市场在（　　）处于均衡状态。

A. 实际工资为 W_1 和劳动量为 L_3
B. 实际工资为 W_2 和劳动量为 L_2
C. 实际工资为 W_3 和劳动量为 L_1
D. 实际工资为 W_1 和劳动量为 L_2

36. 上图显示的是劳动力市场，以下关于图形的论述正确的是（　　）。

A. 在实际工资 W_2 上，市场不存在失业
B. 在实际工资 W_2 上，失业将使实际工资趋于下降
C. 在实际工资 W_1 上，失业将使实际工资趋于下降

D. 在实际工资 W_3 上，超额需求将使实际工资趋于上升

37. 可支配收入是（　　）。

    A. 家庭收入在支付所得税后剩下的部分

    B. 家庭收入在购买了必需品后剩下的部分

    C. 家庭收入被征税的部分

    D. 家庭收入中捐给慈善机构的部分

38. 以下定义正确的是（　　）。

    A. 名义利息率等于实际利息率减去通货膨胀率

    B. 实际利息率等于名义利息率加上通货膨胀率

    C. 名义利息率等于通货膨胀率减去实际利息率

    D. 实际利息率等于名义利息率减去通货膨胀率

39. 如果名义利息率是 12% 且通货膨胀率是 8%，那么实际利息率是（　　）。

    A. 4%

    B. 20%

    C. 8%

    D. -4%

40. 如果名义利息率是 10% 且通货膨胀率是 20%，那么实际利息率是（　　）。

    A. 10%

    B. -10%

    C. 30%

    D. -30%

41. 投资 1 000 美元一年以后所得的利息是 100 美元，在这期间价格上涨了 6%，实际利息率是（　　）。

    A. 10%

    B. 6%

    C. 94%

    D. 4%

42. 宏观经济学分析中所用的三个市场是（　　）。

A. 劳动、产品和资本

B. 劳动、产品和商品

C. 产品、资本和货币

D. 劳动、商品和货币

43. 假设工资处于市场出清水平,那么(　　)。

　　A. 任何失业都是非自愿的

　　B. 任何失业都是自愿的

　　C. 低工资时,失业是自愿的;高工资时,失业是非自愿的

　　D. 劳动供给是相对有弹性的

44. 总需求等于消费、投资和政府开支(　　)。

　　A. 减去进口和出口

　　B. 加上净出口

　　C. 加上进口减去出口

　　D. 减去净出口

45. 对于一家正在考虑进行投资的厂商而言,资金的相关成本是指(　　)。

　　A. 名义利息率减去实际利息率

　　B. 实际利息率

　　C. 名义利息率

　　D. 通货膨胀率

二、计算题

1. 根据下列情况计算:(1)净投资;(2)国内生产总值;(3)储蓄。

消费支出	30 000 亿元
总投资	7 000 亿元
折旧	700 亿元
政府购买	10 000 亿元
出口	4 000 亿元

进口	5 000 亿元
转移支付	5 000 亿元
税收	12 000 亿元

2. 根据下列情况计算:(1)要素成本的净国民收入;(2)市场价格的国民净产值;(3)国内生产总值。

雇员的报酬	5 500 亿元
间接税	1 200 亿元
补贴	200 亿元
租金收入	200 亿元
公司利润	800 亿元
净利息	900 亿元
折旧	600 亿元
所有者收入	700 亿元

3. 假定一经济社会生产 5 种产品,其 1994 年和 1996 年的产量和价格如下表所示。试计算:(1)1994 年和 1996 年的名义国内生产总值;(2)若把 1994 年作为基年,求 1996 年的实际国内生产总值;(3)1994 年~1996 年的国内生产总值价格指数,1996 年比 1994 年价格上升的幅度。

产品	1994 年		1996 年	
	产量	价格(元)	产量	价格(元)
A	25	1.50	30	1.60
B	50	7.50	60	8.00
C	40	6.00	50	7.00
D	30	5.00	35	5.50
E	60	2.00	70	2.50

三、分析问答题

1. 在一个经济中，为什么总收入总是等于总支出？
2. 在计算国内生产总值时为什么只计算对最终产品的支出而不计算对中间产品的支出？
3. 试述 GDP、GNP、NDP、NI、DI 和 NT 几者之间的关系。
4. "总投资增加时，资本存量就增加"的说法对吗？
5. 为什么从公司债券得到的利息应记入 GDP，而人们从政府得到的公债利息不计入 GDP？
6. 为什么政府转移支付不计入 GDP？
7. 为什么间接税应记入 GDP？
8. 简述四部门、三市场经济的均衡条件。
9. 怎样根据总供求的恒等式推导出"稳固性财政政策"？
10. 什么是充分就业下的失业率？
11. 如何用支出法计算四部门经济的 GDP？
12. 简单说明如何用收入法计算 GDP。
13. 消费和消费支出有何区别？

参考答案

一、选择题

1. B	2. B	3. B	4. D	5. B	6. C	7. B
8. D	9. D	10. A	11. B	12. D	13. D	14. C
15. A	16. B	17. A	18. B	19. C	20. C	21. C
22. A	23. A	24. C	25. C	26. C	27. C	28. D
29. A	30. A	31. B	32. C	33. D	34. D	35. B
36. A	37. B	38. D	39. A	40. B	41. D	42. A
43. B	44. B	45. B				

二、计算题

1. 解：

(1) 净投资=总投资-折旧=7 000-700=6 300（亿元）

(2) 国内生产总值=消费支出+总投资+政府购买+（出口-进口）

=30 000+7 000+10 000+（4 000-5 000）=46 000（亿元）

(3) 消费支出+总投资+政府购买+出口=消费支出+储蓄+净税收+进口

30 000+7 000+10 000+4 000=30 000+储蓄+（12 000-5 000）+5 000

储蓄=9000（亿元）

2. 解：

(1) 按要素成本计算的净国民收入=雇员报酬+租金收入+公司利润+净利息+所有者收入

=5 500+200+800+900+700=8 100（亿元）

(2) 按市场价格计算的国民生产净值=按要素成本计算的净国民收入+间接税-补贴

=8 100+1 200-200=9 100（亿元）

(3) 国内生产总值=按市场价格计算的国民生产净值+折旧

=9 100+600=9 700（亿元）

3. 解：

(1) 1994年名义国民生产总值

=1.5×25+7.5×50+6×40+5×30+2×60=922.5（元）

1996年名义国民生产总值

=1.6×30+8×60+7×50+5.5×35+2.5×70=1 245.5（元）

(2) 若以1994年为基年，则1996年实际国民生产总值

=1.5×30+7.5×60+6×50+5×35+2×70=1 110（元）

(3) 1994年~1996年的国民生产总值价格指数

=1 245.5÷1 110=112.2%

所以，1996年比1994年价格上升了12.2%。

三、分析问答题

1. 答：当家庭部门进行一笔支出时，企业部门就得到了这笔货币支出。企业部门所得到的总量就是家庭部门的总支出量。企业部门得到的总量要作为收入给予拥有生产要素的家庭部门。这里要注意利润也是收入（企业雇主也是家庭部门之一）。由于企业部门得到的总量就是家庭部门总支出量，企业部门把所得到的总量作为收入支付给家庭部门，家庭部门又把收入用于支出。所以，在一个经济中，总收入等于总支出。总收入与总支出是分别从家庭部门和企业部门角度来分析的同一个总量。

2. 答：既计算最终产品又计算中间产品就会产生重复计算的结果。例如，农民生产小麦，再把小麦卖给面粉厂，面粉厂把小麦加工成面粉再卖给面包师做成面包，每一道生产工序都相应增加了一定的价值，这个价值就是增加值。对于面包这个最终产品而言，小麦、面粉都是中间产品。如果计算了小麦、面粉的价值，当面包出售时又计算了面包的价值，这样，在国内（民）生产总值核算中，小麦、面粉就被计算了两次，从而扩大了最终产品的价值。所以，在国民生产总值核算中只计算最终产品的价值，而不计算中间产品的价值，或者计算在生产各阶段的增值，计算增值与计算最终产品价值的结果是相同的。

3. 答：GDP（Gross Domestic Product），即国内生产总值的简称，是指一国范围内一年中所生产的最终产品和服务的市场总价值。

GNP（Gross National Product），即国民生产总值的简称，是指一国一定时期内所生产的最终产品（包括产品与劳务）的市场价值总和。GNP是按照国民原则来计算的，而GDP是按国土原则来计算的。两者的关系是：GDP=GNP−得自国外的净要素收益。

NDP（Net Domestic Product），即净国内生产总值的简称，是指GDP扣除折旧的部分，即NDP=GDP−折旧。

NI（National Income），即国民收入的简称，是指一个国家一年内用于生产的各种生产要素所得到的全部收入，即工资、利润、利息和地租的货币值之和。它与 GDP 的关系为：GDP-折旧-间接税=NI。

NI 概括了一个社会所有人的总收入，但总收入并不等于可支配收入。某人一个月的总收入中要扣除住房公积金、医疗保险金和个人所得税；此外，他也会有一些额外的收入，比如国家发给的住房补贴和国家的特殊津贴等，进行了这些加加减减之后的钱才是这个人可以自由支配的收入。我们计算全社会可支配收入 DI（Disposable Income）就是从 NI 中扣除相应的项目，即 DI=NI-社会保险费-经营利润-企业留利-个人所得税+国家的转移支付+企业的转移支付+……

NT（Net Taxes），即净税收的简称，是指政府的总税收减去转移支付的部分。它与 GDP 的关系为：DI=GDP-NT

4. 答：不对。总投资等于净投资加折旧。总投资增加时净投资不一定增加，而只有净投资增加时，资本存量才能增加。例如，某国某年总投资增加 200 亿美元，折旧也是 200 亿美元，则净投资为 0，资本存量并未增加。

5. 答：购买公司债券实际上是借钱给公司用，公司从人们手中借到了钱用于生产，比方说购买机器设备就是提供了生产性服务，可被认为创造了价值，因而公司债券的利息可看作是资本这一要素提供生产性服务的报酬或收入，当然要记入 GDP。可是政府的公债利息被看作是转移支付，因为政府借的债不一定投入生产活动，而往往是用于弥补财政赤字。政府公债利息常常被看作是从纳税人身上取得的收入加以支付的，因而习惯上被看作是转移支付。

6. 答：因为政府转移支付只是简单地通过税收（包括社会保险税）把收入从一个人或一个组织转移到另一个人或另一个组织手中，并没有相应的商品或服务的交换发生。例如，政府给残疾人发放救济金，并不是因为残疾人创造了收入，相反，倒是因为他丧失了创造收入的能力从而失去生活来源才给予救济。失业救济发放则是因为人们失去了工作，从而丧失了取得收入的机会才给予救济。政府转移支付和政府购买虽然都属政府支出，但前者不计入 GDP 而后者计入 GDP，因为后者发生了实在的交换活动。比方说，政府给公立学校教师发薪水是因为教师提供了教育工作的服务。

7. 答：间接税虽然由出售商品的厂商缴纳，但它是加到产品价格上作为产品价格的构成部分由购买者负担的。间接税虽然不形成要素所有者收入，而是政府的收入，但毕竟是购买东西的家庭或厂商的支出。因此，为了使以支出法计得的 GDP 和以收入法计得的 GDP 相一致，必须把间接税加入到收入法计得的 GDP。

8. 答：在三个市场、四个部门的经济中，共有三个国民收入的漏出量：储蓄、净税收和进口。这就是说，国民收入可以分为四大组成部分。其中，**总消费 C** 是国民收入中用来购买国内最终产品和劳务的部分，它将流入企业部门；**储蓄 S** 是收入中没有直接花掉的部分，它将流往金融市场；**净税收 NT** 是国民收入中由政府实际拿走的部分，它成为政府的实际财政收入；**进口 IM** 是国民收入中用来购买外国产品和劳务的部分，它将流往国外。国民收入的构成公式可以写成：NI=C+S+NT+IM。

国内最终产品的总需求也由四部分构成：消费 C、投资 I、政府的购买支出 GP 和出口 EX。其中，总消费 C 是本国消费者购买本国最终产品和劳务的支出；投资 I 为本国扩大生产对新增资本物的购买支出（最终产品市场包括当年新增的资本物）；政府的购买支出 GP 为政府对本国最终产品和劳务的购买支出；出口 EX 为国外对本国最终产品和劳务的购买支出。用 AE 表示本国最终产品和劳务的购买支出（即总需求）。总支出或总需求的构成公式可写为：AE=C+I+GP+EX。

这样，总收入 NI 等于总支出 AE，也即总供给价格 GDP 等于总需求价格 AE，用公式表示为 C+S+NT+IM=C+I+GP+EX。

9. 答：总供求的恒等式为：C+S+NT+IM=C+I+GP+EX

从公式两边消去 C，得：S+NT+IM=I+GP+EX

对上式进行调整，得：S-I=（GP-NT）+（EX-IM）

上式表明政府的财政赤字必须用该国多余的储蓄来弥补，如果没有多余的储蓄，就必然要牺牲该国的投资或者净出口，显然这对一个国家的经济增长是极不利的。因而进入 20 世纪 90 年代以来，西方发达国家政府都在实行所谓的"稳固性财政政策"，即通过减少政府行政性开支、改革社会福利保障体系、加大对教育和科研的投入、增加税收等措施，努力避免政府赤字。

10. 答：西方经济学家认为失业有三种类型：摩擦性失业、结构性失业和需求不足失业或非自愿失业。摩擦性失业是指那些具有某种熟练技术的工人的短期失业。结构性失业是指由于某个行业的衰落或某种技术的废弃而产生的失业。需求不足的失业是指产品市场上，需求量相对于产量不足或减少而造成的失业。

在充分就业状态下，失业率并不等于零。它相当于摩擦性失业率与结构性失业率之和。这就是"充分就业下的失业率"的概念。用公式表示为：充分就业下的失业率=摩擦性失业率+结构性失业率。

11. 答：计算 GDP 的支出法是将一国在一定时期内所有经济单位用于最终产品和劳务的支出加总起来。在四部门经济中，支出主要有四种：家庭消费支出、企业投资支出、政府购买支出和净出口（出口额与进口额之差）。

家庭消费支出包括购买商品和劳务的支出以及其他支出，其中包括购买耐用消费品的支出，如汽车、洗衣机、电视机等；购买非耐用消费品的支出，如食品、衣服等；劳务支出，如理发、医疗和教育等。消费支出用 C 表示。

企业投资支出是指企业用于机器设备、厂房和存货方面的支出。投资支出用 I 表示。

政府购买支出是指各级政府购买商品和劳务的总和。修建道路桥梁、添置军事设备和支付警察的工资是政府购买的例子。政府购买用 G 表示。

净出口定义为出口额减进口额，以 X 表示出口，M 表示进口，NX 表示净出口，则有：NX=X-M。

根据支出法有：国内生产总值=消费支出+投资支出+政府购买+净出口，即 GDP=C+I+G+NX。

利用支出法计算 GDP 思路清晰，而且便于宏观经济分析，但在实际应用中应注意以下两个问题：（1）有些支出项目不应计入 GDP，这些项目包括对过去时期生产的产品的支出（如购买旧设备）、非产品和劳务的支出（如购买股票、债券的支出）等。（2）避免重复计算。

由于最终产品和中间产品并无明显区别，因而在计算过程中容易造成重复计算。在实际计算中，如果最终产品的价值全部记入 GDP 中，那么中间产品就不应记入 GDP 中，即使这种产品是生产最终产品的企业购买来的也是如此。如果中间产品在此之前已计入 GDP 中，那么该产品生产的最终产品价值只能扣除中间产品价值后，方可计入 GDP 中。

12. 答：用要素收入法计算 GDP 是把企业向生产要素所有者（家庭部门）支出的各种收入加总求和。收入包括劳动所有者的工资，资本所有者的利息，土地所有者的租金以及利润。但这些收入之和并不等于 GDP，所以，还必须作出两项调整。第一，应该加上折旧，因为折旧是用于资本支出的一部分，但它用于替代消耗的资本存量，并没有带来收入。第二，如果政府对企业进行补贴，并对企业征税（对企业的产品与劳务征收间接税），那么，就还应该加上间接税，并减去补贴。

13. 答：一般来说，消费品可分为三类：耐用品消费、非耐用品消费和劳务。耐用品消费的特征是消费期常常会持续一年以上，比如汽车。非耐用消费品是在购买的当年就消费完了，而劳务是购买和消费同时进行。

消费是指消费者购买消费品后的消费过程，消费支出是指消费者购买消费品的开支。从数量上来看，消费和消费支出的区别在于耐用消费品的消费和消费支出上。由于耐用消费品的消费期不仅是购买的当年，而要连续几年；而耐用消费品的购买是在某一年一次性完成的。因此，消费的波动要比消费支出平稳。

第三章 国民收入决定

内容提要

结合前两章的内容，本章以居于三大市场中心地位的产品市场为对象，阐述了国民收入的决定的基本理论。

以产品市场为中心建立的国民收入决定模型主要有两个：一个是对马歇尔的均衡价格模型稍加改进建立的总供求模型，即"AS-AD"模型；另一个即为凯恩斯建立的"总收入—总支出"模型，即"NI-AE"模型。

一、总供求的基本理论——"AS-AD"模型

在"AS-AD"模型中，一般价格水平、人们的货币收入和时间偏好是影响人们对最终产品需求量的三个主要因素。总需求可以看作一般价格水平的减函数；而总供给可以看作一般价格水平的增函数，同时受当时生产力极限的制约。

总供给曲线和总需求曲线的交点决定了一般价格水平和总产量的大小，也就决定了国民收入 NI 的水平。价格以外因素发生变动所造成总需求的变动都会引起总需求曲线 AD 的移动。只要最终产品市场上的总支出 AE 增加，包括总消费开支 C、总投资 I 和政府开支 GP 及净出口 NX 增加，总需求曲线 AD 就会向右移动；总开支 AE 减少，总需求曲线 AD 就会向左移。AD 曲线在左右移动时会引起 P 和 Q 的变动，进而影响国民收入 NI。

当生产力水平发生变动时，总供给曲线 AS 也会随之移动，进而会

使P和Q的数量发生变化,但是由于二者变动的方向相反,所以无法确定NI变动的方向。

二、关于"NI-AE"模型的一些知识

"AS-AD"模型的突出优点是在说明国民收入决定的同时,说明一般价格水平和总产量分别变动的情况。而"NI-AE"则能突出总支出AE变动与国民收入NI变动之间的乘数关系。

"NI-AE"模型研究最终产品市场达到均衡状态的那些调节机制,包括市场自动的均衡机制,以及导致均衡状态变化的那些调节机制。

国民收入决定理论大致可分为三个层次展开。第一个层次是所谓简单国民收入决定理论,即只考虑产品市场的收入决定理论;第二个层次是将产品市场和货币市场同时加以考虑的收入决定理论;第三个层次是将产品市场、货币市场和劳动市场同时加以考虑的收入决定理论。

凯恩斯主义经济学认为,国民收入的决定主要取决于总支出AE的水平,因此,在"NI-AE"模型中,总支出AE的构成及其水平如何,对国民收入决定在何水平上,都起着决定性的作用。而简单国民收入决定理论就是从消费函数的论述开始的。消费函数是消费与收入之间的依存关系。在其他条件不变的情况下,消费随收入的变动而同方向变动。有了消费函数,可定义平均消费倾向和边际消费倾向,以APC和MPC来表示。储蓄被定义为收入与消费的差额,由于消费是收入的函数,故储蓄与收入的关系称为储蓄函数,相应地,也可定义平均储蓄倾向和边际储蓄倾向,分别以APS和MPS表示,有APC+APS=1和MPC+MPS=1。对于消费来说,凯恩斯认为,随着收入的增加,增加的收入中用于消费的数量越来越少,即边际消费倾向呈递减的趋势,这被称为边际消费倾向递减规律。

对于投资来说,宏观经济学说明经济社会总投资量与利息率之间为反向关系。由于利息率是在货币市场上确定,而简单国民收入决定理论仅考察产品市场,故可将投资视为外生变量。

对于两部门的经济,可以用C+S=C+I,即I=S来表示其收入均衡条件。它表明,均衡的收入是由投资和储蓄相等所决定的。需要特别指出的是,均衡国民收入水平可能低于、高于或等于充分就业下的国民收入水平。但无论均衡后的国民收入处于哪种水平,一旦达到均衡,市场自动调节机制就停止作用,除非有来自市场外部的干预,否则均衡点不会移动。在通货膨胀和失业状态下,要调整经济到充分就业状态下,一般就需要利用缺口公式来计算出应减少或增加的投资量,进而消除缺口。

一般地,乘数可以定义为两个相关变量的增量之比。按照变量的不同含义,宏观经济学在这里列出了投资乘数、政府支出乘数、税收乘数和平衡预算乘数等概念,并给出了相应的计算公式。应该指出,随着参与经济活动部门数量的不同,乘数的大小也随之发生变动。

综合练习题

一、选择题

1. 当消费函数为 C=a+bY，a>0,b>0,这表明，平均消费倾向应（　　）。

   A. 小于边际消费倾向

   B. 大于边际消费倾向

   C. 等于边际消费倾向

   D. 以上三种情况都可能

2. 假定其他条件不变，厂商投资增加将引起（　　）。

   A. 国民收入增加，但消费水平不变

   B. 国民收入增加，但消费水平下降

   C. 国民收入增加，同时消费水平提高

   D. 国民收入增加，储蓄水平下降

3. 凯恩斯的"基本心理法则"指出（　　）。

   A. 消费和收入总是总量增加

   B. 增加的收入的一部分总是会被储蓄起来

   C. 随着消费增加，收入也会增加

   D. 以上说法都不正确

4. 投资乘数在哪一种情况下较大（　　）。

   A. 边际储蓄倾向较小

   B. 边际储蓄倾向较大

   C. 平均消费倾向较小

   D. 平均消费倾向较大

5. 如果增加 100 万美元使国民收入增加 1 000 万美元，则边际消费倾向一定是（　　）。

   A. 10%

B. 100%

C. 90%

D. 1%

6. 某个经济的国民收入处于充分就业的均衡状态,其数额为2 000亿美元。假设再增加100亿美元的投资,通货膨胀缺口为( )。

　　A. 大于100亿美元

　　B. 100亿美元

　　C. 小于100亿美元

　　D. 无法确定

7. 已知某个经济实际的均衡国民收入是5 000亿美元,充分就业的国民收入是6 000亿美元,投资乘数是4。由此可以断定,这个经济的( )。

　　A. 通货膨胀缺口等于1 000亿美元

　　B. 通货膨胀缺口等于250亿美元

　　C. 通货紧缩缺口等于1 000亿美元

　　D. 通货紧缩缺口等于250亿美元

8. 假设某个经济目前的均衡国民收入为5 500亿美元,如果政府要把国民收入提高到6 000亿美元,在MPC为80%的条件下,应增加支出( )。

　　A. 1 000亿美元

　　B. 500亿美元

　　C. 100亿美元

　　D. 以上答案都不对

9. 边际消费倾向与边际储蓄倾向之和,是( )。

　　A. 大于1的正数

　　B. 小于1的正数

　　C. 零

　　D. 等于1

10. 消费函数引起消费增加的因素是( )。

　　A. 价格水平下降

B. 收入增加

C. 平均消费倾向一定为负

D. 利率提高

11. 如果边际储蓄倾向为负，则（　　）。

A. 边际消费倾向大于 1

B. 边际消费倾向等于 1

C. 平均消费倾向一定为负

D. 边际消费倾向小于 1

12. 政府支出乘数（　　）。

A. 等于投资乘数的相反数

B. 等于投资乘数

C. 比投资乘数小 1

D. 等于转移支付乘数

13. 如果边际储蓄倾向为 0.3，投资支出增加 90 亿元，可以预期，这将导致均衡水平 GDP 增加（　　）。

A. 30 亿元

B. 60 亿元

C. 200 亿元

D. 300 亿元

14. 四部门经济与三部门经济相比，乘数效应（　　）。

A. 变小

B. 变大

C. 不变

D. 无法确定

15. 如果边际消费倾向为常数，那么消费函数将是（　　）。

A. 一条直线

B. 一条通过原点与横轴成 45° 的直线

C. 一条向上凸的曲线

D. 一条向下凹的曲线

16. 如果与可支配收入无关的消费为 400 亿元，投资为 500 亿元，边际储蓄倾向为 0.1，那么在没有政府干预和对外贸易的情况下，均衡收入水平为（　　）。

　　A. 9 000 亿元
　　B. 7 700 亿元
　　C. 900 亿元
　　D. 4 000 亿元

17. 如果投资暂时增加 150 亿元，边际消费倾向为 0.9，那么收入水平将（　　）。

　　A. 增加 150 亿元左右并保持在这一水平
　　B. 增加 1 500 亿元之后又回到最初水平
　　C. 增加 1 500 亿元并保持这一水平
　　D. 增加 150 亿元，最后又回到原有水平

18. 如果投资持续下降 100 亿元，边际消费倾向为 0.75，那么收入水平将（　　）。

　　A. 下降 400 亿元，并保持在这一水平
　　B. 下降 400 亿元，但又逐渐恢复到原有水平
　　C. 下降 130 亿元，并保持在这一水平
　　D. 下降 100 亿元，最后回到原有水平

19. 当政府税收或转移支付有一定变化时，消费将（　　）。

　　A. 变化相等的数量
　　B. 保持稳定不变，如果可支配收入不变
　　C. 只有较少量的变化
　　D. 以上说法均不准确

20. 税收乘数和转移支付乘数的惟一区别是（　　）。

　　A. 税收乘数总比转移支付乘数小 1
　　B. 前者为负，后者为正
　　C. 两者互为相反数
　　D. 后者为负，前者为正

21. 投资乘数在哪一种情况下较大（　　）。

　　A. 边际储蓄倾向较大

　　B. 边际储蓄倾向较小

　　C. 边际消费倾向较小

　　D. 以上都不对

22. 哪一对变量对国民收入有同样大的乘数作用（　　）。

　　A. 政府支出和出口

　　B. 消费和投资

　　C. 政府减税和投资

　　D. 以上说法都不对

23. 假定边际消费倾向为 60%，政府同时增加 30 万美元的支出和税收，将使国民收入（　　）。

　　A. 增加 30 万美元

　　B. 增加 60 万美元

　　C. 不变

　　D. 增加 18 万美元

24. 国民收入的增量是平衡预算增量的（　　）。

　　A. 0.5 倍

　　B. 1 倍

　　C. 2 倍

　　D. 3 倍

25. 在四部门经济中，若投资、储蓄、政府购买、税收、出口和进口同时增加，则均衡收入（　　）。

　　A. 不变

　　B. 趋于减少

　　C. 趋于增加

　　D. 无法确定

26. 假定 MPC 和 MPI 均为 0，如果税收和政府支出均上升 90 亿，收入将（　　）。

　　A. 不变

B. 减少 90 亿

C. 增加 90 亿

D. 以上都不对

27. 如果转移支付增加 100 亿，而 MPS=0.4，则（　　）。

    A. 消费增加 60 亿

    B. 消费减少 60 亿

    C. 总需求函数上移 100 亿

    D. 总需求函数下移 100 亿

28. 总需求曲线向下倾斜的原因之一是（　　）。

    A. 随着价格水平下降，家庭的实际财富下降，他们将增加消费

    B. 随着价格水平上升，家庭的实际财富下降，他们将增加消费

    C. 随着价格水平下降，家庭的实际财富上升，他们将减少消费

    D. 随着价格水平上升，家庭的实际财富下降，他们将减少消费

29. 现期贴现值是指（　　）。

    A. 今天取得的货币在将来的价值

    B. 将来取得的货币在将来的价值

    C. 今天取得的货币在当前的价值

    D. 将来取得的货币在当前的价值

30. 当利息率上升时，100 美元在 1 年内的现期贴现值将（　　）。

    A. 上升

    B. 下降

    C. 不变

    D. 可能上升或下降

31. 无论何时利息率下降，100 美元在 1 年内的现期贴现值将（　　）。

    A. 上升

B. 下降

C. 不变

D. 可能上升或下降

32. 利息率上升（　　）。

    A. 将减少投资项目的现期贴现值，使其中更多的项目盈利

    B. 将减少投资项目的现期贴现值，使其中更少的项目盈利

    C. 对投资项目的现期贴现值没有影响

    D. 将增加投资项目的现期贴现值，使其中更多的项目盈利

33. 总需求曲线向下倾斜是因为随着价格水平下降（　　）。

    A. 家庭可在商品中找到替代品

    B. 货币和其他货币形式的财富的实际价值上升，家庭因而增加消费

    C. 家庭担心通货膨胀，故增加生活必需品的储备

    D. 厂商减少供给数量

34. 实际利息率上升的收入效应引起储蓄者（　　）。

    A. 减少储蓄，因为他们的境况变好，想在目前进行更多消费

    B. 增加储蓄，因为未来的消费更便宜

    C. 减少储蓄，因为他们平衡预算所需的储蓄减少

    D. 增加储蓄，因为他们境况变好，想在将来进行更多消费

35. 实际利息率上升的替代效应引起储蓄者（　　）。

    A. 减少储蓄，因为他们的境况变好，想在目前进行更多的消费

    B. 增加储蓄，因为未来的消费更便宜

    C. 减少储蓄，因为他们平衡预算所需的储蓄减少

    D. 增加储蓄，因为他们境况变好，想在将来进行更多的消费

36. 资金供给取决于（　　）。

    A. 利息率

    B. 未来盈利的预期

    C. 可支配收入

    D. A 和 C

37. 资金需求取决于（　　）。
    A. 利息率
    B. 未来盈利的预期
    C. 可支配收入
    D. A 和 B

38. 实际利息率与投资水平之间的关系被称为（　　）。
    A. 短期生产函数
    B. 投资函数
    C. 总供给
    D. 潜在 GDP

39. 政府支出和税收以相同数量上升（　　）。
    A. 将增加投资，因为政府支出增加了总需求
    B. 将减少投资，因为增加的税收减少了总需求
    C. 将减少投资，因为增加的税收减少了可支配收入，家庭会减少储蓄
    D. 将增加投资，因为增加的税收减少了可支配收入，家庭会减少储蓄

40. 当美国联邦储备委员会降低利息率时，它是希望（　　）。
    A. 增加私人投资，增加总需求，提高产出，减少失业
    B. 减少私人投资，增加总需求，提高产出，增加失业
    C. 增加私人投资，减少总需求，提高产出，减少失业
    D. 增加私人投资，增加总需求，减少产出，增加失业

41. 肯尼迪减税是基于以下信念（　　）。
    A. 增加总需求，从而提高价格而不是产出
    B. 增加总供给，从而提高产出而不是价格
    C. 增加总需求，从而提高产出而不是价格
    D. 增加总供给，从而提高产出，但降低价格

42. 20 世纪 80 年代初，美国开始施行两种新政策后很快就发生了经济衰退。其一是联邦储备委员会采取的高利率政策，另一项是里根总统采取的减低收入税政策。以下描述中除了一项外均正确，请选出

不正确的一项（　　）。

  A. 假如没有高利率的存在，经济衰退将不会发生

  B. 假如没有减低收入税政策的存在，经济衰退将不会发生

  C. 减税政策本身使总需求曲线右移

  D. 假如没有减税政策，经济衰退将更严重

43. 总供给曲线是（　　）。

  A. 垂直的

  B. 在低产量水平时相对平缓，在高产量水平时相对陡峭

  C. 在低产量水平时相对陡峭，在高产量水平时相对平缓

  D. 相对没有弹性的

44. 总支出曲线（　　）。

  A. 是相对于价格水平的总需求

  B. 是负斜率的

  C. 是以一固定的价格水平来描绘的

  D. 是垂直的

45. 总支出曲线是相对于（　　）来描绘总支出的。

  A. 价格水平

  B. 利率

  C. 工资率

  D. 国民收入

46. 当国民收入增加时，总支出（　　）。

  A. 增加，增加量等于国民收入的增加量

  B. 减少，减少量小于国民收入的增加量

  C. 增加，增加量小于国民收入的增加量

  D. 增加，增加量大于国民收入的增加量

47. 对于总支出曲线的描述，以下正确的是（　　）。

  A. 截距为负，斜率小于45度线的斜率

  B. 截距为负，斜率大于45度线的斜率

  C. 整条线都与45度线重合

  D. 截距为正，斜率小于45度线的斜率

48. 45度线表示了（　　）之间的等量关系。

    A. 总需求和总支出

    B. 总支出和国民产出

    C. 国民收入和国民产出

    D. 国民生产总值和国民生产净值

49. 在"NI—AE"分析中，均衡产生于（　　）。

    A. 总支出=国民产出=国民收入

    B. 总支出=消费+投资+政府开支+净出口

    C. 国内生产总值=国民收入

    D. 国民生产总值=国民生产净值

50. 在"NI—AE"分析中，假设经济处于均衡状态，总支出增加1亿美元，增加的均衡产出将（　　）。

    A. 超过1亿美元

    B. 多于或少于1亿美元，这取决于总支出曲线的斜率

    C. 少于1亿美元

    D. 正好1亿美元

51. 决定消费的因素中，最重要的是（　　）。

    A. 收入

    B. 政府开支

    C. 投资

    D. 利率

52. 消费函数将家庭消费与（　　）相联系。

    A. 其税收

    B. 其储蓄

    C. 利率

    D. 其收入

53. 边际消费倾向是（　　）。

    A. 可支配收入中用于消费的比例

    B. 当自主性消费增加1美元时，收入增加的数量

    C. 为使消费增加1美元，可支配收入必须增加的数量

D. 当可支配收入增加 1 美元时,消费增加的数量

54. 消费函数的截距和斜率分别称为（　　）。

    A. 自主性消费,边际消费倾向

    B. 非计划消费,边际消费倾向

    C. 边际消费倾向,自主性消费

    D. 非计划消费,平均消费倾向

55. 不决定于收入水平的那一部分消费是（　　）。

    A. 基本消费

    B. 随意性消费

    C. 自主性消费

    D. 固定性消费

56. 随着消费函数斜率（　　）,边际消费倾向（　　）。

    A. 变陡峭,下降

    B. 变陡峭,不变

    C. 变平缓,不变

    D. 变陡峭,上升

57. 假设可支配收入增加 50 美元,消费支出增加 45 美元,那么边际消费倾向是（　　）。

    A. 0.05

    B. 0.10

    C. 0.90

    D. 1.00

58. 边际储蓄倾向是（　　）。

    A. 可支配收入中用于储蓄的比例

    B. 当自主性储蓄增加 1 美元时,收入增加的数量

    C. 为使储蓄增加 1 美元,可支配收入必须增加的数量

    D. 当可支配收入增加 1 美元时,储蓄增加的数量

59. 家庭的可支配收入与其消费之间的差额（　　）。

    A. 等于家庭支付的税收

    B. 等于家庭的任何储蓄

C. 等于家庭支付的税收加上其储蓄

D. 等于家庭用于购买进口品的数量

60. 假设可支配收入增加 50 美元，消费支出增加 45 美元，边际储蓄倾向是（　　）。

A. 0.05

B. 0.10

C. 0.90

D. 1.00

61. 假设当可支配收入等于 20 000 美元时，消费等于 18 000 美元。当可支配收入增加到 22 000 美元时，消费就增加到 19 200 美元，那么边际消费倾向是（　　），边际储蓄倾向等于（　　）。

A. 0.90，0.10

B. 0.87，0.13

C. 0.60，0.40

D. 0.40，0.60

62. 假设边际消费倾向增加 0.1，边际储蓄倾向（　　）。

A. 增加 0.1

B. 增加，但小于 0.1

C. 不受影响

D. 下降 0.1

63. 假设 Y 是家庭可支配收入，C 是家庭消费支出，S 是储蓄，MPC 是边际消费倾向，MPS 是边际储蓄倾向。考察以下两个方程：

（1）C+S=Y

（2）MPC+MPS=1

以下描述中只有一个是正确的，请选出（　　）。

A.（1）和（2）都不对

B.（1）总是对的，（2）总是错的

C.（1）总是错的，（2）总是对的

D.（1）和（2）都总是对的

64. 在不存在政府的封闭经济中，假如投资与国民收入水平的关系是（　　），总支出曲线的斜率将（　　）边际消费倾向。

　　A. 随之变化而变化的，等于

　　B. 不相关的，大于

　　C. 不相关的，等于

　　D. 不相关的，小于

65. 在不存在政府的封闭经济中，如果投资水平不随国民收入的变化而变化，总支出曲线将（　　）。

　　A. 平行于消费函数，并位于其上方

　　B. 比消费函数平缓，并从上方与之相交

　　C. 是水平的，并从上方与之相交

　　D. 比消费函数陡峭，并从下方与之相交

66. 在"NI—AE"分析中，投资的变化对国民收入的放大作用称为（　　）。

　　A. 边际消费倾向

　　B. 乘数效应

　　C. 外部性

　　D. 市场失灵

67. 在"NI—AE"分析中，投资的增加（　　）。

　　A. 改变总支出曲线的斜率，使均衡国民收入以投资增量的倍数增加

　　B. 改变总支出曲线的斜率，使均衡国民收入以投资的增量而等量增加

　　C. 对总支出曲线和国民收入的均衡水平都没有影响

　　D. 使总支出曲线向上移动，使均衡国民收入以投资增量的倍数增加

68. 假设在一不存在政府的封闭经济中，乘数为4，在"NI—AE"分析中，1亿美元的投资增量将使均衡水平的国民收入增加（　　）。

　　A. 2亿美元

　　B. 3亿美元

　　C. 4亿美元

D. 5 亿美元

69. 假设在一不存在政府的封闭经济中,自主性消费为 1 亿美元,投资量为 1 亿美元,边际消费倾向为 0.75。在 "NI—AE" 分析中,均衡水平的国民收入是（　　）。

　　A. 2 亿美元

　　B. 5 亿美元

　　C. 8 亿美元

　　D. 9.5 亿美元

70. 假设在一不存在政府的封闭经济中,边际消费倾向为 0.8。在 "NI—AE" 分析中,要是均衡国民收入增加 4 亿美元,投资要增加（　　）。

　　A. 8 000 万美元

　　B. 1 亿美元

　　C. 2 亿美元

　　D. 3.2 亿美元

71. 在 "NI—AE" 分析中,既定水平的投资量变化导致的均衡国民收入变化量越大（　　）。

　　A. 初始水平的国民收入越小

　　B. 边际储蓄倾向越大

　　C. 边际消费倾向越大

　　D. 初始水平的总支出越大

72. 假设在一不存在政府的封闭经济中,家庭将其任何收入增量的 80% 用于消费。在 "NI—AE" 分析中,投资增加 1 亿美元,引起均衡国民收入变化为（　　）。

　　A. 8 000 万美元

　　B. 1 亿美元

　　C. 4 亿美元

　　D. 5 亿美元

73. 假设在一不存在政府的封闭经济中,家庭将其任何收入增量的 20% 用于储蓄。在 "NI—AE" 分析中,投资增加 1 亿美元,引起均衡国民收入变化（　　）。

  A. 8 000 万美元
  B. 1 亿美元
  C. 4 亿美元
  D. 5 亿美元

74. 在"NI—AE"分析中，关于政府作用表述正确的是（　　）。

  A. 政府开支增加总支出，征税增加可支配收入
  B. 政府开支减少总支出，征税增加可支配收入
  C. 政府开支增加总支出，征税减少可支配收入
  D. 政府开支减少总支出，征税减少可支配收入

75. 在"NI—AE"分析模型中，税率的增加将（　　）。

  A. 在较低的国民收入水平处提高乘数，在较高的国民收入水平处降低乘数
  B. 在所有国民收入水平提高乘数
  C. 不影响乘数
  D. 在所有国民收入水平降低乘数

76. 在"NI—AE"分析模型中，税率的增加将（　　）。

  A. 使乘数增大，并使总消费函数变得平缓
  B. 使乘数减小，并使总消费函数变得平缓
  C. 使乘数增大，并使总消费函数变得陡峭
  D. 使乘数减小，并使总消费函数变得陡峭

77. 假设在封闭经济中，税率是 0.25，相对于可支配收入的边际消费倾向是 0.80。在"NI—AE"分析中，要使均衡国民收入增加 2.5 亿美元，投资需要增加（　　）。

  A. 0.5 亿美元
  B. 1 亿美元
  C. 1.5 亿美元
  D. 2 亿美元

78. 进口函数的斜率是（　　）。

  A. 边际储蓄倾向

B. 边际投资倾向
C. 边际消费倾向
D. 边际进口倾向

79. 净出口（　　）。
A. 不随国民收入的变化而变化
B. 随国民收入的下降而下降
C. 随国民收入的下降而上升
D. 视为固定

80. 将贸易引入"NI—AE"分析模型（　　）。
A. 使乘数增大，使总支出函数变得平缓
B. 使乘数减小，使总支出函数变得平缓
C. 使乘数增大，使总支出函数变得陡峭
D. 使乘数减小，使总支出函数变得陡峭

二、计算题

1. 假设投资增加90亿元，边际储蓄倾向为0.2，求出乘数、收入的变化及其方向，并求出消费的变化。

2. 某国家消费函数的斜率为0.9，如减税9亿元，试计算该国家可能增加总储蓄的数额。

3. 已知经济模型：国民收入 $Y=C+I+G$，投资 $I=20+0.15Y$，消费 $C=40+0.65Y$，政府开支 $G=60$。试求：均衡国民收入、乘数和平均消费倾向。

4. 已知：$C=500+0.75Y$，$I=1500$（单位：亿元）。试求：

（1）均衡的收入、消费、储蓄和投资各为多少？

（2）若投资增加250，在新的均衡下，收入、消费和储蓄各为多少？

（3）如果消费函数的斜率增大或减小，乘数有何变化？

5. 假定某经济的消费函数为 $C=100+0.8DI$，DI 为可支配收入，投资 $I=50$，政府购买 $G=200$，政府转移支付 $Tr=62.5$，税收 $t=250$。试求：

（1）均衡的国民收入？

（2）投资乘数、政府购买乘数、税收乘数、转移支付乘数和平衡预算乘数各为多少？

6. 设有如下简单经济模型：
$Y=C+I+G$，$C=80+0.75Yd$，$Yd=Y-T$，$T=-20+0.2Y$
$I=50+0.1Y$，$G=200$

式中：Y 为收入，C 为消费，Yd 为可支配收入，T 为税收，I 为投资，G 为政府支出。

试求收入、消费、投资、税收的均衡值及投资乘数。

7. A. 假设 MPC=0.6，无引致投资。试求：

（1）乘数值为多少？

（2）投资增加 250 亿元，那么收入的总增长为多少？

（3）如果自主消费、投资分别为 600 亿元和 900 亿元，那么均衡收入水平为多少？

B. 仍假设 MPC=0.6，但现假定有引致投资，且 MPI=0.2。试求：

（1）乘数值为多少？

（2）如果自主消费增长 250 亿元，那么收入将增长多少？

（3）如果自主消费、投资分别为 600 亿元和 900 亿元，那么均衡收入水平为多少？

（4）比较 A 和 B 两部分的结果，它们有什么不同？

三、分析问答题

1. 为何边际支出倾向越大，乘数就越大？
2. 物价水平对总支出曲线的影响如何引起总需求曲线的移动？
3. 膨胀性缺口和紧缩性缺口的关系是什么？
4. 如果消费的变化是国民收入变化带来的，那么，这样的消费和自发投资对国民收入是否有同样大的影响？
5. 什么是消费倾向？能否说边际消费倾向和平均消费倾向一般是大于 0 而小于 1？
6. 税收、政府购买和转移支付这三者对总支出的影响方式有何区别？

7. 总支出曲线和总需求曲线有什么区别?
8. 试解释边际消费倾向递减规律。

参考答案

一、选择题

1. B   2. C   3. B   4. A   5. C   6. B   7. D
8. C   9. D   10. B   11. A   12. B   13. D   14. A
15. A   16. A   17. B   18. A   19. C   20. B   21. B
22. B   23. A   24. B   25. D   26. C   27. A   28. D
29. D   30. B   31. A   32. B   33. B   34. A   35. B
36. D   37. D   38. B   39. C   40. A   41. C   42. B
43. B   44. C   45. D   46. C   47. D   48. B   49. A
50. A   51. A   52. D   53. D   54. A   55. C   56. D
57. C   58. D   59. B   60. B   61. C   62. C   63. D
64. C   65. A   66. B   67. D   68. C   69. C   70. A
71. C   72. D   73. D   74. C   75. D   76. B   77. B
78. D   79. C   80. B

二、计算题

1. 解:

乘数 k=1/0.2=5

$\Delta y = k \times \Delta i = 5 \times 90 = 450$(亿元),其变化方向为增加。

$\Delta c = a \times \Delta Y_d = 0.8 \times 450 = 360$(亿元)。

2. 解:

依题意,边际消费倾向 b=0.9,边际储蓄倾向 1-0.9=0.1,税收乘数 $k = -MPC \cdot MULT = -MPC \cdot \dfrac{1}{1-MPC} = -\dfrac{0.9}{0.1} = -9$,即减税 9 亿元,

国民收入所得增加$-9\times(-9)=81$（亿元）。

则总储蓄增加：$81\times 0.1=8.1+0.9=9$（亿元）。

3. 解：

（1）$Y=20+0.15Y+40+0.65Y+60$

所以 $Y=600$，$C=40+0.65\times 600=430$，$I=20+0.15\times 600=110$。

（2）$k=1/[1-(0.65+0.15)]=1/(1-0.8)=5$。

（3）平均消费倾向 $APC=0.717$。

4. 解：

（1）由 $Y=C+I$ 得到 $Y=8000$（亿元）。

从而有 $C=6500$（亿元），$S=1500$（亿元），$I=1500$（亿元）。

（2）因为 $\Delta I=250$ 亿元，$k=1/1-MPC=1/1-0.75=4$。

所以 $\Delta Y=k\times\Delta I=4\times 250=1000$（亿元）。

于是在新的均衡下，收入为 $Y=8000+1000=9000$（亿元）。

相应地，$C=7250$（亿元），$S=1750$（亿元）。

（3）若消费函数斜率增大，即 MPC 增大，则乘数亦增大。反之，若消费函数斜率减小，乘数亦减小。

5. 解：

（1）可支配收入 $DI=NI-t+T_r=NI-250+62.5=NI-187.5$

由收入恒等式 $NI=C+I+G=100+0.8(NI-187.5)+50+200$

解得均衡国民收入 $NI_0=1000$(亿元)。

（2）根据消费函数可知边际消费倾向 $b=0.8$,则：

投资乘数 $=1/1-b=5$

政府购买乘数 $=1/1-b=5$

税收乘数 $=-b/1-b=-4$

转移支付乘数 $=b/1-b=4$

平衡预算乘数 $=1-b/1-b=1$

6. 解：

由 $y=c+i+g=80+0.75(y+20-0.2y)+50+0.1y+200$

$=0.7y+345$，

所以：$y=1150$

从而 i=50+0.1y=50+115=165, T=-20+0.2y=-20+230=210。
Yd=y-T=1150-210=940, c=80+0.75Yd=80+705=785。
K=Δy/Δi=1/1-0.7=3.3。

7. 解:

A.

(1) 乘数 K=1/(1-0.6)=2.5

(2) 收入增长 △NI=2.5×250=625（亿元）

(3) 均衡收入 NI=2.5×(600+900)=3 750（亿元）

B.

(1) 乘数 K=1/(1-0.6-0.2)=5

(2) 收入增长 △NI=5×250=1250（亿元）

(3) 均衡收入 NI=5×(600+900)=7 500（亿元）

(4) 引致投资增大了乘数，使得投资的变化对收入发生了更大的作用，并且提高了收入的均衡水平。

三、分析问答题

1. 答：任何一种对自发支出的刺激（即自发支出中任何一部分的增加）都会直接引起实际国民生产总值的增加。乘数的基本含义是，这种实际国民生产总值的最初增加会引起消费支出的增加（即引致消费的增加），从而进一步引起实际国民生产总值的增加。在乘数过程中的每一轮，支出增加，实际国民生产总值再增加，其增加量由边际支出倾向，即增加的实际国民生产总值中用于国内物品与劳务支出的比例所决定。在每一轮中，边际支出倾向越高，实际国民生产总值的增加量也就越大，从而实际国民生产总值的总增加量也就越大。所以，边际支出倾向越大，乘数就越大。

2. 答：总需求曲线说明了物价水平与总支出之间的关系。总支出曲线表明了物价水平不变时由实际国民生产总值决定的支出水平。如果物价水平改变了，总支出曲线就要移动，并形成新的支出水平。因此，每一个物价水平都有不同的支出水平。物价水平与相应的总支出结合的点在总需求曲线上。例如，如果物价水平上升，自发支出就要减少，总支出曲线就要向下移动。这就使实际国民生产总值既定时总支出减少。由于物价水平上升与总支出的减少相关，所以，总需求曲线向右下倾斜。

3. 答：紧缩性缺口和膨胀性缺口就是计划的总支出与实际总支出之间的关系。这里所说的计划的总支出是指充分就业实现时计划的总支出。紧缩性缺口是指实际总支出小于充分就业时计划的总支出，而膨胀性缺口是指实际总支出大于充分就业时计划的总支出。前者引起总需求不足，从而产生周期失业；后者引起需求过度，从而产生需求拉上的通货膨胀。

4. 答：没有同样大的影响。由自发投资导致国民收入增加以后引起的消费称引致消费，这样的消费对国民收入的影响小于自发投资对国民收入的影响。只有当消费不是收入变化带来的，而是其他因素引起的时候，才会和自发投资一样对国民收入产生影响。

5. 答：消费倾向就是消费支出和收入的关系，又称消费函数。消费支出和收入的关系可以从两个方面加以考察，一是考察消费支出变动量和收入变动量关系，这就是边际消费倾向；二是考察一定收入水平上消费支出量和该收入量的关系，这就是平均消费倾向。边际消费倾向大于零而小于 1，因为一般说来，消费增加收入后，既不会一点消费不增加，也不会把增加的收入全用于增加消费。一般情况是一部分用于增加消费，另一部分用于增加储蓄，即 $\Delta y=\Delta c+\Delta s$，因此，$\Delta c / \Delta y+\Delta s / \Delta y=1$,所以 $\Delta c / \Delta y=1-\Delta s / \Delta y$。只要 $\Delta s / \Delta y$ 处于 0 和 1 之间，则 $0<\Delta c / \Delta y<1$。可是，平均储蓄倾向就不一定总是大于零而小于 1。当人们收入很低甚至是零时，也必须消费，借钱也要消费，这时，平均消费倾向就会大于 1。

6. 答：总支出由消费支出、投资支出、政府购买支出和净出口四部分组成。

税收并不直接影响总支出，它是通过改变人们的可支配收入，从而影响消费支出，再影响总支出。税收的变化与总支出的变化是反方向的。当税收增加时，导致人们可支配收入减少，消费减少，总支出也减少。总支出的减少量数倍于税收增加量，反之亦然。

政府购买支出直接影响总支出,两者的变化是同方向的。总支出的变化量也数倍于政府购买量,这个倍数就是政府购买乘数。

政府转移支付对总支出的影响方式类似于税收,它间接影响总支出,通过改变人们的可支配收入,进而影响消费支出及总支出。但与税收不同的是政府转移支付的变化与总支出同方向变化,这两个变量之间有一定的倍数关系,但倍数小于政府购买乘数。

上述三个变量(税收、政府购买和转移支付)都是政府可以控制的变量,控制这些变量的政策称为财政政策,政府可以通过财政政策来调控经济运行。

7. 答:总支出曲线表示在每一收入水平上的总支出量 AE,如图(1)所示,AE 线与 45 度线的交点表示总支出等于总收入。AE_0 线表示其他情况不变时,价格水平为 P_0 时的总支出曲线,有 AE=C+I+G+NX,AE_0 线与 45 度线的交点决定收入水平为 Y_1;AE_1 线表示价格水平上升为 P_1 时的总支出曲线,AE_1 线与 45 度线的交点决定收入水平为 Y_2。总需求曲线表示与不同的价格水平所对应的需求量之间的关系,如图(2)所示。由图(1)可以导出图(2)。将不同价格和相应的均衡产量或收入(也等于总支出)的组合点连接起来,就得到总需求曲线 AD。价格水平越高,总需求量或者说均衡总支出量越小;反之亦然,也即价格水平与总需求量之间存在反向变化的关系。这是由于:(1)价格水平上升时,人们就需要更多的货币从事交易活动。如果货币供给没有增加,货币交易需求增加,利率上升,这将使投资和收入水平下降。(2)价格水平上升,以货币表示的资产(如现金、存款)的购买力下降。人们实际所拥有的财富减少了,消费和投资水平就会下降。(3)价格水平上升,导致名义收入水平增加,由于税率的累进性,从而使消费者税收负担增加,实际可支配收入下降,消费和投资水平会因而下降。(4)国内物价水平上升,本国公民购买外国商品增加,外国公民购买本国商品减少,因而净出口减少。

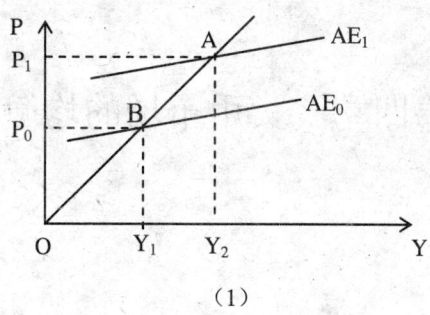

(1)

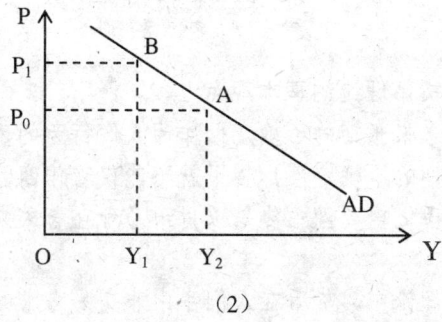

(2)

8. 答：边际消费倾向递减规律是凯恩斯提出的三大基本心理规律之一，它是指人们的消费虽然随收入的增加而增加，但消费的增量不如收入的增量那样多。由于人们总是不把所增加的收入全部消费掉，而要留下一部分作为储蓄，这样人们的收入越是增加，消费支出占全部收入的比例就越小。

凯恩斯认为，边际消费倾向递减规律是由人类的天性所决定的。由于这个规律的作用，增加的产量在除去个人消费增加以后，就留下了一个缺口。假如没有相应的投资来填补这个缺口，产品就会有一部分无法销售出去，于是就出现有效需求不足，引起生产紧缩和失业。

第四章 货币市场的均衡

内容提要

一、凯恩斯货币理论的基本观点

凯恩斯把对未来预期的不确定性作为人们行为的重要假设,一旦加入了时间和预期的不确定性,货币就不能仅看作商品流通的中介,凯恩斯指出:"货币之重要性主要是以货币乃现在与未来之联系这一点产生的。"

在古典学派理论中,货币在人们手中非交易需求的储藏被认为是不合理的行为,但凯恩斯认为当人们的储蓄和投资是通过货币进行时,必然会由于对未来收益的不确定性而产生储藏货币的投机需要,通过持有货币来对付预期的不确定性和获得收益。这样,货币在凯恩斯的理论中已经不再仅仅是价值尺度和流通手段了,而是一种资产。利息率是一种货币现象,是由货币的供给和需求决定的。货币供给增加会降低利息率;反之,当货币供给减少时,利息率会上升。当利息率下降到一定程度时,会使人们对货币的投机需求变得无限大,从而阻止利息率的下降。这两个方面被凯恩斯称为"投资陷阱"和"灵活偏好陷阱",它们会使货币政策失去效力。

二、凯恩斯货币需求的动机

凯恩斯认为,人们持有货币可以满足三种动机,即交易动机、谨慎动机和投机动机。

货币是交换的中介,交易动机即人们持有货币是为了用于交易。

它随人们收入水平的变化而变化,是收入的函数。同时假设货币的交易需求完全没有利息率弹性,即与利息率无关。

谨慎动机是指人们为了预防意外的支出而持有一部分货币的动机。在分析中也假定货币的谨慎需求与利息率无关。

货币的投机动机与古典学派的理论发生了根本的区别。凯恩斯认为,这种货币的投机需求来自人们对未来利息率的预期是不确定的,从而不能准确估价债券的市场价格。这种对未来的不确定性使人们产生了对货币的投机需求。可以证明,随着利息率的下降,人们对货币的投机需求增加。

将上述三个方面加在一起就获得了对货币的总需求函数:

$$MD = MD(Q) + MD(r)$$

上式表明,货币需求取决于实际国民收入和利息率,当收入水平上升时,货币总需求增加;当利息率上升时,货币总需求减少。

三、货币市场的均衡及其机制

1. 货币市场的自动均衡过程

货币的需求主要取决于交易商品的数量和利息率水平,货币供给则取决于中央银行的货币政策。在货币市场上,利息率的变动会引起货币总需求的变动。这是因为利息率的变动会引起债券价格的变动,债券价格的变动会导致人们重新安排所保持货币的数量,从而导致货币资产需求的变动。可见,利息率调节着货币市场的需求。由货币供求曲线的交点所决定的利息率称为均衡利息率。当货币供求发生变动时,利息率会随之发生变动,进而达到新的均衡利息率。

2. 货币供给变动对货币市场均衡的影响

当中央银行改变货币供给量的时候,原有的均衡状态将会发生变化。货币供给量的变化会导致债券需求量及价格的变动,并进而使利息率发生变动。而货币需求量与利息率是密切相关的,它也将随利息率发生变动,货币市场在新的均衡利息率下达到一新的均衡水平。这就是说,通过控制货币的供给可以影响均衡利息率和货币供求均衡的数量。

3. 从货币市场到最终产品市场的传导机制

在货币供给变化如何影响总产量的传导机制上存在着两种不同的观点，这些不同在表面上似乎无关紧要，然而实际上却可以产生完全不同的货币政策目标。

凯恩斯主义者认为货币供给的变动会影响利息率，利息率又会影响总投资，进而影响最终产品市场上的总需求，总需求的变动将引起总产量的变动。可见，在这一传导过程中，利息率的变动起着关键作用。所以凯恩斯主义者把利息率当作制定货币政策的基本目标。

货币主义者则认为利息率的变动并不重要，重要的是货币供给量本身或货币供给增长率。他们并不否定货币供给增加会使实际利息率下降，只是不同意把利息率下降的作用当作总需求变动的关键。因此，他们认为应把货币政策的目标放在货币供给量的控制上，而不是把货币供给量的控制当作控制利息率的手段。

综合练习题

一、选择题

1. 如果利息率上升,持有证券的人将( )。
   A. 享受证券的资本所得
   B. 经受证券的资本损失
   C. 在决定出售时,找不到买主
   D. 以上说法都不对

2. 古典货币数量论的剑桥学派( )。
   A. 强调手中持有的货币需求
   B. 强调货币供给
   C. 完全不同于费雪的流通速度理论
   D. 是现代货币数量论的惟一理论来源

3. 影响货币总需求的因素是( )。
   A. 只有收入
   B. 只有利息率
   C. 流动偏好
   D. 利息率和收入

4. 按照凯恩斯的货币理论,如果利率上升,货币需求将( )。
   A. 不变
   B. 受影响,但不可能说出是上升还是下降
   C. 下降
   D. 上升

5. 下列哪一项不是居民和企业持有货币的主要动机( )。
   A. 储备动机
   B. 交易动机
   C. 预防动机

D. 投机动机

6. 如果实际国民生产总值不变，那引起实际货币需求量增加的原因是（　　）。

　　A. 物价水平上升

　　B. 物价水平下降

　　C. 利率上升

　　D. 利率下降

7. 实际货币量等于（　　）。

　　A. 实际国民生产总值除名义货币量

　　B. 名义货币量减物价水平

　　C. 名义货币量减国民生产总值

　　D. 名义国民生产总值除以物价水平

8. 利息率越高（　　）。

　　A. 实际货币需求量越少，而货币流通速度越高

　　B. 实际货币需求量越少，而货币流通速度越低

　　C. 实际货币需求量越多，而货币流通速度越高

　　D. 实际货币需求量越多，而货币流通速度越低

9. 下列哪一种情况会引起实际货币需求曲线向左方移动（　　）。

　　A. 货币供给量增加

　　B. 物价水平上升

　　C. 信用卡的使用更为普及

　　D. 实际国民生产总值增加

10. 如果居民发现实际货币持有量小于合意的水平，他们就会（　　）。

　　A. 出售金融资产，这将引起利息率上升

　　B. 出售金融资产，这将引起利息率下降

　　C. 购买金融资产，这将引起利息率上升

　　D. 购买金融资产，这将引起利息率下降

11. 如果中央银行在公开市场购买政府债券，那样实际货币供给曲线将（　　）。

A. 向右方移动，利率下降

B. 向右方移动，利率上升

C. 向左方移动，利率下降

D. 向左方移动，利率上升

12. 如果实际国民生产总值增加，那实际货币需求曲线将（　　）。

A. 向左方移动，利率上升

B. 向左方移动，利率下降

C. 向右方移动，利率上升

D. 向右方移动，利率下降

13. 在美国，绝大部分狭义的货币供给是（　　）。

A. 钞票

B. 通货

C. 活期存款

D. 自动转账账户

14. 下面哪一项不影响货币需求（　　）。

A. 银行利息率水平

B. 公众支付习惯

C. 一般物价水平

D. 物品和劳务的相对价格

15. 如果货币供给少部分地与利率有关，我们可以认为（　　）。

A. 当利率上升时，货币供给将缓慢下降

B. 即使货币需求对利率无反应，IS—LM分析仍有效

C. 当利率上升时，货币需求将缓慢下降

D. 这将削弱凯恩斯学派理论的分析能力

16. 如果人们预期利率还会上升时，他们（　　）。

A. 将出售证券并且持有货币

B. 购买证券并且减少货币持有量

C. 期望证券价格保持不变

D. 期望证券价格上升

17. 凯恩斯认为利率由货币投机需求和货币用于投机目的的货币供给决定，一个比较彻底的流动偏好理论主张利率决定于（　　）。

   A. 货币投机需求和交易货币供给

   B. 货币交易需求和货币资产供给

   C. 可贷资金供给和货币总供给

   D. 货币的总供给和总需求

18. 凯恩斯否定利息是储蓄的报酬这一经典观点，主张利息是（　　）。

   A. 放弃流动资产的报酬

   B. 产生流动资产的报酬

   C. 有用的概念，但不可度量

   D. 约束消费的报酬

19. 传统货币数量论与凯恩斯主义和货币主义的货币理论的区别之一是（　　）。

   A. 前者认为货币不是中性的，后者认为货币是中性的

   B. 前者认为货币是中性的，后者认为货币不是中性的

   C. 两者都认为货币是中性的

   D. 两者都认为货币不是中性的

20. 某国对实际货币余额需求减少，可能是由于（　　）。

   A. 通货膨胀率上升

   B. 利率上升

   C. 税收减少

   D. 总支出增加

21. 当利率降得很低时，人们购买债券的风险将会（　　）。

   A. 变得很小

   B. 变得很大

   C. 可能很大，也可能很小

   D. 不发生变化

22. 如果证券价格低于均衡价格，可得出（　　）。

   A. 证券持有者将遭受资本损失

B. 利率将上升

C. 货币供给超过了货币需求

D. 货币需求超过了货币供给

23. 流动陷阱暗示（   ）。

    A. 货币供给是无限的

    B. 货币政策在这一范围内无效

    C. 任何用于交易目的的货币需求的增长将使利率降低

    D. 货币投机需求是有限的

24. 如果由于利率上升，人们对自己的利率水平标准向上调整，那么货币投机需求将（   ）。

    A. 减少

    B. 增加

    C. 不变

    D. 不能确定

25. 传统货币数量论者、凯恩斯学派和货币学派在下述问题上的看法均不相同的是（   ）。

    A. 货币数量的增加会导致实物数量的增加

    B. 货币数量的增加会导致价格水平的上升

    C. 货币数量的增加会导致货币流通速度下降

    D. 以上说法都不正确

26. 在封闭经济的一般均衡中，货币是中性的。这意味着当增加货币供给时（   ）。

    A. 投资均衡点和利率均衡点都不受影响

    B. 就业、投资和产出的均衡水平都不受影响

    C. 均衡产出水平和均衡价格水平都不受影响

    D. 均衡价格水平、货币工资和利率不受影响

27. 在封闭经济的一般均衡中，如果增加货币供给（   ）。

    A. 价格水平和产出水平都上升，但货币工资不受影响

    B. 价格水平和货币工资都下降，但产出水平不受影响

    C. 价格水平和货币工资不受影响，但产出水平增加

D. 价格水平和货币工资都上升,但产出水平不受影响

28. 如果价格具有完全的灵活性,货币供给增加将( )。

　　A. 使价格水平成比例地增加,因此实际货币存量不受影响

　　B. 使价格水平增加得相对多些,因此实际货币存量下降

　　C. 使价格水平增加得相对多些,因此实际货币存量上升

　　D. 使价格水平增加得相对少些,因此实际货币存量下降

29. 假设价格水平固定,货币供给增加。如果( ),扩张货币供给将不能使产出增加。

　　A. 人们花费掉大部分的货币

　　B. 存在超额生产能力

　　C. 人们花费掉所有的货币

　　D. 人们持有所有的货币增量不消费

30. 假设价格水平固定,货币供给增加,( ),扩张货币供给会使产出增加。

　　A. 如果人们花费掉大部分的货币

　　B. 如果不存在超额生产能力

　　C. 仅当货币供给的增加伴随财政政策的改变时

　　D. 如果失业非常严重

31. 货币流通速度是指( )的速度。

　　A. 经济中货币流通

　　B. 增加货币供给从而使价格水平上升

　　C. 人们花费工资

　　D. 增加货币供给从而使产出增加

32. 如果以 p 表示价格,Q 表示产量,M 表示货币供给,那么流通速度等于( )。

　　A. QM/p

　　B. pQM

　　C. pQ/M

　　D. pM/Q

33. 假设货币供给为 500，产量为 1 000，价格水平为 5，则货币流通速度为（　　）。

  A. 0.4

  B. 2.5

  C. 10

  D. 100 000

34. 货币流通速度 V，定义为 pM/Q，其中 p 表示价格水平，Q 表示产出，M 表示货币供给。假设 p 固定，如果货币供给增加，人们可以持有货币或者花掉货币，以下描述哪一个是正确的（　　）。

  A. 如果人们持有所有货币，V 将上升；如果人们花掉所有货币，Q 将下降

  B. 如果人们持有所有货币，V 将下降；如果人们花费掉所有货币，Q 将下降

  C. 如果人们持有所有货币，V 将上升；如果人们花费掉所有货币，Q 将上升

  D. 如果人们持有所有货币，V 将下降；如果人们花费掉所有货币，Q 将上升

35. 短期国库券与货币具有同样的安全性，但货币是较好的交换媒介。当短期国库券利率上升时，人们持有（　　）。

  A. 较多的货币，因为其机会成本上升

  B. 较多的货币，因为其机会成本下降

  C. 同样数量的货币

  D. 较少的货币，因为其机会成本上升

36. 短期国库券与货币具有同样的安全性，但货币是较好的交换媒介。持有货币的机会成本（　　）。

  A. 随短期国库券利率上升而上升，诱使人们持有较少的货币

  B. 随短期国库券利率上升而下降，诱使人们持有较少的货币

  C. 随短期国库券利率下降而上升，但对货币持有没有影响

  D. 随短期国库券利率上升而下降，诱使人们持有较多的货币

37. 短期国库券与货币具有同样的安全性，但货币是较好的交换媒介。如果支票账户的利率是 2%，同时你能通过持有短期国库券赚取5%的利息，那么持有货币的机会成本是（　　）。

    A. 7%

    B. 5%

    C. 3%

    D. 2%

38. 短期国库券与货币具有同样的安全性，但货币是较好的交换媒介。现在许多支票账户可以支付利息(而以前是不可以支付利息的)，对于给定利率的短期国库券，付给支票账户的利息（　　）。

    A. 减少了货币的机会成本，诱使人们持有较少货币

    B. 增加了货币的机会成本，诱使人们持有较少的货币

    C. 对货币的机会成本没有影响，仍然按付给短期国库券的利率计算

    D. 减少了货币的机会成本，诱使人们持有较多的货币

39. 随着（　　），货币的交易性需求上升。

    A. 实际利率上升

    B. 名义收入增加

    C. 价格水平的倒数上升

    D. 货币流通速度上升

40. 货币的交易性需求（　　）。

    A. 由于货币具有交换媒介的职能而产生

    B. 在名义收入降低时增加

    C. 由于货币具有计量单位的职能而产生

    D. 在利率上升时增加

41. 如果国民收入增加10%，其他不变，货币需求将（　　）。

    A. 下降10%

    B. 增加，增量小于10%

    C. 增加10%

    D. 增加，增量大于10%

42. 以下哪种情况会引起沿着货币需求曲线向下的移动（　　）。
    A. 利率上升
    B. 国民收入增加
    C. 货币供给减少
    D. 利率下降

43. 以下哪种情况会引起货币的需求曲线向左移动（　　）。
    A. 利率上升
    B. 国民收入增加
    C. 货币供给减少
    D. 国民收入减少

44. 把利率变化和投资变化引起的货币供给变化与国民收入变化联系起来的理论是（　　）。
    A. 新古典主义货币理论
    B. 凯恩斯学派货币理论
    C. 收入—支出模型
    D. 收入和替代效应

45. 依据凯恩斯货币理论，货币供给增加将（　　）。
    A. 降低利率，从而减少投资和总需求
    B. 降低利率，从而增加投资和总需求
    C. 提高利率，从而增加投资和总需求
    D. 提高利率，从而减少投资和总需求

46. 货币需求曲线是向下倾斜的，这是因为（　　）。
    A. 提高利率会使持有货币的机会成本增加，诱使人们持有较多的货币
    B. 货币需求是不受利率影响的
    C. 降低利率会使持有货币的机会成本下降，诱使人们持有较多的货币
    D. 随着利率的下降，货币供给增加

47. 货币需求（　　）时，对于给定的货币供给增加量，利率将下降得（　　）。

　　A. 越有弹性，越多
　　B. 越陡峭，越少
　　C. 越没弹性，越少
　　D. 越平坦，越少

48. 假设价格水平固定，而且经济中存在超额生产能力，以下哪一项正确描述了货币政策影响产出的所有步骤（　　）。

　　A. 货币供给增加使利率上升，投资增加，最终使总支出和产出增加
　　B. 货币供给增加使利率下降，投资减少，最终使总支出和产出减少
　　C. 货币供给增加使利率下降，投资增加，最终使总支出和产出增加
　　D. 货币供给增加使利率下降，投资增加，最终使总支出和产出减少

49. 假设价格水平固定，而且经济中存在超额生产能力。当货币供给增加使利率降低并使投资与国民收入增加时，较高的国民收入（　　）。

　　A. 使货币需求曲线向左移动，加剧了利率的下降
　　B. 使货币需求曲线向左移动，部分抵消了利率的下降
　　C. 对货币需求和利率没有更深远的影响
　　D. 使货币需求曲线向右移动，部分抵消了利率的下降

50. 假设价格水平固定，而且经济中存在超额生产能力。当货币供给增加使利率降低并使投资与国民收入增加时，（　　）。

　　A. 若投资曲线越没弹性则国民收入的增加越大，因为这意味着较大的投资增加并因此令国民收入亦有较大的增加
　　B. 国民收入的增加不受投资曲线弹性的影响
　　C. 若投资曲线越有弹性则国民收入的增加越大，因为这意味着较大的投资增加并因此令国民收入亦有较大的增加

D. 仅当投资曲线是完全有弹性或无弹性时国民收入的增加才受其弹性的影响

51. 如果货币需求相对于利率有弹性,则货币供给的增加(　　)。
    A. 对利率和总需求的影响都相对小
    B. 对利率的影响相对大而对总需求的影响相对小
    C. 对利率和总需求的影响都相对大
    D. 对利率的影响相对小而对总需求的影响相对大

52. 如果投资对利率改变的反应相对不敏感,则利率降低(　　)。
    A. 会使投资曲线显著地向右移动,令总支出有很大的增长
    B. 会使投资曲线显著地向左移动,令总支出有很大的下降
    C. 仅会轻微地增加投资,令总支出只有很小的增长
    D. 会显著增加投资,令总支出有很大的增长

53. 货币主义认为(　　)是不变的,而(　　)的改变会反映在(　　)的成比例改变上。
    A. 国民收入,流通速度,货币供给
    B. 国民收入,货币供给,流通速度
    C. 流通速度,国民收入,货币供给
    D. 流通速度,货币供给,国民收入

54. 付利息给活期存款账户这一趋势的增长(　　)。
    A. 减少了持有货币的机会成本,使货币需求对利率的改变没那么敏感
    B. 增加了持有货币的机会成本,使货币需求对利率的改变更加敏感
    C. 意味着再也没有人愿意持有短期国库券了
    D. 增加了持有货币的机会成本,使货币需求对利率的改变没那么敏感

55. 持有货币的机会成本是(　　)。
    A. 汇率
    B. 流通速度
    C. 实际利率

D. 名义利率

56. 在封闭经济的一般均衡中，货币被认为是（   ），因为没有（   ）的影响，而只有（   ）的影响。

    A. 中性的，实际的，名义的
    B. 实际的，名义的，中性的
    C. 名义的，实际的，中性的
    D. 中性的，名义的，实际的

二、计算题

1. 假定一国有下列资料。

单位：10亿美元

小额定期存款	1100
大额定期存款	420
活期存款	350
储蓄存款	375
通货	120

试计算 M_1、M_2、M_3 各为多少？

2. 若货币需求为 $L_1=0.2Y$，货币投机性需求 $L_2=2000-500r$。试求：

（1）写出货币总需求函数。

（2）当利率 $r=6$，收入 $Y=10\,000$ 亿美元时货币需求量为多少？

（3）若货币供给 $M_s=2\,500$ 亿美元，收入 $Y=2\,500$ 亿美元时，可满足投机性需求的货币是多少？

（4）当收入 $Y=10\,000$ 亿美元，货币供给 $M_s=2\,500$ 亿美元时，货币市场均衡时的利率为多少？

3. 下面给出对货币的交易需求和投机需求。

试求：

（1）收入为700美元，利率为8%和10%时的货币需求？

（2）600、700和800美元的收入在各种利率水平上的货币需求？

（3）根据上述数据，写出货币需求函数的表达式。

对货币的交易需求		对货币的投机需求	
收入（美元）	货币需求量（美元）	利率（%）	货币需求量（美元）
600	100	12	30
700	120	10	50
800	140	8	70
900	160	6	90
1000	180	4	110

三、分析问答题

1. 货币市场最初是均衡的，这时中央银行增加货币供给。请说明新的均衡利率实现的过程。
2. 为什么关于中央银行将在近期增加货币供给的预期会引起现在的利率下降？
3. 人们为什么需要货币？在此问题上凯恩斯理论和古典学派理论有何区别？
4. 什么是货币需求？人们需要货币的动机有哪些？
5. 为什么说货币的投机性需求是利率的减函数？
6. 什么是"流动性陷阱"？
7. 什么是货币供给？
8. 利息率在凯恩斯学派和货币学派中的地位和作用有何区别？
9. 什么叫 M_1、M_2、M_3？
10. 怎样理解谨慎性货币需求是收入的增函数？

参考答案

一、选择题

1. B 2. A 3. D 4. C 5. A 6. D 7. D

8. A	9. C	10. A	11. A	12. C	13. C	14. D
15. B	16. A	17. D	18. A	19. B	20. B	21. B
22. C	23. B	24. B	25. B	26. B	27. D	28. A
29. D	30. A	31. A	32. C	33. C	34. D	35. D
36. A	37. C	38. D	39. B	40. A	41. C	42. D
43. D	44. B	45. B	46. C	47. D	48. C	49. D
50. C	51. A	52. C	53. D	54. A	55. D	56. A

二、计算题

1. 解：

$M_1=120+350=470$（10亿美元）

$M_2=470+1\,100+375=1\,945$（10亿美元）

$M_3=1\,945+420=2\,365$（10亿美元）

2. 解：

（1）$L=L_1+L_2=0.2Y+2\,000-500r$

（2）$M_d=0.2\times 10\,000+2\,000-500\times 6=1\,000$ 亿美元

（3）$2\,500=0.2\times 6\,000+L_2$，$L_2=1300$ 亿美元

（4）$2\,500=0.2\times 10\,000+2\,000-500r$，$r=3\%$

3. 解：

（1）收入为700美元，利率为8%时，则：

货币需求=140+70=210（美元）

收入为700美元，利率为10%时，则：

货币需求=140+50=190（美元）

（2）收入为600美元时，利率=12%，则：

货币需求=120+30=150（美元）

利率=10%，货币需求=120+50=170（美元）

利率=8%，货币需求=120+70=190（美元）

利率=6%，货币需求=120+90=210（美元）

利率=4%，货币需求=120+110=230（美元）

收入为 700 美元时，利率=12%，货币需求=140+30=170（美元）
利率=10%，货币需求=140+50=190（美元）
利率=8%，货币需求=140+70=210（美元）
利率=6%，货币需求=140+90=230（美元）
利率=4%，货币需求=140+110=250（美元）
收入为 800 美元时，利率=12%，货币需求=160+30=190（美元）
利率=10%，货币需求=160+50=210（美元）
利率=8%，货币需求=160+70=230（美元）
利率=6%，货币需求=160+90=250（美元）
利率=4%，货币需求=160+110=270（美元）

（3）从上述数据可知，货币需求函数为 $MD=0.2Y+150-10r$。

三、分析问答题

1. 答：实际货币供给增加意味着在利息率既定时货币的供给量将大于货币需求量。这样，货币持有者就想减少其货币持有量，并用这些货币去购买债券。对债券需求的增加将引起债券价格上升，进而债券的利率下降。随着利率的下降，货币需求量增加，这就减少了超额货币供给。这个过程一直持续到利率的下降足以使货币需求量等于货币供给量时为止。

2. 答：如果经济主体预期到中央银行要增加货币供给，这就意味着，他们预期债券价格要上升，利率要下降。如果情况是这样的，他们就要在现在购买债券（即增加对债券的需求），以便在以后更高的预期价格时可以出卖这些债券。但是，这种债券需求的增加会引起债券价格上升和现在的利率下降，或者说在中央银行实际增加货币供给之前，债券价格就上升了，利率也下降了。

3. 答：古典学派认为，人们需要货币，是为了实现商品和劳务的购买，因而货币的作用是交换媒介或支付手段，货币在人们手中非交易需求的储藏是不合理的行为。凯恩斯学派认为，古典学派的理论只适合于不存在预期不确定性的静态社会，而现实社会是动态的，人们的预期并不是确定的和一定能够实现的。人们需要货币，除了要作为交易和预防的手段，还为了价值储存，通过持有货币，保留财富或价值及利用有利时机增加财富或价值。

4. 答：货币需求是指人们在不同条件下出于各种考虑对货币的需要，或者说是个人、企业和政府对执行流通手段（或支付手段）和价值储藏手段的货币的需求。

人们在一定时期可以采取多种形式拥有其有限的财富，他可以持有能够生息的股票、债券，也可以采用货币的形式持有资产。拥有其他形式的资产会带来收益，而以货币形式持有财富通常不会带来收益，通常还有贬值的危险。人们之所以把不能生息的货币贮存在手边，按凯恩斯的说法，是出于以下几种动机：

一是对货币的交易需求，是指家庭或厂商为交易的目的而形成的对货币的需求。它产生于人们收入和支出的非同步性。如果收入和支出时间是完全同步的，就不会需要把闲置的货币放在手边。

二是对货币的谨慎需求，是指人们为了预防意外的支出而持有一部分货币的动机，如为了支付医疗费用、应付各种事故。

三是投机性需求，是指由于未来利率的不确定，人们为避免资产损失或增加资本收入而及时调整资产结构形成的货币需求。例如，人们预期债券价格上升时，需要及时买进债券，以便以后卖出时得到收益，这样就产生了对货币的投机需求。

5. 答：投机的货币需求起先是由凯恩斯提出的。他从货币可执行价值储藏手段这一点出发，说明个人或企业暂时不用的财富，可以用货币来保存，也可以用其他资产形式来持有，如活期储蓄、定期储蓄和各种债券等，可以把这一类非货币资产统称为债券。按照凯恩斯的说法，人们之所以为了投机目的而持有货币，是因为其他资产形式或债券的收益具有不确定性。持有债券的损益包括债券利息和债券的资本价值可能发生的增值或亏损。如果人们预计利息率将显著提高，即预计债券价格将显著下降，他们将只持有货币。反之，如果人们预计利率将下降，即债券价格将上升，则他们将尽量减少货币持有量，而用货币去购买债券，以备日后债券价格上升时获取差价收益或资本增值。这样，对货币的投机需求就是利率的递减函数。

6. 答：凯恩斯认为，货币需求是利率的减函数，即利率下降时货币需求会增加，然而当利率下降到一定程度或者说临界程度时，即此时债券价格已上升到足够高时，人们购买生息的债券会面临亏损的极大风险。此时，人们认为如此高的债券价格只会下降，不会再上升，如果购买债券只会遭到损失。于是他们就不会再买债券，而宁肯保留货币在手中。在这种情况下，货币供给的增加就不能使利率再向下降低，因为人们手中即使有多余的货币，也不会去购买债券，从而债券的价格不会再上升，即利率不会在下跌。这种情况说明经济处于"流动性陷阱"之中。这时实行扩张货币政策对利率和投资进而对就业和产出不会有效果。

7. 答：货币供给由中央银行控制，可以分为狭义的货币供给和广义的货币供给。狭义的货币供给就是 M_1 供给，广义的货币供给还包括 M_2 和 M_3 供给。货币供给是一个存量概念，它是一个国家在某一时点上所保持的不属于政府和银行的货币供给总和。拿 M_1 来说，就是该国在某一时点上所持有的不属政府和银行的硬币、纸币和活期存款的总和。

8. 答：无论凯恩斯学派还是货币学派都承认货币供给的变化会引起最终产品市场上总需求的变化，从而引起总产量的变化。但是，在货币供给变化影响总产量这一过程中，对利息率作用的看法却有着严重的分歧。

凯恩斯主义者强调利息率变化的重要性，认为货币供给的变动会影响利息率，而利率的变动又会影响总投资，从而影响最终产品市场的总需求，总需求的变动将引起总产量的变动。在这一传导过程中，利息率的变动起着关键的作用，所以凯恩斯主义者把利息率作为制定货币政策的基本目标。只要控制好均衡利率，就可以有效地影响最终产品市场，并配合其他措施将最终产品市场的均衡总产量控制在充分就业的水平上。对于凯恩斯主义者来说，提高利息率就是紧缩的货币政策，降低利息率就是扩张的货币政策。

货币主义者的观点与此不同。他们认为，利息率的变动并不重要，重要的是货币供给量本身或货币供给增长率。当货币供给增加时，人们手中的货币超过了他们所希望持有的数量。这时他们将不只是购买债券，还要购买其他实物的财产，包括投资品、消费品及各种服务。因此，货币主义者认为，不必经过利息率下降这个中间环节，货币供给量的增加本身就意味着最终产品市场的总需求上升。但他们并不否认货币供给增加会使实际利息率下降的观点，只是不同意把利息率下降的作用当作总需求变动的关键。他们认为应把货币政策的目标放在货币供给量的控制上，而不把货币供给量的控制当作控制利息率的手段。

9. 答：根据资产流动性标志，货币可以划分为若干不同层次：

M_1是最基础的货币计量形式，它包括全部现金和可随时开支票提取或转账的银行存款，一般为活期存款。这种开支票的活期存款，不必通过提取现金而是通过开支票来直接进行商品交换，它与现金起完全相同的作用。所有经营金融业务的机构中，以支票账户存在的活期存款（包括旅行支票账户）都被看作是与现金等同的货币，即M_1=现金+支票账户存款

$M_2=M_1$+小额定期存款+短期定期存款+货币市场互助基金。该定义中，小额定期存款是指零星存入的定期存款；短期定期存款包括一年以下的所有定期存款；货币市场互助基金是指商业银行之间的准备金贷款。前两项是因其流动性较强（即变现能力较强）而被包括在较宽的货币M_2中，最后一项则是因其对银行的"货币创造"有重大影响而被包括在M_2中。它们没有被包括在M_1中是因为它们不能直接起交换媒介的作用。

M_3通常是在M_2的基础上再加上长期大额定期储蓄和其他一些流动性较差的金融资产。

在上述三种货币形式中，M_1是经济学家和政府经常使用的货币计量形式，各国对M_1的定义也都大致相同。至于M_2和M_3的内涵，不同的国家则不尽相同。

10. 答：当收入水平上升时，人们需要较多的货币以预防不测之用，也有能力积蓄较多的货币做预防之用。但为预防需要而持有的货币越多，牺牲的利益或者说损失的利息收入也越多。因此，谨慎性需求也是利率的减函数。但在一般情况下，谨慎性货币需求受到利息率影响而变动的量不大，因此，只把它看作是收入的增函数。

第五章 双重均衡的宏观经济模型
——IS-LM 模型

内容提要

对于将产品市场和货币市场同时加以考虑时的收入决定理论，宏观经济学是用有名的 IS-LM 模型加以说明的。IS-LM 模型是说明产品市场与货币市场同时达到均衡时收入与利率决定的模型。这里，I 为投资，S 为储蓄，L 为货币需求，M 为货币供给。IS-LM 模型的基本结构是两条曲线：IS 曲线和 LM 曲线。

IS 曲线是描述产品市场达到均衡，即 I=S 时，国民收入与利息率之间关系的曲线。IS 曲线向右下方倾斜。IS 曲线上每一点都表示使投资等于储蓄的收入和利率的各种组合。位于 IS 曲线右方的收入和利率的组合，都是使投资小于储蓄的非均衡组合；位于 IS 曲线左方的收入和利率的组合，都是使投资大于储蓄的非均衡组合。

LM 曲线是描述货币市场达到均衡，即 L=M 时，国民收入与利息率之间关系的曲线。凯恩斯主义的货币理论是建立在流动偏好基础上的。流动偏好表示人们喜欢以货币形式保持一部分财富的愿望或动机。按照凯恩斯的观点，人们需要货币是出于三种动机：交易动机、谨慎动机和投机动机。与此相对应，货币需求（MD）可由两部分（MD_a，MD_t）组成。MD_t 表示交易的货币需求，是实际收入 Q 的增函数。MD_a 为投机的货币需求，是利息率 r 的减函数。于是货币需求为 $MD=MD_t(Q)+MD_a(r)$。货币供给量被认为是由政府控制的，政府可以使用货币政策来改变货币供给量的大小。货币市场均衡条件为，实际货币供给量等于实际货币需求量，即 $MS/P=MD/P= MD_t(Q)+MD_a(r)$。这一均衡条件表明，在实际货币供给 MS/P 为一定值时，收入 Q 与利率 r 之间存在着函数关系。这个函数关系也就是在满足货币市场均衡条件下的 Q 与 r 的各种不同的组合。这种表示 Q 与 r 之间函数关系的曲线即 LM 曲线。LM 曲线是向右上方延伸的。这表明，在货币市场达到均衡时，收入与利率之间具有同方向关系。一般地，货币供给量的变动会使 LM 曲线的位置移动。当货币供给量增加时，LM 曲线向右移动；当货币供给量减少时，LM 曲线向左移动。位于 LM 曲线右方的收入和利率的组合，都是货币需求大于货币供给的非均衡组合；位于 LM 曲线左方的收入和利率的组合，都是货币需求小于货币供给的非均衡组合。

如果使产品市场和货币市场分别处于均衡的收入和利率的组合不只一个，那么，是否存在使产品市场和货币市场同时处于均衡的收入和利率组合呢？回答是肯定的。事实上，IS 曲线和 LM 曲线的交点所表示的收入和利率组合，即表示同时使产品市场和货币市场达到均衡时的收入和利率组合。这时的收入和利率分别称为在产品市场和货币市场同时均衡时的均衡收入和均衡利率。IS‐LM 模型不仅可以说明同时考虑产品市场和货币市场时的国民收入的决定，而且解决了简单收入决定理论中无法确定的利率决定的问题。另外，由 IS‐LM 模型描述的均衡还具有稳定性质，即当经济偏离均衡状态时，通过产品市场和货币市场的自动调节可使失衡状态趋向于均衡状态。

综合练习题

一、选择题

1. 假设 IS 和 LM 曲线在充分就业产出水平下相交，且意愿投资增加，那么现在的情形是（　　）。
   A. 总需求超过总供给并导致通货膨胀
   B. 总需求小于总供给因而利率上升
   C. 价格上升直到均衡恢复充分就业产出
   D. 货币需求下降，从而导致 LM 曲线外移

2. 如果 IS 曲线和 LM 曲线在古典状况下相交（LM 曲线完全垂直），那么经济（　　）。
   A. 可能处于充分就业状况
   B. 不可能处于充分就业状况
   C. 可能处于充分就业，也可能不是
   D. 所有的货币都用于投资需求

3. 假定 IS–LM 模型在充分就业状况下达到均衡，当政府税收减少时将出现（　　）。
   A. 价格水平下降，货币需求减少，从而导致 LM 曲线外移
   B. 产出水平下降，失业增加到社会意愿的水平之上
   C. 价格上升，货币需求增加，从而使 LM 曲线上移，直到在充分就业产出处达到均衡
   D. 价格水平上升导致 IS 曲线外移，引起更大的通货膨胀

4. 给出 IS 曲线，产品市场的均衡随着收入水平的提高而达到，收入水平的提高只有通过（　　）才能实现。
   A. 提高利率
   B. 降低利率
   C. 减少货币供给

D. 增加货币需求

5. 经济系统的一般均衡要求（   ）。

   A. 投资等于储蓄，但货币需求可以超过或少于货币供给

   B. 货币需求等于货币供给，但储蓄可大于或小于投资

   C. 投资等于储蓄而且货币需求等于货币供给

   D. 利率由货币市场决定，收入水平由产品市场决定，无需把两个市场联系起来

6. 给出货币交易需求量对收入的比率，Lt/y 为 0.25，那么货币供给量增加 60 亿元将把 LM 曲线向右移动（   ）。

   A. 15 亿元

   B. 60 亿元

   C. 120 亿元

   D. 240 亿元

7. IS 曲线的移动等于（   ）。

   A. I、G 或 x 的变化除以乘数

   B. I、G 或 x 的变化

   C. I、G 或 x 的变化的一半

   D. I、G 或 x 的变化乘以乘数

8. 在总需求理论中（   ）。

   A. 如果经济处在 IS－LM 交点上，经济就是均衡的

   B. 如果经济偏离 IS 曲线，商品市场不出清，会导致价格水平调整至使经济回到均衡点上来

   C. 如果经济偏离 LM 曲线，中央银行自动调节货币供给会使经济回到均衡水平上来

   D. 如果经济水平固定，商品需求一定大于商品供给，所以经济仅在价格可变动时才会均衡

9. 根据新古典综合派的理论，如果总需求水平超过充分就业产出水平（   ）。

   A. 价格水平不变，而利率增加，因而抑制了一些投资

   B. 价格水平与货币工资一样，将上升到 LM 曲线与 IS 曲线在

充分就业水平相交时为止

C. 将引发伴随失业增加的通货紧缩

D. 价格水平将下降，因此减少了总需求

10. 根据新古典综合派的理论，价格水平主要由（   ）。

   A. 大工会的过渡的工资要求决定

   B. 美国的利率水平决定

   C. 货币供给决定

   D. 大公司的垄断权力决定

11. 假定 IS 曲线和 LM 曲线在中段相交，价格水平的下降将（   ）。

   A. 使LM 曲线向上移，减少收入，提高利率

   B. 使IS 曲线和LM 曲线均向外移动，因此增加收入

   C. 使IS 曲线和LM 曲线向内移动，因此降低收入水平

   D. 由于模型是建立在实物基础上的，所以不影响 IS 曲线或 LM 曲线

12. 在IS－LM 模型中，IS 曲线和LM 曲线的位置（   ）。

   A. 在价格水平确定后才能确定

   B. 仅由货币和财政当局确定

   C. 由于模型是建立在实物基础上的，所以价格水平不知道也能确定

   D. 总能确保经济处在充分就业的均衡上

二、计算题

1. 已知：$c=80+0.8(y-t)$

   $I=400-20r$

   $g=400$，$t=400$

求：当 g 增加 100 时，IS 曲线移动多少？

2. 已知：$c=100+0.7(y-t)$，$I=900-25r$，$g=100$，$t=100$

   $M_d/p=0.2y+100-50r$，$M_t=500$，$p=1$

求：均衡 y 和 r？

3. 已知货币的供给量为 M=220，而 $M_t=0.4y$，且 $M_a=1.2/r$，则：

投资函数为：I=195-2000r

储蓄函数为：S=-50+0.25y

试求：均衡利率水平及收入水平？

4. 已知：$M_d/P=0.3y+100-15r$, $M_s=1000$, $P=1$。试导出 LM 曲线的方程。

5. 储蓄和投资的关系如下式表示：

（1）S=0.25y+r

（2）I=0.05y-3r+40

另外，货币市场上的需求关系为 $M=M_t+M_a$，且

（3）$M_t=0.4y$

（4）$M_a=100/(r-1)-10$

把货币供给量限定为：

（5）M=55

A. 在式（1）和式（2）中，当 r=5 时，y 的均衡值是多少？y 为 120 时的均衡利率是多少？

B. 在 A 的条件下，求 r 和 y 的函数关系。

C. 在 B 中表示产品市场上 y 和 r 的关系曲线（直线），其名称为何？

D. 根据（3）、（4）和（5）式，并假设 y 为 100 时，试问 r 为多少？

E. 根据 D 的解，在经济学上证明了什么？

F. 由（3）、（4）、（5）式求 y 和 r 的函数关系，此式所描述的曲线如何称呼？

G. 由 B 和 F 给出的 y 和 r 的方程，求 y 和 r 的均衡值。

三、分析问答题

1. 由 IS 曲线和 LM 曲线的交点决定的均衡状态是否具有必然性？

2. 在 IS－LM 两条曲线相交时所形成的均衡收入是否就是充分就业的国民收入？为什么？

3. 什么是挤出效应？

4. 试评述 IS－LM 模型。
5. 试用 IS－LM 模型分析财政政策效果。
6. 试用 IS－LM 模型分析货币政策效果。
7. 怎样理解 IS－LM 模型是凯恩斯主义宏观经济学的核心？

参考答案

一、选择题

1. A　　2. C　　3. C　　4. B　　5. C　　6. D
7. D　　8. A　　9. B　　10. C　　11. B　　12. A

二、计算题

1. 解：

$y=c+i+g=80+0.8(y-t)+400-20r+400=80+0.8(y-400)-20r+400$

$0.2y=480-0.8t-20r$

$y=2800-100r$

IS 曲线的斜率为 -0.01

当 g 增加 100 时，则：

IS 右移 $(1/1-c)100=(1/1-0.8)100=500$

2. 解：

因为 $M_d/p=M_s$，则 $0.2y+100-50r=500$　　　　　　　　(1)

又 $y=I+S+G$，则 $y=100+0.7(y-100)+900-25r+100$　　(2)

解 (1)、(2) 可得：$y=3075$，$r=4.3$。

3. 解：

货币供给量为 $M=220$，而 $M_t=0.4y$，$M_a=1.2/r$，则：

$M=M_t+M_a$，即 $220=0.4y+1.2/r$

$I=S$　即　$195-2000r=-50+0.25y$

将上述两式联立方程式得：$y=500$，$r=0.06$。

4. 解：

令 $1\,000=0.3y+100-15r$

解得 $y=3\,000+50r$　此即为所求的 LM 曲线表达式。

5. 解：

A. 在 S=I，r=5 的前提下，将 r 代入（1）式和（2）式中，得：

$0.25y+5=0.05y+25$，　$y=100$

若 $y=120$，则 $S=0.25\times 120+r$

$I=0.05\times 120-3r+40$

$S=r+30$　　$I=-3r+46$

由 $S=I$，解得 $r=4$。

B. 由（1）的解知 $(r,y)=(5,100)$

$(r,y)=(4,120)$

利用 $r=ay+b$ 的一次方程式，得 $(a,b)=(-1/20,10)$

r 对 y 的函数为：$r=10-y/20$

C. 称为 IS 曲线。

D. 在 y 为 100，则 $M_t=0.4\times 100=40$，而因 $M=M_t+M_a$，故由（3）式和（4）式知：

$55=40+100/(r-1)-10$

$25r=125$　　　$r=5$

E. 此证明凯恩斯利息理论，即 r 依 M 决定。

F. 将（3）式、（4）式和（5）式予以结合，则：

$55=0.4y+100/(r-1)-10$

$-0.4y=-55+100/(r-1)-10$

$y=162.5-250/(r-1)$

上式即表示货币市场上 r 和 y 的关系，其所描述曲线即为 LM 曲线。

G. 由 LM 曲线和 IS 曲线，可建立联立方程式而求其解：

$y=200-20r$

$200-20r=162.5-250/(r-1)$

解得 $(r,y)=(5,100)$

此即为 IS 曲线和 LM 曲线之交点，亦即所谓均衡值。

注意，二次方程式本应有两个解，但其中一个解 r=-17/8 为负值，不符合经济上的意义，故不存在。

三、分析问答题

1. 答：是的，因为存在发散的、自发的市场机制。如果产品市场未达均衡，净存货机制会使企业改变当前的生产决策，使生产和需求趋于一致。如果货币市场未达均衡，公众就会改变当前的金融资产结构（卖出证券或买入证券）。这样就会促使利息率改变，使货币供给和货币需求趋于一致，两个市场的调节互相影响、相互制约。只有当两个市场都实现均衡时，这种均衡调整才会终结。

2. 答：两个市场同时均衡时的收入不一定就是充分就业的国民收入。这是因为，IS 和 LM 都只是表示产品市场上供求相等和货币市场上供求相等的收入和利率的组合，因此，两条曲线的交点所形成的收入和利率也只表示两个市场同时达到均衡的利率和收入，它并没有说明这种收入一定是充分就业的收入。当整个社会的有效需求严重不足时，即使利率很低，企业投资意愿也较差，这也会使较低的收入和较低的利率相结合达到产品市场的均衡，即 IS 曲线离 IS 曲线坐标上的原点 O 较近，当这样的 IS 和 LM 曲线相交时，交点上的收入往往就是非充分就业的均衡收入。

3. 答：政府增加某一数量的公共支出就会减少相应数量的私人投资，从而总需求依然不变。对于挤出效应问题，西方经济学家有两种不同的意见。反对国家干预的经济学家认为，挤出效应是无可否认的。因为公共支出的钱不论来自私人纳税或是私人借贷，如果货币供应量不变或增加很少，则由于公共支出的增加，会造成货币需求压力，迫使利率上升，从而会减少私人投资。因此，挤出效应不会使总需求发生变化。主张国家干预的凯恩斯主义者则认为：（1）公共支出的挤出效应必须根据具体情况进行具体分析。一般来说，只有达到充分就业后才会存在挤出效应。在有效需求不足的条件下，不存在萧条时期公共支出排挤私人投资的问题。（2）影响私人投资的因素，除了利息率水平之外，还有预期利润率因素。如果增加公共支出能提高预期利润率，那么公共支出对私人投资不是"挤出"，而是"挤入"。另外，即使公共支出影响利润率水平，但由于私人投资者对预期利润率变动的敏感程度大于对利率变动的敏感程度，所以公共支出也不可能"挤出"相等的私人投资。因此，增加公共支出仍然能使总需求增加。

4. 答：凯恩斯曾在利息理论上批评"古典"学派，认为储蓄和投资的均等所决定的均衡利率并非像"古典"学派断言的是惟一确定的均衡利率，而是各种收入水平下的均衡利率。其原因是，储蓄是收入的函数，它会随收入的变化而变化，也就是储蓄曲线会由于收入的变化而不断地改变位置。希克斯认为，凯恩斯虽然知道货币需求是收入和利率的函数，但他的利息理论也认为货币供求的均等会形成一个确定的均衡利率。按照凯恩斯的理论，交易动机和谨慎动机引起的货币需求是收入的函数。既然如此，在收入变化时，货币供求的均等就不是形成一个确定的均衡收入，而是形成各种利率水平的均衡利率。在凯恩斯的理论体系中，流动偏好和货币数量决定利率，利率和资本边际效率决定投资，投资和消费决定收入。希克斯认为，凯恩斯体系中的这种因果序列必须修正。这是因为：要知道利率，就必须知道流动偏好；要知道流动偏好，就必须知道收入水平；要知道收入水平，又必须知道利率。

西方学者所发现的凯恩斯理论体系的矛盾，是利率通过投资影响收入，而收入通过货币需求又影响利率，但无法确定均衡利率水平。凯恩斯绕开矛盾的方法是，在讨论产品市场均衡时，假定已经存在货币市场的均衡利率；在讨论货币市场均衡时，假定已经存在产品市场的均衡收入。希克斯、汉森等人不满足于凯恩斯的做法，他们试图用IS-LM分析来解决产品市场和货币市场的共同均衡，并同时确定均衡收入和均衡利率的问题。后来萨缪尔森等人赋予IS-LM模型以更多的意义，认为这个模型不仅实现了收入决定论和货币论的结合，完成了财政政策和货币政策的结合，而且还可以把凯恩斯主义和货币主义结合起来。

IS−LM 模型由两个方程组成：

$$I(r)=S(Q) \tag{1}$$

$$M_S/P=M_D/P=M_{Dt}(Q)+M_{Da}(r) \tag{2}$$

式（1）是产品市场均衡条件，即投资等于储蓄。式（2）是货币市场均衡条件，即货币供给等于货币需求。其中，货币需求分为交易需求和投机需求。在式（1）和式（2）中，需要确定的量为利率 r 和收入 Q。在假定其他量为既定的条件下，可以通过联立求解式（1）、式（2）得到均衡的收入水平和均衡的利率水平。这样便解决了上述凯恩斯理论体系的矛盾。IS−LM 模型还可以用图形来表示：

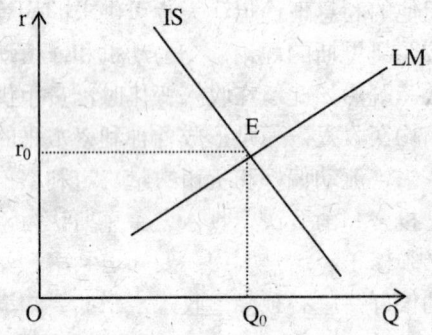

图中，IS 曲线是式（1）的几何表示，即在 IS 曲线上任一点都有 I=S。LM 曲线是式（2）的几何表示，即在 LM 曲线上任一点都有货币需求等于货币供给。图中的 E 点即为使产品市场和货币市场同时达到均衡的均衡点，r_0 和 Q_0 分别为同时使产品市场和货币市场达到均衡时的利率水平和收入水平。

IS−LM 模型不仅能说明利率和收入水平的确定，而且还具有明显的政策含义，即如果实际收入水平不位于充分就业的收入水平，国家可以运用宏观经济政策作用于经济（相当于移动 IS 曲线和 LM 曲线，使之交点所对应的收入与充分就业的收入相一致），使其达到理想的状态。简言之，IS−LM 模型为凯恩斯主义国家干预经济的主张提供了理论说明。从社会资本再生产和流通的角度看，提出并讨论宏观经济中各个市场的同时均衡问题的意义是，资本主义经济发展本身客观上要求一定的比例，要求某种平衡，认识和说明这种比例关系和平衡条件无疑是一个重要经济理论的研究课题。问题在于，西方经济学家关于宏观经济平衡的基本理论是不科学的。

资本主义经济的平衡或均衡状态，是资本主义生产的固有矛盾的暂时统一。不研究它的固有矛盾，就无法了解和说明它的暂时统一。IS-LM模型和西方许多模型一样，把均衡作为研究的出发点，认为均衡是资本主义经济的常态。其实质是把力学上的平衡理论硬搬到社会经济中来，否认资本主义经济中的矛盾和冲突。IS-LM模型虽然也提到产品市场和货币市场可能存在不平衡，但是这种不均衡被描述成为一种走向均衡常态的调整过程中的暂时状态。因此，这样一种均衡理论必然和资本主义现实相差很远。

IS-LM模型在歪曲的形式上接触到社会总资本在流通中的不同形式以及这些形式的数量关系问题。大致地说，产品市场涉及的是社会总资本在流通中的商品形式，货币市场涉及的是社会总资本在流通中的货币形式。可是，这个模型没有涉及以生产资料和劳动力形式存在的生产资本。这就根本回避了资本主义生产，掩盖了这种生产所包括的对立关系，从而掩盖了社会总资本再生产过程中的矛盾和冲突。

在IS-LM模型中，社会总资本再生产和流通的条件，实际上只被归纳为流通领域中商品资本和货币资本在数量上的一致或均等。因此，这种模型把社会总资本再生产中的矛盾和冲突仅仅归结于社会资本流通中商品供求和货币供求的一种暂时的不均衡现象。

诚然，就流通领域来说，产品市场和货币市场的均衡对于资本主义宏观经济均衡具有重要意义。这两个市场的同时均衡意味着整个社会提供的产品和劳务同整个社会消费者的购买力和企业的投资规模相适应，而二者的不均衡则意味着资本主义经济的必要比例的严重失调和被破坏。但是，这些失衡关系只是从一个方面，即从流通领域反映社会总资本再生产和流通的要求，而对流通领域的平衡关系的研究无论如何代替不了对社会总资本再生产和流通得以顺利进行的条件的研究。凯恩斯及其后继者都没有，而且也绝不可能按照劳动二重性原理研究社会总资本的价值形式和物质形式的补偿问题，这就阻塞了科学的分析社会总资本再生产和流通的道路。

对于资本主义生产方式来说，宏观经济的一般均衡只是西方经济学者想像中的常态。在资本主义的现实中，人们经常看到的不是产品市场、货币市场、劳动市场的一般均衡，而是商品相对过剩、劳动力相对过剩的同时并存。货币资本不能都转化为生产资本，生产资本不能都转化为商品资本，商品资本不能都转化为货币资本。这种矛盾现象不过是资本主义生产领域中所固有的矛盾在流通领域中的表现。

IS—LM 模型曾经是凯恩斯主义的一个得心应手的理论工具，他不仅被凯恩斯主义者用来解释衰退、高涨和充分就业状态，而且被用来说明国家采取宏观经济政策干预经济的理论依据。在滞涨出现后，IS—LM 模型由于不能解释滞涨，加上这一模型不能说明价格的决定，其作为分析工具的影响在减弱。尽管凯恩斯主义者现在还没有完全放弃 IS—LM 分析，然而他们已经越来越感到它远不是像它过去被认为的那样正确和有用。

5.答：财政政策是一国政府根据既定目标，通过财政收入和财政支出的变动来影响宏观经济活动水平的经济政策。一般而言，考察一国宏观经济活动水平最重要的指标是该国的国民收入。于是从 IS—LM 模型来看，财政政策效果的大小是指政府收入变化（包括变动税收、政府购买和转移支付等）使 IS 曲线变动，从而对国民收入变动的影响程度。显然，从 IS 和 LM 图形看，这种影响的大小，随 IS 曲线和 LM 曲线的斜率不同而有所区别。

在 LM 曲线不变时，IS 曲线斜率的绝对值越大，即 IS 曲线越陡峭，则移动 IS 曲线时收入变化就越大，即财政政策效果越大；反之，IS 曲线越平坦，则移动 IS 曲线时收入变化就越小，即财政政策效果越小。参见下图所示。

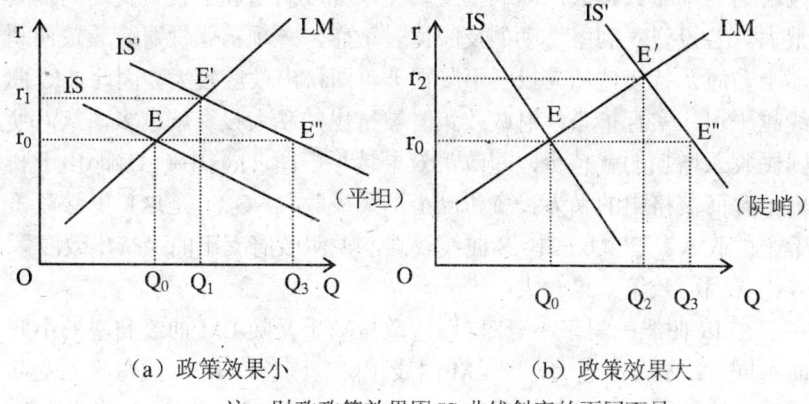

(a) 政策效果小　　　　　　(b) 政策效果大

注：财政政策效果因 IS 曲线斜率的不同而异。

图中，假定 LM 曲线即货币市场均衡情况完全相同，并且起初的均衡收入 Q_0 和利率 r_0 也完全相同，政府实行一项扩张性财政政策，它可以是增加政府支出，也可以是减少税收。现在假定是增加同样一笔支出 Δg，则会使 IS 曲线右移到 IS'，财政政策效果因 IS 曲线的斜率而右移的距离都是 EE"，也为政府支出乘数和政府支出增加额的乘积，即 $E''=k_g\Delta g$。在图形上，就是指收入应从 Q_0 增加到 Q_3，$Q_0Q_3=\Delta Q=k_g\Delta g$。但实际上收入不可能增加到 Q_3，因为如果要增加到 Q_3，则必须假定利率 r_0 不上升。可是，利率不可能不上升，因为 IS 曲线向右上方移动时，国民收入增加了，因而对货币的交易需求增加了，但对货币的供给未变动(LM 未变动)，因而人们用于投机需求的货币必须减少，这就要求利率上升。因此，无论是图（a）还是图（b）中，均衡利率都上升了，利率的上升抑制了私人投资，这就是所谓"挤出效应"。由于存在政府支出"挤出"私人投资的问题，因此，新的均衡点只能处于 E'，收入不可能从 Q_0 增加到 Q_3，而分别只能增加到 Q_1 和 Q_2。

从上图可见，$Q_0Q_1<Q_0Q_2$，即图（a）表示的政策效果小于图（b），原因在于图（a）中 IS 曲线比较平坦，而图（b）中 IS 曲线比较陡峭。IS 曲线斜率大小主要由投资的利率系数所决定，IS 曲线越平坦，表示

投资的利率系数越大,即利率变动一定幅度所引起的投资变动的幅度很大。若投资对利率变动的反映比较敏感,一项扩张性财政政策使利率上升时,就会使私人投资下降很多,即挤出效应较大。因此,IS 曲线越平坦,实行扩张性财政政策时被挤出的私人投资就越多,从而使国民收入增加的就越少,即政策效果越小。图(a)中 Q_1Q_3 即由于利率上升而被挤出的私人投资所减少的国民收入,Q_0Q_1 是这项财政政策带来的收入。图(b)中 IS 曲线较陡,说明政府支出的"挤出效应"较小,因而政策效果较大。

在 IS 曲线的斜率不变时,财政政策效果又随 LM 曲线斜率的不同而不同。LM 斜率越大,即 LM 曲线越陡,则移动 IS 曲线时收入变动就越小,即财政政策效果就越小;反之,LM 越平坦,则财政政策效果就越大。如下图所示。

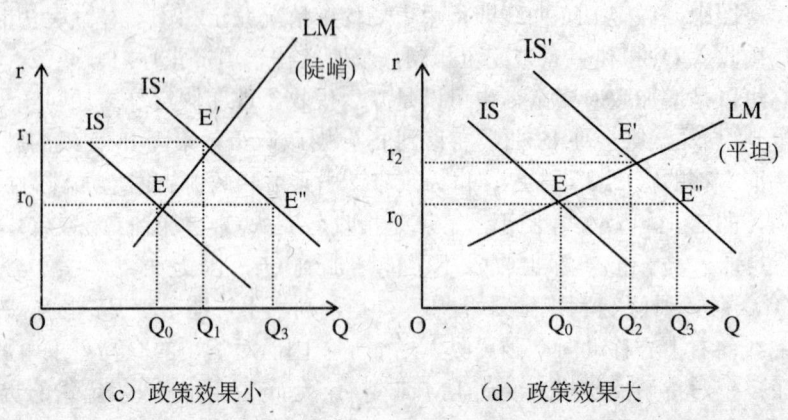

(c) 政策效果小　　　　　　(d) 政策效果大

图中,假定 IS 曲线斜率相同,但 LM 曲线斜率不同,起初均衡收入 Q_0 和 r_0 都相同。在这种情况下,政府实行一项扩张性财政政策,现在也假定是增加同样支出 Δg,则它使 IS 右移到 IS',右移的距离 EE″ 即 Q_0Q_3,Q_0Q_3 是政府支出乘数和政府支出增加额的乘积,但是由于利率上升会产生"挤出效应",使国民收入实际分别之增加 Q_0Q_1 和 Q_0Q_2。

从图形可见,政府增加同样大一笔支出,在 LM 曲线斜率较大即曲线较陡时，引起的国民收入增量较小，即政策效果较小；相反，在 LM 曲线较平坦时，引起的国民收入增量较大，即政策效果较大。这是因为，LM 曲线斜率较大即曲线较陡，表示货币需求的利率系数较小，或者说货币需求对利率的反映较不灵敏。这意味着一定的货币需求增加将使利率上升较多，从而对私人部门投资产生较大的挤出效应，结果使财政政策效果较小。相反，当货币需求的利率系数加大（LM 曲线较平坦）时，政府由于增加支出，即使私人部门借了很多钱（通过出售公债），也会使利率上升很多，从而不会对私人部门投资产生很大影响。这样，政府增加支出就会使国民收入增加较多，即财政政策效果较大。

上面说明了投资的利率系数和货币需求的利率系数对财政政策效果的影响。此外，支出乘数也会影响政策效果。这是因为较大的支出乘数意味着一笔政府支出会带来较多的收入增加，从而有较大的政策效果。然而，如果经济处于投资对利率高度敏感而货币需求对利率不敏感的状态，则即使支出乘数很大也无法使财政政策产生强有力的效果。只有当一项扩张性财政政策不会使利率上升很多，或利率上升对投资影响较小时，它才会对总需求有较强的效果。

6. 答：货币政策是一国政府根据既定目标，通过中央银行对货币供给的管理来调节信贷供给和利率，以影响宏观经济活动水平的经济政策。在政策的理论分析当中，考察宏观经济活动水平最重要的一个指标是一国的国民收入。因此，在 IS－LM 模型的框架内，货币政策效果的大小是指，当 LM 曲线变动时，对均衡国民收入变动的影响程度。从 IS 和 LM 的图形看，这种影响的大小随 IS 曲线和 LM 曲线的斜率不同而有所区别。

在 LM 曲线斜率不变时，IS 曲线越平坦，LM 曲线移动（由于实行变动货币供给量的货币政策）对国民收入变动的影响就越大；反之，IS 曲线越陡峭，LM 曲线移动对国民收入变动的影响就越小，参见下图所示。

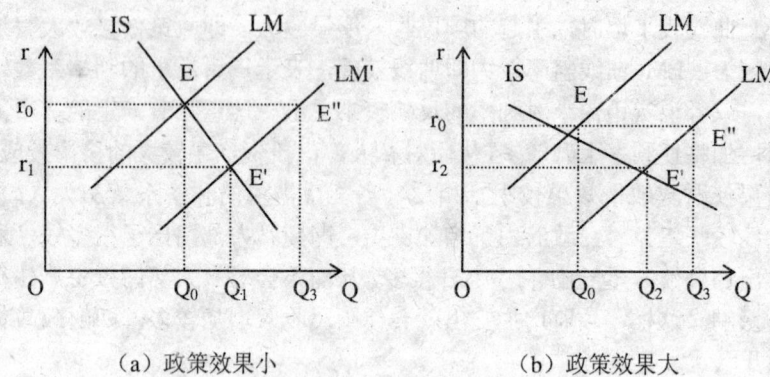

(a) 政策效果小　　　　　　(b) 政策效果大

注：货币政策效果因 IS 曲线的斜率而异。

图中，LM 曲线斜率相同，IS 曲线斜率不同，假定初始的均衡收入 Q_0 和利率 r_0 都相同。政府货币当局实行增加同样一笔货币数量 ΔM 的扩张性货币政策时，LM 都右移相同距离 EE''，$EE''=Q_0Q_3=\Delta M/k$，这里 k 是货币需求函数 $M=kQ-hr$ 中的 k，即货币交易量与收入之比率，Q_0Q_3 等于利率 r_0 不变时因货币供给增加而能够增加的国民收入。但实际上收入并不会增加那么多，利率会因货币供给增加而下降，因而增加的货币供给量中一部分要用来满足增加的交易需求，只有剩余部分才用来满足增加的交易需求。究竟要有多少货币量来满足增加的交易需求，这决定于货币供给增加时国民收入能增加多少。从上图可以看出，IS 曲线较陡峭时，收入增加较少，IS 曲线较平坦时，收入增加较多。这是因为，IS 曲线较陡，表示投资的利率系数较小（当然，支出乘数较小时也会使 IS 曲线较陡，但 IS 曲线斜率主要决定于投资的利率系数）。因此，当 LM 曲线由于货币供给增加而向右移动使利率下降时，投资不会增加很多，从而国民收入水平也不会有较大增加；反之，IS 曲线较平坦，则表示投资利率系数较大。因此，货币供给增加使利率下降时，投资会增加很多，从而使国民收入水平有较大增加。

在 IS 曲线不变时，LM 曲线越平坦，国民收入的变动就越小，即货币政策效果就越小；反之，则货币政策效果就越大，如下图所示。

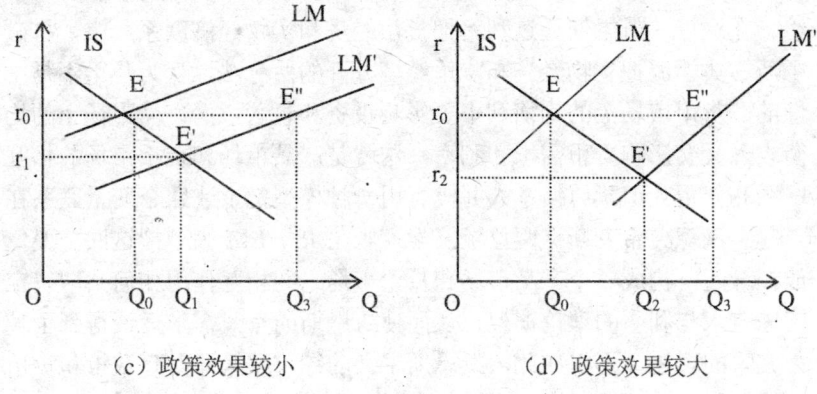

(c) 政策效果较小　　　　　　(d) 政策效果较大

为什么会如此？这是因为，LM曲线较平坦，表示货币需求受利率的影响较大，即利率稍有变动就会使货币需求变动很多，因而货币供给量变动对利率变动的作用较小，从而增加货币供给量的货币政策就不会对投资和国民收入有较大影响；反之，若LM曲线较陡峭，表示货币需求受利率的影响较小，即货币供给量稍有增加就会使利率下降很多，因而使投资和国民收入有较多增加，即货币政策的效果较强。从图中可以看出，由于货币供给增加量相等，因此LM曲线右移距离相等（两个图形中EE''亦即Q_0Q_3的长度相等），但图（a）中Q_0Q_1小于图(b)中 Q_0Q_2，其原因是同样的货币供给量增加时，若货币需求关于利率的系数较大，则利率下降较少，若利率系数较小，则利率下降较多。因而在图（a）中，利率只从r_0下降到r_1，下降较少，而在图（b）中，利率则从r_0下降到r_2，下降较多。

总之，一项扩张的货币政策如果能使利率下降较多（LM曲线较陡峭时就会这样），并且斜率的下降能对投资有较大刺激作用（IS较平坦时就会这样），则这项货币政策的效果就较强；反之，货币政策的效果就较弱。

7. 答：凯恩斯理论的核心是有效需求原理，即国民收入决定于有效需求，而有效需求原理的支柱又是边际消费倾向递减、资本边际效率递减以及心理上的流动偏好这三个心理规律的作用。这三个心理规律涉及四个变量：边际消费倾向、资本边际效率、货币需求和货币供给。在这里，凯恩斯通过利率把货币经济和实物经济联系起来，打破了新古典学派把实物经济和货币经济分开的两分法，认为货币不是中性的，货币市场上的均衡利率要影响投资和收入，而产品市场上的均衡收入又会影响货币需求和利率，这就是产品市场和货币市场的相互联系和作用。但凯恩斯本人并没有用一种模型把上述四个变量联系在一起。汉森、希克斯这两位经济学家则用 IS－LM 模型把这四个变量放在一起，构成一个产品市场和货币市场之间相互作用如何共同决定国民收入与利率的理论框架，从而使凯恩斯的有效需求理论得到了较为完善的表述。不仅如此，凯恩斯主义的经济政策即财政政策和货币政策的分析，也是围绕 IS－LM 模型而展开的。因此可以说，IS－LM 模型是凯恩斯主义宏观经济学的核心。

第六章 扩展的凯恩斯模型
——三重均衡的宏观经济模型

内容提要

三重均衡的凯恩斯宏观经济模型是 IS-LM 模型的扩展,它不但包含产品市场和货币市场的均衡,而且也包含了生产要素市场的均衡。完全的凯恩斯模型即假定市场是完全的,从而价格能够充分反映市场信息,这样,把凯恩斯的总需求曲线与古典学派的总供给曲线结合在一起,也就是把古典学派模型与凯恩斯理论结合在一起。因而,这里所讨论的三重均衡的宏观经济模型充分体现了新古典综合派理论的特点。

在供给方面没有统一的认识,这是宏观经济学的一个鲜明特点。正统的凯恩斯主义者以刚性工资模型为基础,推导出向上倾斜的凯恩斯的总供给曲线。在古典理论中,假定有完全可变的价格和工资率,经济总是处于充分就业的均衡水平,失业纯粹是由于工人转换工作而出现的摩擦性失业,这个摩擦性失业率通常被看作是不可避免的,因此也被视为自然失业率。由于不存在非摩擦性失业,所以劳动市场的均衡状态与工资之间就不存在必然的联系。工资由劳动的边际生产力和货币对价格的冲击作用决定,工资与失业之间根本无关。与此相反,早期的凯恩斯主义提出了工资刚性的概念,并以此推导出存在失业的均衡状态。20 世纪 80 年代,新凯恩斯主义者针对理性预期学派、货币学派和供给学派对凯恩斯主义的批评,修正了传统的工资刚性理论,代之以工资粘性理论。

综合练习题

一、选择题

1. 假定经济实现充分就业，总供给曲线是垂直线，减税将（   ）。
   A. 提高价格水平和实际产出
   B. 提高价格水平但不影响实际产出
   C. 提高实际产出但不影响价格水平
   D. 对价格水平和产出均无影响
2. 与上题中假定相同，若增加 10% 的名义货币的供给，将（   ）。
   A. 对价格水平没有影响
   B. 提高利率水平
   C. 增加名义工资 10%
   D. 增加实际货币供给 10%
3. 与第一题假定相同，若政府支出增加则（   ）。
   A. 利率水平上升，实际货币供给减少
   B. 利率水平上升，实际货币供给增加
   C. 利率水平上升，不影响实际货币供给
   D. 对利率水平和实际货币供给均无影响
4. 与第一题假定相同，名义货币供给增加（   ）。
   A. 实际货币供给增加
   B. 不影响实际货币供给
   C. 实际产出同比例增加
   D. 利率水平下降
5. 假定经济实现了充分就业，总供给曲线为正斜率，那么减税会使（   ）。
   A. 价格水平上升，实际产出增加
   B. 价格水平上升但不影响实际产出

C. 实际产出增加但不影响价格水平
D. 名义和实际工资都上升

6. 与上题中的假定相同,增加政府支出会提高（　　）。
   A. 产出和价格水平
   B. 均衡产出和实际工资
   C. 均衡产出和实际利率
   D. 以上都可能

7. 与第5题假定相同,总需求曲线向右移会增加（　　）。
   A. 实际工资、就业量和实际产出
   B. 名义工资、就业量和实际产出
   C. 劳动生产率和实际工资
   D. 劳动力需求、就业量和实际工资

8. 当总供给曲线为正斜率,单位原材料的实际成本增加时,总供给曲线会移向（　　）。
   A. 右方,价格水平下降,实际产出增加
   B. 左方,价格水平下降,实际产出增加
   C. 右方,价格水平上升,实际产出减少
   D. 左方,价格水平上升,实际产出减少

9. 当总供给曲线为正斜率,成本中可变成本所占的份额下降时,总供给曲线移向（　　）。
   A. 左方,价格水平下降,实际产出增加
   B. 右方,价格水平下降,实际产出增加
   C. 左方,价格水平增加,实际产出减少
   D. 右方,价格水平增加,实际产出减少

10. 总供给曲线右移可能是因为（　　）。
    A. 其他情况不变而厂商对劳动需求增加
    B. 其他情况不变而所得税增加了
    C. 其他情况不变而原材料涨价
    D. 其他情况不变而劳动生产率下降

11. LM 曲线最终将变得完全垂直，因为（　　）。

    A. 投资不足以进一步增加收入

    B. 投资进一步增加了收入

    C. 货币需求在所有利率水平上都是非常有弹性的

    D. 所有的货币供给用于交易目的,因而进一步提高收入是不可能的

12. 假定经济处于流动陷阱之中，乘数为4,投资增加了80亿元，由 IS－LM 模型可推断出（　　）。

    A. 收入增加将超过 320 亿元

    B. 收入将增加 320 亿元

    C. 收入增加将不到 320 亿元，因为乘数已被修正

    D. 收入不变

13. LM 曲线变得更为平缓是由于（　　）。

    A. 利率上升且收入也上升

    B. 利率下降且收入也下降

    C. 货币供给增加，货币需求也增加

    D. 以上说法都不对

14. 总供给曲线垂直的原因是（　　）。

    A. 假定价格是不变的

    B. 假定收入是不变的

    C. 假定名义工资是不变的

    D. 假定生产函数是不变的

15. 对劳动收入征税将会（　　）。

    A. 降低就业水平

    B. 降低了实际工资

    C. 降低了失业水平

    D. 提高了税后工资

16. 如果菲利浦斯曲线的关系成立，那么（　　）。

    A. 用以减少失业的货币财政政策也会降低通货膨胀水平

    B. 如果不存在社会可接受的通货膨胀和失业的组合,政府政

策必须设法使曲线向内移动
C. 任何成本推动通货膨胀都不存在
D. 政府用来改善外贸收支状况的尝试将增加失业率
E. 以上说法均不准确

17. 根据菲利浦斯曲线，通货膨胀（   ）。
    A. 有可能和失业同时发生
    B. 不可能和失业增加同时发生
    C. 有可能和国民收入水平的增长同时发生
    D. 不可能和国民收入水平的增长同时发生

18. 菲利浦斯曲线假定了失业率和（   ）。
    A. 收入水平之间的同方向变化
    B. 货币工资变化率之间的同方向变化
    C. 收入水平之间的反方向变化
    D. 货币工资变化率之间的反方向变化

19. 灵活偏好陷阱存在的原因是（   ）。
    A. 有流动偏好，而且IS曲线是可变动的
    B. 有流动偏好，而且IS曲线是不可变动的
    C. 有流动偏好，而且就业水平是可变动的
    D. 有流动偏好，而且就业水平是不可变动的

20. 工资刚性的失业效应是指（   ）。
    A. 自愿失业加非自愿失业
    B. 全部自愿失业加部分非自愿失业
    C. 全部非自愿失业加部分自愿失业
    D. 仅指部分非自愿失业

21. 在灵活偏好陷阱中（   ）。
    A. 货币政策和财政政策都十分有效
    B. 货币政策和财政政策都无效
    C. 货币政策无效，财政政策有效
    D. 以上说法均不准确

22. 如果投资对利率是完全无弹性的，由于货币供给的增加 LM 曲线的移动将（   ）。

　　A. 不增加收入，但降低利率

　　B. 提高收入水平并降低利率

　　C. 提高收入水平和利率

　　D. 增加投资，因而增加收入

23. 对于站在新古典综合派立场上的经济学家来说，下面哪一项是正确的（   ）。

　　A. 失业只在短期内存在

　　B. 如果工资和价格一直下降的话，失业就可能发生

　　C. 即使经济总是趋向充分就业，由于时滞太长以至仍需要货币和财政政策

　　D. 给定工资和价格是灵活的，经济总是趋向充分就业

24. 总需求曲线有一负斜率，这是由于（   ）。

　　A. 凯恩斯效应

　　B. 庇古效应

　　C. 价格下降带来的贸易收支状况的改善

　　D. 以上说法均正确

25. 根据凯恩斯效应，总需求将随着价格水平的下降而增加，因为（   ）。

　　A. 利率下降导致投资增加

　　B. 进口的增加和出口的减少

　　C. 由于个人净资产价值的提高，消费增加

　　D. 政府支出增加

26. 凯恩斯效应将为零，如果（   ）。

　　A. 经济不处在流动陷阱上

　　B. 投资函数对利率是弹性的

　　C. 庇古效应有效的话

　　D. 投资函数对利率完全无弹性的话

27. 与价格水平相关的总投资曲线将移动,如果下列两个曲线中的任一个移动( )。

　　A. 消费函数或投资函数

　　B. 生产函数或货币工资函数

　　C. 生产函数或货币供给

　　D. 货币工资或货币需求

28. 菲利浦斯曲线主要和( )。

　　A. 成本推进通货膨胀有关

　　B. 需求拉动通货膨胀有关

　　C. 成本推进和需求拉动两种通货膨胀都有关

　　D. 成本推进和需求拉动两种通货膨胀都无关

29. 总需求的增加与工资和价格管制对菲利浦斯曲线的影响( )。

　　A. 均使该曲线平移

　　B. 均使该曲线沿曲线运动

　　C. 前者使该曲线平移,后者使该曲线沿曲线运动

　　D. 正好与 C 相反

二、分析问答题

1. 怎样理解凯恩斯灵活偏好陷阱区 LM 曲线的特性?
2. 什么是凯恩斯效应?什么是货币余额效应?它们之间有什么区别?
3. 什么是投资陷阱?
4. 什么是灵活偏好陷阱?
5. 什么是菲利浦斯曲线?它表示什么?
6. 什么是货币幻觉?
7. 什么是粘性工资?什么是刚性工资?
8. 什么是庇古效应?
9. 试导出凯恩斯以前"古典"宏观经济模型的总供给曲线,这一曲线的政策含义是什么?

10. 试导出凯恩斯模型的总需求曲线,并说明其政策含义。

11. 利率和收入的组合点在 LM 曲线左上方时,将会如何运动?为什么?

参考答案

一、选择题

1. B	2. C	3. A	4. B	5. A	6. A
7. B	8. D	9. B	10. A	11. D	12. B
13. D	14. D	15. A	16. B	17. A	18. D
19. D	20. D	21. C	22. A	23. A	24. D
25. A	26. D	27. B	28. A	29. D	

二、分析问答题

1. 答:在凯恩斯灵活偏好陷阱区,LM 曲线呈水平状。其经济含义是在货币供给不变情况下,产出增加几乎不引起利息率提高。至于为什么会出现这种反常的现象,必须考虑陷阱区货币需求的特性。在货币供给不变的情况下,产出增加总会引起利息率提高,这是常理。但是在陷阱区出现了货币需求的利息率弹性无限大的特殊情况。因此,在产出增加时,利息率稍有一点儿提高,投机货币立即大量减少,交易货币大量增加。在这种特殊情况下,产出增加而利息率几乎不提高。

2. 答:凯恩斯效应:当货币供给量增加时,人们手中的实际现金余额增加,根据债券与货币之间相互替代的关系,人们提高对债券的需求和降低利息率使投资增加,进而提高总需求。其核心是债券与货币的相互替代,即货币供给量变动,只影响对债券的需求,而与对商品的需求无关。其货币理论模型是 IS－LM 模型:$S(Q)=I(r)$, $MS/P=MD(Q,r)$。其传导机制如下:货币数量增加→现金余额增加→对债券的需求增加→债券的市场价格提高→实际利息率降低→投资增加

→总需求增加→价格水平提高。

货币余额效应又称剑桥效应,它是根据剑桥方程式:MS=kPQ 来解释货币供给量变动对总需求和价格的影响。当货币供给量上升时,人们为了保持手中的实际现金余额(MS/P)与实际收入(Q)的比例 k,会导致价格水平以与货币增加相同的比例上升。由于假定 k 与 Q 是常数,从而当货币供应量增加导致总需求增加时,就会直接使价格水平提高。货币余额效应的传导机制可以概括为:货币供给量增加→人们保持其持有的实际货币余额与实际收入的固定比例 k 不变→总需求提高→价格水平上升。

凯恩斯效应认为,当货币供应量变动时,并不是直接通过实际现金余额效应使价格水平发生变动,而是通过货币与债券市场的相互作用,使利息率水平发生变动,从而使投资发生变动,进而影响总需求和价格水平。因此,凯恩斯效应所要表现的商品需求与价格水平之间的关系是一种间接的关系。而货币余额效应则直接把货币供给量联系起来。

3. 答:在凯恩斯模型中,投资是利息率的函数,投资的变动取决于投资的利息率弹性。然而,当企业家对未来的预期变得不确定,或对未来的预期非常悲观时,无论利息率怎样下降,都不会使投资增加,即投资对利息率完全没有弹性。此时的 IS 曲线为一条完全没有弹性的垂线。

4. 答:灵活偏好陷阱又称流动偏好陷阱,是指人们愿意以货币形式或存款形式保持某一部分财富,而不愿以股票、债券等资本形式保持财富的一种心理动机。

西方经济学家认为,人们之所以偏好保持现金而不愿持有资本去获取利益(利润),是出于各种动机。例如,出于交易的动机,以便应付日常支出;出于投机的动机,以备投机取利。因此,利息就被认为是对人们在一特定时期内放弃这种流动偏好的报酬。利息率的高低取决于货币的供给和需求,流动偏好代表了货币的需求,货币数量代表了货币的供给。货币数量是由中央银行的政策决定的,它的增加在一定程度上可以降低利息率。流动偏好的作用也可以影响利息率的降低,但是,这种降低总是有一定限度的。因为当利息率降低到一定水平时,货币需求变得具有完全的利息率弹性,即在某一较低的利息率水平下,人们预期利息率不会再下降而会上升,从而持有债券将会遭受损失时,人们对货币的需求变得无限大,因而无论实际货币供给如何增加也不会使利息率再下降。

灵活偏好是凯恩斯最先提出来的,是他的三大心理规律之一。其目的在于说明利息率对投资量,进而决定就业量这一中心问题。灵活偏好用曲线表示则为货币需求曲线,在图形上呈向右下方倾斜状至灵活偏好陷阱的起点。

5. 答:菲利浦斯曲线反应了工资与失业率之间相互替代的关系,即工资上涨率与失业率之间存在着此消彼长的关系。用 W 表示本期工资,用 W_{-1} 表示上一期工资,工资上涨率 g_w 为:

$$g_w=(W-W_{-1})/W_{-1}$$

用 u^* 表示自然失业率,我们可以将菲利浦斯曲线写为:$g_w=-\varepsilon(u-u^*)$。其中,u^* 表示工资对失业的反应度。该式表明,失业率超过了自然失业率,工资就下降。

菲利浦斯曲线表明,工资和价格将相对于总需求变化进行缓慢的调整。由于工资上涨率与通货膨胀率基本上是一致的,因此,人们用通货膨胀率代替了工资上涨率,即菲利浦斯曲线也表明了通货膨胀率与失业率之间的替代关系。

6. 答:人们在经济生活中只看到商品或劳务的货币价值的变化,而没有发现商品或劳务的实际价值的变化。其结果不是对商品或劳务的实际价值作出反应,而是对用货币来表示的价值作出反应。每笔收入都可以用纯粹的货币额来表示,也可以用当前通货膨胀率把它折算成实际价值,这将得到一个实际收入,它更准确的指示出收入的实际购买力。而有货币幻觉的人,常常只注意到货币数量上的变化,却不会注意货币的实际购买力的变化。

7. 答:粘性工资是指由于受劳资之间长期契约关系或信息不完全性的影响,使工资无法对价格变动迅速作出反应,即供求变化不是立刻反映到工资上,而是经过一段时间才反映到工资(价格)上。刚性工资相对于古典学派的工资弹性来说,他认为存在工资波动的下限,即工资不能自由波动,灵敏的反映供求状况并调节供求数量。工资波动受阻导致非自愿失业成为资本主义市场经济的"常态"。

8. 答:庇古是古典经济学家之一。他认为,只要货币工资和物价是灵活的,正统凯恩斯学派模型就不会停留在低于充分就业水平的均衡状态中。

庇古效应说的是物价的下降会增加实际财富,从而增加消费支出。凯恩斯学派认为就业不足均衡不依赖于工资刚性假设,庇古效应给予了这种论点决定性的一击,证明了他不能不依赖于这种假设。

9. 答:凯恩斯以前"古典"宏观经济模型的总供给曲线是西方经济学者根据"古典"宏观经济模型中劳动市场模型和生产函数得出的。这一供给曲线的导出过程如下:

从"古典"宏观经济模型的劳动市场的均衡方程可知,方程中有待决定的变量为实际工资(w/p),因此,只要求出 w/p 的数值,并带入劳动市场的均衡式 $N_d(w/p)=N_s(w/p)$,便能得到充分就业的均衡值 N_f。再把 N_f 代入生产函数 $y=y(N, K)$,便可以求得充分就业的收入 y_f。

由于价格(p)的变动不影响根据 $N_d(w/p)=N_s(w/p)$ 而求得的数值,所以,把这个数值代入 $N_d=N_d(w/p)$ 或 $N_s=N_s(w/p)$ 而得到的 N_f 也不受 p 的影响。同样,把 N_f 代入生产函数 $y=y(N,K)$ 而得到的 y_f 也不受 p 的影响。这样,如果用纵坐标代表 p,用横坐标代表 y,那么,由此而得到的表示 p 与 y 之间的关系的曲线便是一条垂直线。该线与原点之间的距离为 y_f。总供给曲线垂直的意思是:不论 p 的数值是多少,y 的数值总是等于 y_f。也就是说,不论价格水平多高,资本主义制度总是处于充分就业状态。这条表示 p 与 y 之间的数量关系的垂直线 AS 被西方学者称为"古典"宏观经济模型的总供给曲线(参见图(a))。

AS 垂直线的含义为:不论价格水平如何变化,整个社会所能"提供的"国民收入均为它的充分就业的数值。

要想知道总供给曲线的政策含义,则必须把这一曲线和"古典"宏观经济模型的总需求曲线结合起来,根据总需求曲线的移动,社会总需求的变化才能看出来(参见图(b))。

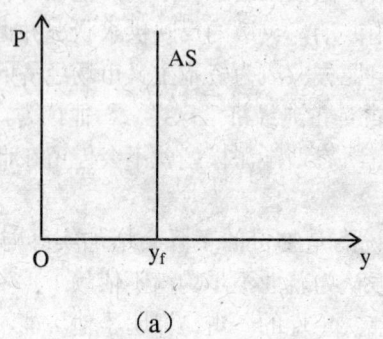

(a)

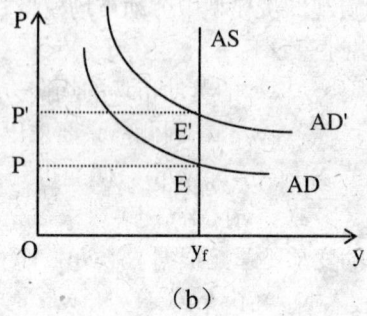

(b)

图中,总供给曲线(AS)和总需求曲线(AD)相交于 E 点,对应于 E 的价格水平为 p,国民收入为 y_f。

如果国家执行货币政策来扩大货币供给量(M),那么,按照"古典"宏观经济模型,其结果只不过是把 AD 线移到 AD'的位置。AD' 和 AS 相交于 E'点。对应于 E'点,价格水平为 P',国民收入并没有改变,仍然为 y_f。

以上结果说明,由于总供给曲线是一条垂线,所以不论总需求如何变化,总供给曲线和总需求曲线相交总是对应于充分就业 y_f 之点。这就是说,资本主义不会长期处于大量失业的状态。此外,由于 AD 线的移动只会影响价格水平,而不会影响国民收入,所以通过经济政策来改变总需求并不能对宏观经济的运行产生任何实质性的后果,而仅仅会使价格水平发生波动。

10. 答：凯恩斯模型的总需求曲线表示在满足产品市场的均衡条件和满足资本市场的均衡条件时，价格和国民收入之间的关系。下面从收入—支出曲线和 IS—LM 曲线这两种方法来导出凯恩斯模型的总需求曲线。

（1）由收入—支出曲线推导。在简单凯恩斯模型中的 45°线是收支相抵线，C+I 曲线是消费加投资曲线，即总支出曲线。根据反映价格水平的 C+I 曲线同 45°线的交点，可以推导出总需求曲线，参见下图。

图（a）中有三个消费函数：C_a、C_b、C_c，消费函数的下标 a、b、c 表示三种价格水平。为简化分析，只假定消费支出随价格水平的变化而变化，投资支出不受价格水平变动的影响，为一个常数。图（a）中 C_a、C_b、C_c 对应的价格水平分别为 P_1、P_2、P_3，且 $P_1>P_2>P_3$。

在图（b）中，价格水平为 P_1 时，对应的总支出为 C_a+I，总支出曲线同 45°线交点决定收入或产量为 y_1，继续下去，价格水平为 P_2、P_3 时，对应的总支出为 C_b+I、C_c+I，同 45°线相交，决定收入为 y_2、y_3。这反映了总支出和价格水平之间按反方向变动的情况。

在图（b）中，可以找到 (y_1,P_1)、(y_2,P_2)、(y_3,P_3) 等点，连接这些点，就得到曲线 AD，即总需求曲线。因此，总需求曲线是在满足简单凯恩斯模型的均衡条件（I=S 或总支出等于总收入）下，产量（或收入）和价格水平的关系。

（2）由 IS—LM 曲线推导。在 IS—LM 模型中，假设价格水平固定不变（价格水平为常数）、货币供给为既定时讨论收入和利率的决定问题。这里去掉价格水平变动的假设，从 IS—LM 曲线推导出总需求曲线，参见下图。

图（c）表示 IS 曲线和 LM 曲线的交点决定均衡的收入和利息率水平，图（d）表示价格水平和需求总量之间的关系，且 $P_1>P_2>P_3$。价格水平从 P_1 降到 P_2，再降到 P_3，LM 曲线从 LM_1 移动到 LM_2，再移动到 LM_3。相应地，IS 曲线和 LM 曲线的交点发生变动，从利率 r_1 降到 r_2，再降到 r_3，收入从 y_1 增加到 y_2，再增加到 y_3。这表明，在价格水平下降时，利息率降低，产量增加。

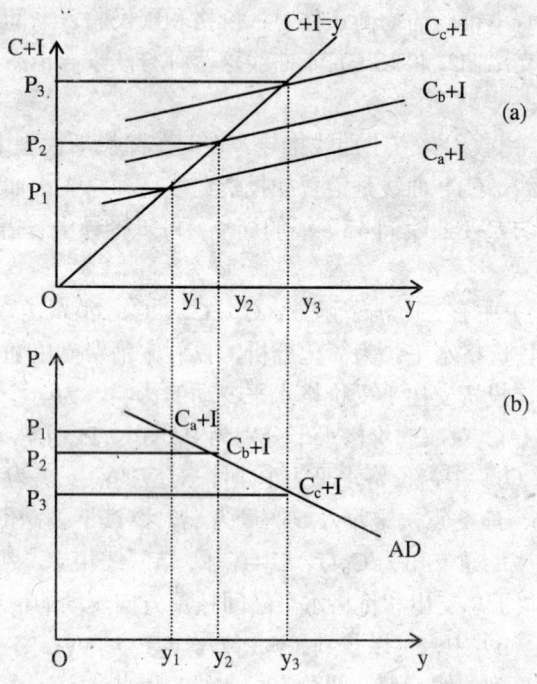

在图（d）中，价格水平为 p_1、p_2、p_3 时，收入水平相应为 y_1、y_2、y_3。从二者的对应关系中可以看出，在图（d）中得到表示收入和价格水平的各种组合点 (y_1, p_1)、(y_2, p_2)、(y_3, P_3)。依此类推，可描出这些组合点的轨迹，得到 AD 曲线即总需求曲线。因此，总需求曲线是在满足商品市场均衡（I=S）和货币市场均衡（M=L）的条件下产量和价格水平的关系。

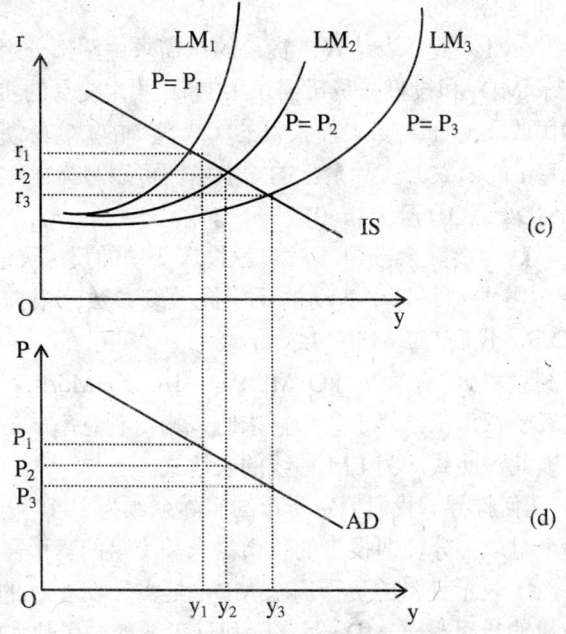

综上所述,通过收入—支出曲线和 IS-LM 曲线推导出的总需求曲线都是向右下方倾斜的曲线,或是一条具有负斜率的曲线。它表示社会的需求总量和价格水平之间的反方向关系,即价格水平越高,需求总量越小;价格水平越低,需求总量越大。

要想知道凯恩斯模型的总需求曲线的政策含义,必须把它和凯恩斯模型的总供给曲线结合起来,即从 AS—AD 模型中才能看到。按照修正的凯恩斯 AS—AD 模型,总供给和总需求决定的均衡产量一般是低于充分就业的产量,如果国家采用扩张性的财政政策或货币政策(相当于使总需求曲线向右移动),不断提高社会总需求,资本主义经济就可以实现充分就业。在达到充分就业时,社会总需求继续提高就要引起价格水平上涨,出现通货膨胀,如果国家采用紧缩性财政政策或货币政策(相当于使总需求曲线向左移动),降低与压缩社会总需求,就可以消除通货膨胀。所以,在凯恩斯经济理论中,不管社会经济是处在低于充分就业状态,还是达到充分就业状态,国家对经济生活的干预和调节都是必要的。

11. 答：（1）数学表达式。货币的总需求由两部分组成，即交易的货币需求 MD_T 和投机的货币需求 MD_A。假定交易的实际货币需求是实际国民收入 Q 的函数，而投机的（或资产的）实际货币需求则是实际利息率 r 的函数。实际余额的需求函数可以写为：

$$MD/P=kQ-hr \quad (k,h>0)$$

式中，k 为实际余额需求对实际收入变动的反应灵敏度参数，h 为实际余额需求对利息率变动的反应灵敏度参数。根据均衡等式：$MS/P=MD/P$，我们有：$MS/P=kQ-hr$。

解出利息率 r，有： $hr=kQ-MS/P$，$r=1/h(kQ-MS/P)$。

该式表示货币供给等于货币需求时，均衡利息率 r 与收入水平 Q 的关系。因此，此式即为 LM 曲线的表达式。

（2）几何推导。我们假定货币的实际余额为 200，货币的需求取决于其两个组成部分，即投机的货币需求和交易的货币需求。如下图所示，图（a）表示交易的货币需求 MD_T 是实际收入 Q 的增函数。图(c)表示投机的货币需求 MD_A 是实际利息率 r 的减函数。图(b)则是工具图，其纵轴与图（a）的纵轴同步，其横轴与图（c）中的横轴同步，图中一条向右下倾斜的直线到两轴的夹角相等，为 45°。该直线在两轴上所截的截距相等，如图所示为 200，这恰好是实际货币供给的数量。显然，在这条向右下倾斜的 45°线上的任意一点，其在纵轴上的截距与其在横轴上的截距相加总是等于 200。也就是说，只要在 45°线上来组合交易的货币需求和投机的货币需求，就可以保证货币的供求量相等，货币市场达到均衡。

我们从图（b）上的 A 点开始，在 A 点，投机的货币需求为 80，交易的货币需求为 120，二者相加恰好等于实际货币供给 200。根据图（a），交易的货币需求要达到 120，实际收入必须达到 Q_A 的水平。根据图（c），投机的货币需求要达到 80，实际利息率必须等于 10%。这样，我们就可以在图(d)中找到一点 A'，其恰好是实际收入 Q_A 与实际利息率 10%的组合点，这个组合点能够确保货币市场的供求相等。显然，A'点就是 LM 曲线上的一个点。用同样的方法我们能够根据图（b）中的45°曲线上的所有的其他点来推导LM曲线,如根据点B可以推导出图(d)中的B'点。点A'与点B'的连线即为LM曲线。

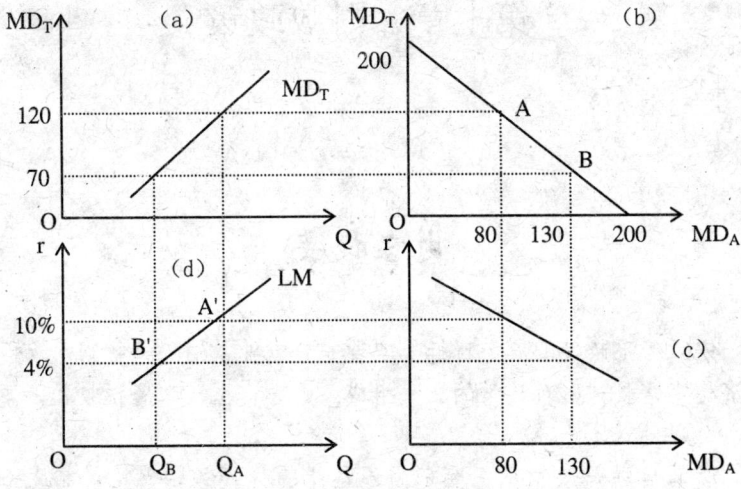

第七章 财政政策

内容提要

宏观经济政策的三个目标：实现充分就业、消除通货膨胀和促进经济稳定增长。财政政策的三大组成：财政支出、政府税收和公债制度。

所谓自动财政政策主要是由于具体的税收和转移支付制度造成的，它具有自动稳定经济的功能。在经济不景气的时候，由于税收自动减少，政府转移支付增加，从而内生地产生了一种刺激经济的作用。当经济增长过快，出现通货膨胀时，税收增加、转移支付减少，从而有效地抑制了经济的过快增长。相机决策的财政政策是指，政府根据具体的经济情况，主动地运用财政支出与税收等手段，扩大或减小总需求，促进经济的健康发展。它分为扩张性的财政政策和紧缩性的财政政策。扩张性财政政策就是国民收入的均衡水平低于充分就业时，通过减税和增加政府开支来提高有效需求，消除失业；紧缩性财政政策就是在国民收入的均衡水平高于充分就业时，增税或减少政府开支，降低有效需求，从而实现一种没有失业也没有通货膨胀的状态。具体实施过程不论选用财政支出还是税收，虽然对经济都可以达到相同的结果，但对政府财政却有不同的后果。实行扩张政策采用增加政府开支比采用减少净税收造成的赤字小；同理，实行紧缩政策采用增税比采用减少支出得到更多的盈余。

充分就业的财政赤字（或盈余）是指经济在充分就业状态时存在

的赤字（或盈余）。弄清楚这个概念有助于理解实际中的赤字问题，从而有效地运用政策。所谓年平衡预算是指在出现赤字时，政府应当增加税收，弥补赤字；反之，出现盈余时，政府应减税并增加支出，减少盈余。凯恩斯主义认为税收的减少往往是由于经济衰退、失业增加造成的，这时为平衡预算而提高税收、减少支出，必然加剧经济恶化，反之亦然。所以年平衡预算只会加剧经济的波动。

政府债务的挤出效应是指政府在弥补赤字时，发行债券必然提高对资金的需求，从而提高了市场利息率，利息率的提高会挤出一部分私人投资。财政赤字货币化是指政府发行的债券被中央银行在二级市场上买入之后，与财政赤字相应的货币数量就被投放到市场上，此时财政赤字就被货币化了。这时由于证券市场上的债券总量不变，利息率水平不发生变化，所以不会发生"挤出效应"。

综合练习题

一、选择题

1. 要消除通货紧缩缺口，政府应该（   ）。
    A. 增加公共工程支出
    B. 减少福利支出
    C. 增加税收
    D. 以上都不对

2. 宏观经济政策的目标是（   ）。
    A. 充分就业和物价稳定
    B. 物价稳定和经济增长
    C. 同时实现充分就业、物价稳定、经济增长和国际收支平衡
    D. 充分就业和公平

3. 当经济中存在失业时，应该采取的财政政策工具是（   ）。
    A. 增加政府支出
    B. 提高个人所得税
    C. 提高公司所得税
    D. 增加货币发行量

4. 紧缩性财政政策工具是（   ）。
    A. 减少政府支出和减少税收
    B. 减少政府支出和增加税收
    C. 增加政府支出和减少税收
    D. 减少政府支出和减少货币供给量

5. 属于内在稳定器的项目是（   ）。
    A. 购买
    B. 税收
    C. 货币供给

D. 政府公共工程支出
6. 在经济过热时，政府应该（   ）。
    A. 减少政府财政支出
    B. 增加财政支出
    C. 增加财政支出和收购政府债券
    D. 减少税收
7. 挤出效应越接近100%，财政支出政策（   ）。
    A. 使支出乘数的作用受到微弱的限制
    B. 使支出乘数的作用不受影响
    C. 越缺乏效力
    D. 效力不变
8. 在 LM 曲线不变的情况下，政府支出的增加会引起（   ）。
    A. 收入增加，利率下降
    B. 收入增加，利率上升
    C. 收入减少，利率上升
    D. 收入减少，利率下降
9. 假定挤出效应为零，边际消费倾向为80%，政府增加100万美元支出使国民收入增加（   ）。
    A. 500 万美元
    B. 80 万美元
    C. 400 万美元
    D. 100 万美元
10. 假定边际消费倾向等于80%，政府减少100万美元税收将使国民收入增加（   ）。
    A. 500 万美元
    B. 80 万美元
    C. 400 万美元
    D. 100 万美元

11. 假定挤出效应为零，边际消费倾向等于80%，政府同时增加100万美元的支出和税收将使国民收入（　　）。

　　A. 保持不变

　　B. 增加100万美元

　　C. 减少100万美元

　　D. 增加500万美元

12. 为了刺激经济，政府决定增拨10亿美元来修筑机场，在国民收入形成新的均衡的时候（　　）。

　　A. 政府支出与消费支出都增加了10亿美元

　　B. 政府支出的增加大于10亿美元，消费支出增加10亿美元

　　C. 政府支出增加10亿美元，消费支出的增加大于10亿美元

　　D. 政府支出和消费支出的增加都大于10亿美元

13. 政府把个人所得税率从20%降到15%，这是（　　）。

　　A. 内在稳定器的作用

　　B. 一项财政收入政策

　　C. 一项财政支出政策

　　D. 一项公共政策

14. 公司的哪一种做法起到内在稳定器的作用（　　）。

　　A. 使支付给股东的红利与公司利润保持一定的比例

　　B. 使支付给股东的红利保持在某一水平

　　C. 把全部公司利润作为红利支付给股东

　　D. 不支付红利

15. 消费者的哪一种行为有助于经济的稳定，即消费支出的变化（　　）。

　　A. 远远慢于可支配收入的变化

　　B. 与可支配收入的变化保持一定的比例

　　C. 远远快于可支配收入的变化

　　D. 不发生变化

16. 假定政府没有实行财政政策,国民收入水平的提高可能导致( )。

   A. 政府支出的增加

   B. 政府税收的增加

   C. 政府税收的减少

   D. 政府支出的减少

17. 假定政府有意识地在繁荣时期实行收缩性的财政政策,在萧条时期实行扩张性的财政政策,用繁荣时期的财政盈余弥补萧条时期的财政赤字,这种政策叫作( )。

   A. 增长性的财政政策

   B. 平衡预算的财政政策

   C. 补偿性的财政政策

   D. 扩张性的财政政策

18. 扩张性的财政政策对经济有下述影响,( )。

   A. 缓和了经济萧条但增加了政府债务

   B. 缓和了通货膨胀但增加了政府债务

   C. 加剧了经济萧条但减少了政府债务

   D. 加剧了通货膨胀但减少了政府债务

19. 已知某个国家的预算是平衡的,国民收入还未达到充分就业的水平。在政府支出和税率不变的条件下,如果私人投资增加,那么在国民收入形成新的均衡的时候( )。

   A. 政府财政收支平衡

   B. 出现财政赤字

   C. 出现财政盈余

   D. 以上都不对

20. 如果政府的债务主要是外部债券,即政府债券掌握在外国人手里,那么政府承受的货币负担是( )。

   A. 通过征税偿还债务

   B. 货币供给量减少

   C. 货币国民生产总值下降

D. 名义国民生产总值下降

二、计算题

1. 调查显示，某地区居民边际消费倾向为 0.8，税率为 1/3，自主消费与投资均为 10，政府支出为 50（单位：百万人民币）。试计算：
   （1）总消费函数？
   （2）总支出曲线？
   （3）均衡产出水平？
   （4）是否平衡？
   假设政府支出减少到 20，税率减少到 1/6，试计算：
   （5）计算新的总消费函数？
   （6）计算新的总支出曲线？
   （7）找出新的均衡产出水平？
   （8）计算税收变化，财政政策中的变化是否为预算平衡变化？
   （9）产出变化等于政府支出的变化，即乘数等于1。

2. 假定某地方的社会消费函数为 $C=5+0.9Y_d$，私人意愿投资为 $I=15$，税收函数为 $T=1/6Y$（单位：亿美元）。求：
   （1）均衡收入为 240 亿美元时，政府支出（不考虑转移支付）必须是多少？预算盈余还是赤字？
   （2）政府支出不变，而税收提高为 $T=1/3Y$，均衡收入是多少？这时预算将如何变化？

3. 假定 LM 方程为 $Y=500+25r$，IS 方程为 $Y=800-25r$，其中消费 $C=40+0.8Y_d$，投资 $I=110-5r$，税收 $T=50$，政府支出 $G=50$。试计算：
   （1）在商品市场和货币市场双重均衡时的收入、利率和投资？
   （2）当政府支出从 50 增加到 80 时，新的均衡收入和利率各为多少？

4. 假设货币需求 $MD=0.2Y-10r$，货币供给 $MS=200$，消费 $C=60+0.8Y_d$，税收 $T=50$，投资 $I=140-10r$，政府支出 $G=-100$。试求：
   （1）IS 和 LM 方程、均衡收入、利率、消费和投资。

（2）当政府支出从 100 增加到 120 时的收入、利率、消费和投资水平各为多少？

（3）是否存在"挤出效应"？

5. 设货币需求 MD=0.1Y-5r，货币供给 MS=300，消费 C=30+0.9Y_d，税收 T=200，投资 I=250，政府支出 G=200。试求：

（1）IS 和 LM 方程、收入、利率和投资。

（2）政府支出从 200 增加到 250 时，收入、利率和投资会有什么变化？

（3）是否存在"挤出效应"？为什么？

三、分析问答题

1. 平衡预算的财政思想和相机抉择财政思想的区别是什么？
2. 试说明财政政策效果与 IS 和 LM 曲线的斜率的关系。
3. 用 IS—LM 模型说明为什么凯恩斯主义者强调积极的财政政策？
4. 假设政府打算在两种扩张性方案中进行选择，一是直接增加财政支出，另一种是降低税率。运用 IS—LM 模型和投资曲线，分析这两种政策对收入、利率、投资的影响。
5. 试用 IS—IM 模型分析引起"完全挤出"的财政扩张政策的情况。
6. 简述财政政策的挤出效应，并说明有哪些因素可以影响它。
7. 试述西方国家在实行财政政策时主要采取的手段。
8. 试述财政的乘数效应，说明为什么会产生乘数效应？
9. 财政政策效果与货币需求对利率的敏感性和投资的利率系数 d 有什么关系？
10. 简述赤字是如何被中央银行货币化的？

参考答案

一、选择题

1. A   2. C   3. A   4. B   5. B   6. A   7. D
8. B   9. A   10. C   11. B   12. C   13. B   14. B
15. A   16. B   17. C   18. A   19. C   20. A

二、计算题

1. 解：

（1） $C = 10 + 0.8(1 - 1/3)Y = 10 + 8Y/15$

（2） $AE = C + I + G = 10 + 8Y/15 + 10 + 50 = 70 + 8Y/15$

（3） $AE = Y = 70 + 8Y/15$，所以均衡产出 Y=150。

（4） $T = 150 \times 1/3 = 50 = G$，所以预算是平衡的。

（5） $C = 10 + 0.8(1 - 1/6)Y = 10 + 2Y/3$

（6） $AE = C + I + G = 10 + 2Y/3 + 10 + 20 = 40 + 2Y/3$

（7） $AE = Y = 40 + 2Y/3$，所以均衡产出为 120。

（8） $\Delta T = 120 \times 1/6 - 150 \times 1/3 = -30$，而 $\Delta G = 20 - 50 = -30$，所以上述财政政策的变化为预算平衡变化。

2. 解：

（1）由三部门经济收入恒等式 Y=C+I+G 可知：

Y=5+0.9Y_d+15+G=5+0.9(1-1/6)Y+15+G

即：0.25Y=20+G

当 Y=240 亿美元时，政府购买即为：

G=0.25×240-20=40（亿美元）

税收收入=1/6×240=40（亿美元）

税收收入=40=政府购买，政府预算平衡。

（2）当政府支出不变为 G=40 亿美元，T=1/3Y 时，其均衡收入由 Y=C+I+G 可知：

Y=5+0.9（1-1/3）Y+15+40

Y=0.6Y+60

0.4Y=60

Y=150（亿美元）

故 Y=150 亿美元，即为所求均衡收入。

而 T=1/3×Y=1/3×150=50（亿美元）

G=40 亿美元

税收收入=50 大于政府支出=40，此时存在预算盈余。

3. 解：

（1）由 IS 曲线 Y=800-25r 和 LM 曲线 Y=500+25r 联立得：
800-25r=500+25r

解得均衡利率为 r=6。

将 r=6 代入 Y=500+25r 得：

均衡收入 Y=500+25r=650

将 r=6 代入 I=110-5r，得：

投资为 I=110-5×6=80

（2）当政府支出从 50 增加到 80 时，使 IS－LM 模型中 IL 曲线会发生变化，由 Y=C+I+G，曲线将变为：

Y=40+0.8（Y-50）+110-5r+80

化简整理得：

Y=950-25r

与 LM 曲线 Y=500+25r 联立可解得：

均衡利率 r=9

均衡收入 Y=725

4. 解：

（1）由 Y=C+I+G 和 C=60+0.8 Ya，T=50，G=100，I=140-10r+100，得曲线为：

Y=C+I+G=60+0.8（Y-50）+140-10r+100，化简得：

Y=1300-50r

由 MD=0.2Y−10r，MS=200 和 MD=MS，得 LM 曲线为：

0.2Y−10r=200

化简得 Y=1000+50r，与 LM 方程联立解得均衡收入为：

1300−50r=1000+50r

r=3

Y=1300−50×3=1500

C=60+0.8Y−40=20+0.8Y=940

I=140−10r=140−30=110

（2）当政府支出增加到 120 时，IS 曲线将会向右移动，由 Y=C+I+G 得新 IS 曲线方程为：

Y=60+0.8 Y_d+140−10r+120

　=60+0.8（Y−50）+140−10r+120

化简得：

Y=1400−50r

与 LM 曲线 Y=1000+50r 联立可得均衡收入为：

Y=1200

均衡利率 r=4

C=60+0.8（1200−50）=980

I=140−10×4=140−40=100

（3）此时存在"挤出效应"，在政府支出未增加时，私人投资为 I=110，而当政府支出由 100 增加到 120 时，在支出乘数作用下，IS 曲线向右移动，在 LM 曲线一定的条件下会使利率提高，从而通过投资需求作用减少了私人投资量，此时私人投资 I=100。也就是存在政府支出增加部分挤占私人投资的"挤出效应"。

5. 解：

（1）由 C=30+0.9Y_d，T=200，I=250，G=200 和 Y=C+I+G 得 IS 曲线为：

Y=C+I+G=30+0.9Y_d+250+200

　=30+0.9（Y−200）+250+200

化简得：0.1Y=340

Y=3400

由 MD=0.1Y-5r，MS=300 和 MD=MS 得 LM 曲线为：

0.1Y-5r=300

化简得：Y=3 000+50r

由 IS－LM 模型联立解得均衡收入为：

Y=3 400，均衡利率 r=8，投资为常量 I=250。

（2）若政府支出增加到 250，则会引起 IS 曲线右移，由 Y=C+I+G 可得新的 IS 曲线为：

Y=C+I+G=30+0.9Y_d+250+250=30+0.9（Y-200）+500

化简得：Y=3 900

均衡利率为 r=18，投资不受利率影响仍为常量，即 I=250。

（3）当政府支出增加时，因为投资是固定的，没有变化，所以不存在"挤出效应"。因为投资是常量，不受利率变化的影响，也即投资和利率变化无关，IS 曲线是一条垂直于横轴 Y 的直线。

三、分析问答题

1. 答：财政思想指的是保持财政支出与收入的平衡，使财政不存在盈余，也不存在赤字。如年平衡预算，它是一种量入为出的经济政策，在经济繁荣时期选择增加支出、减税等政策来消除增加的盈余，在经济萧条时期，则通过增税和减少支出来消除赤字。很明显，这种政策会加剧经济的波动。除了年平衡预算外，还有周期平衡预算，即在经济繁荣时期采用财政盈余措施，在萧条时期采取预算赤字政策，以前者的盈余弥补后者的赤字，以求整个经济周期盈亏相抵、预算盈余为零的平衡预算；另外，还有充分就业平衡预算，即政府始终使财政赤字保持在充分就业时的水平。这三种平衡预算思想的本质都是机械追求收支平衡。相机抉择则是一种积极的补偿性财政政策。它的目的是为了实现经济的稳定，而不是单单追求财政的平衡。如在经济过度繁荣，出现通货膨胀时，政府采取增税和减少支出的办法来抑制经济的增长；当出现大量失业时，政府会减税和增加政府开支来刺激经济，增加就业机会。平衡预算思想和相机抉择思想的区别在于前者强调财政收支的平衡，而后者则不强调这点。当然，政府会运用财政预算的平衡、盈余、赤字等手段，但这样做的目的主要是为了追求无通货膨胀的充分就业以及经济的稳定。

2. 答：财政效果是指税收或政府支出对国民经济的影响。如增加政府支出，减少税收，这种扩张性政策会在多大程度上影响利率的变化，如果利率对政府扩张政策的反应较大，也就是说，利率会有较大的提高，则财政政策的作用就会小很多，甚至失效。而对利率的影响可从 LM 曲线的斜率 r 反映出来，r 越小，LM 越陡，则扩张性财政政策会带来利率的较大提高，从而削弱政策的效果。另外，财政政策的效果还指利率的提高会造成多大的"挤出效应"。如果投资对利率的变化很敏感，"挤出效应"就较大，从而财政政策的作用就会减弱。这种敏感程度可用投资的利率系数 d 来表示。d 的大小可以通过 IS 曲线的斜率表现出来。d 较大，IS 曲线较平缓，财政政策效果就较小，反之则较大。

3. 答：凯恩斯认为，当利率降到很低的水平的时候，会出现"灵活偏好陷阱"，即在利率很低的时候，持有货币的利息损失会很小，可是如果把货币投到证券市场的话，由于债券价格异常高（债券价格与利率成反比），因而此时债券价格只会跌不会涨，所以购买债券造成损失的风险很大。这时即使有闲置的货币也不会去购买债券，而以现金持有，货币的投资需求变得无限大。从图上表现出 LM 曲线呈水平状。如果政府增加支出，IS 曲线右移，货币需求增加，可以使国民产出提高。而此时如果政府增加货币供应量，则不可能使利率进一步下降，由于人们再也不肯去用多余的货币购买债券而宁愿让货币留在手中，因此债券价格不会上升，投资债券仍没有任何回报。既然如此，想通过增加货币供给不会使利率下降并增加投资和国民收入，这不可能，因此货币政策无效。

4. 答：增加财政支出和降低税率都属于扩张性财政政策，都会使 IS 曲线向右上方移动，从而使利率和收入提高。但对投资的影响却不一样，因而在 IS－LM 图形上表现也不相同，现在就分别加以说明。先说直接增加财政支出，它使得投资需求曲线向右移动，如下图（a）

所示，投资曲线从 I_0 右移到 I_1。如果利率不变，则投资量增加 I_0I_1'，即从 I_0 增加到 I_1'。然而，投资增加以后，国民收入要相应地增加，IS 曲线右移，在货币市场均衡保持不变（即 LM 曲线不变动）的条件下，利率必然上升（因为收入增加后货币交易需求必然提高，在货币供给不变的情况下，利率必然上升），利率上升又会减少投资，使增加财政支出的投资增加量达不到 I_0I_1'，如图（b）所示，IS 曲线因投资需求增加而从 IS_0 右移到 IS_1，结果使收入从 Y_0 增加到 Y_1，利率从 r_0 增加到 r_1，在图（a）中，实际的投资不是增加到 I_1'，而是增加到 I_1，因此只增加了 I_0I_1。

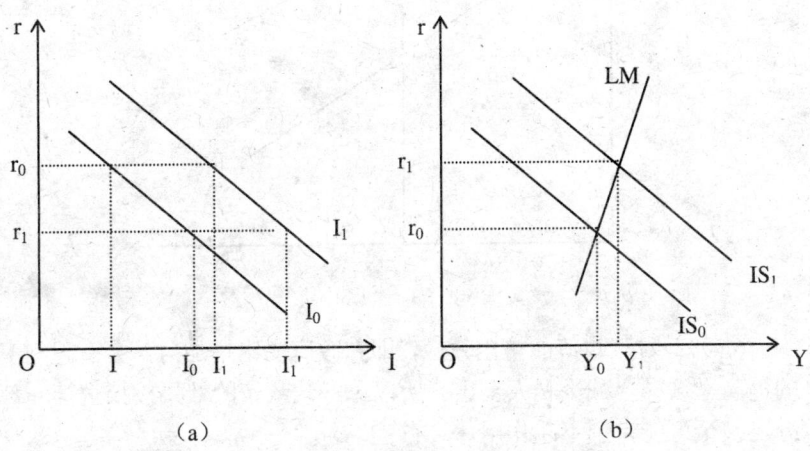

(a)　　　　　　　　　　(b)

再说降低所得税。降低所得税率会提高人们的可支配收入水平，从而增加消费支出，这同样会使 IS 曲线右移。假定右移情况也是图（b）中的 IS_0 到 IS_1，则收入和利率分别从 Y_0、r_0 上升到 Y_1、r_1，因而投资得到抑制，投资量从 I_1' 下降到 I_1。这就是说，所得税率的降低虽然使消费、收入和利率都提高了，但投资却减少了。

5. 答：在充分就业的条件下，经济没有过剩的生产能力，这时，政府增加支出，会产生完全的挤出效应，挤出效应的大小取决于支出乘数的大小、货币需求对产出水平的敏感程度、货币需求对利率变动的敏感程度和投资需求对利率的变动敏感程度，其中货币需求对利率变动的敏感程度是决定性因素。由于挤出效应与货币需求的利率敏感性反方向变动,因而如果 IS 曲线向右移动或政府增加支出,会导致完全的挤出效应。如下图所示。

IS 曲线移至 IS_1,利率由 r_1 升至 r_2,国民收入没有变化为 Y_0,这表明政府支出已完全挤占了私人投资。

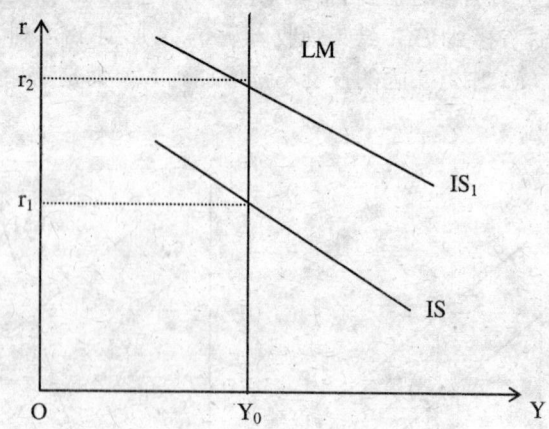

6. 答:财政政策的挤出效应,即在政府支出增加时,会引起利率的提高,这样会减少私人支出。所以原财政政策的效果被抵消掉一部分,甚至可能完全不起作用。

财政政策挤出效应的大小取决于多种因素。在充分就业时,挤出效应最大,接近于 1;在没有实现充分就业时,挤出效应取决于政府开支引起利率上升的大小,此时挤出效应一般在 0~1 之间。一般来说,从 LM、IS 曲线的斜率也可以判断挤出效应的大小。

7. 答:财政政策是西方国家政府根据既定目标通过财政支出的变动来影响宏观经济政策。采取的主要手段有:变动政府支出、变动转移支付水平和调整税率等。在失业增多、经济不景气时,政府要扩大支出、提高转移支付、降低税率,达到提高对商品和劳务的需求的目的,从而抑制衰退;当出现通货膨胀、经济过热时,政府减少开支、减少转移支付、提高利率以抑制经济过度高涨。

8. 答：财政政策乘数主要是一种投资乘数，即政府开支的变化引起的国民收入若干倍的变化。之所以会产生乘数效应，是因为各个经济部门之间是相互关联的。某一部门的投资不仅会增加本部门的收入，而且会在国民经济各部门中引起连锁反应，从而使其他部门的投资与收入也相应地增加，最终使国民收入成倍的增长。但产生乘数效应必须具备以下几个条件：在消费函数或储蓄函数既定的情况下，一定的投资可以引起收入的某种程度的增加；要有一定的劳动力在投资增加后能够利用；要有一定的存货可以作为资本投入生产。

9. 答：货币需求对利率的变动很敏感，当政府采取的财政政策使货币需求增加时，利率只有很小的上升，这样对私人的"挤出"也较少，因而政策有较大的效果。在 IS-LM 模型中，货币需求对利率越敏感，则曲线就越平缓，这时财政效果也就越明显。投资对利率的变动越敏感，则政府扩张财政政策使利率上升时对私人投资的"挤出"就越大。在 IS-LM 模型中，投资的利率系数越大，IS 曲线则较平缓，政策的效果就越小。

10. 答：在政府发行债券的同时，中央银行同时在二级市场上购买了同样数量的债券，这样财政政策增加的货币需求并没有提高利率，因为这一部分增加的货币需求恰好被中央银行提供的货币增量所满足。中央银行不同于商业银行，它购买债券后，会在二级市场上增加货币供应量。而且增加的货币量恰好等于政府发行债券所弥补的财政赤字。也就是说，货币政策被货币化了。由于政府赤字没有提高利率，所以当财政政策被货币化后，就不会出现"挤出"效应。

第八章 银行制度与货币政策

内容提要

银行偿付能力是指银行偿还债务的能力,它与银行资金的比率和资产质量有关。自由资金比例越大,其偿付债务的能力就越强,当然资产质量越好,偿付能力也越强。灵活性是指银行备有现金的多少。备有的现金越多,灵活性越大。法定准备率是指中央银行为防止商业银行过度放款而对所有商业银行和金融机构规定的统一的准备金比率。必要准备金=存款额×法定准备率。过度储备=存款总额-贷款总额-必要准备金。三种货币乘数为:不考虑现金漏出和储蓄存款时 $BMⅠ=1/rr$;考虑现金漏出后,乘数变为 $BMⅡ=(1+C_u)/(rr+C_u)$;在考虑储蓄存款后,乘数变为 $BM=(1+C_u)/(rr+C_u+rrT\times TD)$。

三大工具为:法定准备率、贴现率和公开市场业务。在出现通货膨胀时,中央银行可以调高法定准备率、贴现率,也可以在二级证券市场上卖出债券;反之,当出现大量失业,经济不景气时,政府则采用降低法定准备率、贴现率和在二级证券市场买进债券。但由于法定准备率对货币市场的影响过于猛烈,所以一般不用。贴现率也只是作为一个市场经济的信号,让企业知道资金的成本将要提高或降低。一般情况下,它只反映市场利息率的变化,对经济的作用有限。采用最多的还是公开市场业务,通过它改变银行体系内的准备金数量,从而改变经济体系内的货币供应量。

货币政策的传导机制分凯恩斯主义的传导机制和货币主义的传

导机制。凯恩斯的传导机制强调利率在其中的作用。中央银行在二级市场购进债券，使得商业银行的过度储备增加，MS、MD引起了实际利率的下降，刺激厂商的投资支出增加。投资支出的增加使总产量和总收入增加，这样就提高了货币的交易需求。同时，利率的下降还引起货币的投机需求增加，实现货币市场的平衡。而货币主义理论认为，当货币供应量增加，货币供给大于货币需求时，人们不仅用手中多余的货币购买债券，而且购买包括金融资产和实际资产在内的各种资产商品。这样，货币供给增加后直接导致最终产品市场上的需求增加，不必通过债券市场供求关系变化，进而影响利率，再引起总需求的变化。

凯恩斯主义者认为货币流通速度与货币供应量成反比，所以在增加货币供应量时，货币政策的效果会因为流通速度的降低而变小。货币主义者认为货币流通速度是固定不变的，所以财政政策是完全不起作用的。货币流通速度的大小取决于货币需求对利率变化的反应参数h，而h又直接反应在LM曲线的斜率上，h越大，LM曲线越平缓，财政政策对国民收入的影响较大；反之，h越小，LM曲线越陡峭，货币政策变动对实际国民收入有重大影响。所以，综合派认为在LM曲线较陡峭的区域，是货币政策有效区；在LM曲线平缓区，财政政策有效。中间两种政策的效果差别不大。

凯恩斯认为当利率变得很低时，人们对货币的需求变得无限大，货币供给的任何增长都会被货币需求吸收。此时，货币政策百分之百的失效。

在使用财政政策和货币政策时，必须考虑时滞问题。时滞分外部时滞和内部时滞。财政政策主要是内部时滞，而货币政策主要是外部时滞。

综合练习题

一、选择题

1. 中央银行有多种职能，但没有下述职能（   ）。
   A. 为政府制定货币政策
   B. 赚取利润
   C. 发行货币
   D. 为成员银行保存储备

2. 如果商业银行没有保留超额准备，在中央银行提高法定准备率的时候，商业银行的储备（   ）。
   A. 变得不足
   B. 变得过多
   C. 正好符合中央银行的要求
   D. 没有变化

3. 商业银行的储备如低于法定储备，它们将（   ）。
   A. 发行股票以筹措资金
   B. 增加贷款以增加资产
   C. 出售有价证券和收回贷款
   D. 向中央银行申请补助

4. 商业银行的储备率正好与法定储备率相等，在中央银行降低法定储备率的时候，商业银行所以会增加贷款，是因为它们（   ）。
   A. 听从中央银行的劝告
   B. 追求最大利润
   C. 关心国内经济形势
   D. 没有原因

5. 以降低法定准备率的方法来增加货币供给量，其前提条件是（   ）。

A. 商业银行保留超额准备

B. 商业银行不保留超额准备

C. 商业银行按照中央银行的意图去做

D. 以上答案都不对

6. 中央银行降低贴现率的时候,商业银行增加贴现的目的一般是( )。

A. 购买设备

B. 偿还贷款

C. 增加贷款

D. 与中央银行作对

7. 中央银行降低贴现率会( )。

A. 诱使商业银行前来借款

B. 阻止商业银行前来借款

C. 起到通知商业银行扩大贷款的作用

D. 没有任何作用

8. 银行向中央银行增加贴现将导致( )。

A. 商业银行贷款的增加和货币供给量的增加

B. 商业银行贷款的减少和货币供给量的减少

C. 商业银行储备的增加和实力的增强

D. 以上答案都不对

9. 一般情况下,中央银行降低贴现率不会导致货币供给量的增加( )。

A. 商业银行向中央银行借款以增加贷款

B. 商业银行不向中央银行借款

C. 商业银行向中央银行贷款,部分用于购买设备,部分用于贷款

D. 以上答案都不对

10. 市场业务是指( )。

A. 商业银行的信贷活动

B. 中央银行增减对商业银行的贷款

C. 中央银行买卖政府债券活动

D. 中央银行增加或减少货币发行量

11. 要消除通货紧缩缺口,中央银行应该在公开市场上( )。

    A. 卖出政府债券

    B. 买进政府债券

    C. 既不买进也不卖出

    D. 以上都不对

12. 中央银行在公开市场上买进政府债券将导致商业银行的存款( )。

    A. 增加

    B. 减少

    C. 不变

    D. 无法判断

13. 假定商业银行没有保留超额储备,中央银行在公开市场上买进商业银行持有的政府债券,将使商业银行的储备( )。

    A. 变得过剩

    B. 维持在原水平

    C. 变得不足

    D. 无法判断

14. 如果中央银行向公众大量购买政府债券,它的打算是( )。

    A. 增加商业存入中央银行的存款

    B. 减少商业银行贷款总额

    C. 提高利息率水平

    D. 增加货币供给量

15. 在哪一种情况下,政府买进政府债券不会引起货币供给量的增加( )。

    A. 公众把中央银行的支票兑换成现金后保留在手中

    B. 公众把中央银行的支票存入商业银行

    C. 公众用中央银行的支票偿还债务

    D. 以上答案都不对

16. 假如中央银行在公开市场上大量购买政府债券,下面哪一种情况不可能发生（ ）。

  A. 利息率下降

  B. 国民收入增加

  C. 储蓄减少

  D. 以上答案都不对

17. 中央银行在公开市场上大量出售政府债券的目的之一是（ ）。

  A. 限制政府债券价格的上升

  B. 提高利息率

  C. 增加货币供给量

  D. 降低利息率

18. 美国联邦储备系统常用的货币政策是（ ）。

  A. 道义上的劝告和公开市场业务

  B. 调整法定储备率和公开市场业务

  C. 调整法定储备率和贴现率

  D. 以上答案都不对

19. 中央银行收缩货币供给量的政策在哪一种情况下会受到削弱（ ）。

  A. 大量黄金输出国外

  B. 商业银行保留超额储备

  C. 商业银行严格执行中央银行的意图

  D. 以上答案都不对

20. 在哪一种情况下,中央银行应该停止实行收缩货币供给量的政策（ ）。

  A. 国民收入处于均衡状态

  B. 利息率已下降到较低的水平

  C. 经济出现衰退的迹象

  D. 出现通货膨胀

二、计算题

1. 在银行没有超额准备金，而法定准备金率为30%的情况下，如果公众通货持有增加40万美元，银行的储备增加了100万美元，求货币供给的变化？

2. 在法定准备金率为25%，公众持有通货数量不变和银行没有超额准备金的情况下，如果中央银行向商业银行购买10 000万美元的国债，求货币总供给将增加多少？

3. 某国经济可做如下描述：
C=90+0.9Yd（消费方程）
I=200-1000i（投资方程）
MD=Y-10000i（货币需求）

假如所得税为33%，政府购买为710万美元，实际货币供给为500万美元。求：

（1）投资总额和赤字水平？
（2）货币供应量作何种变动才能使该国政府达到预算平衡？

4. 价格具有伸缩性，且经济满足Y=C+I+G，其中收入Y=5 000，消费C=600+0.9Yd，税率t=1/3，投资I=1 600-300r，政府购买G=1 000，货币需求MD=0.8Y-700r，名义货币供给MS=2 400，求：

（1）利息率r和价格水平P为多少？
（2）若货币供给减少为1 200，利率和价格水平各为多少？

5. 假设经济体系中消费函数为C=600+0.8Y，投资函数为I=400-50r，政府购买G=200，货币需求函数MD=750+0.5Y-125r，货币供给MS=1 250（单位均为亿美元）。试求：

（1）均衡收入和利率是多少？
（2）若充分就业收入为Y^*=5 000（亿美元），用增加政府购买实现充分就业，要增加多少购买？
（3）若用增加货币供给实现充分就业，要增加多少货币供应量？

三、分析问答题

1. 什么是公开市场业务？它通过哪些传导机制影响货币供给量？

2. 凯恩斯主义学派和货币主义学派各自主张的货币的传导机制是什么？在这些传导机制中存在着哪些不确定性？

3. 在什么情况下降低法定准备金率同在公开市场购入有价证券对货币供给具有相同的作用？

4. 尽管中央银行能决定商业银行的法定准备金率，但为什么不能完全控制货币供给？

5. 试分析货币政策效果与 IS 和 LM 曲线斜率的关系。

6. 如何移动 IS 和 LM 曲线才能使收入增加而利率不变？要采用怎样的货币政策和财政政策的配合才能达到这样的效果？

7. 在社会已是充分就业的假设前提下，政府想改变总需求的结构，比如增加投资或减少消费，但是总需求不能超过充分就业的水平，这需要采取何种财政政策和货币政策的混合？请用 IS－LM 图形解释说明。

8. 试述西方宏观货币政策的手段。

9. 用 IS－LM 曲线分析，政府如何配合使用货币和财政政策才能使收入增加而利率不变？

10. 现在政府想提高总需求，但社会已经处于充分就业水平。你认为应该采取什么样的政策才能在增加投资和消费的同时，不引起通货膨胀？试用 IS－LM 曲线分析。

参考答案

一、选择题

1. B   2. A   3. C   4. B   5. B   6. C   7. C

8. A　　9. B　　10. C　　11. B　　12. A　　13. C　　14. D
15. A　　16. C　　17. B　　18. A　　19. B　　20. C

二、计算题

1. 解：

假定银行最初增加的储备为 d，在银行体系的作用下，将会使社会增加存款 D，另外再加上公众新增的现金持有量 Cu，此时社会货币总供给为：

MS=D+Cu

由于在银行体系的作用下，当初增加的储备最终都转为银行准备金和流通中的现金，所以：

d=D×rr+Cu

即 100=D×0.3+40

0.3D=60

D=200(万美元)

MS=200+40=240（万美元）

因此，货币供给增加 240 万美元。

2. 解：

中央银行向商业银行购买 10 000 万美元国债，就等于商业银行新增存款 d=10 000，而法定准备金率 rr=25%，银行乘数 BM=1/rr=4，在银行体系作用下，社会增加的存款 D=BM×d=4×10 000=40 000（万美元）。

因此，货币总供给增加 40 000 万美元。

3. 解：

（1）由 C=90+0.9Yd，I=200−1 000i，G=710 和 Y=C+I+G，得 IS 方程为：

Y=90+0.9Yd+200−1 000i+710

Y=90+0.9（1−1/3）Y+200−1 000i+710

化简得：Y=2 500−2 500i

又 MD=Y−10 000i

$Y=500+10\,000i$

联立 IS−LM 曲线求解均衡利率为:

$2\,500-2\,500i=500+10\,000i$

$12\,500i=2\,000$

$I=4/25$

$Y=500+10\,000\times 4/25=2\,100$

最初投资总额　$I=200-1\,000\times 4/25=40$（万美元）

政府税收　$NT=1/3\times Y=700$（万美元）

赤字水平　$NT-G=700-710=-10$（万美元）

（2）欲达到预算平衡，NT 需增加 10 万美元，即

$NT=710$

$Y=710\times 3=2\,130$（万美元）

由 $Y=2\,500-2\,500i$

得 $i=37/250$

$MS_1=Y-10\,000i$

　　$=2\,130-10\,000\times 37/250$

　　$=650$

$\triangle MS=MS_1-MS=650-500=150$(万美元)

因此，货币供应量应增加 150 万美元才能使该国政府达到预算平衡。

4. 解:

（1）$Y=C+I+G=600+0.9(1-1/3)Y+1\,600-300r+1\,000$

$0.4Y=3\,200-300r$，代入 $Y=5\,000$，得 $r=4$。

又 $MD=MS/P$

则 $0.8Y-700r=2\,400/P$

$4000-2800=2400/P$

$P=2$

（2）由于只是货币供给减少，其他条件不变，则:

$r=4$，$Y=5\,000$

$MD=0.8Y-700r=MS/P$

0.8×5 000−700×4=1 200/P

1 200=1 200/P

P=1

由此可见，货币供给的减少不会降低利率水平，只会引起价格水平的降低。

5. 解：

（1）由 Y=C+I+G 得 IS 曲线方程：

Y=600+0.8Y+400−50r+200

0.2Y=1 200−50r

由 MS=MD 得 LM 曲线方程：

250+0.5Y−125r=1 250

0.5Y−125r=1 000

Y=2 000+250r

联立 LS-LM 方程求得：

6 000−250r=2 000+250r

4 000=500r

r=8

均衡收入　Y=2 000+250×8=4 000（亿美元）

（2）若 Y^*=5 000，由 LM 曲线方程得均衡利率 r^*，则：

r^*=（5 000−2 000）/250=12

由 IS 曲线方程，得：

Y=C+I+G

Y=600+0.8Y+400−50r+G

5 000=600+4 000+400−60+G

G^*=600

△G=G^*−G=600−200=400（亿美元）

（3）若用增加货币供给的方法，由 IS 曲线方程得均衡利率，得：

0.2×5 000=1 200−50r

r^*=4

由 MS=MD=250+0.5Y−125r，得：

MS*=250+2 500−125×4=2 250（亿美元）

△MS=MS*−MS=2 250−1 250=1 000（亿美元）

三、分析问答题

1. 答：公开市场业务是中央银行在公开二级债券市场上买卖政府短期债券的活动。当经济萧条，失业率增加时，政府可以在二级市场上买进债券，增加货币供应量，启动银行系统的信用扩张机制；反之，在出现较高的通货膨胀时，政府会卖出债券，减少货币供应量，启动银行系统的紧缩机制。此手段的传导机制可以通过商业银行，也可以通过私人。比如，在实行扩张性政策时，政府可以从商业银行购入一批债券，这样商业银行的准备金账户上就多了一笔准备金存款，通过银行乘数，引起货币市场发生连锁反应，从而刺激经济的扩张。同理，当政府从私人处购入一批债券时，也可以发生同样的效果。当经济出现通货膨胀时，政府可以采取卖出一批债券的办法来达到抑制经济的目的。其中的机制与扩张时一样。

2. 答：凯恩斯主义理论中的货币传导机制如下：中央银行在二级市场购进债券，使得商业银行的过度储备增加，MS＞MD。多出的货币会进入证券市场，增加了对证券的需求并提高了证券的价格，引起了实际利率的下降。利率下降在实际经济中引起投资利润率高于利息率，从而刺激厂商的投资支出增加。投资支出的增加使总产量和总收入增加，这样就提高了货币的交易需求。同时，利率的下降还引起货币的投机需求增加。货币的交易需求和投机需求增加最终使需求跟上供给的变化，实现货币市场的平衡。而货币主义理论认为，当货币供应量增加，而货币供给大于货币需求时，人们不仅用手中多余的货币购买债券，而且购买包括金融资产和实际资产在内的各种资产商品。这样，货币供给增加后直接导致最终产品市场上的需求增加，不必通过债券市场供求关系变化，进而影响利率，再引起总需求的变化。

在凯恩斯的货币政策传导机制中，投资的利率弹性，即投资需求对于利率变动的反应程度。在实际中，也很难将利率引起的投资变动与其他因素引起的投资变动区分开来，如收入乘数、银行乘数。另外，银行还需要了解货币供给变动后,货币需求重新等于货币供给所需要的时间,也需要了解利率变动引起多大程度的货币需求变动,其中利率引起的投机需求变动较为直接,而利率引起的投资变动进而引起产量的变动所最终导致的交易需求变动则更为间接。在货币主义的传导机制中,货币供给量变动与总需求之间的关系较为直接;人们手中货币量增加后,总需求随之而增加,但其中有多大的比例用到最终产品的总需求上却是不确定的。

3. 答:公开市场购入有价证券增加基础货币 H,H=C+R+V,其中 C 为公众持有的通货,R 为准备金,V 为银行库存现金。降低准备金增加活期存款 D。两种政策对货币供给影响的结果相同时应满足以下等式:

$(H+\triangle H)/(r+c) = H/(r+\triangle r+c)$

式中,c 为通货——活期存款比率,r 为法定准备金。

4. 答:虽然货币当局能够通过改变法定准备金率来控制信贷规模,但不能控制公众持有的通货、商业银行的超额准备金以及超额准备金同活期存款的比例。因此不能完全控制货币供给。

5. 答:货币政策效果是指中央银行变动货币供给量对总需求从而对国民收入和就业的影响。就增加货币供给的扩张性货币政策来说,这种货币政策效果的大小主要取决于两点:第一,增加一定数量的货币供给会使利率下降多少;第二,利率下降时会在多大程度上刺激投资。从第一点看,如果货币需求对利率变动很敏感,即货币需求的利率系数 h 很大,则 LM 曲线较平缓,那么,这时增加一定数量的货币供给只会使利率稍有下降,在其他情况不变的条件下,私人部门的投资增加较少,从而货币政策效果就比较小。从第二点看,如果投资对利率变动很敏感,即 IS 曲线较平缓,那么,利率下降时,投资会大幅度增加,从而货币政策效果就比较大。

6. 答:一般而言,如果仅仅采用扩张性财政政策,即 LM 曲线不变,而向右移动 IS 曲线,会导致利率上升和国民收入的增加;如果仅仅采用扩张性货币政策,即 IS 曲线不变,而向右移动 LM 曲线,可以降低利率和增加国民收入。考虑到 IS 曲线和 LM 曲线的上述移动特点,如果使 IS、LM 曲线同方向和同等幅度的向右移动可以使收入增加而利率不变。图1描述了这一情况。通过 IS_1 曲线向右移动至 IS_2，使收入 Y_1 增加至 Y_2，利率由 r_1 上升至 r_2，但与此同时向右移动 LM 曲线，即从 LM_1 移至 LM_2，使利率从 r_2 下降至 r_1，以抵消 IS 曲线因右移所引起的利率上升而产生的"挤出效应"，使国民收入更进一步向右移动至 Y_3。上述分析说明，松紧不同的财政政策和货币政策需要相互搭配使用（相机决策）。在本题中，是松的财政政策和松的货币政策的混合使用，一方面采用扩张性财政政策增加总需求；另一方面采用扩张性货币政策降低利率，减少"挤出效应"，使经济得以迅速复苏、高涨。

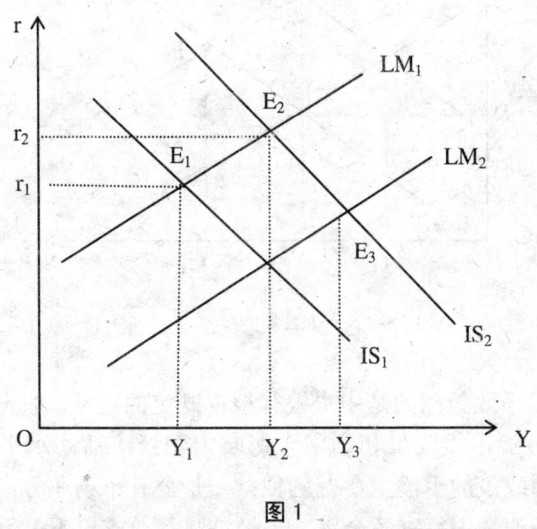

图1

7. 答：如果社会已是充分就业，为了保持充分就业水平的国民收入不变，增加私人部门的投资，可采用扩大货币供给和增加税收收入的货币政策和财政政策的组合。前者可使 LM 向右移动，导致利率 r 下降，以增加私人部门对利率具有敏感性的投资支出和国民收入，为了抵消国民收入增加超过潜在国民收入的状况，政府应配合以增加税收的紧缩性的财政政策，因为当税收增加时，人们可支配收入会减少，从而使国民收入水平下降。政府税收增加的幅度以国民收入正好回到潜在的国民收入为限，如图2。在图中 Y_1 为了充分就业的国民收入，政府增加货币供给使 LM_1 移至 LM_2，利率由 r_1 降至 r_2，与此同时，政府采用紧缩性财政政策使 IS_1 左移至 IS_2，国民收入维持在 Y_1 水平。在上述行为中，私人投资增加了，而私人消费部门相应下降了。

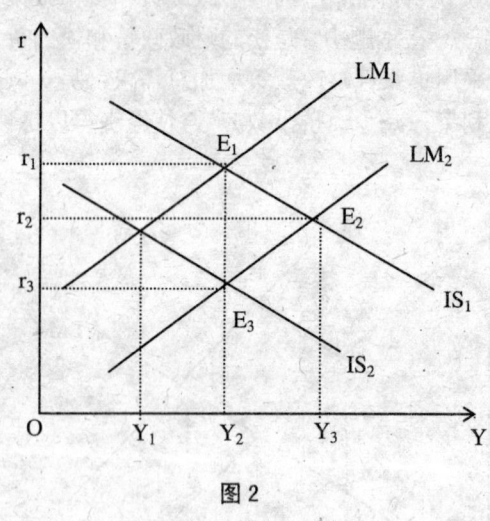

图 2

8. 答：货币政策指的是中央银行根据既定的目标，通过货币供给的管理来调节货币供应量和利率来影响宏观经济活动水平的经济政策。西方货币政策的手段主要有三种：一是公开市场业务；二是改变贴现率；三是改变银行准备金率。当经济显示总支出不足因而失业有持续增加的趋势时，中央银行会在公开市场上买进政府债券，增加货币供应量，或者调低贴现率，亦或调低银行准备率；在经济出现通货膨胀，过分高涨时，中央银行会在公开市场上卖出政府债券、调高贴现率或调高银行准备金率。在这三个政策中，各自的效果不一样。贴现率是商业银行为了暂时弥补准备金的不足，而向中央银行借款的利率。这种情况并不多，所以贴现率的影响效果并不明显，它一般只是作为一个信息向社会公布政府的政策取向。银行准备金率是一剂强药，它只要稍微的变化，就会引起货币供应量发生巨大的变化，从而引起实际经济发生很大的波动，所以一般也不采用。常用的货币政策是公开市场业务，它效果明显，但不像银行准备金率那么强烈，而且便于控制。

9. 答：

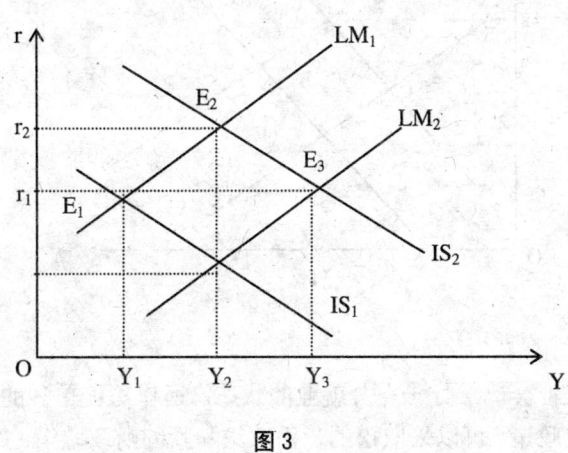

图 3

由 IS－LM 曲线知道，如果只采用扩张的财政政策，收入可以提高，但利率也会随之而增加；如果仅仅采取货币扩张性政策，IS 曲线不变，LM 曲线向右移动，可以降低利率，同时增加国民收入。由此可知，单独的采用财政或货币政策，不可能达到在增加国民收入的同时，保持利率不变的目的。要达到此目的，可以使 IS 曲线和 LM 曲线以相同的幅度向右移动，如图 3 所示。采用扩张的财政政策使 IS_1 移动到 IS_2，国民收入从 Y_1 移动到 Y_2，但同时利率从 r_1 上升到 r_2，这种扩张的财政会产生一定的"挤出效应"。为了消除挤出效应，可以同时配合以扩张的货币政策。如图 3，LM_1 移动到 LM_2，这样国民收入进一步增加到 Y_3，而利率则保持在 r_1 不变。这是一种松的财政政策和松的货币政策的配合使用，前者有助于增加总需求，后者则有助于降低利率，减少"挤出效应"。

10. 答：

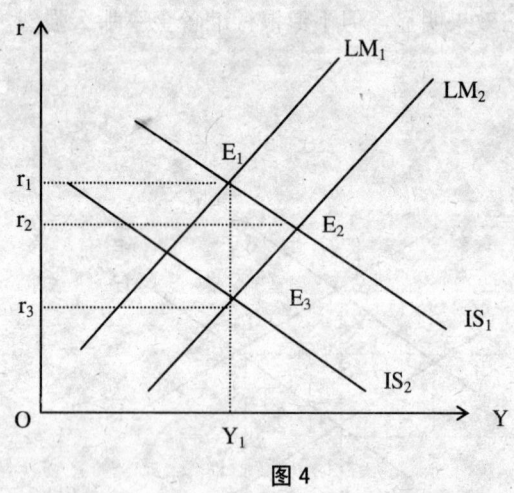

图 4

由于社会已经处于充分就业的状态，所以不能单独的采用货币政策或财政政策，可以采取松的货币政策和紧的财政政策。如图 4 所示，扩大货币供应量使 LM 曲线从 LM_1 移动到 LM_2，由于货币供应量的增加导致利率的降低，这将增加私人部门的投资，从而增加国民收入，这样会使社会的生产超过充分就业水平。如果同时增加税收，使人们可支配的收入减少，从而消费支出相应减少，这使 IS 曲线从 IS_1 移动到 IS_2，总需求的下降，可以使国民收入从新回到 Y_1 的充分就业水平。

第九章 宏观经济的行为基础

内容提要

消费和储蓄的生命周期理论认为，消费与现期收入无关，而与长期收入的估计有关。人们一生中的消费是一个平均消费，消费的总额取决于他（或她）的工作年限。在工作期间，人们储蓄只是为了到了老年可以提供消费而进行的。生命周期理论的消费公式：$C=aWR+cYL$。$C \times NL = YL \times WL$，其中 C 是平均消费，NL 为参加工作后预期可以活的年数，YL 为工作的年限，WL 为年收入。

消费持久理论与生命周期理论一样认为消费与长期收入有关。所谓持久收入即消费者为保持其寿命期稳定的消费水平的收入。当收入只是暂时变化时，不会对消费者的消费行为产生影响。只有消费者发现其收入在长期都增长的情况下，他才会增加现期消费。持久收入理论认为，出自恒常收入的边际消费倾向的值很大，而出自暂时性的边际消费倾向的值很小。生命周期模型的特征可以概括如下：消费者整个生命周期内的消费是不变的；消费开支是由寿命期的劳动收入和最初财富来支撑的；在每一年，财富的 $1/(NL-T)$ 将被消费；现期消费开支依赖于现期财富和寿命期的收入。

厂商对资本的需求依赖于资本的租用成本以及预期的产量，资本的租用成本越低，对未来产量水平的预期越高，则厂商对资本的需求越大。厂商成本受利息、折旧率的影响，利息率越高，折旧率越高，厂商的成本越大；同时，厂商的成本还受政府税收政策的影响，如政府投资减免税，降低了成本，会使投资需求增加，但公司收入税对理想的资本存量没有影响；股票市场也会影响理想资本存量；因为当股市高涨的时候，公司只要出售较少的股票就可以筹集到大量的资金，所以股市处于牛市时，社会的投资会增加。

任何厂商在投资时，都是按照利润最大化原则进行的。当资本的边际产品价值等于资本的租用成本时，此时厂商达到了理想的资本存量。预期的产量水平越高，理想的资本存量越高。企业从实际资本存量向理想的资本存量调整需要一个过程，文中谈到两种假说，一是"逐渐调整假说"，二是"浮动加速器模型"。前者的基本观点是，在现存资本存量与理想存量之间的缺口越大，企业的投资率就越大。简单加速模型认为，当厂商需要生产更多产品时，他们安装新机器设备。

综合练习题

一、选择题

1. 短期消费曲线的特点之一是（　　）。
   A. 与45°线相交
   B. 不与45°线相交
   C. 与横轴相交
   D. 以上答案均不对
2. 长期消费曲线的特点之一是（　　）。
   A. 通过原点
   B. 不通过原点
   C. 与45°线相交
   D. 不与45°线相交
3. 消费曲线位于45°线上方表明，储蓄是（　　）。
   A. 正数
   B. 零
   C. 负数
   D. 不一定
4. 边际消费倾向与边际储蓄倾向之和（　　）。
   A. 是大于1的正数
   B. 是小于1的正数
   C. 等于1
   D. 等于0
5. 平均消费倾向与平均储蓄倾向之和（　　）。
   A. 等于1
   B. 是大于1的正数
   C. 是小于1的正数

D. 等于0

6. 在边际储蓄倾向等于20%的时候,边际消费倾向等于(　　)。
   A. 20%
   B. 80%
   C. 90%
   D. 100%

7. 在平均储蓄倾向等于-10%的时候,边际消费倾向等于(　　)。
   A. 10%
   B. 110%
   C. 80%
   D. 100%

8. 边际消费倾向随着可支配收入的增加而递减,这意味着(　　)。
   A. 消费曲线不是直线
   B. 消费曲线将向下移动
   C. 消费曲线是直线
   D. 以上答案均不对

9. 已知某国有1 000万户居民,其中500万户的边际消费倾向是0.5,500万户是0.75。假如当可支配收入增加10亿美元的时候,那么消费支出将增加(　　)。
   A. 2.5亿美元
   B. 7.5亿美元
   C. 6.25亿美元
   D. 以上答案均不对

10. 直线型的消费曲线表明,平均消费倾向(　　)。
    A. 大于边际消费倾向
    B. 小于边际消费倾向
    C. 等于边际消费倾向
    D. 不一定

11. 居民的收支相抵点是消费曲线(　　)。
    A. 与纵轴的交点

B. 与横轴的交点

C. 与45°线的交点

D. 不一定

12. 假定某居民上个月的可支配收入是 2 500 美元，他取出 500 美元储蓄时使消费支出达到 3 000 美元。这个居民本月的可支配收入是 2 800 美元，他仍取出 200 美元储蓄使消费支出保持 3 000 美元。由此可知，他上个月、这个月的平均消费倾向，以及在这个收入变化范围内的边际消费倾向分别是（　　）。

A. 6/5，6/5，0

B. 15/14，15/14，0

C. 6/5，15/14，0

D. 15/14，6/5，0

13. 要估算一个国家的消费倾向是十分困难的，因为（　　）。

A. 消费支出不仅仅取决于收入水平

B. 储蓄会随着收入的增加而增加

C. 消费支出与收入水平没关系

D. 以上答案均正确

14. 在同一个坐标平面上，总需求曲线位于消费曲线的（　　）。

A. 上方

B. 下方

C. 重合

D. 不一定

15. 假定其他条件不变，储蓄曲线向下平行移动意味着总需求曲线（　　）。

A. 向上移动

B. 向下移动

C. 不会移动

D. 不一定

16. 投资和储蓄是由不同的人出于不同的原因决定的，这表明（　　）。

A. 投资支出和储蓄支出不会自行相等

B. 投资支出和储蓄不可能相等

C. 投资支出和储蓄恒等

D. 不一定

17. 某厂商把自己的 1 万美元用于投资,在货币利息率为 6% 的情况下,他的投资成本是（　　）。

A. 0

B. 0~600 美元之间

C. 600 美元

D. 以上答案均不对

二、计算题

1. 某人 20 岁开始工作,年收入为 20 000 元,60 岁退休,85 岁去世。根据生命周期理论,此人的年均消费为多少?

2. 假设陈某从 25 岁开始工作,年收入 50 000 元,65 岁退休,90 岁去世,现在他已经 40 岁。试求:

（1）财富的边际效应和劳动收入的边际消费倾向?

（2）假定陈某现有财富 100 000 元,则他的年消费为多少?

3. 设某消费者去年收入 Y_{-1} 为 30 000 元,今年收入 Y 为 35 000 元,现期收入对持久收入的影响参数 θ 为 0.6,根据持久收入理论,求此人的持久收入?

4. 一个投资项目的现金流量如下所示。如果现金流量的现值为正,该企业将会投资。

一年	二年	三年
200	100	120

如果利率为 5%、10% 时,该企业应该从事这个项目吗?

三、分析问答题

1. 在生命周期理论中,现期收入对消费有什么影响?

2. 分析一下社会保障系统对现期的消费和储蓄产生什么影响?

3. 如果某人买体育彩票中了5万元,问此人的消费结构是否会发生很大的变化?为什么?如果中了500万元呢?

4. 用总消费和总储蓄分析社会年龄结构对经济增长的影响。

5. 试用持久收入理论分析短期消费的动态调整。

参考答案

一、选择题

1. A   2. A   3. C   4. C   5. A   6. B   7. B
8. A   9. C   10. D   11. C   12. C   13. A   14. A
15. A   16. A   17. C

二、计算题

1. 解:
由 $C \times NL = YL \times WL$
$NL = 85 - 20 = 65$
$WL = 60 - 20 = 40$
所以,$C = YL \times WL / NL = 40 \times 20\,000 / 65 = 12\,307.7$

2. 解:
(1) $C \times (NL-T) = a \times WR + (WL-T) \times YL$
则 $C = a \times WR + c \times YL$ ($a = 1/(NL-T)$; $c = (WL-T)/(NL-T)$)
由题知:$NL = 90 - 25 = 65$,$T = 15$,$WL = 65 - 25 = 40$
$a = 1/(NL-T) = 1/(65-15) = 0.02$
$c = (WL-T)/(NL-T) = (40-15)/(65-15) = 0.5$
(2) 当财富为¥100 000时,此人的消费为:
$C = a \times WR + c \times YL$
   $= 0.02 \times 100\,000 + 0.5 \times 50\,000 = 27\,000$

3. 解:

由 $DI = Y_{-1} + \theta(Y - Y_{-1})$
$= \theta y + (1-\theta) Y_{-1}$
$= 0.6 \times 35\,000 + 0.4 \times 30\,000 = 33\,000$

4. 解：

根据收入的现值体现分析，只要未来的收入的现值大于成本，企业就会投资。

（1）利率为5%时，第二年、第三年的收入贴现：

$PV = 100/1.05 + 120/1.05^2 = 204.08$

204.08 大于第一年投入的 200，所以企业会从事该项目。

（2）当利率为10%时，后两年的贴现为：

$PV = 100/1.1 + 120/1.1^2 = 190.08$

190.08 小于第一年投入的 200，所以企业不会从事该项目。

三、分析问答题

1. 答：在生命周期理论中，由于消费者的消费是一个平均消费，如果现期收入只是一个暂时收入，它不会对消费者的消费产生多大的影响。他要把这一年的收入平均分配到以后的生命年限里。如果现期收入是一个长期收入，则消费者会认为他的工资增加了，所以相应的消费也会增加。短期的收入弹性很小，对消费者的影响也很小，长期的收入弹性比较大，对消费者的影响也大。

2. 答：一般来说，社会保障系统有助于社会的稳定，特别是当失业比较严重的时候。但它也有一些负面的影响。当社会保障很发达的时候，有可能增加现期的消费和减少现期的储蓄。

3. 答：根据生命周期理论，人们的消费在一生中是一个平均消费。现期的收入对现期消费的影响很小，即消费者的短期消费倾向很小，由 $C = (WL/NL) \times YL$ 得知，如果只是今年的收入突然增加了一个值，以后就没有了，假设 $NL = YL - T = 80 - 20 = 60$，则 $WL = 1$，短期消费倾向为 $WL/NL = 1/60$，边际消费倾向很小，中的奖只有 5 万元，平均到生命年限里为 $50\,000/60$，每年的消费只有很小的变动。但是如果此人中的是 500 万元大奖，虽然这也是偶然收入，他的短期消费倾向同样很小，但由于 500 万元即使乘以一个很小的边际消费 1/60，一年的平均收入变化也有几万元，所以它会对消费者现期的收入产生很大的影响。

4. 答：如果整个社会经济中，人口和 GNP 都不变，那么任何时期，正在工作的人们的储蓄等于退休人们的负储蓄。当社会结构倾于年轻化时，此时社会的总储蓄就大于总消费。而当社会净储蓄增加时，由前面学的增长理论可知，社会资本积累会增加，从而有利于经济长期的增长。相反，当社会年龄结构倾向于老龄化时，社会净储蓄将减少，这不利于经济的增长，即使在短期内，也会表现为经济的衰退。

5. 答：根据持久收入理论，$C=cDI=c\theta Y+c(1-\theta)Y_{-1}$，现期收入的边际消费倾向为 $c\theta$，它小于长期的平均消费倾向 c，这主要是由于当现期收入增加的时候，当事人不能确定收入的增加是否会持续下去。但是，如果这一增加全部是持久性的，即第二期的收入与本期相同，他就可以认为这一收入是持久性收入。如下图所示，$C=cY$ 为长期消费函数，c 为长期边际消费倾向。较平缓的是短期消费曲线，如果最初的持久收入为 Y_0，则长期消费为 cY_0，$c(1-\theta)Y_0$ 为截距。假设下一期收入增加到 Y'，短期内消费沿着短期消费函数曲线移动到 E' 点。从 E 移动 E' 点，边际消费倾向下降了，因为在 E 点的边际消费倾向为

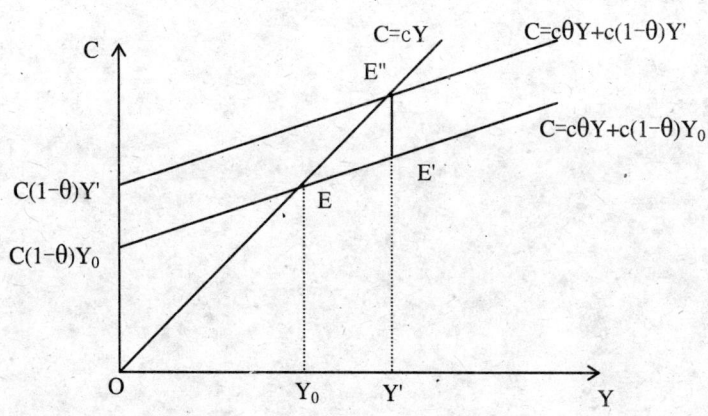

c，在 E'点的消费倾向为 cθ。当下一期结束，下下期开始时，如果增长的收入仍能保持在 Y'的水平，它就成了持久收入。短期消费函数的截距增为 c（1-θ）Y'，短期消费曲线向上移动，人们的边际消费倾向上升，从 cθ 回到 c，长期收入为 Y'，消费为 cY'，消费在 E"点。

第十章 开放的宏观经济模型

内容提要

在当代，各个国家的经济都不是孤立封闭的，而是开放的，彼此紧密联系的。因此，这一章要建立一个开放的宏观经济模型，在开放经济条件下研究宏观经济的运行与调节。此外，西方宏观经济政策的目标之一是国际收支平衡。而要理解这一目标的确切含义及其宏观调节机制，也要懂得开放经济的宏观经济理论。因此，本章把封闭经济的假设放弃，说明国际经济部门的引入对宏观经济理论的影响。其目的在于使学生理解封闭经济与开放经济二者在西方宏观经济理论上的联系以及国际经济部门在整个宏观经济理论体系中的位置。

本章首先介绍国际收支和外汇市场，重点应掌握国际收支平衡表的各项内容及其相互关系，外汇市场的供求与汇率，浮动汇率与固定汇率的特点等。其次将深入介绍包括国际收支关系在内的宏观经济模型，即开放的宏观经济模型。在这里要重点掌握外部均衡曲线的推导过程，影响 EB 曲线的变动因素以及将它放入 IS－LM 模型中进行分析等。最后阐述开放经济中的宏观经济政策。这部分将利用开放经济模型说明一国内宏观经济政策与其对外经济关系之间的相互影响，以及这种影响在不同汇率制度下的不同表现形式，一是分析浮动汇率制度下的财政政策和货币政策，二是分析固定汇率制度下国际收支的顺差和逆差的调整。

综合练习题

一、选择题

1. 假定 MPS=0.4，MPT=0，MPM=0.1，如果出口增加 30 亿元，则国内收入将增加（　　）。

   A. 75 亿元

   B. 45 亿元

   C. 15 亿元

   D. 60 亿元

2. 国际收支逆差可能导致（　　）。

   A. 黄金、外汇储备减少

   B. 本国货币贬值

   C. 国内产出水平下降

   D. 以上各项均正确

3. 包含引致投资的 IS 曲线斜率为负因为（　　）。

   A. 储蓄比投资增加得快

   B. 收入变动时储蓄和投资的变动方向相同

   C. 储蓄比投资增加得慢

   D. 只有减少进口，增加投资，才能增加国民收入

4. 一般地说，国内投资增加将（　　）。

   A. 减少从其他国家的进口

   B. 增加出口而进口保持不变

   C. 改善外贸情况

   D. 恶化外贸情况

5. 从均衡出发，出口增加将（　　）。

   A. 减少外贸差额

   B. 使储蓄超过国内投资

C. 使投资超过储蓄

D. 降低均衡收入水平

6. 假定 MPT=0, MPI=0, MPC=0.6, MPM=0.1。C_0=350 亿元, I=1 050 亿, T_0=0, G=1400 亿元, X=400 亿元, M_0=350 亿元, 均衡收入为(　　)。

A. 5 700 亿元

B. 9 000 亿元以上

C. 7 100 亿元

D. 3 600 亿元

7. 下列关于开放经济对内外均衡影响的论述中, (　　)是不恰当的。

A. 一国的开放程度越高, 通过国际贸易渠道对本国的影响越大

B. 如果甲国同乙国的贸易额在乙国的对外贸易中所占的比重很小, 则甲国价格的变动对乙国经济的影响就不太重要

C. 任何宏观政策都不能阻止外国经济变动对本国经济的影响

D. 通过国际金融市场间的利率差的调节, 是资本国际间流动的最主要因素

8. 如果经常项目账户上出现赤字, 则(　　)。

A. 出口和进口都在减少

B. 出口和进口相等

C. 出口和进口相等且均减少

D. 出口小于进口

9. 国际收支失衡意味着(　　)。

A. 国际收支平衡表的借方、贷方余额不等

B. 经常账户和资本账户的余额不等

C. 商品、劳务的进出口额不等

D. 资本流入和流出额不等

10. 如果自主进口为 150 亿元, MPM=0.04, 收入为 5 000 亿元, 则进口总值为(　　)。

A. 150 亿元

B. 200 亿元

C. 250 亿元

D. 350 亿元

11. 假定 MPC=0.55，MPI=0.14，MPT=0.2，MPM=0.08，开放经济中的有效外贸乘数的数值为（　　）。

  A. 1.5

  B. 2.0

  C. 2.5

  D. 3.0

12. 若 MPC=0.55，MPT=0.2，MPI=0.14，MPM=0.08，C_0=1 380 亿元，I_0=1 000 亿，T_0=200 亿元，G=2 200 亿元，X=1 000 亿元，M_0=470 亿，均衡收入约为（　　）。

  A. 8 000

  B. 9 000

  C. 10 000

  D. 11 000

13. 上题中均衡点的消费约为（　　）。

  A. 4 400 亿元

  B. 5 500 亿元

  C. 5 670 亿元

  D. 7 430 亿元

14. 一家英国厂商向美国出口商品，并把所得的 10 万美元的收入存入美国的银行，这样，应该在英国的国际收支平衡表中做（　　）的反映。

  A. 经常账户、资本账户的借方同记入 10 万美元

  B. 经常账户、资本账户的贷方同记入 10 万美元

  C. 经常账户的借方记入 10 万美元，资本账户的贷方记入 10 万美元

  D. 经常账户的贷方记入 10 万美元，资本账户的借方记入 10 万美元

15. 一家德国厂商在美国出售 50 万美元的长期政府债券,然后将收入暂时存入美国银行,这样,应该在美国的国际收支平衡表中做（　　）的反映。

    A. 经常账户、资本账户的借方同记入 50 万美元

    B. 经常账户、资本账户的贷方同记入 50 万美元

    C. 资本账户的短期资本项目借方,长期资本项目的贷方分别记入 50 万美元

    D. 资本账户的长期资本项目借方,短期资本项目的贷方分别记入 50 万美元

16. BP 曲线是用以考察国际收支平衡时（　　）两个宏观经济变量间的关系。

    A. 国民收入水平与利率水平

    B. 国民收入水平与价格水平

    C. 国民收入水平与进出口额

    D. 国民收入水平与国际收支差额

17. 美元贬值将会（　　）。

    A. 扩大美国出口并减少其进口

    B. 减少美国的出口和进口

    C. 增加美国的出口和进口

    D. 减少美国的出口并增加其进口

18. 在外汇市场中,下列各方中（　　）是美元的供给者。

    A. 购买英国股票的美国人

    B. 到美国旅游的英国人

    C. 进口美国商品的英国人

    D. 把在英国获得的利润汇回美国的美国人

19. 货币对外贬值可以（　　）。

    A. 促进出口,限制进口并减少外资流入

    B. 减少出口,限制进口并减少外资流入

    C. 促进出口,限制进口,鼓励外资流入

    D. 促进出口和进口,并鼓励外资流入

20. 如果世界上其他国家的物价上升得比美国的快,那么(　　)。
    A. 美元在国际市场中的地位会增强
    B. 外国货币将相对于美元升值
    C. 美国的国际收支状况将恶化
    D. 美国将通过使用限制性的财政和货币政策来抵消对国际收支的影响

21. "黄金输出点"机制正常起作用时(　　)。
    A. 汇率是波动的,其变动幅度恰好等于黄金输出的运费加保险费
    B. 汇率是波动的,其变动幅度与战后布雷顿森林体系下的汇率波动幅度相等
    C. 汇率是波动的,其变动幅度大于"有管理的幅度"体系下的波动幅度
    D. 以上说法均不准确

22. 在开放经济中 IS 曲线反映了利率和实际收入水平之间的关系,所以(　　)。
    A. 投资等于储蓄
    B. 政府支出减税收加净出口加投资减储蓄等于零
    C. 投资加税收等于储蓄加政府支出
    D. 投资加税收加进口等于储蓄加政府支出加进口

23. 在 EB 线上方的所有点都(　　)。
    A. 是国际收支盈余点
    B. 是国际收支逆差点
    C. 是国际收支均衡点
    D. 不决定国际收支状况

24. 当国际利率高于国内利率时(　　)。
    A. 本币升值
    B. 资本流向国外
    C. 进口超过出口
    D. 上述答案都正确

25. 国外利率的提高将使（　　）。

   A. IS 曲线左移

   B. LM 曲线上移

   C. EB 曲线右移

   D. EB 曲线左移

26. 在国际收支调节理论中（　　）。

   A. 在固定汇率下，LM 曲线总是在移动

   B. 在浮动汇率下，LM 曲线绝不移动

   C. 在固定汇率下，国际收支盈余会使 LM 曲线左移

   D. 在浮动汇率下，国际收支总是均衡的，所以对 LM 曲线无影响

27. 如果在美国，一辆汽车价格上涨 5%，当英镑贬值时，在英国，进口的美国汽车价格将上升（　　）。

   A. 低于 5%

   B. 高于 5%

   C. 正好 5%

   D. 幅度不确定

28. 如果在加拿大年利息率为 10%，在美国为 12%，加拿大元对美元的汇率值可以预期（　　）。

   A. 下降

   B. 上升

   C. 不变

   D. 波动

29. 在固定汇率条件下，国内信用增长率上升时（　　）。

   A. 将改善经常项目

   B. 将使经常项目恶化

   C. 将使资本项目恶化

   D. 将使官方储备余额赤字增加

30. 在固定汇率条件下，货币供给由（　　）。

   A. 中央银行政策决定

B. 外国中央银行政策决定

C. 货币需求决定

D. 外汇储备和国内信用决定

31. 下列哪一种不是国际收支账户之一（　　）。

    A. 经常账户

    B. 非贸易物品账户

    C. 官方结算账户

    D. 资本账户

32. 假设美国最初国际收支账户是平衡的（既无盈余又无赤字）。然后，美国企业增加了从日本的进口量，并通过向日本借款为进口的增加量筹资。现在国际收支是（　　）。

    A. 经常账户盈余，资本账户盈余

    B. 经常账户盈余，资本账户赤字

    C. 经常账户赤字，资本账户盈余

    D. 经常账户赤字，资本账户赤字

33. 决定国际间资本流动的主要因素是各国的（　　）。

    A. 收入水平

    B. 利率水平

    C. 价格水平

    D. 进出口差额

34. 假设在某个国家，政府购买为 4 000 亿元，税收（减转移支付）为 3 000 亿元，储蓄为 3 000 亿元，投资为 2 500 亿元，贸易余额为（　　）。

    A. 盈余 1 500 亿元

    B. 盈余 500 亿元

    C. 赤字 1 500 亿元

    D. 赤字 500 亿元

35. 在上一题中所说到的国家中（　　）。

    A. 有政府预算盈余和私人部门盈余

    B. 有政府预算盈余和私人部门赤字

C. 有政府预算赤字和私人部门盈余

D. 有政府预算赤字和私人部门赤字

36. 假设美元和英镑之间的汇率是每美元兑换 3 英镑。如果一台收音机在英国的价格为 36 英镑，该收音机的美元价格是（　　）。

　　A. 12 美元

　　B. 26 美元

　　C. 38 美元

　　D. 108 美元

37. 一国通货与另一国通货交换的市场称为（　　）。

　　A. 货币市场

　　B. 资本市场

　　C. 外汇市场

　　D. 远期外汇市场

38. 在浮动汇率之下，如果一国通货的汇率上升，那么，该国中央银行就应该（　　）。

　　A. 增加用自己通货表示的资产的供给

　　B. 减少用自己通货表示的资产的供给

　　C. 减少用自己通货表示的资产的需求

　　D. 什么也不做

39. 下列哪一种情况使对美元资产的需求曲线向右方移动（　　）。

　　A. 美国公民对外国物品的需求增加

　　B. 外国人对美国物品的需求减少

　　C. 预期美元会升值

　　D. 政府有预算赤字

40. 假定美元对日元的汇率从每美元 120 日元变为 110 日元，那么（　　）。

　　A. 日元对美元贬值，美元对日元升值

　　B. 日元对美元贬值，美元对日元贬值

　　C. 日元对美元升值，美元对日元升值

D. 日元对美元升值，美元对日元贬值

41. 在浮动汇率制之下，下列哪一种情况使美元资产的供给曲线向右移动（　　）。

   A. 美国人对外国物品的需求增加

   B. 外国人对美国物品的需求减少

   C. 预期美元会升值

   D. 政府有预算赤字

42. 在浮动汇率制之下，美元资产的供给曲线是（　　）。

   A. 垂线

   B. 水平线

   C. 向右上方倾斜

   D. 向右下方倾斜

43. 在浮动汇率制之下，美国政府预算赤字将引起美元汇率（　　）。

   A. 下降，美元资产持有量减少

   B. 下降，美元资产持有量增加

   C. 上升，美元资产持有量减少

   D. 上升，美元资产持有量增加

44. 在浮动汇率制之下，美国利率相对于日本的利率上升会引起（　　）。

   A. 美元对日元升值

   B. 美元对日元贬值

   C. 美元资产供给增加

   D. 美元资产供给减少

45. 假设开始时美元与日元之间的汇率是每美元兑换 110 日元，根据购买力平价（　　）。

   A. 如果非贸易物品的价格在美国上升 10%，在日本不变，汇率将变为每美元兑换 99 日元左右

   B. 如果非贸易物品的价格在美国上升 10%，在日本不变，汇率将变为每美元兑换 121 日元左右

C. 如果贸易物品在美国的价格上升 10%，在日本不变，汇率将变为每美元兑换 99 日元左右

D. 如果贸易物品在美国的价格上升 10%，在日本不变，汇率将变为每美元兑换 121 日元左右

46. 假定美元与日元之间的汇率是每美元兑换 120 日元。如果美国的物价水平是 180，日元的物价水平是 120，美元与日元的实际汇率是（　　）。

    A. 每美元兑换 80 日元

    B. 每美元兑换 120 日元

    C. 每美元兑换 180 日元

    D. 每美元兑换 240 日元

47. 如果美国的利率高于英国，利率平价就意味着（　　）。

    A. 英国的通货膨胀率高

    B. 英国的金融资产是低收益投资

    C. 预期英镑对美元会贬值

    D. 预期英镑对美元会升值

48. 下列哪一种情况将引起美元对日元贬值（　　）。

    A. 美国的货币供给增加

    B. 美国的利率上升

    C. 日本的利率下降

    D. 日本从美国的进口增加

49. 假设条件如下：GDP 最初是均衡的；之后，政府增加了 20 亿美元的对商品和服务的购买；税收没有任何增加；边际消费倾向为 0.75；边际进口倾向为 0.25。假设在新的均衡条件下没有产生通货膨胀，那么新的 GDP 将（　　）。

    A. 下降 40 亿美元

    B. 上升 20 亿美元

    C. 上升 60 亿美元

    D. 上升 40 亿美元

50. 如果政府支出没有增加，但由于本币的升值，出口减少了 20

亿美元，则54题中的哪一个答案为正确（　　）。

    A. 下降40亿美元

    B. 上升20亿美元

    C. 上升60亿美元

    D. 上升40亿美元

51. 经常项目账户上剩余为正，则（　　）。

    A. 进口大于出口

    B. 出口大于进口

    C. 进、出口都变化

    D. 进出口相等，且以相同速度变动

52. 在开放经济中，（　　）不是政府宏观政策的最终目标。

    A. 国际收支平衡

    B. 不存在贸易逆差或顺差

    C. 经济均衡增长

    D. 消除通货膨胀

53. 国民产出与国内支出之间的差额为（　　）。

    A. 净进口

    B. 出口减进口

    C. 进口减出口

    D. 储蓄

54. 假定日元对美元的汇率下降，则下述哪种情况是正确的（　　）。

    A. 现在需要更多的美元来兑换等量日元

    B. 在其他条件不变的情况下，美国人可能会购买更多的日本商品和服务

    C. 在其他条件不变的情况下，日本人可能会购买更多的美国商品和服务

    D. 上述答案都正确

55. 当我们由一个封闭的模型转向一个开放的模型时（　　）。

    A. GDP增加了

B. 支出乘数提高了

C. 一次性税收不会发生变化

D. 总支出曲线的斜率不会变

56. 开放经济的乘数（   ）。

    A. 与总支出曲线的斜率有关

    B. 等于支出乘数乘以 MPC

    C. 等于 1/MPM

    D. 当进口大于出口时下降

57. 当美元升值时美国的（   ）。

    A. 进口趋于增加

    B. 出口趋于增加

    C. 货币政策能够抵消升值带来的影响

    D. 政府预算赤字趋于下降

58. 推行经济增长措施需要（   ）。

    A. 鼓励储蓄

    B. 扩大投资

    C. 实行适宜的贸易政策

    D. 上述答案都正确

59. 较高的国内利率有助于（   ）。

    A. 吸引国外资金

    B. 促使本币升值

    C. 增加进口

    D. 上述答案都正确

60. 一国的贸易平衡主要取决于（   ）。

    A. 国内储蓄

    B. 国内投资

    C. 生产力

    D. 上述答案都正确

61. 从长期看，提高一国人均产出和生活水平惟一的也是最重要的方法是（   ）。

A. 提高储蓄率
B. 增加国外投资
C. 增加国内投资
D. 采用最适用技术

62. 当存在储蓄和投资缺口时，应如何填补（　　）。
A. 通过净出口的变化
B. 通过国际利率的变化
C. 通过实行固定汇率制
D. 通过采用货币政策

63. 无形资本（　　）。
A. 隐藏于地下经济中
B. 包含经济中服务部门的投资
C. 包含海外公司的资本项目的投资
D. 包含人力资本投资

二、计算题

1. 一国在一年内的国际交易如下：

   物品与劳务的出口　　　　1 000 亿元
   物品与劳务的进口　　　　1 200 亿元
   对其他国家的转移支付　　　200 亿元
   向其他国家借款　　　　　1 300 亿元
   给其他国家贷款　　　　　_____？
   官方储备的增加　　　　　　100 亿元

   （1）给其他国家贷款的数量为多少？
   （2）经常账户余额是多少？
   （3）资本账户余额是多少？
   （4）该国是否采用浮动汇率制？

2. 一年期间某国的有关资料如下：

   国民生产总值　　　　　8 000 亿元
   税收（减转移支付）　　2 000 亿元

政府预算赤字	500 亿元
消费	5 000 亿元
投资	1 500 亿元
进口	1 500 亿元

（1）政府对物品与劳务的支出是多少？

（2）私人部门盈余或赤字为多少？

（3）出口价值为多少？

（4）贸易余额或赤字为多少？

3. 假设美国美元和加拿大加元的汇率为每美元兑换2加元，试问：

（1）用美元表示的加元汇率是多少？

（2）售价350加元的书包的美元价格是多少？

（3）售价1 000美元的摄像机的加元价格是多少？

4. 参看下表：

年份	a国物价水平	b国物价水平	a与b的汇率	a与b的实际汇率
1	100	100	每b兑换10a	
2	120	100	每b兑换10a	
3	120	100	每b兑换11a	

上表中给出了 a 与 b 国的物价水平以及 a 国货币（以 a 代表）和 b 国货币（以 b 代表）之间的汇率。试问：

（1）计算每年 a 与 b 的实际汇率。

（2）当 a 国物价水平上升而且汇率不变时，实际汇率会发生什么变动？

（3）当 a 国物价水平上升而汇率同比例下降时，实际汇率如何变动？

5. 假设日本的年利率为5%，美国的年利率为9%，现期汇率为每美元兑换100日元，但预期一年内汇率将为每美元兑换90日元。某人现在存款，并想知道在一年内是在日本存款收益高还是在美国存款收益高。

（1）如果某人在美国存款 100 美元，在年底会得到多少美元？

（2）如果把 100 美元换为日元，在日本存款，在年底会得到多少日元，预期按美元计算的价值为多少？

（3）预期在哪个国家存款收益高？

6. 假设一个国家每年储蓄为 100 亿元。在下列情况下，该国的投资为多少？

（1）经常账户与政府预算都是平衡的。

（2）政府预算是平衡的，经常账户赤字为 100 亿元。

（3）政府预算是平衡的，经常账户盈余为 100 亿元。

（4）经常账户是平衡的，政府预算赤字为 100 亿元。

（5）经常账户是平衡的，政府预算盈余为 100 亿元。

三、分析问答题

1. 讨论存在于美国与其他国家之间的各种重要的经济联系。
2. 简要介绍一国经济中进出口的主要决定因素。
3. 解释为什么开放经济总支出曲线的斜率较之封闭经济的平缓？
4. 如何比较各国人均收入分配状态与美国各家庭的收入分配状况？
5. 用人均生产函数的概念说明为什么资本积累率提高会加快经济增长？
6. 技术进步对人均生产函数有什么影响？
7. 说明投资、储蓄、经常账户赤字与政府预算赤字之间的关系。
8. 为什么国际债务是较贫穷国家经济增长的一个障碍？
9. 不发达状态如何自我加强？
10. 利用何种方法可以克服经济增长的障碍实现成功的发展？为什么？
11. 为什么刺激总需求不能使经济落后的贫穷国家变为经济发达的富裕国家？

参考答案

一、选择题

1. D 2. D 3. A 4. D 5. B 6. A 7. C
8. D 9. B 10. D 11. B 12. C 13. C 14. D
15. D 16. A 17. A 18. B 19. C 20. A 21. A
22. B 23. A 24. B 25. C 26. D 27. B 28. A
29. D 30. C 31. B 32. C 33. B 34. D 35. C
36. A 37. C 38. D 39. C 40. D 41. D 42. A
43. B 44. A 45. C 46. A 47. C 48. A 49. D
50. A 51. B 52. B 53. B 54. B 55. C 56. A
57. A 58. D 59. B 60. C 61. D 62. A 63. D

二、计算题

1. 解：

（1）给其他各国的贷款量为 800 亿元。因为整个国际收支账户必须是平衡的，正的各项（出口，向其他各国的借款以及官方储备的增加）之和必须等于负的各项（进口，向其他国家转移支付以及给其他各国的贷款）之和。

（2）经常账户余额为赤字 200 亿元，即出口减进口和向其他国家的转移支付。

（3）资本账户余额为盈余 300 亿元，即向其他国家的借款减给其他国家的贷款。

（4）该国不是浮动汇率，因为官方储备增加了。在浮动汇率之下官方储备保持不变。

2. 解：

（1）由于政府预算赤字为 500 亿元，税收（减转移支付）为 2 000

亿元,所以,政府对物品与劳务的支出为2 500亿元。

(2)储蓄减投资就是私人部门的盈余或赤字。投资为1 500亿元,但要计算储蓄。储蓄等于国民生产总值减税收减消费1 000亿元,因此,私人部门的赤字为500亿元。

(3)国民生产总值为消费加投资加政府对物品和劳务的支出,再加净出口。由于已经知道出口价值之外的所有量,所以,就可以计算出出口价值。出口价值等于实际国民生产总值加进口减消费减投资,再减政府对物品与劳务的支付,所以,出口价值为500亿元。

(4)贸易余额赤字为1 000亿元。可以用两种方法计算出这一结果。第一是出口价值(500亿元)减进口价值(1 500亿元)得出贸易额赤字。第二是贸易余额赤字等于政府预算赤字(500亿元)与私人部门赤字(500亿元)之和。

3. 解:

(1)如果1美元购买2加元,那么每加元就购买0.5美元。

(2)在汇率为每美元兑换2加元时,售价为350加元的书包的美元价格为175美元。

(3)在汇率为每美元2加元时,售价为1 000美元的摄像机的加元价格为2 000加元。

4. 解:

(1)参考下表。

年份	a国物价指数	b国物价指数	a与b的汇率	a与b的实际汇率
1	100	100	每b为10a	每b为10a
2	120	100	每b为10a	每b为12a
3	120	100	每b为11a	每b为13.2a

计算的公式为:

a与b的实际汇率=a国物价指数/b国物价指数×a与b的汇率

例如,在第二年,a国物价指数为120,b国物价指数为100,汇率是每b为10a,所以,实际汇率为:

（120/100）×10/1=12

（2）正如第一年与第二年的变动所表明的，当 a 国物价水平上升而汇率没变时，实际汇率上升。

（3）a 国物价指数上升而汇率同比例下降时，实际汇率不变。

5. 解：

（1）在美国按年 9% 的利率存款 100 美元，到年底可以得到 109 美元。

（2）在现期汇率（每美元兑换 100 日元）时，用 100 美元可以兑换 10 000 日元，把这笔钱按年利率 5% 存在日本，年底得到 10 500 日元，可以兑换约 116.67 美元。

（3）预期在日本存款的收益略高于美元。

6. 解：

根据国民收入核算的恒等式：

投资=储蓄+经常账户赤字-政府预算赤字

就可以计算出各种情况下的投资水平。

（1）如果经常账户和政府预算都平衡，则投资等于储蓄，即为 100 亿元。

（2）如果经常账户赤字为 100 亿元，政府预算平衡，则投资为经常账户赤字加储蓄，即为 200 亿元。

（3）如果经常账户盈余为 100 亿元，则这一项减去储蓄，投资为零，所有储蓄都作为贷款借给了外国人，以便他们购买该国出口品。

（4）如果政府预算赤字为 100 亿元，经常账户平衡，那么，投资为零，所有储蓄都借给政府为预算赤字筹资。

（5）如果政府预算盈余为 100 亿元，则投资为这项盈余与储蓄之和，即 200 亿元。

三、分析问答题

1. 答：美国与其他国家之间存在着各种重要的经济联系，其中，最为显而易见的就是贸易。美国将其商品和服务售往国外，与此同时，美国公民也从他国购买商品和劳务。美国与其他国家之间也存在着金融联系。外国向美国大量投资,而美国政府及其公民,也大量投资于国外,美国银行也大量地为他国政府和公司提供金融服务。我们还应注意到多国公司日渐增长的重要性,当前,越来越多的公司在不止一个国家里建立工厂和生产基地。

2. 答:进出口受一国经济是否健康发展(包括是否处于增长状态、通货膨胀的幅度、失业率的高低等)的影响,并且这种影响还会波及到贸易的伙伴方。同时,外汇汇率也是贸易的重要决定因素之一。如果一国的货币升值,则可以更为廉价地进口国外的商品和劳务,与此同时,本国生产的商品和服务相对而言变得更为昂贵。

3. 答:开放经济中,进口规模与国内 GDP 水平息息相关,当收入增加时,部分增加额的收入将用于购买国外的商品和服务。同样,当收入下降时,国人将减少对外国商品和服务的购买。其结果就是,总支出曲线的斜率和乘数下降了。

4. 答:可以用各国人均收入分配的劳伦斯曲线与美国各家庭收入分配的劳伦斯曲线进行比较。各国人均收入分配的劳伦斯曲线离 45 度线的距离比美国各家庭收入分配的劳伦斯曲线远。这就说明,各国人均收入分配比美国各家庭收入分配更加不平等。

5. 答:人均生产函数表明了,在技术既定的情况下,人均产量如何随人均资本存量增加而增加。如果资本积累率提高,那么,人均资本存量也就更迅速地提高。这就意味着人均产量迅速增长,即更高的增长率。可以用沿着人均生产函数的变动来说明这一点。

6. 答:人均生产函数表明了,在技术既定的情况下,人均产量和人均存量之间的关系。如果技术进步了,每单位资本生产率更高,从而人均生产函数向上方移动。

7. 答:可以用介绍过的国民收入核算恒等式来说明,投资等于储蓄加经常账户赤字减政府预算赤字。

8. 答:如果一个贫穷国家有大量国际债务,它就需要有经常账户盈余,以便支付利息与本金。从上题的等式可以看出,这就意味着一国的部分储蓄要用来进行债务支付。这就会减少能用于投资的储蓄。

9. 答:许多贫穷国家的问题是它们的人均资本存量低。为了增加资本存量，就必须提高储蓄率，但储蓄率不能提高是因为低人均资本存量引起低人均产量，低人均产量时储蓄率自然是低的。因此，低人均资本存量的存在就引起了产生低人均资本存量的条件。

10. 答：有几种方法可以克服经济增长的障碍。其中已被证明最成功的一种是较为自由的国际贸易的扩大。中国香港、新加坡等通过生产自己具有比较优势的产品迅速地增加了人均收入，获得国际贸易的好处。

11. 答：贫穷国家只有在长期内提高自己的实际国民生产总值增长率才能成为富国。如果穷国刺激总需求，可以使实际国民生产总值增加，但投入品价格不变只是短期的。一旦投入品价格进行了调整，实际国民生产总值就回到其生产能力水平，增加总需求的最终影响只是物价水平上升。只有长期总供给增加，才能对实际国民生产总值有长期的影响。

第十一章 经济增长理论

内容提要

在前面章节中，我们基本上是用静态的方法和比较静态的方法来研究宏观经济问题，在模型中尚未加入时间因素；此外，前面的章节虽然曾涉及供给方面，进而涉及了长期性问题，但是并没有将不同时期连续起来考察。在本章，我们将采用动态的方法，研究长期的经济增长问题。经济增长理论是宏观经济学中的一个重要组成部分。它研究的是国民收入的增长，它通过研究实现经济稳定增长的条件，以及影响经济增长的因素等，来解释国民收入或产量长期发展的情况。其内容为：一是以凯恩斯的储蓄投资分析为基础的各种经济增长模型，主要是哈罗德—多马经济增长模型、新古典经济增长模型和剑桥经济增长模型。二是经济增长因素分析，主要讨论影响经济增长的因素及在经济增长中的作用。三是零经济增长理论，主要从经济增长的代价方面进行分析。

哈罗德模型的基本公式为 $G=S/C$。G 表示收入增长率，S 表示储蓄率，C 表示资本—产量。多马模型的基本公式为 $G=S\sigma$，σ 表示资本生产率。多马模型与哈罗德模型的区别在于多马用资本生产率表示资本—产量比率，且 G 表示投资增长率。

在分析经济稳定增长的条件时，哈罗德所用的公式为有保证的增长率 G_w 等于合意的储蓄率和合意的资本—产量比率之比。此式表明，当既定的合意储蓄率和合意资本—产量所决定的增长率是有保证的增长率时，经济可以实现稳定的增长。在此增长率下，厂商预期的投资需求恰好等于本期的储蓄供给。

在分析经济短期波动原因时，哈罗德提出实际增长率的概念，即本期产量和收入的增加量与上一期产量或收入之比。实际增长率由实际发生的储蓄率和实际资本—产量比率决定，要实现稳定增长，实际增长率必须等于有保证的增长率，即 $G=G_w$。若实际增长率小于有保证的增长率，实际投资率将低于合意的储蓄率而引起经济收缩。若实际投资率大于有保证的增长率，实际投资率则高于合意的储蓄率而导致经济扩张。经济波动是由于这两者总是不一致的缘故引起的。

在论述经济中长期波动的原因时，哈罗德提出自然增长率的概念，认为自然增长率是人口增长与技术进步所允许达到的长期的最大增长率。若有保证的增长率大于自然增长率，这表明储蓄和投资的增长率超过了人口增长和技术进步所允许的程度而出现长期停滞趋势。若有保证增长率小于自然增长率，这表明储蓄和投资的增长率低于人口增长和技术进步所允许的程度而出现长期繁荣趋势。若有保证增长率等于自然增长率，表明社会的所有劳动力和生产设备在既定的技术水平下得到充分利用。如果此时实际增长率与有保证的增长率也相等，这就能实现充分就业的均衡增长。

根据新古典经济增长理论，一国的经济增长主要取决于资本、劳动和技术进步这三个因素。

剑桥经济增长模型强调国民收入分配对经济增长的影响，在技术不变的前提下，实现稳定增长的条件取决于利润率的高低及资本所有者和劳动者不同的储蓄倾向。若储蓄倾向已定，则可通过改变利润与工资在国民收入中的比重来改变社会储蓄率，从而达到经济稳定增长的目的。

西方经济学者重视技术进步和由此产生的生产率的提高对经济增长的重要作用，提出全部要素生产率分析，即以产量和全部要素投入量之比来考察生产率提高对经济增长的影响。同时还分析了无形投资、资源配置、生产规模、资源质量等因素对经济增长的影响。

持经济增长极限论的经济学者认为，影响经济增长主要有五个因素，即人口增长、粮食生产、资本存量、环境污染和资源消耗。这五个因素都按指数规律增长。若社会无重要变化，那么由于世界粮食的短缺、污染的加重及资源的耗竭，世界人口和生产能力将发生无法控制的崩溃。为避免这种情况的发生，应停止人口增长和投资增长，以便达到零增长的全球性均衡。

综合练习题

一、选择题

1. 经济增长的最佳定义是（　　）。
   A. 投资和资本量的增加
   B. 因要素供给增加或生产率提高使潜在的国民收入有所提高
   C. 实际国民收入在现有水平上有所提高
   D. 人均货币收入的增加

2. 经济增长理论主要论述的是（　　）。
   A. 投资对潜在的实际国民收入的影响
   B. 投资在短期内对总需求的影响
   C. 实际国民收入围绕潜在国民收入周期性的波动
   D. 某段时期结构性失业的减少

3. 用 GNP 值来衡量经济好坏的不足之处是（　　）。
   A. GNP 不包括生产的社会成本
   B. GNP 忽略休闲时间的增加
   C. GNP 不能把产品的品种变化包括进去
   D. 以上说法都正确

4. 满足下列哪个条件时生产函数 $F=F(K, L)$ 将有按比例的固定收益（　　）。
   A. $F(zK, zL)=Y$
   B. $zF(K, L)=Y$
   C. $F(zK, zL)=zY$
   D. $F(K+1, L+1) - F(K, L) = 1$

5. 如果生产函数 $Y=F(K,L)$ 具有按比例的固定收益,那么（　　）。
   A. $F(zK, zL)=zY$
   B. $F(K/L, 1) = Y/L$

C. y=f（k），y 表示每个工人的生产量，k 表示每个工人的资本量

D. 以上论述都正确

6. 经济增长在图像上表现为生产可能性边界（　　）。

   A. 向内的某一点向边界移动

   B. 向外移动

   C. 向上的某一点沿着边界移动

   D. 向内移动

7. 生产可能性曲线向右移动是因为（　　）。

   A. 投入减少而引起产出增加

   B. 产出随着投入的增加而增加

   C. 劳动力被有效地利用

   D. 生产可能性曲线内的一点向生产可能性曲线上一点的移动

8. 在一个充分就业的经济体系中，资本积累需要（　　）。

   A. 降低储蓄

   B. 实行低利率

   C. 抑制消费

   D. 外国贷款

9. 表明各国人均收入分配状态的劳伦斯曲线（　　）。

   A. 在45°线上

   B. 在45°线的左方

   C. 在45°线的右方，但比美国的劳伦斯曲线离45°线远

   D. 在45°线的右方，但比美国的劳伦斯曲线离45°线近

10. 在下面哪种情况下人均收入最高（　　）。

    A. 劳动力的边际生产率最高

    B. 劳动力的平均产品最高

    C. 总产量最高

    D. 利率水平最低

11. 规模报酬递增，配置效率增加和技术进步都可弥补（　　）

    A. 某些国家社会间接资本的缺乏

B. 发达国家资本积累的缺乏

C. 发达国家劳动力的不足

D. 资本密集型引起的报酬递减

12. 关于资本边际产品 MPK 的说法不正确的是（　　）。

A. MPK 随 k 的上升而下降；

B. MPK=f（K+1）-f（K）

C. MPK 等于生产函数 y=f（K）的导数

D. 当仅有少量资本时，MPK 非常小

13. 若处于稳定状态的一个国家采取政策来提高储蓄率，在实现新的稳定后（　　）。

A. 每个工人的产量将以比以前快的速度增加

B. 每个工人的产量将比以前高

C. 每个工人的资本量将与以前相同

D. 以上说法都对

14. 假如要把产量的年增长率从 5% 提高到 7%，在资本-产量比率等于 4 的前提下，根据哈罗德增长模型，储蓄率应达到（　　）。

A. 28%

B. 30%

C. 32%

D. 20%

15. 当 MPK 为 0.25 时，如果资本量增加 2 个单位，产量将增加（　　）。

A. 0.2

B. 0.5

C. 2

D. 8

16. 在没有人口增长和技术进步的稳定状态下（　　）。

A. 每个工人的资本量在一段时间内保持不变

B. 以每个工人计算的投资等于折旧

C. 以每个工人计算的储蓄等于折旧

D. 以上说法都正确

17. 若实际产量每年以净增长 3.5% 持续增长，在多少年后实际产量将翻一番（　　）。

　　A. 10 年

　　B. 20 年

　　C. 30 年

　　D. 35 年

18. 根据索洛模型，n 表示人口增长，δ 表示折旧率，每个工人资本的变化等于（　　）。

　　A. Sf（K）+（δ+n）K

　　B. Sf（K）+（δ-n）K

　　C. Sf（K）-（δ+n）K

　　D. Sf（K）-（δ-n）K

19. 根据索洛模型，人口增长率的上升将（　　）。

　　A. 提高每个工人资本的稳定状态水平

　　B. 降低每个工人资本的稳定状态水平

　　C. 对每个工人资本的稳定状态水平没有影响

　　D. 如果 m<n 则如 B 所述，如果 m>n 则如 A 所述

20. 在索洛的经济增长模型中，生活水平的不断提高是由于（　　）。

　　A. 导致人均产出持续增长的技术进步

　　B. 导致持续高增长率的高储蓄率

　　C. 能提供更多劳动力资源的高人口增长率

　　D. 以上说法都正确

21. 下列哪一种情况不是贫穷国家经济发展的主要障碍（　　）。

　　A. 人口增长

　　B. 跨国公司的存在

　　C. 低储蓄率

　　D. 国际债务

22. 政府关于使储蓄等于投资的政策将（　　）。
    A. 导致私人投资越来越少
    B. 抑制增长率
    C. 稳定经济的增长率
    D. 导致社会资本过剩，私人生产资本缺乏

23. 随着技术进步和知识更新（　　）。
    A. 投资的收益递减将导致资本产出比率下降
    B. 资本边际收益曲线呈一水平线
    C. 资本边际收益曲线向左移动
    D. 资本边际收益曲线向上移动

24. 经济增长率的提高（　　）。
    A. 通常由于消费的增加所引起
    B. 通常要求降低国民收入中的消费比例
    C. 仅在于增加有形资本的投资
    D. 是实行高利率政策的结果

25. 传统的经济增长理论（　　）。
    A. 预测资本收益是递减的
    B. 预测资本收益是递增的
    C. 预测资本收益是不变的
    D. 对资本收益率不作预测

26. 传统经济增长理论和现代经济增长理论的主要区别在于（　　）。
    A. 现代经济学家比早期经济学家更注重劳动力的数量
    B. 早期经济学家忽略了资本积累的作用
    C. 现代经济学家强调技术的作用
    D. 早期经济学家强调国际贸易在经济增长中的作用

27. 从历史上看，经济增长最重要的益处在于（　　）。
    A. 分配收入
    B. 提高生活水平
    C. 有助于提高一国的国防力量

D. 在资源稀缺的情况下提供就业

28. 反对增长的经济学家认为（　　）。

    A. 国家贫穷是分配问题而不是生产问题

    B. 国家贫穷是生产问题而不是分配问题

    C. 增长是高生活水平的必要因素

    D. 在通货膨胀时期必须执行人口零增长政策

29. 主流经济学家并不认为增长的害处大于好处，但他们认为由增长带来的害处是因为（　　）。

    A. 资源有限而人的欲望无限

    B. 某些产品生产导致社会成本大于私人成本

    C. 公司的判断错误

    D. 政府对经济的干预

30. 就整个经济来说，经济增长的主要机会成本是（　　）。

    A. 未来人们的生活水准将下降

    B. 导致自然资源的短缺

    C. 降低人们目前的消费水准

    D. 必然导致贫穷

31. 假定两个国家有相同的人均产出，A 国的年经济增长率为 6%，B 国的经济增长率为 3%。（　　）后 A 国的人均产出将为 B 国的 4 倍。

    A. 12 年

    B. 24 年

    C. 36 年

    D. 48 年

32. 上世纪 70 年代全球性的经济增长放慢可解释为（　　）。

    A. 劳动力的大量更新导致平均经验水平的下降

    B. 政府制定较多的法规来保护环境

    C. 70 年代石油价格大幅度变动使一些股本过早地被废弃

    D. 以上说法都正确

33. 如果一国的资本—产出比率即使在资本深化的过程中也不断

上升,那么( )。

  A. 该国资本所有者在总产出中拥有的份额不断上升

  B. 经济还没达到资本收益递减阶段

  C. 资本的边际实物产出一定已经为零

  D. 考虑到资本生产率,收益递减规律一定在起作用

34. 如果认为资本是惟一可变的投入,那么收益递减(没有技术变革)意味着( )。

  A. 资本所有者在总产出中拥有的份额必然随着产出的增加而增加

  B. 资本—产出比率必然随着产出的增加而下降

  C. 资本所有者在总产出中拥有的份额必然随着产出的增加而减少

  D. 资本—产出比率必然随着产出的增加而上升

35. 在多马的经济增长理论中,生产能力的增长等于( )。

  A. 净投资乘以投资的平均生产率

  B. 在任何特定的收入期里的净投资量

  C. 平均储蓄倾向乘以净投资

  D. 平均储蓄倾向的倒数乘以净投资的变化量

36. 根据多马的理论,总需求的变化量决定于( )。

  A. 净投资乘以边际储蓄倾向

  B. 一个收入期的变化量乘以边际储蓄倾向的倒数

  C. 净投资的变化量乘以边际储蓄倾向的倒数

  D. 资本的平均生产率乘以平均储蓄倾向

37. 凯恩斯和多马的经济发展理论主要区别在于( )。

  A. 凯恩斯认为投资的变化量对总需求有乘数作用,而多马否认这种乘数作用

  B. 多马的理论明显地没有认识到净投资能增加生产能力,而凯恩斯却把生产能力引入到了他的模型中

  C. 多马认为经济总是以一种充分就业的均衡速度发展,而凯恩斯否认这种看法

D. 凯恩斯没有考虑净投资对于生产能力的影响，而多马却考虑到了这一点

38. 由于认识到了净投资增加生产能力，多马（   ）。
    A. 决定通过利用整个时期生产能力的增长而实现的收入增长的速度
    B. 决定整个时期生产能力增长的原因
    C. 决定整个时期生产能力将会有的增长速度
    D. 以上说法均不正确

39. 我们认为多马模型的一个缺陷是（   ）。
    A. 没有考虑到增加生产能力的自主的净投资
    B. 使用的是一个平均的资本—产出比率，而后者本应该分解为每一行业的资本—产出比率
    C. 过于强调了总需求的变化
    D. 以上说法均不准确

40. 多马模型意味着（   ）。
    A. 为了维持充分就业，投资不仅必须在整个时期内增长，而且必须以一种递增的速度增长
    B. 如果净投资保持不变，则生产能力、总需求都不会增长
    C. 总需求将毫无困难地跟上生产能力
    D. 技术因素在经济增长中具有十分重要的意义

41. 在多马的经济增长模型中没有强调下列哪一点（   ）。
    A. 资本积累在经济发展过程中是一个非常重要的因素
    B. 一个先进的经济必须避免出现未利用的劳动力和资本的数量不断增加的情况
    C. 增长道路是一条脆弱的道路——如同剃刀的刀锋
    D. 均衡增长很可能自发地实现

42. 哈罗德的有保证的发展速度是这样一种发展速度，它（   ）。
    A. 使企业家满意于他们在过去已作出了正确的决策，并准备继续以同样的发展速度经营
    B. 使事前投资等于事前储蓄

C. 等于意愿的资本需求量除以边际储蓄倾向
D. 以上各项全部不正确

43. 如果哈罗德的实际增长速度超过了有保证的增长速度，则（　　）。
    A. 经济将趋向停滞，因为实际的资本存量的增长大于企业家们所希望的增长
    B. 经济将趋向停滞，因为实际的资本存量的增长小于企业家所希望的增长
    C. 经济将经历一个螺旋上升的通货膨胀，因为企业家们希望一个大于实际发生的资本存量的增长，由此将在每一个相续的时期增加投资
    D. 经济将经历通货紧缩，因为企业家们希望的资本存量的增长小于实际发生的增长，由此将在每一个相续的时期缩减投资

44. 哈罗德的自然增长率（　　）。
    A. 使企业家满意于他们已作出了最优决策，并将在未来继续作出类似的决策
    B. 确保没有过剩的生产能力
    C. 往往是经济自发地经历的
    D. 考虑到了人口增长和技术进步

45. 在长期，最大可能实行的最大增长率为（　　）。
    A. 有保证的增长率
    B. 自然增长率
    C. 实际的增长率
    D. 以上说法均不准确

46. 如果劳动力的年增长率为 1.5%，劳动生产率的年增长率为 3%，则自然增长速度为（　　）。
    A. 1.5%
    B. 3%
    C. 4.5%

D. 7%

47. 如果自然增长率超过了有保证的增长率,哈罗德认为:一般地说,经济将经历(   )。

    A. 通货膨胀,因为在大部分时间里实际的增长率将超过有保证的增长率

    B. 通货膨胀,因为在大部分时间里有保证的增长率将超过实际的增长率

    C. 通货紧缩,因为实际增长率将不够充分

    D. 通货紧缩,因为有保证的增长率超过了实际增长率和自然增长率

48. 多马和哈罗德在以下哪一点上有分歧(   )。

    A. 投资在增长过程中的重要性

    B. 使用凯恩斯的分析结构

    C. 增长的中心问题在于保持预期投资持续地与增长的计划储蓄相等

    D. 他们看待投资过程的方程

49. 在资料充足的情况下,最有意义的而又适用的衡量经济增长的工具是(   )。

    A. GNP 的货币量

    B. 实际 GNP

    C. 人均实际产出

    D. 人均货币收入

50. 根据新古典经济增长理论模型,一个国家最终将(   )。

    A. 以一个不断增长的比率增长

    B. 保持一个静止状态

    C. 耗光自然资源难以维持生存

    D. 造成严重的污染使其人民难以生存

51. 世界末日式的经济增长模型认为(   )。

    A. 国家将逐步达到长期静止状态

    B. 生产和消费水平给定,不再变化,经济体系将垮掉

C. 将有一场原子战，这将摧毁地球上的所有生命
D. 古典增长模型是完全没有基础的

52. 世界末日式的经济增长模型主要是由下列哪一个原因而受批评（　　）。

A. 它们对技术进步没有给予足够的关注
B. 它们不能充分地认识到整个时期会出现的新资源
C. 它们不能在模型中建立起价格机制
D. 以上各项全部正确

53. 人均生产函数是（　　）。

A. 说明人均资本可以生产出多少产出
B. 一不变的资本—劳动比率函数
C. 说明不同的资本—劳动比率可以生产的人均产出
D. 全体雇员除以总生产函数

54. 稳定状态的投资率不（　　）。

A. 是保持不变的资本—劳动比率的投资率
B. 与人均储蓄相等
C. 与人口增长率相等
D. 是保持不变的资本存量的投资率

55. 在哈罗德的增长模型中，有保证的增长率和自然增长率的区别在于（　　）。

A. 前者假定资本与劳动的比例不断提高，后者没有
B. 前者以充分就业为前提，后者没有
C. 前者是不稳定的，后者是比较稳定的
D. 以上答案都不对

56. 新古典理论认为，产出增长率的趋势是（　　）。

A. 与人口增长率相等
B. 人均消费等于人均储蓄
C. 资本—劳动比率较人口增长率的比率增大
D. 资本存量是不变的

57. 下列哪一点不是发展中国家的特征（　　）。

A. 贫穷

B. 稳定的资本存量

C. 发展工业基础

D. 发展商业基础

58. 产油富国与发达国家的共同点是（　　　）。

A. 人均收入高

B. 有大量资本设备

C. 收入分配较为平等

D. 出口制成品为主

59. 提高经济增长率的重要途径之一是（　　　）。

A. 提高投资产出比率

B. 建立高度发达的税收机制

C. 削减就业人数

D. 增加人口

60. 下列哪一种情况下不是人均生产函数的特征（　　　）。

A. 随着人均资本存量的增加，人均产量也增加

B. 对于每一个既定的人均生产函数来说，技术状态是不变的

C. 随着资本存量增加，人均生产函数向上移动

D. 收益递减规律适用于人均生产函数

61. 人力资本是（　　　）。

A. 劳动本身

B. 人所制造的机器

C. 人使用的机器

D. 人的技能与知识

62. 下列哪一种方法是提高增长率的最好方法（　　　）。

A. 发现新的自然资源供给

B. 发展新技术

C. 提高人口增长率

D. 降低人口增长率

63. 其他条件相同情况下，在较长一段时期中储蓄的增长可能

( )。

    A. 导致总需求曲线朝左移动

    B. 导致实际国民收入下降

    C. 因而获得投资支出而提高经济增长率

    D. 表现出"节俭反论"现象

64. 下列哪一种情况属于资本深化（　　）。

    A. 人口增长5%，资本存量增加10%

    B. 人口增长5%，资本存量增加5%

    C. 人口增长5%，资本存量增加4%

    D. 人口没有增长，资本存量也没有增加

65. 在80年代后的新增长理论中，技术进步是（　　）。

    A. 增长的余量

    B. 外生变量

    C. 内生变量

    D. 引起经济增长的最重要因素

66. 当储蓄水平为既定时（　　）。

    A. 政府预算赤字越大，经常账户赤字越大，投资就越多

    B. 政府预算赤字越大，经常账户赤字越小，投资就越多

    C. 政府预算赤字越小，经常账户赤字越大，投资就越多

    D. 政府预算赤字越小，经常账户赤字越小，投资就越多

67. 当一国陷入低收入自我加强的状态时就被称为处于（　　）。

    A. 不发达陷阱

    B. 流动性陷阱

    C. 非工业化陷阱

    D. 低资本化陷阱

68. 只有把从国外借来的钱用于下列哪一个项目时，才不至于陷入沉重的债务负担之中（　　）。

    A. 用于修高速公路

    B. 用于建学校，普及教育

    C. 用于增加政府行政费用

D. 用于建立收效快的工厂

69. 下列哪种情况是经济发展最成功的国家的关键因素（　　）。
    A. 人口控制
    B. 外援
    C. 比较自由的国际贸易
    D. 丰富的自然资源

70. 大多数经济学家对外援的看法是（　　）。
    A. 外援对经济增长有至关重要的作用
    B. 外援对经济增长的作用取决于受援国如何利用外援
    C. 外援对经济增长有不利的作用
    D. 外援对经济增长无所谓

71. 下列哪一种情况不会引起穷国的长期增长（　　）。
    A. 储蓄率提高
    B. 技术进步
    C. 总需求迅速增长
    D. 资本积累率提高

72. 引起不发达国家经济长期迅速增长的关键因素是（　　）。
    A. 富国增加总需求，增加进口
    B. 穷国增加总需求，扩大市场
    C. 穷国以通货膨胀为代价换取高经济增长率
    D. 穷国提高自己的生产能力

73. 最适宜经济增长的经济制度是（　　）。
    A. 自由放任的市场经济
    B. 有国家调节的市场经济
    C. 计划经济
    D. 计划经济与市场经济的结合

74. 假定农产品生产只需要两种投入：劳动和土地，而且可供耕种的土地数量是固定的，劳动力数量是可变的。如果为了增加产出量而增加劳动投入，收益递减规律就会起作用，而且（　　）。
    A. 劳动—土地比率上升，而土地—产出比率下降

B. 劳动—土地比率和土地—产出比率都会下降

C. 劳动—土地比率和土地—产出比率都会上升

D. 劳动—土地比率下降，而土地—产出比率保持不变

75. 在简单的劳动价值论中，对产品的需求具有以下作用（　　）。

A. 和在其他理论中一样，它与供给相互作用决定价格

B. 在价格决定中，它对供给起支配作用，但不能影响生活和消费的数量

C. 它决定了生产和消费的数量，但不能影响价格

D. 它对价格和生产与消费的数量都没有影响

76. 迄今为止美国经济的快速增长，生产率的大幅度提高，可以用多个要素进行解释，其中最重要的一个是（　　）。

A. 资本存量的深化

B. 技术变革

C. 资本存量的广化

D. 运用刺激经济增长的财政、货币政策

77. 如果劳动和其他投入基本固定，生产中使用的资本数量增加了，且资本—产出比率为常量，那么（　　）。

A. 资本—劳动比率一定下降了

B. 资本价格一定下降了

C. 收益递减规律一定在起作用

D. 一定有技术进步

78. 在没有技术变革的情况下，资本深化最终会（　　）。

A. 提高资本—产出比率

B. 降低资本—产出比率

C. 使产出数量增加，而且增加的比例大于资本增加的比例

D. 使产出数量增加，而且增加的比例等于资本增加的比例

79. "资本深化"的含义是（　　）。

A. 相对于劳动力规模而言的资本存量增量

B. 引进体现技术变革的新的资本品

C. 资本的数量和生产率都发生了变化，使资本所有者在总产

出中拥有的份额增加

D. 资本生产率提高，使总的资本存量减少了，或至少没有增加

80. 在经济学里，"资本形成"特指（   ）。

A. 购买任意新产品

B. 净投资

C. 借入资金

D. 出售任意新证券

81. 下面哪一项体现了过度的经济增长带来的负面效应（   ）。

A. 地球气候变暖

B. 森林过度砍伐

C. 物种灭绝

D. 以上各项都对

82. 罗伯特·索洛创立的新古典增长模型（   ）。

A. 分析潜在产出的增长

B. 假设经济是完全自由竞争的

C. 引入资本增长和技术变革，扩充了早期增长模型

D. 以上各项都对

83. 在索洛的新古典增长模型中，技术变革扮演着什么角色（   ）。

A. 当不存在资本深化时，技术变革是经济增长重要的因素

B. 技术变革并不十分重要，只有资本深化才是最重要的因素

C. 如果不存在技术变革，收入和工资最终稳定不变

D. 技术变革在马尔萨斯的模型中显得更重要一些

84. 目前的经济增长模型认为技术变革（   ）。

A. 没有在早期的模型中那么重要

B. 也许是个外生变量

C. 更多地提高了资本生产率而不是劳动生产率

D. 本身就是经济体系的产出

二、计算题

1. 已知 APS=0.18，K/Y 比率=3，求有保证的增长率？

2. 已知 APS=0.20，增长速度为每年 5%，求均衡的 K/Y 比率？

3. 已知 K/Y 比率=3，为了使实际增长率为每年 8%，求 APS 的值？

4. 如果 a=0.12，δ=0.35，则为维持充分就业水平所必需的收入增长率为多少？

5. 已知 $y=k^{1/2}$，储蓄率为 0.4，折旧率为 0.2。试问：

（1）每个工人股本的稳定状态水平是多少？

（2）在该水平下每个工人的储蓄和投资为多少？

6. 在没有折旧和所有资源被充分利用的情况下，已知第一年的消费和投资水平分别为 4 800 亿美元和 600 亿美元，如果资本产出比率为 3∶1，充分就业的纯国民生产额是多少？

7. 假定一国人口在 1995 年为 100 万人，并以每 10 年 10% 的比例上升，再假定每年的粮食生产为 100 万吨，并每 10 年增长 10 万吨，请问 100 年后人均粮食消费下降多少？

8. 已知储蓄为收入的 15%，边际资本产量比率为 2.5，问经济的增长率是多少？

9. 已知一国的消费占收入的 80%，资本增加 1 000 亿美元产出为 200 亿美元，请问该国的经济增长率是多少？

10. 假设有两个国家 a 与 b，a 国的人均实际收入为 10 000 元，b 国为 5 000 元，a 国的人均实际收入增长率为每年 1%。

（1）假设 b 国实际人均收入增长率为每年 10%，在两年后两国实际人均收入差额为多少？4 年后为多少？

（2）假设 b 国实际人均收入增长率为每年 20%，4 年以后两国间实际人均收入差额为多少？用多少年 b 国可以超过 a 国？

三、分析问答题

1. 发达国家经济增长的主要特征有哪些？

2. 试分析增长和发展的区别。

3. 资本密集型的含意是什么？它对经济增长将产生何种影响（假定在技术既定的条件下）？

4. 如果一个发达国家的经济增长只能通过资本积累或人口增长来实现，那么采用哪种方式更好？为什么？

5. 总资本积累与净资本积累有何区别？哪个更能说明经济增长？

6. 规模经济对经济增长有何作用？

7. 以资本密集化来解释为什么经济学家认为技术进步是发达国家经济增长的最重要因素？

8. 前面对增长的大部分讨论集中于供给方面，请分析由于需求缺乏引起的失业对增长的影响。

9. 如果将哈罗德—多马模型中的假设去掉，那么是否会导致经济的长期不稳定？为什么？

10. 通常认为经济增长有利于摆脱贫困，一些反对增长的经济学家为什么否认这一观点，大部分主流派经济学家又是如何看待这一问题的。

11. 为什么边际收益递减规律对经济增长理论特别重要？

12. 政府的政策将如何消除哈罗德—多马模型的不稳定因素？

13. 索洛的新古典增长模型与古典增长理论有什么区别？又有什么相同之处？

14. 请简要说明技术革新在新古典增长模型中扮演的角色。

15. 如何比较各国人均收入分配状态与美国各家庭的收入分配状况？

16. 用人均生产函数的概念说明为什么资本积累率提高会加快经济增长？

17. 技术进步对人均生产函数有什么影响？

18. 说明投资、储蓄、经常账户赤字与政府预算赤字之间的关系。

19. 在哈罗德—多马经济增长模型中，有保证的增长率、实际增长率和自然增长率有什么联系和区别？

20. 评述新古典经济增长模型。

参考答案

一、选择题

1. B	2. A	3. D	4. C	5. D	6. B	7. B
8. C	9. C	10. B	11. D	12. D	13. B	14. A
15. B	16. D	17. B	18. C	19. B	20. A	21. B
22. C	23. D	24. B	25. A	26. C	27. B	28. A
29. B	30. C	31. D	32. D	33. D	34. D	35. A
36. C	37. D	38. A	39. B	40. A	41. D	42. D
43. C	44. D	45. B	46. C	47. A	48. D	49. C
50. B	51. B	52. B	53. C	54. D	55. C	56. C
57. B	58. A	59. A	60. C	61. D	62. B	63. C
64. A	65. C	66. C	67. A	68. D	69. C	70. B
71. C	72. B	73. B	74. A	75. C	76. B	77. D
78. B	79. A	80. B	81. D	82. D	83. C	84. D

二、计算题

1. 解：G_w=APS/（K/Y）=0.18/3=0.06（6%）

2. 解：K/Y=APS/G_w=0.2/0.05=4

3. 解：APS=G_w·（K/Y）=3·0.08=0.24

4. 解：$a\delta$=0.12·0.35=4.2%

5. 解：（1）4 （2）0.8

6. 解：5600亿美元

7. 解：约25%

8. 解：根据题意 s=0.15y，因为 I=s，所以 I=0.15y，设 Δk 处于稳定状态，I=Δk，得 Δk=0.15y，因为 $\Delta k/\Delta y$=2.5，所以 $\Delta y/y$=0.06，

年增长率为 6%。

9. 解：根据题意 Y= C+S，C=0.80Y，S=0.20Y
G=S/C=S/(△k/△y)=20%/(1000/200)=4%

10. 解：(1)由于 a 国增长率为 1%，所以，1 年后人均收入从 10 000 元增加到 10 100 元。b 国的增长率为 10%，一年后人均收入从 5 000 元增加到 5 500 元。这样，实际人均收入差距从 5 000 元减少为 4 600 元。在 a 国，下一年的人均收入为上一年的 1.01 倍。如果这种情况继续 4 年，在 4 年后 a 国的人均收入为 10 406 元，b 国的人均收入为 7 320 元。所以，4 年后这两个国家的人均收入差额为 3 086 元。

(2) 如果 b 国增长率为 20%，4 年后人均收入为 10 368 元，而 a 国人均收入为 10 406 元。因此，4 年后两国人均收入差距将减为 38 元。在第 5 年，b 国的人均收入就会超过 a 国。

三、分析问答题

1. 答：主要特征是：
(1) 国民产出总值每年都保持一个稳定比例的增长；
(2) 资本产量比率相当稳定；
(3) 资本积累速度超过人口增长速度，具有较高的资本劳动比率；
(4) 工资占国民收入的比例上升；
(5) 实际工资比率上升。

2. 答：区别在于增长通常是指国民生产总值的增加，所研究的是发达国家的问题。发展是研究一个国家如何由不发达状态过渡到发达状态的问题，不仅有国民生产总值增加的问题，还有适应这种增长的社会制度变化问题。

3. 答：资本密集型是指资本劳动比率的上升，根据收益递减规律，资本边际收益将下降，若没有技术进步，资本密集型最终将导致经济的零增长。

4. 答：资本积累的方式更好，因为：(1) 可提高劳动力的边际生产率从而增加人均收入；(2) 人口增长使产量增长的同时将降低人均产量，从而使人均收入下降。

5. 答：总资本积累是指一定时期对资本设备的投资总量，其中一部分为重置投资。净资本积累是指对资本设备新增加的投资，可扩大生产能力，因此更能说明经济增长。

6. 答：规模经济的特点是随着生产规模的扩大，单位产品的成本越来越低。因此，对经济增长有促进作用。

7. 答：经济学家认为，技术进步是弥补资本边际收益递减的重要因素。新的投资同时也引起新的生产技术，这是资本劳动比率大幅上升后资本产量比率比较稳定的重要原因。

8. 答：失业率上升导致投资和资本积累的下降。投资的缺乏不仅抑制经济增长，并影响到充分就业；资本积累下降将阻碍新技术引进，影响长期增长率。

9. 答：哈罗德－多马模型假设储蓄等于投资。若储蓄大于投资将导致产量下降，经济衰退；若储蓄小于投资，则引起经济的通货膨胀而无法持续增长。两者均造成经济的长期不稳定。

10. 答：因为这些经济学家认为，贫穷是分配问题而不是生产问题，经济增长无法消除贫困。主流派经济学家认为增加产出，提高整体水平是实现收入分配，消除贫穷的惟一有效途径。他们强调分配不利于生产积极性，反而会降低生产率使人均收入下降。

11. 答：在自然资源和技术水平既定情况下，资本积累和人口增长因边际收益递减而最终趋于零增长状态，到达增长极限后人均收入必下降，因此该规律对经济增长理论尤为重要。

12. 答：当储蓄大于投资或投资超过储蓄时，政府可通过税收、国家投资、收入再分配等措施直接或间接地消除由此而产生地经济不稳定。

13. 答：索洛的模型也是建立在两种投入基础之上的，其中一种为固定投入，另一种为可变投入。但是在索洛模型中，劳动为固定投入，而资本是可变投入。在20世纪，资本增长的速度快于劳动力的增长速度。由于意识到资本和技术在经济增长中占有重要地位，索洛解决了马尔萨斯的环境问题。

14. 答：技术是新古典增长模型的重要组成部分，技术变革意味着用给定数量的资本和劳动可以生产出更多的产品。技术变革抵消了（资本）边际收益递减规律的影响，从而阻碍了劳动者实际工资下降的步伐。

15. 答：可以用各国人均收入分配的劳伦斯曲线与美国各家庭收入分配的劳伦斯曲线进行比较。各国人均收入分配的劳伦斯曲线离45度线的距离比美国各家庭收入分配的劳伦斯曲线远。这就说明，各国人均收入分配比美国各家庭收入分配更加不平等。

16. 答：人均生产函数表明了，在技术为既定的情况下，人均产量如何随人均资本存量增加而增加。如果资本积累率提高，那么，人均资本存量也就更迅速地提高。这就意味着人均产量迅速增长，即更高的增长率，可以用沿着人均生产函数的变动来说明这一点。

17. 答：人均生产函数表明了技术为既定的情况下人均产量和人均存量之间的关系。如果技术进步了，每单位资本生产率更高，从而人均生产函数向上方移动。

18. 答：可以用介绍过的国民收入核算恒等式来说明，投资等于储蓄加经常账户赤字减政府预算赤字。

19. 答：有保证的增长率又称"均衡增长率"或"合意增长率"，是指在总需求与总供给相等条件下的增长率，或能使厂商感到满意并准备继续维持下去的产量增长率。这一概念是哈罗德分析经济中长期波动问题时提出的，其计算公式为：

$$G_w = S_d / C_d$$

式中，S_d 为合意的储蓄率，C_d 为合意的资本－产量比率。

本期产量或收入增长量与上期产量或收入增长量之比，即实际发生的增长率。实际增长率（G_t）由实际发生的储蓄率（S）和实际资本－产量比率决定的，其公式为 $G_t = S/C$。这一概念是哈罗德在分析经济稳定增长时使用的。

自然增长率是人口增长与技术进步所允许达到的长期的最大的增长率。这一概念是哈罗德分析经济中长期波动问题时引进的。自然增长率的公式为：

$$G_n = S_o/C_r$$

式中，C_r 为预期的资本产量比率，S_o 为一定制度安排下最适宜的储蓄率。

哈罗德认为，当既定的合意储蓄率和合意的资本－产量比率所决定的增长率是有保证的增长率时，经济就可以实现稳定增长。合意的储蓄率和合意的资本－产量比率是经济稳定增长的条件。但是，经济增长的实际情况并不一定就是生产者合意的增长率，即均衡增长率（G_w）与实际增长率（G_t）并不是完全相等的。如果 $G_t>G_w$，社会总需求将超过扩大了的生产能力，结果出现通货膨胀；反之，如果 $G_t<G_w$，扩大了的生产能力就不能实现既无失业，又无通货膨胀的均衡增长。不过要使这二者相等并不容易，所以实现均衡增长的道路非常狭窄，被称为是"刀锋"式增长途径，这就决定了 $G_t=G_w$ 是偶然的，从而决定经济产生波动，即在收缩与扩张的交替中发展。

在考察长期经济波动问题时，必须注意有保证的增长率（G_w）与自然增长率（G_n）的关系。若 $G_w>G_n$，表明储蓄和投资的增长率超过人口增长与技术进步所能允许的程度，将出现储蓄过度的现象，从而出现长期停滞趋势。如 $G_w<G_n$，表明储蓄和投资的增长率尚未达到人口增长与技术进步所允许的程度，此时因生产增加未受到劳动力不足与技术水平的限制，厂商将增雇工人，扩大生产，从而出现过度繁荣趋势。若 $G_w=G_n$，表明社会全部劳动力与设备在既定技术水平下得到充分利用，如果此时实际增长率（G_t）与有保证增长率（G_w）也相等，就实现了充分就业的均衡增长。故在长期中实现理想的均衡增长条件是 $G_t=G_w=G_n$。但这是困难的，因为三者各由不同因素决定，当三者不一致时，就会出现经济波动。

英国经济学家哈罗德、美国经济学家多马把凯恩斯理论的短期比较静态分析扩展为长期动态分析，在凯恩斯就业理论的基础上分别建立了自己的增长模型，由于二者基本内容大致相同，通称为哈罗德－多马经济增长模型。

（1）哈罗德经济增长模型（简称哈罗德模型）。哈罗德在 1939 年发表了《论动态理论》一文，提出了经济增长理论的初步构想，在

1948年出版的《动态经济学》一书中，系统地提出了他的经济增长模型。

哈罗德认为，凯恩斯的理论分析是短期静态分析，有一定局限性，因而需要长期化、动态化。长期化是指把人口、资本和技术等因素看作变量，而不再假定为不变量。动态化是指把经济活动看作是时间上有连续性的活动，重点研究经济增长的条件和长期增长的变化趋势。按照哈罗德的观点，投资有双重作用：一方面能扩大对投资品和消费品的需求，缓解销售困难；另一方面，能使生产扩大和产品供给增加，又带来销售困难。同时，投资和产量是相互作用的，投资不仅影响产量，而且也受产量影响。但是凯恩斯只看到了投资对象对产量（或收入）的刺激作用，却忽视了产量（或收入）的增长对投资的刺激作用。后者就是加速原理。产量（或收入）的变化对投资水平及其变化具有加速的影响。哈罗德指出了凯恩斯收入均衡论的局限性，认为要保证经济长期均衡增长，必须要求投资保持一定的增长率。

为分析实现经济稳定增长的均衡条件，哈罗德建立了经济增长模型，假设条件有：①全社会只生产一种产品，不用于消费部分都用于投资。②储蓄倾向不变，储蓄由收入水平决定。③社会生产中只有劳动和资本两种生产要素。两种要素的比例不变，而且每单位产品消耗的生产要素也不变。④技术水平不变，边际资本系数等于平均资本系数，即资本—产量比率不变。⑤资本和劳动的边际生产率递减。

哈罗德经济增长模型的基本公式包括三个变量：

①资本—产量比率也称资本系数，用 C 表示。这是指在既定技术和其他条件下资本对产量的比例，若生产 1 元产品，平均需要 4 元资本，即 $C=4$。②储蓄—收入比率也叫储蓄率，用 S 表示。这是指收入中不用于消费的部分占全部收入的比重，若收入 100 元，消费 80 元，则 $S=(100-80)/100=0.2$。③有保证的增长率或经济增长用 G_w 表示。这是指资本家的预期投资需求正好等于本期储蓄供给。如果 $C=4$，$S=0.2$，为了使现有的本期储蓄供给正好等于投资需求，那么，有保证的增长率应该是5%，即

$$G_w = S/C = 0.2/4 = 0.05$$

哈罗德经济增长模型为：

$G_w=S/C$ 或 $G_w \cdot C=S$

模型的含义是：为保证资本主义经济均衡增长，应使经济发展速度保持在 $G_w=S/C$，上例中为5%。实际上，经济均衡增长的条件是：储蓄全部转化为投资，使总需求等于总供给。因为 $G_w=\triangle Y/Y$，$C=I/\triangle Y$，$S=S/Y$。式中，Y、$\triangle Y$ 表示国民收入及国民收入增量；I、S 表示投资、储蓄。所以 $G_w \cdot C=S$，即：$\triangle Y/Y \times I/\triangle Y=S/Y \cdot I=S$。

（2）多马经济增长模型（简称多马模型）。多马在《资本扩充、增长率和就业》（1946年）和《扩充和就业》（1947年）两篇论文中，从投资的两重性出发建立了自己的模型。投资两重性：一方面，投资增加有效需求和国民收入，即扩大了需求；另一方面，投资还增加了资本存量和生产能力，即扩大了供给。多马认为，通过增加投资解决失业问题，就必须在下一时期增加更多的支出（需求），才能保证新增加的资本存量及其潜在的生产能力得到充分利用，这就是多马经济增长模型的含义。多马经济增长模型为：

$\triangle I/I=\triangle S$

式中，I、$\triangle I$ 为投资及投资增量；$\triangle I/I$ 为投资增长率；S 为储蓄率（同哈罗德经济增长模型一样）；$\triangle S$ 为资本生产率或投资效率，即产出－资本比率。如果4元投资的产出是1元，则 $\triangle S=1/4$，与哈罗德经济增长模型中 C 是倒数关系，即 $\triangle S=1/C$。因为 $\triangle S=\triangle Y/I$，$S=S/Y=\triangle S/\triangle Y$，则 $\triangle I/I=\triangle Y/I \times \triangle S/\triangle Y$，得出 $\triangle I=\triangle S$。

把哈罗德经济增长模型和多马经济增长模型合在一起，即

$G_w=S/C=\triangle I/I$ 或 $G_w=S/C=\triangle S$

（3）哈罗德－多马经济增长模型的理论观点。把哈罗德经济增长模型和多马经济增长模型合在一起，从哈罗德－多马经济增长模型出发，可得出以下三个理论观点。

①经济稳定增长的条件。哈罗德在分析经济稳定增长条件时，所用公式是 $G_w=S_a/C_r$。式中，G_w 为有保证的增长率，即使资本家满意并准备继续保持下去的产量增长率；S_a 为合意的储蓄率；C_r 为合意的资本－产量比率。

这个公式说明，当一定的合意储蓄率与合意的资本－产量比率决定的经济增长率是有保证的增长率时，社会经济就能够实现稳定增长。其原因在于，在这种有保证的增长率之下，资本家预期的投资需求正好等于本期的储蓄供给，即资本家预期在下一期需要增加的资本，正好等于他们现在手中增加的设备与存货。这样，就在长期中达到了投资等于储蓄限额的均衡条件，即全部储蓄都能转化为投资，从而实现了经济的稳定增长。

②短期经济波动的原因。为分析短期经济波动，哈罗德使用了实际增长率的概念。实际增长率（G_t）是实际发生的稳定增长，必须使实际增长率等于有保证的增长率，即 $G_t=G_w$。而使二者相等是不能轻易做到的，所以，实现经济稳定增长的途径好似刀刃一样狭窄，称这是刀锋式的增长途径。

在现实经济活动中，如果实际增长率与有保证的增长率不相等，就要引起经济波动。下面分两种情况说明：

第一种，如果实际增长率低于有保证的增长率（$G_t<G_w$），表明实际储蓄率即实际投资率低于合意的储蓄率（$S<S_a$），这就会形成累积性的投资缩减，必将导致经济收缩，失业增加。

第二种，如果实际增长率高于有保证的增长率（$G_t>G_w$），表明实际投资率大于合意的储蓄率（$S>S_a$），这就会形成累积性的经济扩张，投资增加，引起收入和就业增加。

综上所述，实际增长率和有保证的增长率一致是很少见的，偶然的。所以，社会经济必然要出现波动，在收缩和扩张的交替中发展。

③经济长期波动的原因。哈罗德在模型中引进了劳动力增长和技术进步两个因素，进一步考察了资本主义经济长期发展的趋势及其原因，在分析这个问题时，哈罗德提出了自然增长率（G_n）的概念。自然增长率是人口增长和技术进步所允许达到的长期的最大增长率，其公式是 $G_n=S_a/C_r$，C_r 是预期的资本－产量比率，S_a 是在一定制度安排下，最适宜的储蓄率。

有保证的增长率和自然增长率之间的关系变化，成为经济社会长期波动的原因。具体包括下面三种情况：

第一种，有保证的增长率大于自然增长率（$G_w>G_n$）。$G_w>G_n$说明储蓄与投资的增长率超过人口增长与技术进步所能允许的程度。这时，劳动力不足和技术水平限制了生产的增长，会出现储蓄过度和投资过度的现象，从而出现长期停滞现象。

第二种，有保证的增长率小于自然增长率（$G_w<G_n$）。$G_w<G_n$说明储蓄与投资的增长还没有达到人口增长和技术进步所能允许的程度。这时，劳动力不足和技术水平不但不能限制生产的增加，还为生产的增长提供了条件，资本家将要扩大生产，增雇工人，从而出现了经济过度繁荣的趋势。

第三种，有保证的增长率等于自然增长率（$G_w=G_n$）。$G_w=G_n$说明全社会的劳动力和生产设备在一定的技术水平条件下，都已经得到了充分利用。如果此时，实际增长率也等于有保证的增长率，即$G_t=G_w$，则全社会既实现了经济增长，又实现了充分就业。这就实现了充分就业的均衡增长。因此，在长时期里，实际最理想的经济均衡增长的条件是：

$$G_t=G_w=G_n$$

但是，G_n、G_t、G_w都是由各自不同的因素决定的，实现长期经济均衡增长是非常困难的。而当G_n、G_t、G_w不一致或发生偏离时，社会经济就很容易出现一种波动，这种波动不但不能自我纠正，还会产生更大偏离，这个结论被称为哈罗德的"不稳定原理"。

哈罗德－多马经济增长模型的理论基础是凯恩斯主义理论。它不仅在理论上是投资等于储蓄这一公式的长期化与动态化，而且在分析中也沿用了凯恩斯主义的某些脱离现实的抽象心理概念。例如，对经济增长具有重要作用的有保证的增长率是资本家的心理预期，即凯恩斯所说的资本边际效率，这样就和凯恩斯同样，把资本家的乐观或悲观的情绪扩大为决定经济发展的因素。

哈罗德－多马经济增长模型关于短期与长期经济波动的分析和其他经济周期理论一样，否认了波动的根本原因——资本主义社会的基本矛盾，用一些抽象的技术经济关系来说明经济波动的产生。哈罗德虽然也承认资本主义社会经济波动的必然性，但他仍然相信资本主义是可以实现稳定的长期增长的,他的整个分析正是为实现这种稳定增长而出谋划策。

当然,哈罗德-多马经济增长模型如果加以改造或使用不同的解释,也可为我们所借鉴。例如,把哈罗德-多马经济增长模型的储蓄率(S)解释为积累率,把产量-资本之比(1/C)解释为投资的经济效果,即每单位增加的资本可以造成的产量的增加,那么,该模型的公式即可变为:

国民收入增长率=积累率×投资的经济效果

或 $G=S \cdot 1/C$

式中,投资的经济效果为资本-产量之比的倒数。至少在理论上,它的数值是可能被事先估算出来的。在已知投资经济效果的情况下,哈罗德-多马经济增长模型可以被认为是表明国民收入增长率和积累率之间的数量关系的公式。

20. 答:新古典经济增长模型是在批评哈罗德-多马经济增长模型基础上提出来的。其主要代表人物有:美国经济学家索洛、托宾、萨缪尔森,英国经济学家斯旺、米德等。他们认为,哈罗德-多马经济增长模型假定资本与劳动比例固定,资本-产量比率或产量-资本比率不变,在储蓄率一定的条件下,经济增长率只能有惟一值,条件太苛刻难以实现均衡增长,不符合资本主义经济实际情况。新古典经济增长模型提出的主要假设是:

(1)全社会只生产一种产品,用于消费和投资都可以;

(2)在生产中资本与劳动比例可以改变;

(3)规模收益不变。

这样,新古典经济增长模型可以通过调整资本和劳动比例,实现各种资源能够充分利用的均衡增长。

在技术不变条件下,新古典经济增长模型是:

$$\triangle Y/Y=a(\triangle I/I)+b(\triangle k/k)$$

式中,Y、$\triangle Y$ 为国民收入及其增量;$\triangle y/y$ 为国民收入增长率;I、$\triangle I$ 为劳动及劳动增量;k、$\triangle k$ 为资本及资本增量;a、b 为劳动与资本对国民收入所做的贡献的百分比,且 a+b=1。

以上模型的含义是，国民收入增长率决定于资本和劳动两个生产要素的联合增长率。

如果存在着技术进步，新古典经济增长模型表示为：

$\triangle Y/Y = a(\triangle I/I) + b(\triangle k/k) + tc$

式中，tc 为由技术进步带来的产出增长率。技术进步包括实物形式和非实物形式、实物形式如新技术发明、新设备和新工艺的采用以及劳动质量的提高等；非实物形式如管理组织、管理方法和管理制度上的改进、经济信息情报的灵通以及市场的完善与健全等。

新古典经济增长模型的主要特点在于资本与劳动可以相互替代，强调市场机制的作用，存在着完全竞争，把经济增长主要归结为资本增长和技术进步。所以，在经济政策上主张鼓励私人投资，提高资本对劳动的比例，不断推动技术进步。

新古典经济增长模型考虑了生产要素的可以替代性的问题，即假定生产中使用资本和劳动这两种要素是能够相互替换的，所以其配合比例是可以改变的。同哈罗德－多马模型相比，这是一个进步，尤其是经济增长模型考虑到了技术进步的因素对经济增长的影响，这在当今技术革新飞速发展的时代是有现实意义的。同时，新古典经济增长模型然是建立在摆脱资本主义经济现实的某些假定之上的，从而由此得出的某些论断也不可能都是科学的。

第十二章 经济周期理论

内容提要

经济周期（Business Cycle）是指总体经济活动的扩张和收缩反复交替出现的过程。

西方经济学家按照经济周期时间的长短，把经济周期分为几种类型：朱格拉周期（一种9年~10年的周期波动，又称为中周期）、基钦周期（一种40个月左右的周期，这是一种小周期，两三个小周期又合成为一个大周期）、康德拉季耶夫周期（一种50年~60年的周期波动，又称为长周期）、库兹涅茨周期（一种平均长度为20年的周期波动，也成为长周期）。

一般从危机到下一次危机称为一个经济周期。它一般包括四个阶段：危机、萧条、复苏、高涨。衡量经济周期的最主要的指标是实际GNP或实际国民收入。另外，还有一些领先指标和滞后指标。

西方经济学关于经济周期原因的分析有外生因素和内生因素之分。外生因素是指经济制度以外的诸因素，如战争和政治事件等。内生因素是指经济制度本身的诸因素，主要理论有：熊彼特的创新理论（认为企业家是资本主义经济的灵魂，而创新则是企业家的基本职能。创新的过程不是持续的，而是阶段性的，于是便使经济呈现出周期波动）、弗里德曼的货币原因说（认为经济波动的基本原因是信用的扩张和收缩）、凯恩斯的解释（认为决定就业量的种种因素都可以用来解释商业循环现象，特别是其中的消费倾向、灵活偏好、资本的边际效率这三大因素。而在这三大因素之中,资本的边际效率是更主要的。商业循环的主要原因是资本边际效率的循环变动)。

二战以来,许多经济学家在凯恩斯理论的基础上,发展了经济周期理论,使这一理论数量化、模型化。其中主要模型有:

1. 乘数—加速数模型

在仅有家庭和企业两部门时的国民收入决定方程为:

$$Q_t = \bar{C} + MPC \cdot Q_{t-1} + \bar{I} + W(C_t - C_{t-1})$$

其中,投资函数为:　　$I_t = \bar{I} + W(C_t - C_{t-1})$;

消费函数为:　　$C_t = \bar{C} + MPC \cdot Q_{t-1}$。

该式表明,t 时期的实际国民收入或总产量等于自主消费 $\bar{C}$ 加引致消费(去年实际国民收入 Q_{t-1} 与边际消费倾向 MPC 的乘积),再加上自主投资 $\bar{I}$ 和由加速数 W 与今年消费支出增量($C_t - C_{t-1}$)所决定的引致投资。如果我们知道边际消费倾向 MPC 和加速数 W,知道前一年的实际国民收入值,就可演示出乘数和加速数相互作用下的经济周期。

按照这一模型,在乘数作用下,投资增加引起收入的倍增;在加速数作用下,收入增加又引起投资更快增加,使收入进一步增大。但收入增加最终会受到资源的限制,使经济处于峰顶。当收入或消费量不再增加,在加速原理作用下,投资减少,直至总投资为零。这时经济处于谷底。当一部分厂商感到有必要更新设备时,便开始投资,经济进入复苏阶段。这样,经济有起有落,有峰顶有谷底,呈现周期性波动。

2. 希克斯的经济周期理论

希克斯认为乘数—加速数模型过于暴烈了,要使其符合实际,就必须在其简单的模型中加入"冷却剂",以延缓其"暴涨"、"暴跌"的性质。他加入的冷却剂为"时滞"和"自主投资"。

希克斯假定,自主投资 $\bar{I}$ 的增长率是不变的,加速数和乘数也是不变的。他吸收了哈罗德—多马增长理论中,关于自主投资对均衡收入的比率取决于加速数和乘数的观点。自主投资增长率不变,加速数和乘数也不变,那么自主投资增长率对均衡实际国民收入增长率的比率也就不变。这样就存在着一条固定比率的自主投资增长率的总产量增长率的长期均衡增长曲线。如果自主投资增长率为一直线，总产量增长率的均衡增长曲线就是与其相平行并高于该直线的一条平行线。实际产量的增长将沿着这一均衡增长曲线上下波动。

对于长周期的解释，西方主要的观点有：康德拉季耶夫总结的长周期的特点，熊彼特、福雷斯特和格哈德的创新说等。

综合练习题

一、选择题

1. 在经济周期里，波动最大的一般是（　　）。
   A. 资本品的生产
   B. 农产品的生产
   C. 日用消费品的生产
   D. 没有一定的规律

2. 导致经济周期性波动的投资主要是（　　）。
   A. 存货投资
   B. 固定资产投资
   C. 意愿投资
   D. 重置投资

3. 经济波动周期的四个阶段依次是（　　）。
   A. 危机、萧条、复苏、高涨
   B. 危机、复苏、高涨、萧条
   C. 高涨、萧条、复苏、危机
   D. 高涨、危机、萧条、复苏

4. 朱格拉周期是一种（　　）。
   A. 短周期
   B. 中周期
   C. 长周期
   D. 不能确定

5. 基钦周期是一种（　　）。
   A. 短周期
   B. 中周期
   C. 长周期

D. 不能确定

6. 康德拉耶夫周期是一种（　　）。

   A. 短周期

   B. 中周期

   C. 长周期

   D. 不能确定

7. 库兹涅茨周期是一种（　　）。

   A. 短周期

   B. 中周期

   C. 长周期

   D. 不能确定

8. 按照萨缪尔森的理论，经济之所以发生周期性波动，是因为（　　）。

   A. 乘数作用

   B. 加速数作用

   C. 乘数和加速数的交织作用

   D. 外部经济因素作用

9. 当国民收入在乘数和加速数的作用下趋于增加的时候，它的增长将因下述哪一因素的限制而放慢（　　）。

   A. 失业的存在

   B. 充分就业

   C. 边际消费倾向提高

   D. 边际消费倾向降低

10. 经济周期的中心是（　　）。

    A. 价格的波动

    B. 利率的波动

    C. 收入的波动

    D. 工资的波动

11. 乘数原理和加速原理的联系在于（　　）。

    A. 前者说明投资的变化对国民收入的影响，后者说明国民收

入的变化对投资产生的影响

　　B. 两者都说明投资是怎样产生的

　　C. 前者说明了经济如何走向繁荣,后者说明经济怎样陷入萧条

　　D. 前者说明经济怎样陷入萧条,或者说明经济如何走向繁荣

12. 50年~60年一次的周期称为（　　）。

　　A. 朱格拉周期

　　B. 基钦周期

　　C. 康德拉耶夫周期

　　D. 库兹涅茨周期

13. 下列对于经济周期原因的分析中,哪些不属于用内生因素解释经济周期的理论（　　）。

　　A. 产生经济周期是由于战争和政治事件

　　B. 产生经济周期是因为创新过程的阶段性

　　C. 产生经济周期是因为信用的扩张和收缩

　　D. 产生经济周期是因为资本边际效率的循环性变动

14. 当国民收入在乘数和加速数的作用下趋于减少时,它的下降将受到下述因素的限制（　　）。

　　A. 总投资降为零

　　B. 失业增加

　　C. 边际消费倾向下降

　　D. 以上答案都不对

15. 根据加速原理,净投资在哪一种情况下会发生（　　）。

　　A. 国民收入和消费支出分别达到最高水平

　　B. 国民收入和消费支出正在下降

　　C. 国民收入和消费支出正在增加

　　D. 国民收入正在下降,消费支出正在增加

二、计算题

假定某经济第一年的实际国民收入为100,边际消费倾向为0.6,

加速数为1.5，自主消费为10，自主投资前两年为30，从第三年开始增加到40。试求该经济最近一次波峰和谷底各是什么时候？

三、分析问答题

1. 经济周期有哪两个不同的定义？根据这两个不同定义观测的经济周期会产生什么差别？
2. 请概括经济周期的货币原因说。
3. 评述乘数—加速数模型。
4. 乘数—加速数模型的五种情况是由什么因素决定的？怎样决定的？
5. 简述创新周期与长期波动的关系。

参考答案

一、选择题

1. A　　2. B　　3. A　　4. B　　5. A　　6. C
7. C　　8. C　　9. B　　10. C　　11. A　　12. C
13. A　　14. A　　15. C

二、计算题

根据公式 $Q_t = C + MPC \cdot Q_{t-1} + i + W(C_t - C_{t-1})$，计算以后几年的实际国民收入，见下表。

第t年	C	MPC·Q_{t-1}	i	W($C_t - C_{t-1}$)	Q_t	$Q_t - Q_{t-1}$
1	10	60	30	0	100	
2	10	60	30	0	100	0
3	10	60	40	0	110	10
4	10	66	40	9	125	15

续表

第t年	C	MPC·Q_{t-1}	i	W(C_t-C_{t-1})	Q_t	Q_t-Q_{t-1}
5	10	75	40	13.5	138.5	13.5
6	10	83.1	40	12.1	145.2	6.7
7	10	87.1	40	6.1	143.2	−2
8	10	85.9	40	−1.8	134.1	−9.1
9	10	80.5	40	−8.2	122.3	−11.8
10	10	73.4	40	−10.7	112.7	−9.6
11	10	67.6	40	−8.6	109	
12	10	65.4	40	−3.3	112.1	
13	10	67.2	40	2.8	120	
14	10	72	40	7.2	129.2	

由此可得该经济在第6年达到波峰,而第11年达到谷底。

三、分析问答题

1. 答:经济周期是指总体经济活动的扩张和收缩反复交替出现的过程。对此有两种解释:(1)对经济周期的定义是建立在实际GNP或总产量绝对量的变动的基础上的,认为经济周期是指GNP上升或下降的交替过程。(2)对经济周期的定义是建立在经济增长率变化的基础上,认为经济周期是指经济增长率上升和下降的交替过程

根据这两个不同定义观测的经济周期会产生一些差别:(1)根据增长率观测得到的经济周期比根据绝对量观测得到的经济周期波动幅度大。(2)根据增长率观测得到的经济周期比根据绝对量观测得到的经济周期所包含的周期数目多。

2. 答:货币学派的代表人物美国经济学家弗里德曼认为,经济波动的基本原因是信用的扩张和收缩。他解释说,20世纪30年代大危机以前,信用的过度膨胀造成过度繁荣,尔后出现贷款拖欠,存款人信心下降,银行挤兑,信用扩张突然终止。信用恐慌造成工商业活动

的急速下降和一系列的倒闭风潮。当信用开始恢复后，信贷资金的困难缓解，人们的信心开始恢复，经济随之回升，直至信用的过度膨胀再度引起衰退。他认为二次大战后的美国，正是由于依据凯恩斯主义，滥用政策，导致了经济的不稳定和不规则的波动。

3. 答：乘数一加速数模型是说明由乘数与加速数原理结合的相互作用而产生的经济周期波动的数学模型。

投资乘数理论是用来说明投资的变动将如何引起收入的变动，加速原理是说明收入的变动将如何引起投资的变动。西方经济学家认为，凯恩斯只注意到了乘数的作用，而未注意加速系数的作用，这是不全面的，只有把二者结合起来，才能说明收入、消费与投资之间的关系。因此他们主张把乘数与加速原理的作用结合起来进行考察，美国经济学家汉森和萨缪尔森建立了这一模型。

在仅有家庭和企业两部门时的国民收入决定方程为：

$$Q_t = \overline{C} + MPC \cdot Q_{t-1} + \overline{I} + W(C_t - C_{t-1})$$

其中，投资函数为　　$I_t = \overline{I} + W(C_t - C_{t-1})$；

消费函数为　　$C_t = \overline{C} + MPC \cdot Q_{t-1}$。

该式表明，t 时期的实际国民收入或总产量等于自主消费 $\overline{C}$ 加引致消费（去年实际国民收入 Q_{t-1} 与边际消费倾向 MPC 的乘积），再加上自主投资 $\overline{I}$ 和由加速数 W 与今年消费支出增量（$C_t - C_{t-1}$）所决定的引致投资。

根据上述模型，可以得出两点结论：(1) 在国民收入中，投资、消费和收入是相互影响、相互制约的。如果自发投资是一个固定的量，依靠经济本身的调整，就会自发形成经济的周期波动，经济的扩张与衰退正是由乘数与加速原理结合的作用决定的。(2) 为了减少经济的周期波动，以维持经济的长期稳定，政府有必要对经济进行干预。干预的办法是，影响私人投资，或影响劳动生产率的提高，或影响人们的消费在收入增量中的比例。

乘数和加速数原理的相互作用这一模型是凯恩斯主义者解释经济周期的主要理论。这一模型可以部分地解释西方经济出现周期性波动的原因。因为在社会经济活动中,投资的变动会引起国民收入的变动,而国民收入的变动又会引起投资的变动,前者是投资乘数的作用,后者是加速原理的作用,乘数和加速原理的作用是客观存在的,对经济周期的变动也确实起到一定的作用。但是这一模型却没有解释为什么周期性的波动恰恰发生在资本主义社会之中,而这一事实正是经济周期理论所必须加以说明的主要问题。其实,投资和国民收入的变动及其相互关系都要受资本主义基本矛盾的作用的制约。投资和国民收入的增加与减少,是由于资本主义基本矛盾的作用所决定的经济周期处于不同阶段,是资本主义生产波动的表现与结果,而不是导致经济周期波动的根本原因。

4. 答:乘数—加速数模型所演示出的经济周期,其波动的幅度、周期的长短以及若干周期以后的趋势都取决于乘数和加速数的值。由于在没有政府和外贸部门的经济中,只存在乘数Ⅰ,而乘数Ⅰ的定义为 $MULT_1 = 1 \div (1-MPC)$,所以,说乘数和加速数是关键,与说边际消费倾向与加速数是关键是完全一样的。只要改变假定的边际消费倾向和加速数的值,就会使周期的幅度、时间长短以及长期趋势发生改变。由边际消费倾向和加速数决定经济周期可以分为五种不同的情况:(1)实际国民收入由某一稳定值按递减的比率上升(或下降)到另一个稳定值;(2)实际国民收入经过一段周期波动,由某一稳定值上升到一新的稳定值;(3)经济波动的幅度越来越大,不再可能出现稳定于某一水平的状况;(4)实际国民收入按一递增的变化率上升(或下降)的情况;(5)实际国民收入按不变的波动幅度永远波动下去的情况。

5. 答:美籍奥地利经济学家熊彼特用创新来解释50年~60年的长期。他认为企业家是资本主义经济的灵魂,而创新则是家的基本职能。所谓创新,就是重新组合生产要素,建立一种新的生产函数。创新是一个分阶段的过程,这一过程通常被称为"创新的生命周期"。它是由采用阶段、扩散阶段、成熟阶段和下降阶段构成。

采用阶段是创新的起始阶段,它通常处在上一创新浪潮下降期的期末。这时,上一次创新带给经济的活力已经枯竭,经济增长缓慢,且停停走走，市场趋于饱和，投资不旺，有效需求经常不足，企业家开始寻求新的出路。企业家在采用新发明的阶段，不仅要承担技术上、工艺上能否成功的风险，还需承担与现有经济结构发生冲突的风险，这就使采用阶段变得很长。根据库兹捏茨的经验研究，这一阶段一般会长达 20 年左右。

当企业家们纷纷采用新技术、新发明的时候，就会出现创新群。它们相互结合，并和旧的技术体系的某些部分结合在一起，形成新的技术体系。这一阶段被称为新技术的扩散阶段。按照杰伊·W.福雷斯特(Jay.W.Forrester)的观点，这一阶段与采用阶段可以统称为技术创新阶段。人们看到新技术的采用可以带来更高的利润，于是投资开始增加，总需求开始上升，国民收入增长。在这一新技术的扩散阶段中，一方面由于形成了新的技术体系，会造成对一些不适应这一体系的新技术和发明的排斥；另一方面，随着投资增加，会形成一些新产业，或使某个老产业以全新的面貌出现，其能源、原材料、机器设备以及产品等都不同于旧技术体系下的情况。如战后的纺织业，就是与合成纤维、自动化等新技术体系结合在一起，改变了旧式的老产业。经济中的新产业和一些较大的改变了技术面貌的老产业合成为领先部门，它们与其他产业结合成新的产业结构。于是在领先部门的带动下，整个经济会进入较长期的增长阶段。

在新产业结构形成的初期，高额利润来自新技术、新产品等技术创新，但当技术扩散已经基本结束，与新技术体系相适应的新发明已多被采用，而被排斥的不适应新技术体系的发明创造又不能带来高额利润时，技术创新时期也就结束了。这时，市场竞争更激烈，企业家转向靠管理和经营策略来提高利润，于是进入了福雷斯特所称的"管理创新时期"。当管理创新的效率充分发挥出来之后，便进入创新的成熟阶段。根据库兹涅茨的经验研究，从创新群结成新的技术体系，到整个创新过程进入成熟阶段，需要大约 20 年的时间。在这一阶段，整个经济呈现出以增长和繁荣为主的景象。

进入创新的成熟期以后，总产量的上升放慢，竞争更加激烈，市场趋于饱和，投资开始出现下降的趋势，对未来经济预期的悲观情绪开始蔓延，经过一段时期便会进入创新的下降阶段。J.V.杜因(J.V.Duijin)认为，一次创新浪潮的下降阶段，是一个无限制的阶段，它自身的技术体系已经不可能重新使经济上升，但下降阶段的经济衰退则会刺激新的创新浪潮。

创新的生命周期是一个很长的过程，随着其不同阶段的交替，经济呈现出有规律的长期波动。一方面，创新导致了经济波动；另一方面，经济波动又会导致后一个创新浪潮去代替前一个创新浪潮。

第十三章 通货膨胀与失业

内容提要

一、失业与通货膨胀的理论

通货膨胀（Inflation）是指物价的普遍上涨。它的基本原因是货币数量相对于产品数量过多。西方经济学把通货膨胀的原因概括为两个方面，即来自需求方面的冲击和来自供给方面的冲击。

需求拉起的通货膨胀，即来自需求方面的冲击，是指因需求增长过度，超过了产品的增长速度而引起的通货膨胀。当整个经济处于扩张时期，总需求持续地跑在总产量前面的时候，人们就很容易看清，总需求增长的最终原因在于货币供给量的增长。需求拉起的通货膨胀只是一个症状，货币供给的过度增长则是病因。从理论上讲，引起总需求过度的途径有两个：一是货币流通速度的增长，二是货币供给量的增长。

需求拉起的通货膨胀虽然可以解释从失业状态向充分就业调整过程中的某些通货膨胀，却不能解释长期的滞涨局面。于是新古典综合派提出了以"成本推进的通货膨胀"来解释20世纪60年代末以来出现的滞涨。新古典综合派认为，导致滞涨的最根本原因是总供给水平的下降，也就是总供给曲线向左上移动。这会导致更低的总产量水平和更高的价格水平。引起总供给曲线（AS）向左上移动的原因是生产成本的提高和生产要素的供给量减少。这种由成本提高引起的物价上涨称作成本推进的通货膨胀。在过快的经济增长过程中，要素的供给量会越来越少，这使生产要素的稀缺程度增大，从而导致生产要素价格上升，使总供给曲线向左上移动，引起成本推进的通货膨胀。只要经济增长超过了生产要素供给增长的限度，使生产要素的稀缺程度提高，就会引起成本推进的通货膨胀。换句话说，只要生产要素的供给赶不上经济增长的要求，就会引起成本推进的通货膨胀。

也有一些新古典综合派的经济学家提出了结构性通货膨胀的概念。他们认为，20 世纪 70 年代的通货膨胀在很大程度上是由个别市场的结构不完整造成的。这种市场结构的不完整造成了工资刚性和某些商品的价格刚性，它们的价格只能上升而不能下降，使总价格水平上升。与此同时，工资和产品价格刚性会在总需求提高时，造成总供给曲线的上移，使产量减少，价格进一步提高。

菲利浦斯曲线是由英国经济学家菲利浦斯（A. W. Phillips）根据现实统计资料所给出的反映失业率与名义工资变化率之间相互关系的曲线，即失业率与名义工资变化率之间存在着负相关的关系，且在失业率大致为 6%～7% 时，工资变化率为零，工资会达到一个稳定水平。当失业率小于 6%～7% 时，工资就会上升；当失业率大于 6%～7% 时，工资就会下降。由于单位工资成本占生产成本的比例较大，所以，工资的上升可以转化为价格的上升。工资变化率与价格变化率之间的关系可以用数学公式表示为 $\triangle P\% = \triangle W\% - \triangle (Q/L)\%$。因此，菲利普斯曲线表明，通货膨胀与失业率之间存在着相互替代的关系，要使通货膨胀率降低，失业率就会提高；要使失业率降低，就会引起高通货膨胀。从长期看，菲利普斯曲线会越来越向右上移动。造成菲利普斯曲线向右上移动的原因是工人保持其实际工资上涨率与通货膨胀相一致的行为，以及他们对通货膨胀的适应性预期。新古典综合派认为，错误的宏观政策会使菲利普斯曲线向右上移动，而正确的政策会使菲利普斯曲线向左下移动。

二、通货膨胀与失业对经济的影响

通货膨胀对人们实际收入的总水平通常没有多大影响，但这并不是说它是无害的。通货膨胀会造成市场扭曲，增加经济活动中的不确定性，引起社会的普遍不满，危害国民经济和社会生活的正常发展。

通货膨胀会使收入和财富重新分配，使一些人从中受益，使另一些人从中受损，因此会加剧市场竞争。为了在重新切割国民收入这块大蛋糕时保持自己原有的份额，人们会强化自己的竞争手段。通货膨胀还会增加市场的不确定性，加大投资的风险，使投资减少，资本存量增长缓慢，造成经济乏力。

造成通货膨胀率多变的主要因素有两个，一个是宏观政策的多变性，另一个是菲利浦斯曲线在通货膨胀过程中的右移。

失业率的上升意味着总产量的下降，人们的总实际收入下降，因此对所有人都会造成危害。奥肯定律（Okun's Law）指出，从非充分就业的失业率到充分就业的失业率引起的失业率的变动率，与从非充分就业到充分就业的总产量变动率之间存在着下述关系：$(Q_{FE}-Q)/Q = \alpha(U\% - U_{FE}\%)$。失业率上升带来的损害对不同的阶层、工业部门和地区往往也是轻重不一的，受打击最大的阶层是一般工人。

三、供给学派及其政策

供给学派反对凯恩斯主义的需求决定论，认为强调需求管理就只能进行短期调整，从而忽视其干预政策的长期影响，造成滞胀和经济长期不稳定的恶果。供给学派强调供给方面，强调改善生产力增长的长期条件。在短期，总供给是由总需求来限制的，但在长期，总供给则是由生产力的增长（及其条件）来限制的。当生产力增长的时候，一般价格水平会下降，总产量会提高。因此，在滞胀的情况下，只要能够使生产力增长，就可以一箭双雕，既可以制止物价上涨的趋势，又可增加产量，提高就业水平，从而摆脱滞胀的窘境。供给学派强调供给的重要性，实际上就是强调生产力长期增长的重要性。

供给派的主要政策主张可简要地概括如下：

(1) 削减个人所得税的税率，以增加劳动的供给，提高劳动生产率和储蓄率。

(2) 削减公司税率，增加公司利润，增加公司投资的信心，以扩大总投资。

(3) 削减政府开支，以减少非生产性的公共开支，这将有利于增加私人的生产性开支。由于削减了政府开支，会减少财政赤字，减少公债的发行,避免公债对私人投资的"挤出效应"。

(4)控制货币供给量于一稳定的增长率上,以便通货膨胀率逐步降低,提高人们的实际收入,增加储蓄和投资。

(5)减少政府的一些不必要的规章制度,以促进投资并降低生产成本。

(6)减少政策的多变性,增强其长期性和稳定性,以减少由此而给经济带来的不确定性,增强消费者和投资者对未来的信心。

在上述主张中,减税是供给学派政策主张的核心,也是其最具特色的政策主张。稳定货币供给虽然对供给学派来说也十分重要,但这一主张却是货币学派早就提出并长期坚持的。

供给学派经济学家阿瑟·拉弗认为在税率较高的情况下,减税不但不会减少税收,反而会增加税收。由此提出了表示税率与总税收关系的曲线——拉弗曲线。拉弗曲线所表明的关系并不是减税政策的主旨,减税的目的不是增加税收,而是推动经济增长和总供给增加,以使失业率和通货膨胀率同时下降。拉弗曲线的作用主要是消除人们对减税会扩大赤字的担心,为实施减税政策扫除障碍。

综合练习题

一、选择题

1. 通货膨胀是（　　）。
   A. 货币发行量过多而引起的一般物价水平普遍持续的上涨
   B. 货币发行量超过流通中的黄金量
   C. 货币发行量超过流通中商品的价值量
   D. 以上都不是
2. 在充分就业的情况下，下列哪一因素最可能导致通货膨胀（　　）。
   A. 进口增加
   B. 工资不变但劳动生产率提高
   C. 出口减少
   D. 政府支出不变但税收减少
3. 需求拉起的通货膨胀（　　）。
   A. 通常用于描述某种供给因素所引起的价格波动
   B. 通常用于描述某种总需求的增长所引起的价格波动
   C. 表示经济制度已调整过的预期通货膨胀率
   D. 以上均不是
4. 成本推动的通货膨胀（　　）。
   A. 通常用于描述某种供给因素所引起的价格波动
   B. 通常用于描述某种总需求的增长所引起的价格波动
   C. 表示经济制度已调整过的预期通货膨胀率
   D. 以上均不是
5. 在下列引起通货膨胀的原因中，哪一个最可能是成本推进的通货膨胀的原因（　　）。
   A. 银行贷款的扩张

B. 预算赤字
   C. 世界性商品价格的上涨
   D. 投资率下降
6. 通货膨胀会（　　）。
   A. 提高人们实际收入的总水平
   B. 使收入和财富重新分配
   C. 降低人们实际收入的总水平
   D. 是无害的
7. 在经济处于充分就业均衡时，名义货币供给增长率的上升会（　　）。
   A. 使总需求曲线右移，使均衡水平位于更高的通货膨胀率和产量水平上
   B. 使总需求曲线和总供给曲线右移，使均衡水平位于更高的通货膨胀和产量水平上
   C. 使总需求曲线和总供给曲线左移，使均衡水平位于更高的通货膨胀和产量水平上
   D. 使总需求曲线右移和总供给曲线左移，均衡水平位于更高的通货膨胀水平上而产量不变
8. 通货膨胀会使收入分配发生怎样的变化（　　）。
   A. 收入结构变化
   B. 收入普遍上升
   C. 收入普遍下降
   D. 债权人收入上升
9. 抑制需求拉上的通货膨胀，应该（　　）。
   A. 控制货币供应量
   B. 降低工资
   C. 解除托拉斯组织
   D. 减税
10. 下列人员哪类不属于失业人员（　　）。
    A. 调动工作的间歇在家休养者

B. 半日工

C. 季节工

D. 对薪水不满意而待业在家的大学毕业生

11. 自然失业率（　　）。

　　A. 恒为零

　　B. 依赖于价格水平

　　C. 是经济处于潜在产出水平时的失业率

　　D. 是没有摩擦性失业时的失业率

12. 按照货币主义的观点，下面哪些因素最可能使自然失业率永久下降（　　）。

　　1. 直接税和间接税的削减
　　2. 货币供给的增加
　　3. 政府对劳动力重新培训的支出的增加

　　A. 1、2、3

　　B. 1、2

　　C. 2、3

　　D. 3

13. 下列关于自然失业率的说法哪一个是正确的（　　）。

　　A. 自然失业率是历史上最低限度水平的失业率

　　B. 自然失业率与一国的经济效率之间关系密切

　　C. 自然失业率恒定不变

　　D. 自然失业率包含摩擦性失业

14. 以下哪两种情况不可能同时发生（　　）。

　　A. 结构性失业和成本推进的通货膨胀

　　B. 需求不足的失业和需求拉上的通货膨胀

　　C. 摩擦性失业和需求拉上的通货膨胀

　　D. 失业和通货膨胀

15. 菲利浦斯曲线说明（　　）。

　　A. 通货膨胀导致失业

　　B. 通货膨胀是由行业工会引起的

C. 通货膨胀率与失业率之间呈负相关

D. 通货膨胀率与失业率之间呈正相关

16. "滞胀"理论用菲利浦斯曲线表示即（　　）。

A. 一条垂直于横轴的菲利浦斯曲线

B. 一条长期存在的斜率为正的直线

C. 短期菲利浦斯曲线的不断外移

D. 一条不规则的曲线

17. 按照（　　）观点，菲利浦斯曲线所阐述的通货膨胀率和失业之间的替代关系是不存在的。

A. 凯恩斯主义

B. 货币主义

C. 供应学派

D. 理性预期学派

18. 在宏观经济均衡时，下列哪一种不一定是正确的（　　）。

A. 物价水平使实际国民生产总值需求量等于实际国民生产总值供给量

B. 利率使实际货币需求量等于实际货币供给量

C. 实际工资率使劳动需求量等于劳动供给量，且实现了充分就业

D. 实际国民生产总值的水平在计划的总支出曲线与45度线相交时

19. 如果通货膨胀没被预料到，受益者是（　　）。

A. 股东

B. 债权人

C. 退休金领取者

D. 公务员

20. 假如经济发生了严重的通货膨胀，受害者将是（　　）。

A. 债权人

B. 退休金领取者

C. A和B所指的人

D. 无法判断
21. 在什么情况下，通货膨胀成为一个较为严重的问题（　　）。
　　A. 并非一件意想不到的事
　　B. 每年少于100%
　　C. 未被预期到
　　D. 每年高于100%
22. 某人贷出1 000美元，1年后得本息共1 100美元。在这一年中，物价上升了20个百分点。则最初这1 000美元得实际价值（　　）。
　　A. 上升了30%
　　B. 上升了10%
　　C. 不变
　　D. 下降了10%
23. 通货膨胀率的上升将导致（　　）。
　　A. 相对价格更具稳定性
　　B. 相对价格更富变动性
　　C. 不变的相对价格
　　D. 所有相对价格的上升
24. 以下选项中，除一项外，均为通货膨胀的后果，这一例外是（　　）。
　　A. 相对价格的变化
　　B. 相对价格更具变动性
　　C. 风险增加
　　D. 减少政府税收收入
25. 菲利浦斯曲线（　　）。
　　A. 具有负的斜率，这表明当失业率上升时，通货膨胀率会上升
　　B. 具有负的斜率，这表明当失业率上升时，通货膨胀率会下降
　　C. 是水平的，这表明当失业率上升时，通货膨胀率不变
　　D. 具有正的斜率，这表明当失业率上升时，通货膨胀率下降

26. 在何种失业率下，通货膨胀率将是不变的（   ）。

    A. 稳定失业率

    B. 均衡失业率

    C. 预期的失业率

    D. 自然失业率

27. 需求拉起的通货膨胀与成本推动的通货膨胀之间的一个区别是（   ）。

    A. 只有成本推动的通货膨胀伴随产量的增加

    B. 只有需求拉起的通货膨胀伴随产量的减少

    C. 只有成本推动的通货膨胀伴随价格的上升

    D. 只有成本推动的通货膨胀伴随产量的减少

28. 若经济处于充分就业状态，同时产量每年以2%的速度增长，价格水平每年上升5%，货币供给的增长每年少于7%，则（   ）。

    A. 对货币的过剩需求将使利率上升，增加投资及总需求并且抑制通胀

    B. 货币的过剩供给将降低利率，减少投资及总需求并且使通胀恶化

    C. 对货币的过剩需求将降低利率，减少投资及总需求并且使通胀恶化

    D. 对货币的过剩需求将使利率上升，减少投资及总需求并且抑制通胀

29. 通货膨胀（   ）。

    A. 对纳税人无影响，因为税收制度是充分指数化的

    B. 对纳税人无影响，因为只对实际收入征税

    C. 对纳税人无影响，因为只对名义收入征税

    D. 通常损害投资者，尽管通胀使其实际收入减少甚至为负，他仍要按高的名义收入缴税

30. 通货膨胀通常扭曲（   ）。

    A. 名义价格

    B. 相对价格

C. 绝对价格

D. 平均价格

31. 愿在现行工资水平下工作而未能找到一份工作的工人通常被称为（   ）。

　　A. 非自愿失业者

　　B. 自愿失业者

　　C. 摩擦性失业者

　　D. 结构性失业者

32. 实际工资（   ）。

　　A. 等于效率工资

　　B. 当预期调整到真实的通货膨胀率时，与名义工资相等

　　C. 与因预期形成中的差错而调整的名义工资相等

　　D. 等于名义工资除以价格水平

33. 失业的出现发生在（   ）。

　　A. 劳动需求曲线向左移动，而工资未能调整时

　　B. 劳动供给曲线向左移动，而工资未能调整时

　　C. 劳动供给曲线向右移动，而工资未能调整时

　　D. A 和 C

34. 如果工资和物价以同比例上升，则实际工资（   ）。

　　A. 增加

　　B. 减少

　　C. 不变

　　D. 增加或减少取决于实际工资的绝对水平

35. 实际工资（   ）。

　　A. 一定大于名义工资

　　B. 在充分就业时一定等于名义工资

　　C. 在利息率很高时一定小于名义工资

　　D. 以上答案都不对

36. 劳动供给的增加引起（   ）。

　　A. 实际工资和就业都增加

B. 实际工资和就业都减少
C. 实际工资增加而就业减少
D. 实际工资减少而就业增加

二、计算题

1. 已知充分就业的国民收入是 10 000 亿元，实际的国民收入是 9 800 亿元，边际消费倾向是 80%，在增加 100 亿元的投资后，经济将发生怎样的情况？

2. 已知充分就业的收入为 10 000 亿元，实际的收入为 9 000 亿元，在边际消费倾向为 75% 的条件下，增加 100 亿元的投资，会发生怎样的情况？

三、分析问答题

1. 通货膨胀对名义利率和实际利率的影响在短期和长期有何区别？

2. 什么是菲利浦斯曲线？新古典综合派如何解释工资上涨率、失业率、通货膨胀率三者之间的关系？

3. 通货膨胀会不会使人们的生活水平普遍降低？它会产生什么危害？

4. 通货膨胀如何影响收入分配？

5. 什么是拉弗曲线？

6. 什么是需求拉起的通货膨胀？什么是成本推进的通货膨胀？什么是结构性通货膨胀？

参考答案

一、选择题

1. A   2. D   3. B   4. A   5. C   6. B   7. D

8. A 9. A 10. B 11. C 12. C 13. D 14. B
15. C 16. B 17. B 18. C 19. A 20. C 21. C
22. D 23. B 24. D 25. B 26. D 27. D 28. D
29. D 30. B 31. A 32. D 33. D 34. C 35. D
36. D

二、计算题

1. 解：

因为边际消费倾向 MPC=0.8，所以：

MULT=1/（1-MPC）=1/(1-0.8)=5

根据缺口公式△AE=△NI/MULT=（10 000-9 800）/5=40（亿美元）。

因此在增加了 100 亿美元的投资后经济将会出现 60 亿美元的通货膨胀缺口。

2. 解：

因为边际消费倾向 MPC=0.75，所以：

MULT=1/（1-MPC）=1/(1-0.75)=4

根据缺口公式△AE=△NI/MULT=（10000-9000）/4=250（亿美元）。

因此在增加了 100 亿美元的投资后经济还未达到充分就业的均衡。

三、分析问答题

1. 答：名义利率是指因贷款所产生的以货币支付来衡量的利率，实际利率是指以商品和劳务来衡量的贷款的报酬或成本。通货膨胀与名义利率和实际利率水平之间大致存在这样的关系:名义利率=实际利率+预期的通货膨胀率。在经济的长期均衡中实际利率大致维持在一个固定的水平，它取决于经济中的一些实物因素，主要是资本生产率。这样，在长期，实际利率近似一个恒定水平，人们按照实际的通货膨胀率不断调整预期的通货膨胀率，名义利率水平又随着通货膨胀率的调整而变化。即在长期，名义利率可以对通货膨胀作完全的调整，名义利率将等于没有通货膨胀时的利率加上通货膨胀率。

在短期,名义利率不能对通货膨胀作完全的调整,且国家很可能在制度上不允许银行对银行存款支付高利息。这样,实际利率水平就不再恒定,有时实际利率可能非常之高。

2. 答:菲利浦斯曲线是由英国经济学家菲利浦斯于20世纪50年代创立的。他研究了1861年到1957年间,英国失业率与名义工资变化率之间的关系,发现这二者之间存在着负相关的关系,失业率在6%~7%时,工资变动率为零,工资会达到一个稳定的水平。当工资率小于6%~7%时,工资就会上升;当失业率大于7%时,工资就会下降。由于单位工资成本占生产成本的比例较大,所以,工资的上升可以转化为价格的上升。工资变化率与价格变化率之间的关系可以用数学公式表示为 $\triangle P\% = \triangle W\% - \triangle (Q/L)\%$。因此,菲利浦斯曲线表明,通货膨胀与失业率之间存在着相互替代的关系,要使通货膨胀率降低,失业率就会提高;要使失业率降低,就会引起高通货膨胀。

新古典综合派用菲利浦斯曲线的右上移动来解释失业率和通货膨胀率之间的长期关系。从长期看,菲利浦斯曲线会越来越向右上移动。造成菲利浦斯曲线向右上移动的原因是工人保持其实际工资上涨率与通货膨胀相一致的行为,以及他们对通货膨胀的适应性预期。工人们会根据他们过去的经验对未来的通货膨胀作出预期,并以此为基础提出增加工资的要求。在短期,只要工人相信他们的实际工资正在提高,失业率就会保持在较低的水平上。但从长期看,工人的名义工资提高会引起通货膨胀,而通货膨胀又会蚕食其实际工资,使实际工资下降,工人要求提高实际工资的行为会造成工资—物价的轮番上涨。其结果是,使失业率降低到自然失业率以下的长期努力会化为泡影,失业率不但会回到其自然失业率的水平,还会造成越来越严重的通货膨胀。在新古典综合派看来,自然失业率就是充分就业的失业率,使失业率下降到充分就业失业率水平以下,这必然会引起通货膨胀,菲利浦斯曲线的右移正是经常试图将失业率降低到自然失业率以下的政策和工人的适应性预期综合作用的结果。

3. 答:通货膨胀不会降低人们的生活水平。根据关于国民收入循环的理论,有1美元的最终产品就必然有1美元的国民收入。当价格上涨一倍时，国民收入也会上涨 1 倍。其结果是实际国民收入会保持不变。对于不同的个人，通货膨胀可能会使一些人的实际收入上升，但也会使另一些人的实际收入下降，总的实际收入水平和平均的实际收入水平会保持不变。价格普遍上涨一倍，单位货币的购买力就会下降一半，人们的货币收入也会因价格的加倍而加倍，实际生活水平不会因此而受到影响。

通货膨胀不会降低人们的总实际收入水平并不等于它是无害的。通货膨胀会造成市场扭曲，增加经济活动中的不确定性，引起社会的普遍不满，危害国民经济和社会生活的正常发展。

通货膨胀会造成国民收入的重新分配，因此会加剧市场竞争。为了在重新切割国民收入这块大蛋糕时保持自己原有的份额，人们会强化自己的竞争手段。他们知道，如果不采取一些措施，通货膨胀会危机他们的实际收入。他们往往不能准确的预测通货膨胀会使他们的实际收入下降多少。如果价格已经增长了一倍，绝大多数人会努力使自己的名义收入增加一倍以上。但是只要实际收入并不增加，绝大多数人的名义收入就不会增加一倍以上。当他们发现自己的目标并未实现的时候，就会感到受了通货膨胀的损害。更激烈的竞争与普遍的失望和抱怨会造成社会生活的动荡不安。

通货膨胀会增加市场的不确定性，加大投资风险，使投资减少，资本存量增长缓慢，造成经济增长乏力。预期通货膨胀率与实际通货膨胀率的差额对投资者和银行都是至关重要的。如果通货膨胀率是稳定的或稳定变化的，人们对通货膨胀率的预期就会更准确一些。但是，实际通货膨胀率的变化是不稳定的，它在政府扩张性政策和紧缩性政策的交替作用下经常发生难以预料的变化，这就使投资者更难确定投资决策，一些正常情况下可以实现的投资会因此而取消，申请贷款的人会大量减少，银行存款的创造活动也会受到影响。在通货膨胀时期，政府的紧缩性政策随时可能出现，对投资者来说，这意味着随时可能出现实际通货膨胀率低于其预期通货膨胀率的情况，如果投资决策稍有不慎，就可能一方面支付更高的实际利息率从而面临投资成本提高的局面；另一方面又因紧缩性政策使价格下降而面临销售收入减少的局面。由于市场风险增加，投资者必须在其正常实际收入中加上更大的风险收入，这就使投资机会变得更少。

4. 答：通货膨胀对人们的实际收入总水平通常没有多大影响，但它却会使收入和财富重新分配，使一些人从中受益，使另一些人从中受损。

通货膨胀会降低那些有固定货币收入的人们，比如有固定年金收入的老年人的实际收入，使他们的生活水平下降。这些人的货币收入通常是固定的和近似于固定的，当通货膨胀发生时，这种固定收入的购买力就会下降，使他们的实际生活水平下降。

通货膨胀还会影响长期储蓄储户的利益。如果利息率提高的幅度大于通货膨胀率上升的幅度，贷者就会受益，而借者就会受损。在通货膨胀时期，贷者会根据自己预期的未来的通货膨胀率提高贷款的利息率。如果实际通货膨胀率高于贷者预期的通货膨胀率，贷者就会受损，借者就会受益。如果储户预期的通货膨胀率低于后来实际发生的通货膨胀率，储户就会受损，银行就会得益。如果储户预期将要从银行得到的实际利息过低，人们就不会选择银行存款，而会选择购买其他有利可图的金融资产或实际资产，如政府债券、股票和房地产等。只要人们的储蓄加入了整个经济中国民收入的循环流，其收入就会随价格的升降而升降。他们的资产收入——利息、租金和红利等就可能以高于通货膨胀率的速度上升，也可能以低于通货膨胀率的速度上升。在一些人因通货膨胀受损的同时，总会有另一些人因此而受益。

通货膨胀也会影响税收，并通过税收影响国民收入在政府和私人部门之间的再分配。人们的货币收入是与价格水平一同增长的，而税收又随着人们收入的增长而增长。在累进所得税的制度下，收入税的增长会快于价格和收入上升的速度。当一个人的货币收入增长时，他会被列入一个更高税率的纳税等级，这种现象被称作"税收等级爬升"。它使个人收入占国民收入的比例减小，使政府收入占国民收入的比例增大，个人之所失恰好是政府之所得。

通货膨胀也会导致国民收入在国际间的再分配。当某国的通货膨胀率高于其他国家时，一方面，该国的消费者会发现外国同类产品的价格相对下降了,于是该国对外国产品的购买量增大,使本国的国民收入大量流往国外。另一方面,通货膨胀率高的国家,其同类产品的价格会相对上涨,导致其出口量减少。进口增大和出口减少会导致一个净增的流向国外的国民收入流量。

5. 答:拉弗曲线是反映税收与税率之间关系的曲线。它是由供给学派的主要代表人物拉弗提出的。拉弗认为,在增加生产的各种刺激中,最主要的是税收。税收的多少与税率之间存在着一种函数关系。它可用直角坐标曲线表示,即拉弗曲线。

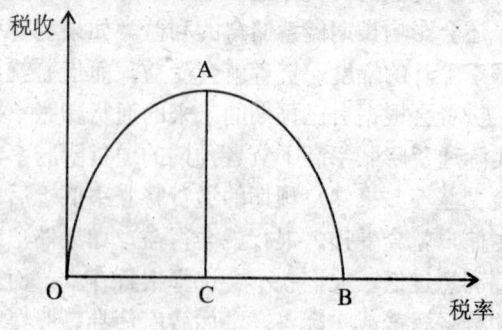

该曲线表明:(1)税率有一个最佳点,即点C,在这一点上,税收达到极大值。税率低于或高于这一点,税收都将减少。(2)任何一定数额的税收总额,既可通过一个高税率征得,也可通过一个低税率征得。(3)在达到最佳税率之前,税收相对于税率的变化率大于零,提高税率可以增加税收总额,这个区域称为"可行区",在最佳税率点以后,税收相对于税率的变化率小于零,税收总额将随税率的增加而减少。当税率=100%时,税收等于零。因为在这种情况下,无人愿意投资或工作。图中ABC围成的区域称为"禁区"。在禁区,只有减税才能增加税收总额。(4)在禁区内,税收会挫伤人们投资与劳动的积极性,减少各种生产要素,特别是资本的投入,从而减少产量和国民收入,进而减少税收。(5)从长期看,要增加税收不能靠提高税率,而要依靠增加生产,增加国民收入。要增加生产和增加国民收入,就必须减税,即降低税率,以便刺激储蓄与投资,刺激人们劳动的积极性。

6. 答：需求拉动的通货膨胀，是指因需求增长过度，超过了产品的增长速度而引起的通货膨胀。当整个经济处于扩张时期，总需求持续地跑在总产量前面的时候，人们就很容易看清，总需求增长的最终原因还在于货币供给量的增长。需求拉动的通货膨胀只是一个症状，货币供给的过度增长则是病因。从理论上讲，引起总需求过度的途径有两个：一是货币流通速度的增长；二是货币供给量的增长。

需求拉动的通货膨胀虽然可以解释从失业状态向充分就业调整过程中的某些通货膨胀，却不能解释长期的滞涨局面。于是，新古典综合派提出了"成本推进的通货膨胀"来解释20世纪60年代末以来出现的滞涨。新古典综合派认为，导致滞涨的最根本原因是总供给水平的下降，也就是总供给曲线向左上移动。这会导致更低的总产量水平和更高的价格水平。引起总供给曲线（AS）向左上移动的原因是生产成本提高和生产要素的供给量减少。这种由成本提高引起的物价上涨称作成本推进的通货膨胀。在过快的经济增长过程中，要素的供给量会越来越少，这使生产要素的稀缺程度增大，从而导致生产要素价格上升，使总供给曲线向左上移动，引起成本推进的通货膨胀。只要经济增长超过了生产要素供给增长的限度，使生产要素的稀缺程度提高，就会引起成本推进的通货膨胀。换句话说，只要生产要素的供给赶不上经济增长的要求，就会引起成本推进的通货膨胀。

也有一些新古典综合派的经济学家提出了结构性通货膨胀的概念。他们认为，20世纪70年代的通货膨胀在很大程度上是由个别市场的结构不完整造成的。这种市场结构的不完整造成了工资刚性和某些商品的价格刚性，它们只能上升而不能下降，使总价格水平上升。与此同时，工资和产品价格刚性会在总需求提高时，造成总供给曲线的上移，使产量减少，价格进一步提高。

后 记

《现代西方经济学教程》已出版多年，却一直没有相应的习题集与之配套。现在，我们出版这本习题集，也算了却了作者多年来的心愿。本习题集在编写过程中得到广大读者和使用本教材的教师的热情支持，在此表示感谢。本习题集的编写工作是由刘骏民、李宝伟、苗巧刚、程晶蓉、梁志欣、张际、陈俊华、贾永航、龚攀、聂秀欣、于欣等人共同完成的。

本习题集第二版的修订和编写工作得到了很多热心读者的支持，是你们给了我们前进的动力，我们在此表示衷心的感谢和诚挚的敬意。这里，我们特别感谢杨朔同学对本习题集提出的宝贵建议并做出的工作。此外，李德贵和熊柴两位同志也在第二版的出版过程中做了很多的工作，我们在此对他们表示感谢。

编　者
2009 年 7 月